日米衝突の根源
1858-1908

渡辺惣樹

草思社文庫

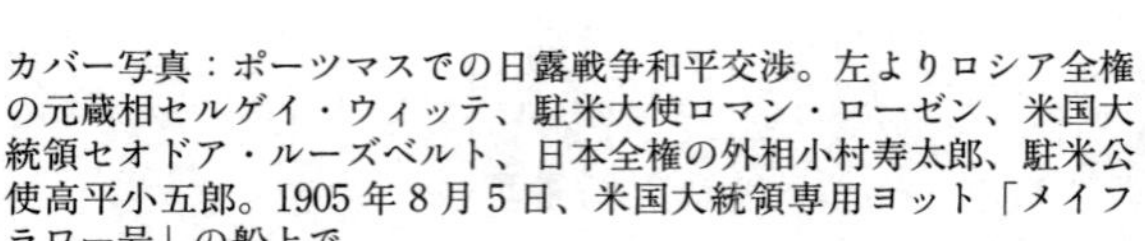

カバー写真：ポーツマスでの日露戦争和平交渉。左よりロシア全権の元蔵相セルゲイ・ウィッテ、駐米大使ロマン・ローゼン、米国大統領セオドア・ルーズベルト、日本全権の外相小村寿太郎、駐米公使高平小五郎。1905 年 8 月 5 日、米国大統領専用ヨット「メイフラワー号」の船上で。

（ullsteinbild ／時事通信フォト）

日米衝突の根源　1858—1908◉目次

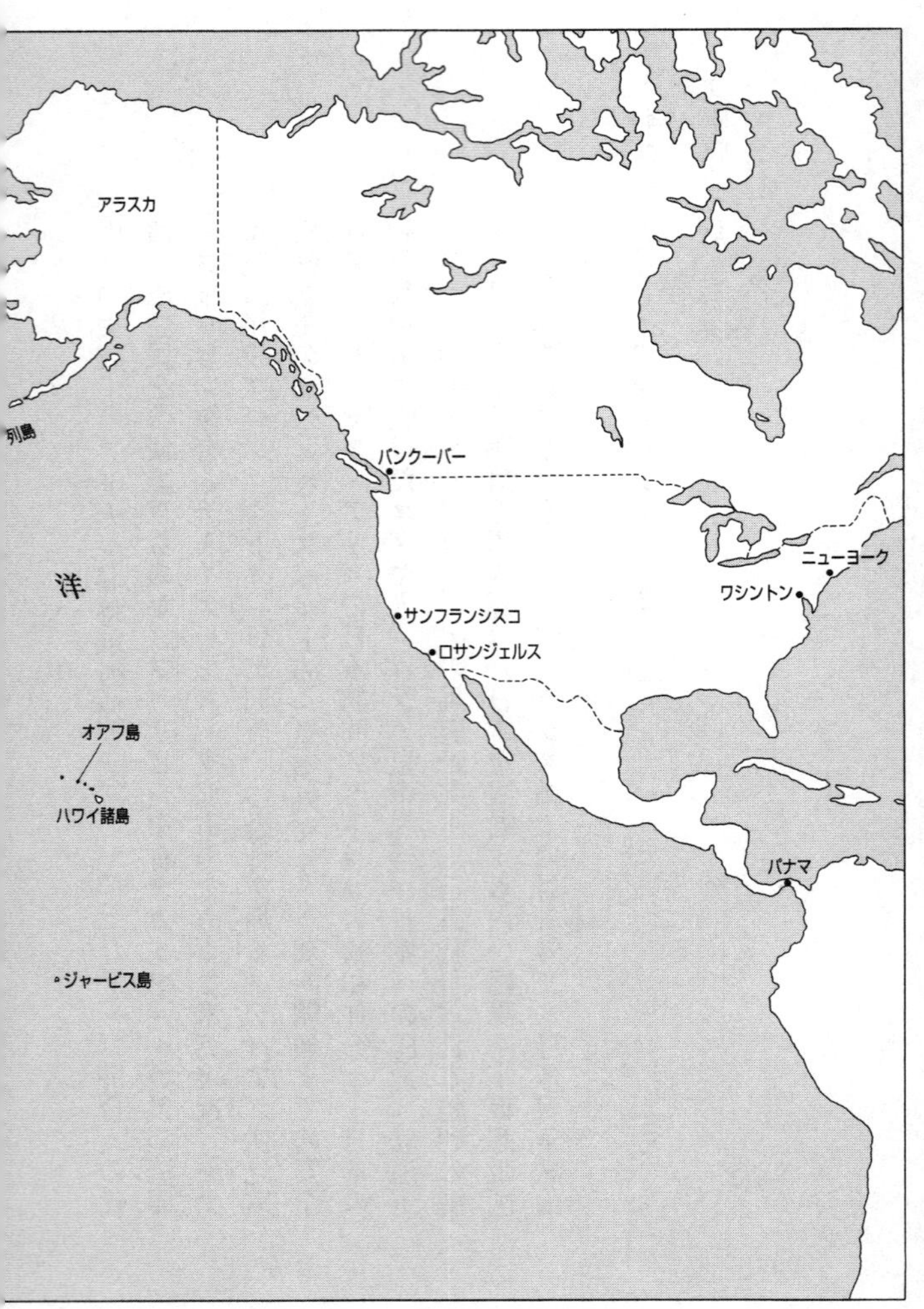
アラスカ
列島
バンクーバー
洋
ニューヨーク
ワシントン
サンフランシスコ
ロサンジェルス
オアフ島
ハワイ諸島
パナマ
ジャービス島

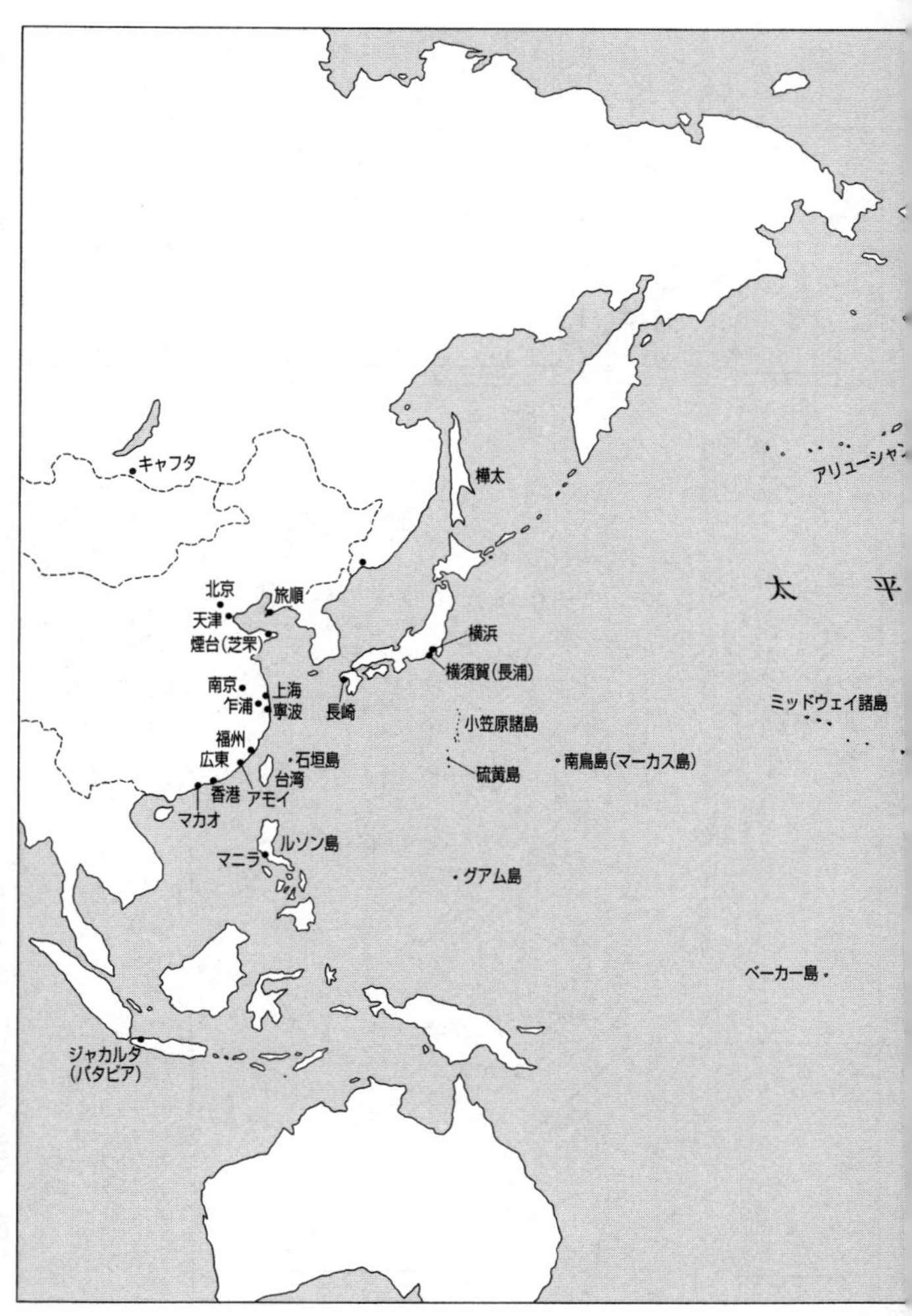
キャフタ
樺太
アリューシャン
北京
旅順
天津
煙台(芝罘)
太
平
横浜
横須賀(長浦)
南京
上海
乍浦
寧波
長崎
ミッドウェイ諸島
小笠原諸島
福州
石垣島
広東
硫黄島
南鳥島(マーカス島)
台湾
香港
アモイ
マカオ
ルソン島
マニラ
グアム島
ベーカー島
ジャカルタ
(バタビア)

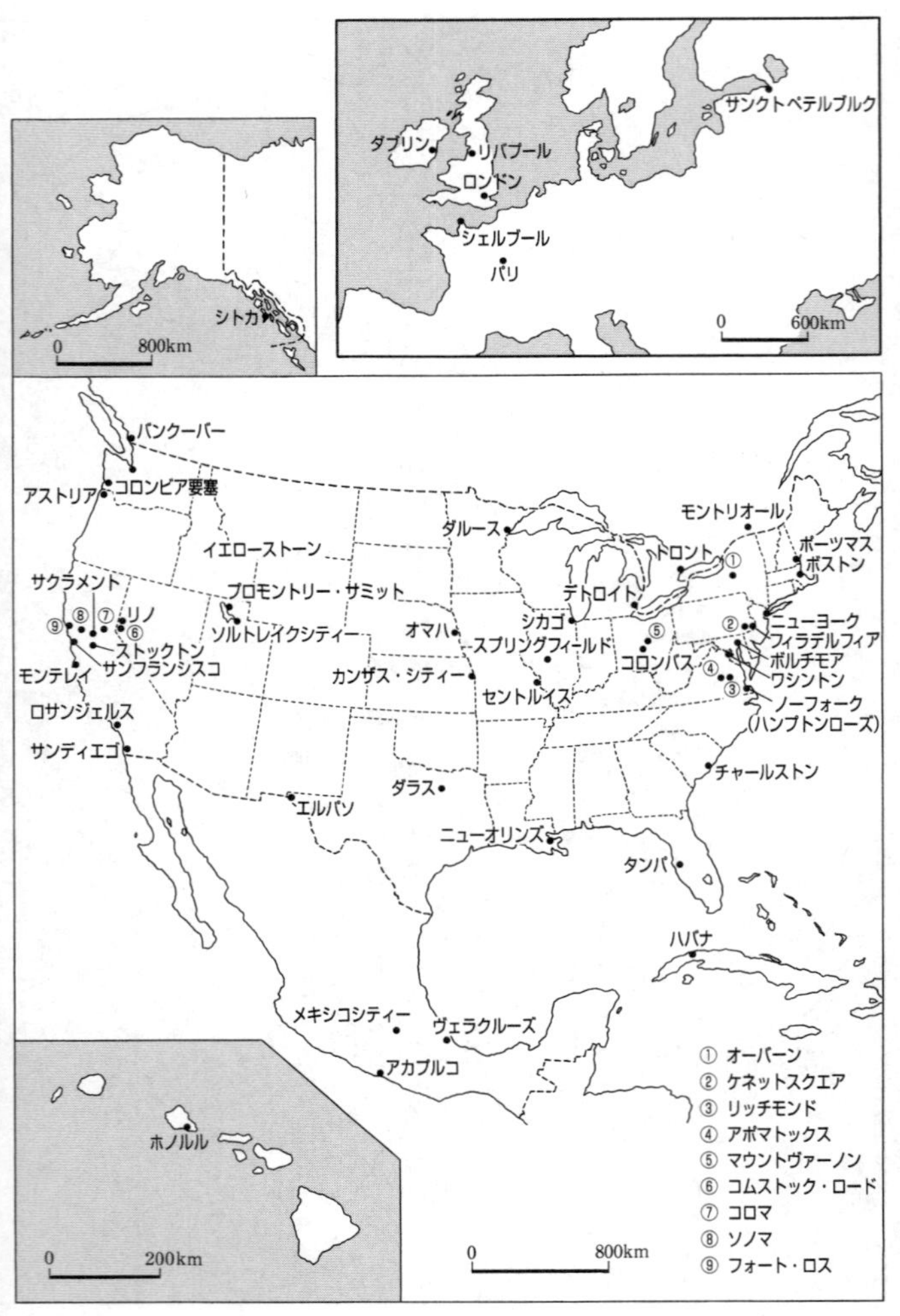
サンクトペテルブルク
ダブリン
リバプール
ロンドン
シェルブール
パリ
0
600km
シトカ
0
800km
バンクーバー
アストリア
コロンビア要塞
イエローストーン
ダルース
モントリオール
トロント
ポーツマス
ボストン
サクラメント
プロモントリー・サミット
デトロイト
リノ
シカゴ
ニューヨーク
オマハ
ソルトレイクシティー
スプリングフィールド
フィラデルフィア
ストックトン
ボルチモア
サンフランシスコ
コロンバス
ワシントン
モンテレイ
カンザス・シティー
セントルイス
ノーフォーク
(ハンプトンローズ)
ロサンジェルス
サンディエゴ
チャールストン
ダラス
エルパソ
ニューオリンズ
タンパ
ハバナ
メキシコシティー
ヴェラクルーズ
アカプルコ
ホノルル
0
200km
0
800km
① オーバーン
② ケネットスクエア
③ リッチモンド
④ アポマトックス
⑤ マウントヴァーノン
⑥ コムストック・ロード
⑦ コロマ
⑧ ソノマ
⑨ フォート・ロス

日米衝突の根源　1858-1908

はじめに――アメリカ史が照らし出す日本の明治

幕末の動乱から明治維新、そして日露戦争の勝利。この間およそ五十年。私たち日本人に勇気と自信を与える誇りある半世紀です。この時代があるからこそ、私たちは今でも民族の誇りを維持できていると言っても過言ではないでしょう。

日本の開国はアメリカの圧力で始まったことは誰でも知っています。ところが、一八五八年のタウンゼント・ハリスによる日米修好通商条約締結以降、私たちの学ぶ明治の歴史にアメリカはほとんど登場しません。私たちがアメリカを再び意識するのは、日露戦争の仲介にセオドア・ルーズベルト大統領が登場する一九〇五年まで待たねばなりません。日本とアメリカの関係については、私たちの「誇るべき半世紀」ではほとんど語られることがないのです。

「日露戦争の原因を説明し、日本がアメリカに仲介を求めた理由と、なぜルーズベルト大統領がその役割を引き受けたか述べよ」

これはアメリカの高校生の歴史の授業に使われる典型的な設問です。私たちは日露戦争の原因は学びました。アメリカに仲介を求めた理由も何となく答えられる気がします。しかしなぜルーズベルト大統領が仲介を引き受けたのか、と大上段に問われると、はたと頭を抱えてしまいます。その当惑の原因はおそらく「誇るべき半世紀」に、その時代にパラレルに進行した「アメリカの歴史という燈火」の光がほとんど当てられていないからでしょう。私たちの学ぶ明治史は、アメリカ史という照明の消えた、少々薄暗い部屋で書き上げられたものとも言えそうです。

アメリカ史の照明を当てて何が見えるのか。あまり意味のないライトアップかもしれません。しかし「誇るべき半世紀」を読み解く部屋が少しでも明るくなれば、新しい何かが見えてくるかもしれません。本書は読み解こうとする対象である日本の明治そのものを扱ってはいません。「日本の明治を横目に見ながら」この時代のアメリカの歴史を叙述したものです。

「部屋の照明」は直接照明ではありません。蛍光灯のスイッチをつけるように一気に明るくするわけにはいきません。むしろ間接照明のスライドスイッチをゆっくりと上げていくような作業です。次第に明るくなっていく部屋の中で何が見えてきたのか。それは最終章で示しました。それが一歴史家の見た幻影なのか、読者も追体験できる実体の存在する影なのか。少々長い旅になりますが、お付き合いください。

第1章　日本人と支那人

横浜の黒人ショー

一八五九年七月四日（安政六年六月五日）、日米修好通商条約に基づいて神奈川湊（現在の横浜市神奈川区神奈川本町辺り）が開港されることになっていました。ところが神奈川の湊の入り江は水深が十分でないことや、東海道の往来が盛んな神奈川宿に近く、幕府の管理が難しくなることが危惧されていました。そのため開港場は街道からやや距離のある対岸の村、横浜に変更されています。攘夷の空気が満ちていた時代です。江戸への往来で賑わう神奈川宿に近いところに異人の集落が出来上がることを幕府は避けたかったのです。米国公使タウンゼント・ハリスは当初難色を示しましたが、横浜の方が港湾としてのポテンシャルが高いことをすぐに理解し、開港地の変更を了承しています。日米修好通商条約で定められた開港日七月四日（アメリカ合衆国建国記念日）に先駆けて六月三十日には米船「ワンダラー」が、七月一日（安政六年六月二日）にはオランダの「シラー」号が入港しています。ロシアやオランダとの条約では七月一日が開港日になっていたため、最恵国条項によって四日ではなく、この日に開港になったのです。

ペリーが二度目の来航を果たしたのは一八五四年二月十三日のことです。交渉場所の調整に手間どって開国交渉はなかなか始まりませんでしたが、三月八日にはペリーは横浜で交渉することを了承し、この地に上陸しています。交渉は三月八日、十七日、二十四日、二十八日の都合四回行われています。ペリーは第一回目の交渉が終わってわずか五日目、まだ二回目の談判が始まる前の三月十三日にはすでに電信機、蒸気機関車模型、ボートウィッスル砲などの高価な贈り物を将軍に献上しています。ペリーはかなり早い段階で条約締結が確実であると考えていたに違いありません。三月三十一日には日米和親条約が調印されています。

調印の四日前の三月二十七日、ペリーは交渉に関わった幕府関係者を慰労のパーティーに招いています。調印前ですが実質的な交渉はすでに終わっていることがわかります。

このパーティーの模様は、松代藩士であった絵師高川文筌（たかがわぶんせん）*1が色彩豊かな錦絵にして残しています。ペリーはアメリカの威信をかけて、幕府高官は幕府や国そのものの存亡をかけて臨んだ外交交渉です。それが双方がそれなりに満足する形で決着しました。その緊張を解くパーティーです。〝黒人ショー〟の役者は黒人の水兵ではありません。

横浜のミンストレル・ショー。高川文筌画。横浜市立図書館所蔵

顔や手を黒く塗った白人水兵が、黒人特有のしゃべりやしぐさを真似て、面白おかしく飛び跳ねたり歌ったりして日米の高官を笑わせたのです。船上の和やかな空気を文筌の絵筆が伝えています。

オハイオのミンストレル・ショー

「ポーハタン」号上でのパーティーが催された二日後（アメリカ時間）の一八五四年三月二十八日土曜日、オハイオ州の田舎町マウントヴァーノンにあるウッドワーズ・オペラ劇場でもミンストレル・ショーが上演されています。[*2] この劇場は三年前の一八五一年十二月にオープンしたばかりの新しい劇場です。[*3] マウントヴァーノンはオハイオ州のほぼ中央部にある内陸の町。十九世紀半ば、この町は同州のエリー湖岸の町クリーブランドからアクロンを抜け、内陸都市コロンバスを繋ぐ鉄道の中継駅でした。現在ではこの町の西およそ百三十キロメートルにあるメリーズヴィルやイーストリバティの町にホンダ自動車の組立工場があり、シビックやアコードが生産されています。町の周辺には多くの自動車関連メーカーが集まる地方都市です。オハイオ州のこの辺りは、今では日本の自動車関係者にとっては馴染み深い土地となっています。

マウントヴァーノンの一八四〇年の人口はおよそ二千三百でしたから、一八五四年当時の人口は三千人ほどだったと推測されます。当時、こうした地方都市に暮らす人々にとっての数少ない娯楽は、町の中心部にある劇場が提供していました。巡業上演されるミュージックショー、コンサート、文化人による講演会。人々がこうした行事を楽しみにしていた時代でした。地元の新聞は催し物があるたびにそのスケジュールと内容を詳しく伝えています。三月二十八日のミンストレル・ショーも地元紙『デモクラティック・バナー』、『オハイオ・ステイト・タイムズ』などが報じています。ミンストレル・ショーは白人が黒人に扮したコミカルなミュージックショーで、一八四〇年代から五〇年代にかけて人気のあった演目です。横浜のペリー艦隊の乗員もこうしたショーを真似た素人演芸で幕府高官たちを笑わせたのです。

この日のウッドワーズ・オペラ劇場ではミンストレル・ショーと併せて文化講演会も予定されていました。ゲスト・スピーカーは紀行作家ベイヤード・テイラー[*4]で、演題は「日本及び日本人」となっています。この時期、アメリカ国民にとってもペリーの日本遠征は話題になっていました。しかし日本という国は西洋との交流を頑なに拒んできた歴史があります。アメリカ人は誰もこの地を踏んだことがありません。どんな国なのか。どんな民族が暮らしているのか。一般にはほとんど知られていない時期でした。テイラーはその国を訪問して帰ってきたばかりなのです。未知の国日本で何を見たのか、何を経験したのか。劇場は多くの聴衆で溢れたに違いありません。テイラーの名は日本ではほとんど知られていません。いったいどのような人物だったのでしょう。どうして日本を訪れたのでしょうか。まだペリー艦隊は横浜です。日本との開国交渉も終わっていないこの時期にすでに本国に戻ったテイラーは、集まった聴衆に、いったい何を語ったのでしょうか。

紀行作家テイラー

ケネットスクエアはペンシルバニア州の南東にある小さな町です。現在の人口は五千人を少し超えるほどで、マッシュルームの生産が盛んです。ベイヤード・テイラーは一八二五年一月にこの町に生まれています。[*5] ペンシルバニアはクエーカー教徒のウィリアム・ペン[*6]がイギリス国王チャールズ二世[*7]への貸付金をかたに国王から受領した土地です。ですからペンシルバニアの名は彼に由来しています。一六八一年、この土地にペンとともにやってきた男がロバート・テイラーでした。テイラー家の祖に当たります。

神の声は自身の中に「内なる光」として存在する。その光を積極的に聞こうとする態度を重視するのがクエーカー教です。敬虔な信者である母は、テイラーがわずか四歳の頃から読書の楽しみを教え始めています。そのせいか彼は十二歳で詩作に夢中になり、さらに小説や歴史エッセイにまでチャレンジしています。十四歳になるとラテン語、フランス語、スペイン語を学び、一八四二年、十七歳で学校教育を終える頃には詩人として身を立てたいと強く思うようになっていました。アメリカを代表する詩人ロングフェロー[*8]やエマーソン[*9]が活躍していた頃です。まだ娯楽の少なかった時代、知識人にとっての楽しみは家族や気の置けない友人たちとのとめどないおしゃべりでした。こうした時間がアメリカの若き知識人の至福のときでした。詩人になる、というテイラーの夢は、現代では売れっ子小説家になるという宣言と同じでした。

そうした夢が簡単に実現しないのは今も昔も変わりません。一八四四年二月には初期の作品を集めた詩集『ジメナ（Ximena）』を発表しましたが、評判は芳しくありません。詩作では生活の糧（かて）を得られないことに気づくのに、それほど時間はかかりませんでした。こうした時期に、いとこのフランクリンがテイラーをヨーロッパの旅に誘います。しかしテイラーには旅行の資金がありません。彼は一計を案じます。地元の新聞社や出版社に掛け合い、旅行記をヨーロッパから送る、ついてはスポンサーをお願いしたい、というのです。ヨーロッパには少し後れていたものの、アメリカの産業革命は順調に芽吹いています。外国との距離が短くなり、一般のアメリカ人の外国文化への関心も高まっていた時代でした。『サタデーイブニング・ポスト』、『ユナイテッドステイツ・ガゼット』、『グラハム・マガジン』が彼の提案に興味を示し、スポンサーになることを了承しました。

テイラーが首尾よく二人の友人とともにニューヨークからリバプールに向かう船に乗ることができたのは一八四四年七月一日のことでした。七月二十九日にはリバプールに到着。ここから二年間にわたるイギリス、ドイツ、イタリアの旅を始めたのです。リュックを担いでの徒歩の旅です。予算は一日にたった六セント。消費者物価指数を使って今の価値に換算すると二ドルにもなりません。本当にこんな額で足りたのかは疑わしいのですが、彼がヨーロッパ各地を貧乏しながら回ったのは確かです。契約どおり、行く先々の街から旅行記をスポンサーに送り続けました。

新聞社や出版社の狙いどおり彼の旅行記は評判を呼び、多くの読者が彼のレポートを楽しみにしていました。一八四六年に帰国したテイラーは、本人の知らぬ間に時の寵児に変身していました。帰国後、旅行記をまとめ上げて出版した『ビューズ・ア・フット（Views A-Foot)』は『歩いて回ったヨーロッパ貧乏旅行』とでも訳すことができます。初版の刊行から十三年間で二十四版も重ねています。いかに多くの読者を獲得していたかがわかります。

帰国後は活動の場をニューヨークに移しています。この頃発表した詩集は、当時有名な詩人の一人であったエドガー・アラン・ポー[*10]により好意的な批評を受けています。一八四九年六月にはゴールドラッシュに沸くカリフォルニアの取材に向かいます。パナマ地峡を抜けての旅でした。これはニューヨークの有力紙『ニューヨーク・トリビューン』のホレス・グリーリー[*11]に依頼されての取材旅行でした。サンフランシスコから金採掘の中心地であるアメリカ川、ストックトン、ソノマ渓谷、サクラメントを旅してまとめた旅行記が『エルドラド[*12]』でした。

ペリー提督着任待機

『エルドラド』は版を重ね、今でも書店やネット通販で手に入るほど息の長い作品になっています。カリフォルニアから帰ると、故郷に戻り恋人メリーと結婚しています。彼女は幼馴染みのクエーカー教徒ですが、お互いの家が二人の仲を認め婚約していたのです。しかしこの頃、彼女は結核におかされ余命が短いことはわかっていました。一八五〇年十月二十四日、二人は自宅で式を挙げ結婚しました。その二ヵ月後、彼女は息を引き取っています。

短い結婚生活になることは承知していたテイラーですが、彼女の死が現実のものになると、彼の創作意欲は急速に失せていきました。そうした中でも彼女への消えることのない愛を詠(うた)った詩だけは書き続けました。作品は『ブック・オブ・ロマンス』[*13]として出版されています。悲しみに暮れていたテイラーのもとに『ニューヨーク・トリビューン』紙から新たな旅行記執筆の依頼が入ります。今度は中近東旅行記の依頼です。一八五一年八月二十二日、フィラデルフィアを発ったテイラーは、リバプールに向かい、ロンドンを経て大陸に移動しています。ウィーンで同行していた弟ウィリアムと別れた後に向かったのはエジプトでした。そこからレバノン、シリア、パレスチナ、コンスタンチノープル（イスタンブール）と回っています。一八五二年十月、中近東旅行記の仕事を終えロンドンに戻ったテイラーに、ニューヨークから間髪を容れず次の依頼が届きます。アメリカの計画する日本遠征艦隊に同行し、ペリー提督の開国交渉の模様を取材せよというのです。

　この指示を受けたテイラーは、いったんスペインに入ると、そこからカイロに向かいスエズ地峡を抜けインドを目指しています。デリーからさらにカルカッタまで来ると、持ち前の旺盛な好奇心が頭をもたげたのかヒマラヤまでも足を延ばしています。そこからシンガポールを経てようやく香港に到着したのは一八五三年三月十六日のことでした。

　日本遠征艦隊司令官ペリー提督に先んじて香港に入り、提督の到着を待ったのです。

五月に香港に入港したペリー提督はテイラーを「ミシシッピー」号艦長の雑用をこなす艦長付士官（マスターズメイト）（Master's Mate）として採用しています。海軍の正式な階級です。遠征に関わる情報を厳しく統制していたペリー提督ですから民間人を安易に乗船させるはずもありません。『ニューヨーク・トリビューン』紙上層部が、海軍かあるいは政府中枢に事前に打診していたことを窺わせます。ペリー提督の乗る「ミシシッピー」号に乗船することが決まったテイラーは、こうしてアメリカ政府のプライドをかけた世紀のイベント、日本開国プロジェクトを目撃することになるのです。

彼の艦隊での「勤務」はこの年の九月で終了しています。ですからペリーの第一回目の日本遠征（七月）から、香港にいったん戻るまでが彼の見聞です。彼の記録は『インド、支那、日本——旅の記録』[*14]として一八五五年に出版されています。アメリカ海軍の公式報告書となるペリー提督の『日本遠征記』（一八五六年）に先立つ出版でした。

一八五四年三月二十八日土曜日、マウントヴァーノンの演台に立つ彼の日本での記憶はフレッシュです。「日本及び日本人」と題された講演。彼がいったい何を語ったのか。講演記録はありません。しかし『インド、支那、日本——旅の記録』には彼の見聞きした事件が詳細に記録されています。彼の講演内容はここからの記述でも十分に推察が可能です。

顔立ちのいい漂流民

香港に到着したテイラーがまず目にしたのは蒸気戦艦「サスケハナ」でした。日本遠征司令官として当初任命されていたのはジョン・オーリック提督でした。「サスケハナ」は彼を香港に運んできていたのです。二千四百五十トンの巨大戦艦です。当時支那の港に現われた最大の蒸気船でした。[*15] しかしオーリックは日本遠征を前に解任されています。オーリックでは日本開国の責務は果たせないだろうとのワシントン上層部の決定です。彼に代わって遠征の指揮を任されたのがマシュー・ペリーでした。ですからテイラーはペリー提督の香港入りをしばらく待たなければならなかったのです。ヨーロッパ旅行の原稿を整理しながら暇をつぶすテイラーに、ハンフリー・マーシャル[*16]から南京行きの誘いがありました。マーシャルはケンタッキー出身の元下院議員ですが、フィルモア政権の情実人事で指名されたのではないかとメディアに疑われた駐清公使です。[*17] この頃清朝はキリストの弟と称する洪秀全(こうしゅうぜん)が率いる太平天国の乱が過激化し、治安がひどく悪化していました。公使は「サスケハナ」号で揚子江を上り、南京の騒乱を視察しようと考えたのです。旅行作家テイラーにとっては願ってもないチャンスでした。三月二十一日、マカオから上海に向け、碇を上げた「サスケハナ」はブキャナン艦長が指揮しています。

三月二十八日の午後、海上で十三人の日本人が「サスケハナ」に届けられています。日本との開国交渉に利用しようとサンフランシスコから連れられてきた漂流民です。マーシャル公使への挨拶のために船尾甲板に集まった男たち[18]は、テイラーが初めて目にする日本人でした。彼らは被っていた帽子をとり深々と公使に向かって頭を下げました。通訳として乗船していたプロテスタント宣教師ピーター・パーカー[19]が漢語で話しかけますが通じません。乗組員が与えた服を着た日本人はみな陽気で健康そうでした。彼らの表情や振る舞いから、テイラーは彼らがみな同じ階層の出身者だろうと推測しています。

「漂流民の一人は、ゴローニンが手記[20]の中で描写していた千島列島の日本人にそっくりな顔つきをしていた。髪は頭頂部が短く、後頭部と側頭部は長くしていた。パーカーによればこれは満州人から伝わった風習らしい。同じ階層の支那の人々と比較すると日本人の方が良い顔立ちをしている[21]」

翌日、彼らはマーシャル公使に英文の請願書を提出しています。その短く拙い文章が残されています。彼らの持ち合わせている少ない語彙で、懸命に書き上げたことがわかります。

「To the American King-from thirteen Japanese men, have fathers, mothers, young brothers, old brothers, wives, children. You go to Shanghai: Go to Japan」

文章にはなっていませんが、どうしても国に帰りたい、帰させてほしいという強い望郷の念が伝わります。

揚子江から吐き出される土砂のせいで、上海近くの海はミシシッピー川河口と同じくらい濁っていました。冷たい風が北から吹きつけ、気温も華氏六十度（摂氏十五度）。ときおり差し込む陽の光もすぐに雲に遮られています。肌寒い「サスケハナ」の艦上では日本人たちが、マーシャルに上海で下船させてくれないかと交渉していました。「サスケハナ」はいったん上海に寄航し、揚子江を遡り太平天国軍が跋扈する南京に向かう予定だったのです。

彼らは上海で下船し、上海近郊の港町乍浦から唐船に乗り長崎を目指すというのです。乍浦は支那から日本への玄関口の一つです。一八四一年秋、犬吠岬沖で遭難した西宮の千石積み弁財船「栄寿丸」。その乗組員だった島原出身の船乗り太吉、松山の伊之助、紀州の弥市らは、スペイン船で救助されカリフォルニアに運ばれて、ルソン、舟山、杭州を経て乍浦に辿りついています。彼らはそこから長崎に向かう唐船に乗り込んで帰国に成功しています。[*22] 一八〇六年に遠州灘で遭難した大坂安治川の「稲若丸」の漂流民も乍浦から長崎に戻っています。「当時の乍浦は対日交易の一大拠点だった」[*23] ことを「サスケハナ」に乗った漂流民は知っていたのです。

「サスケハナ」が上海に碇泊し石炭・食料の準備を進める間、マーシャル公使は広東領事フォーブス、副領事カニンガムから太平天国軍の動静について報告を受けています。三人の外交官は、この打ち合わせでアメリカはこの叛乱に対して当面中立の立場をとることを確認しています。叛乱軍の手に落ちたと伝えられている南京の状況確認の旅にはフォーブス領事も同行することになりました。四月一日午後、「サスケハナ」は南京に向け出港しました。

出発前、四人の日本人が上海で下船していきました。マーシャルは彼らの願いを聞き入れたのです。碇泊中、下船交渉の手助けに一人の日本人が通訳として現われています。「モリソン」号での送還失敗の後、上海で働いていた音吉でした。音吉はこの頃、イギリスのアヘン商社デント商会の上海支店で番頭格として働いていたのです。上海まで辿り着けた漂流民の帰国を助けていたのです。[24]テイラーは四人が「サスケハナ」の乗員に何度も何度も礼を繰り返し、アメリカ人から受けた親切を決して忘れないと繰り返していたこと、その内の二人が子供のように涙を流していたことを書きとめています。[25]

残虐な太平天国軍

揚子江のような大河の河口付近の航行は危険に満ちています。大量の土砂が運ばれ所々に砂洲が形成されています。そうした砂洲は絶えまない川の流れで少しずつ位置を変え、潮が満ちると視界から消えてしまいます。こうした砂洲に座礁することは大きな川の河口では頻繁に起こっています。ましてや「サスケハナ」は巨大蒸気船です。喫水も深く用心しないとたちまち隠れた砂洲に船体が乗り上げてしまいます。「サスケハナ」はこうした危険回避のために十隻のジャンク船を雇っています。航路に浅瀬ができていないか確認しつつ「サスケハナ」を先導し、危険な砂洲の位置を知らせていました。「サスケハナ」には支那人水先案内人（パイロット）に加え、この辺りに詳しいアメリカ人船乗りも乗せ安全には万全を期していました。ところがウースン（呉淞）まで十二マイルから十三マイルのところで砂洲に乗り上げてしまうのです。船底が砂洲深く埋まらないよう急いでエンジンを停止させました。乗せていた支那人水先案内人が自信を持っていた流域です。先導させていたジャンク船は不要と先に行かせてしまっていたのです。ウースンからさらに上流三十マイル地点までは案内は要らないと自信たっぷりだったのです。

　ブキャナン艦長に不貞腐れるように言い訳する水先案内人を見て、通訳として乗船していた領事館出入りの商人は激高し、水先案内人の顔面を激しく殴りつけています。[*26]潮が満ち水位の上がるのを待ち、外輪を逆回転させてやっと離礁したものの、南京行きは断念せざるを得ませんでした。この川の航行は大型蒸気船には危険すぎました。支那人水先案内人もあまりにいい加減でした。清国がその存立を危うくするほどの勢いを見せる太平天国の軍、その拠点として占領されたらしい南京の市街、これからのアメリカ外交の方針に影響を与えるにちがいない激しい内戦。マーシャル公使はどうしても現地の情勢を視察したかったのです。しかし諦めざるを得ませんでした。英国海軍はこうした事情を知っていましたから揚子江では大型船の使用を避け、小型蒸気船「ヘルメス」と「サラマンダー」を使っていました。

南京視察を諦め、上海に戻ってペリーを待つことになったテイラーは、副領事カニンガムのゲストとして領事館の空き部屋を借り受けています。彼はこの町に暮らす英米人を訪問し、食卓を囲みながら上海情報を仕入れています。港に浮かぶ英米の五隻の大型軍船、「サスケハナ」の艦上でときおり奏でられる軍楽隊の演奏、広がる太平天国軍の上海接近の噂。テイラーの見る上海には不穏な空気が満ちていました。

四月六日、フランス人カソリック宣教師モンティニーが南京の同僚から、この町が太平天国軍に陥落したとの情報を入手しています。婦女子を含む二万人が殺され南京には死体の山が築かれている。太平天国軍は二万の兵で南京を守り、さらに四万が北京から増派された清軍を迎撃する準備に入っているというのです[*27]。彼らは南京を首都と宣言し、ここで南と西に広がる叛乱軍同士の動きをまとめるというのです。伝え聞く南京での虐殺の模様は酸鼻を極めています。

「この街を治めていた総督の身体は四つに裂かれ、市内に通ずる四つの城門に釘で打ちつけられた。太平天国の兵士は、総督の身体から流れ出る血を飲み干した。十九歳の総督の娘は広場で裸にされ、磔にされると心臓を抉られた。捕虜になった清軍の兵士は熱湯の中に投げ込まれた。油を染み込ませた麦藁を巻かれて杭に繋がれ、生きたまま焼き殺された者もいた[*28]（roasted to death）」

上海に住む外国人は傲慢な清の官憲を好いてはいませんでしたから、当初は叛乱を歓迎するムードでした。しかし耳を疑う太平天国軍による蛮行の報に、彼らはパニックに陥っています。上海―南京間はわずか三百キロメートルです。この情報に接した支那商人の動きは素早いものがありました。茶や絹を外国商社に販売していた者は売掛金をさっさと回収すると、上海を逃げ出しています。江蘇総督は上海の外国領事に軍事援助を求めるほどでした[*29]。三月末に上海に来ていた英国香港総督ジョージ・ボンハム[*30]は外国人疎開地に暮らす住民に自警団を組織するよう命じています。

テイラーの見た上海は恐怖と混乱が渦巻き、身の安全も危うい町だったのです。この町に残る支那人は、西洋人が太平天国軍の侵攻を必ず撃退するはずだ、という根拠のない楽観だけを頼みにしていました。富裕層はみな逃げ出し、政府機関も銀行も機能不全に陥った街。それが上海でした。

汚穢(おわい)の上海

テイラーが上海に戻ってからペリー提督がこの港に到着するまでおよそ一ヵ月ありました。上海まで迫ろうとする勢いを見せていた太平天国軍も、北から増援の清軍が近づくと南京方面の防衛に忙しくなっていきます。治安の悪化に乗じてこの街を秘密結社三合会(さんごうかい)(the Triad Society)が奪取する九月七日までのおよそ五ヵ月間は比較的平穏な日々が続いています。[*31] 束の間の落ち着きを見せていた上海で、テイラーは紀行作家魂を発揮します。まだ外国人遊歩域の制限の緩かったこの街を徹底的に歩き回ったのです。そして彼はこの街で、猖獗(しょうけつ)を極める非衛生と人間性を完膚なきまでに破壊する非道の現場の数々を目撃することになるのです。

「支那の街ほど嫌悪感を感じさせるところはない。私の描写がいかに気分を害するとしても、旅行作家が仕事に誠実であろうとしたら、見たままを書き留めざるを得ない。読者にはしばらく辛抱してほしい」[*32]

読む者を確実に不快にさせる描写があると、読者の注意をあらかじめ喚起しています。彼はいったい何を目撃したのでしょう。

「(上海城内の北西端近くにある)ニンポー(寧波)・ハウスのそばに支那人流民(チャイニーズジプシー)の住処(キャンプ)があった。ちょっとした高台になっているところに、汚いマット様のものを積み上げて動物が棲むような巣を作っていた。高さはわずか四フィート(一・二メートル)。

二人の人間がやっと入れる大きさだ。人間というものがこれほど汚く胸糞が悪くなる(loathsome)姿になれるものだろうか。近づくと、長く絡み合い、汚れきった髪をして、ピクリとも動こうともしない人間が窪んだ目で我々の動きを追っていた。巣から這い出してくる者もいた。身にまとった服が腐っているかのようにぼろぼろとこぼれ落ちた。不快で気色の悪い光景。害虫の棲む巣をうっかり踏んでしまったかのような感覚だった[*33]」

彼の描写には書き言葉ではほとんど使わない、不快感を示す様々な単語が頻出します。disgusting（反吐が出るような）、filthy（汚れきった）、loathsome（胸糞悪い）、human vermin（人間の顔をした害虫）。読者に事前の断りを入れている理由がよくわかります。

「市内の中心部に来た。有名な茶館があるというので、そこに向かった。道にはでこぼこと石が敷き詰められ、片側にだけ側溝が掘られていた。そこには黒ずんだヘドロがべったりと堆積していた。胸がムカつくような（foulest）汚臭が漂ってきた。その道を汚物の入った桶を担いだ運び屋が行きかっていた[*34]」

「たむろする乞食たちとの接触を避けるのは難しかった。伝染病で今にも死にそうな者が身体をこすりつけてくる。彼らは商店の前に張りついてすすり泣く。ときに大きな声を出し、店主が小銭を渡して厄介払いするまで頑として動こうとしないのだ[*35]」

彼は人物観察だけでなく店先の品物にも言及しています。

「(店で売られている)商品にこれはと思えるようなものは何もない。きれいだなと思わせる品物はすべてヨーロッパ製品の模倣だった。コピー商品を作ることについては精力的で実に辛抱強い。彼らには独創力が完全に欠けている[*36](utterly destitute of original taste)」

監獄にも入って囚人を観察しています。

「街の北には監獄があった。囚人を収監する部屋は罪の程度によって広さが違っていた(中略)(罪の重い連中は)身体一つがやっと入るほどの籠に押し込められ身動きできないでいた。膝は顎にぴたりとつくほどだった。頭だけは籠の外に出していた。囚人は我々をげっそりと痩せこけた苦悶の表情で見つめていた。中にはもう数週間も閉じ込められていそうな囚人もいた。その姿はあまりに悲惨で、それを描写することには私でも躊躇(ためら)いを覚える[*37]」

テイラーの作家としての好奇心はここでは終わりません。監獄から城壁内部への帰途、公衆浴場を発見します。

「建物はじとじとしていて悪臭を放ち、不衛生で壁の隙間から湯気が洩れていた。衣服を脱ぐ部屋、風呂場、喫煙室の三つの部屋があった。もう日が暮れかかっているせいか風呂に入っているのは下層階級の連中のようだ。彼らの身体は風呂に入る前と同じくらい汚い。小さな湯船にためた湯は朝焚かれ、そのまま暖めつづけられるだけ。湯を入れ替えることはない。（案内の宣教師によれば）入浴料は汚れに応じて下がっていくのだ。夜ともなると十五分の一セントという値段だ。私は息をこらえて室内に入った。二人の人間が汚れきった湯に身体を浸しているのが見えた。私は吐き気を催し、急いで外に飛び出した[*38]」

川辺では倉庫と酒屋を見つけます。

「川岸に大きな倉庫があった。壁に描かれた文字を案内の宣教師が翻訳してくれた。『天国で作られた極上のお茶』。近くには酒屋もあった。ドアには看板がかけられていた。『酔いから醒めないこと。それこそがパラダイスだ』。（そこにはカリフォルニアへの誘いの看板もあり）『さあ行こう、カリフォルニアへ。黄金の山が待つ国に出帆だ[*39]』」

こうした見聞はテイラー[*40]の対支那人感情を徹底的にネガティブなものにしています。

「（小説家の）ド・クィンシーは一度もチャイナマン（chinaman）に会ったことがないはずだが、彼には千里眼があったのかもしれない。彼は、もしチャイナマンと一緒に生活しろと命じられたらおそらく気が触れるだろう、と書いていた。これを読んだときはちょっとひどすぎる表現ではないかと思ったのだが、今の私はいささかの躊躇もなく彼に同意する[*41]」

「サスケハナ」号乗船

ペリー提督の上海到着はこの街に住むアメリカ人たちを喜ばせています。暴力と混沌の街に暮らす彼らにとって、提督の上海入りは大きな安堵感を生み出したのです。提督をはじめ士官らを招いて連夜のパーティーが催されています。マーシャル公使が主催した領事館での晩餐会では、とびきりの料理人が雇われています。銀の食器が使われ、贅を尽くしたスープでのもてなしです。

「ツバメの巣とフカひれのスープがここではもっとも贅沢なもので、材料は北京から大金を支払って仕入れたものらしかった[42]」

テイラーは艦隊が入港するとペリー提督と乗船交渉を始めています。おそらく雇い主の『ニューヨーク・トリビューン』紙から提督に連絡が行っていたはずです。テイラーの記録にはそれについての記述はありません。事前了解の件はテイラーには知らされていなかったのでしょう。ブキャナン艦長付士官の採用が決まりました。ただし一つだけ厳しい条件がつけられました。航海中に記した日記、メモ、スケッチは下船時に海軍に引き渡さなければいけないというのです。軍命令である以上同意せざるを得ませんでした。この命令は遠征に参加する者すべてに適用されているのです。紀行作家にとっては大きなハンデになりますが、なんとも致し方ありません。それまで書き込んでいたノートをいったん閉じ、別の新しいノートを使い始めています[43]。この新しいノートに書き込まれる情報は政府の所有物として提督に提出することになります。それでもいつか返してもらえることを期待していました。

「サスケハナ」号と「ミシシッピー」号の二隻の蒸気船が日本に向けて出航するのは五月十七日と決まりました。五月十七日と決まりました。これにスループ帆船がどこかで合流するらしいのです。

「ミシシッピー」号には画家のハイネ、電信専門家のドレーパー、銀板写真家のブラウンも乗船していました。彼らもみな、艦長付士官の身分で旗艦となった「サスケハナ」号に移ってきていたのです。

五月十七日午後三時。出港は快晴に恵まれました。風もなく穏やかな日和でした。港にはこの街に住むほとんどの外国人が見送りに出ています。二隻の蒸気戦艦は大きな歓声に送られて上海を後にしました。

「乗員はみな興奮していた。私たちは今、交易もなく国交もない辺境の国に旅立つ。外に向かってぴたりとドアを閉めきった不思議な国日本。私たちはその閉ざされた扉をこじ開けようとしているのだ[*44]」

相模湾上の役人

テイラーの上海で見た支那の民への嫌悪の気持ちは、江戸に向かう海上でも消えることはありませんでした。通訳として乗船していたアメリカ人宣教師サミュエル・ウィリアムスの支那人アシスタントの老四。彼がアヘン中毒で死んでいったのです。黄変した顔、瘦せこけた頰、肉が削げ落ち骨だけになった身体。老四の中毒死はますますテイラーの支那人嫌いを増幅させています。日本人も同じ類の自制心のない民族だろうとテイラーは考えていました。

一八五三年七月八日、いよいよ相模湾にペリー艦隊は入ります。ペリー提督はこの日の昼ごろ伊豆半島河津沖で「ミシシッピー」号、「プリマス」号、「サラトガ」号の艦長を旗艦「サスケハナ」に集め、日本側からの万一の砲撃に備え、臨戦態勢をとるよう指示しています。海軍プロパーの乗組員が緊張感を高める中、テイラーは眼前に現われた景色に心を奪われています。

「相模湾沿岸は絵のように美しい。二百フィート（六十メートル）ほどの断崖が見え、その割れ目には小さな谷が見えている。断崖の奥に続く陸地は緩やかな起伏を見せ、そこには緑濃い木々、耕された畑が広がっていた。その後方には山々が重なり遠くの峰は霞に隠れていた」[*45]

「モリソン」号や「コロンバス」号がかつて近づいた位置よりさらに相模湾の奥深く侵入するペリー艦隊に、いよいよたくさんの日本の小船が近づいてきます。緊張する船内とは対照的にテイラーは小船に乗る日本人を冷静に観察しています。

「日本人の漕ぎ手は背が高く立派な体格（handsomely formed）をしていた。均整のとれた身体には活力が溢れていた。その表情も逞しく男らしさを感じさせた[*46]」

交渉が始まると艦上には多くの役人が乗船して来ました。こうした役人が見せた振る舞いや表情をテイラーは記録しています。

「船上に上ってきた日本人は蒸気機関の動きを熱心に見ていた。そこには畏(おそ)れの表情は微塵もなかった。達之助はこのエンジンが機関車に使われているものと同じかと聞いてきた。(中略) 質問を続ける彼らの見せた落ち着いた上品な振る舞い。洗練された人々だけが見せることのできる態度だった[*47][*48]」

「役人たちの顔はオリーブ色で、頬も唇も血色がよかった。目は大きく、支那人のように斜めにずれていなかった。額は広く表情は豊かで、彼らの心が生き生きとしていることの証しだった[*49]」

「ペリー艦隊の士官たちは一様に、こうした日本人が完璧な紳士 (perfect gentlemen) であることを認めていた[*50]」

達之助は見せられた地球儀でワシントンやニューヨークの位置をすかさず示したり、アメリカの鉄道の状況を尋ねています。こうした達之助の言動でテイラーは自分の観察の正しさに確信を持つのです。七月十七日には、ボートで士官たちが海岸に上陸して住民たちと交流のあったことも報告されています。

「『サスケハナ』号のクーパー、『ミシシッピー』号のクリッツ、『サラトガ』号のゴールドボロ、『プリマス』号のマチューらがボートを出して島の周りの水深を測りに出た。（中略）入り江の奥の方からきれいな川が流れ込んでいた。川の両岸には民家があり果樹の植えられた庭が広がっていた。彼らを見つけると老いも若きも男も女も川岸に集まってきた。親しげに近寄ってきた人々は手に手に冷たい水や熟れた桃を持ち歓迎してくれた[*51]」

テイラーの見た日本人は、上海で見た支那の人々とはひどく違った、活力に溢れた幸福そうな民族だったのです。

日本礼賛

テイラーはペリー艦隊が浦賀からマカオに戻ると、提督の二度目の日本遠征を待たずに帰国の途についています。彼が広東（カントン）を後にしたのは九月九日のことでした。この日の心境を次のように綴っています。

「広東ではギデオン・ナイ・ジュニア氏[*52]に大変お世話になった。彼はアメリカでも絵画に造詣の深いことで知られる貿易商だった。ここでの生活は楽しかったから、もうしばらく滞在を延ばすことも可能だった。それでも支那の地で暮らす最後の夜が来ても、私はこの国を離れることを残念などと思うことはいささかもなかった。読者の方にも私の心境は想像していただけると思う。私は決してこの国に偏見をもっているわけではない。それでもこの国から一刻も早く立ち去りたいと思わざるを得なかった[*53]（It is the best country in the world to leave）」

日本人と支那の人々がまったく違う民族であることは、日本開国計画を立案したロビイスト、アーロン・パーマー[*54]も指摘しています。一八五二年に『日本：地理と歴史この列島の帝国が西洋人に知られてから現在まで、及びアメリカが準備する遠征計画について』（邦訳『日本　1852』拙訳、草思社、二〇一〇年）を出版した歴史家チャールズ・マックファーレンも気づいています。しかし二人とも日本を訪れたことはなく、日本人に会ったこともありません。当時収集が可能だった文献に基づいての意見でした。テイラーが自らの体験に基づいて日本人を語れる初めてのアメリカ人になったのです。

テイラーがニューヨークに戻ったのは一八五三年十二月二十日のことでした。彼がアメリカを離れていた二年と四ヵ月の間に、自分がひどく有名になっていることに気づくのは時間の問題でした。一般の人々が世界を見てまわることなど考えられない時代に、極東の謎の国を訪れたテイラーは、みなが羨む国民的なアイドルに変身していたのです[*55]。彼が行く先々から送り続けた旅行記は、『ニューヨーク・トリビューン』紙の特約記事となり、それはニューヨークだけではなく多くの地方紙にも転載されました。全国の人々が彼のアジアからの報告に注目していたのです。

この頃のアメリカの人々の娯楽は、町にあるホールや劇場が提供していたことは前に述べました。そこで開かれる多くの行事が数少ない楽しみだったのです。文化人の講演は特に人気がありました。

「この時代は文化講演の黄金時代だった。男も女も町のホールに群れ集まり、文化人の講演を楽しみにしていた。長時間にわたるスピーチに啓発され、知的好奇心を刺激されていた。それが娯楽だった。一八五〇年代ともなると、鉄道網の拡大によりスプリングフィールドの町にも東部の町から文化人がやってきて講演した。ラルフ・エマーソン、[56]ヘンリー・ビーチャー、[57]ホレス・グリーリー、ベイヤード・テイラーなどが講演の常連だった。こうした有名人に混じって地方の名士も壇上に立った。リンカーンもそうしたうちの一人だった[58]」

これはリンカーン大統領の伝記の一節です。一八五〇年代にはイリノイ州スプリングフィールドの町で鉄道資本家たちをクライアントとしていた弁護士アブラハム・リンカーン。彼も、こうした講演会には聴衆として、あるいはスピーカーとして参加していた時代でした。

テイラーが帰国した頃は、まだペリーはマカオで二回目の日本行きを準備しているところでした。アメリカ人にとって世紀のイベントであった日本遠征の成否はまだ誰にもわかりません。国民の多くがこの遠征の成り行きを見守っていたのです。ですからペリー艦隊の一回目の日本行きに立ち会ったテイラーの講演は人々の人気の的でした。

「この時代にテイラーほど講演をこなした者はいないだろう。彼が最初の講演の旅に出たのは一八五四年の一月から四月までだったが、この間実に九十回ものスピーチをこなしている。一回の講演料は五十ドルだった。さらに一八五八年から六七年の九年間に六百回の講演をこなしている。アメリカの主要都市はほとんど網羅している」[*59]

一八五四年三月二十八日土曜日、オハイオ州の田舎町マウントヴァーノンのウッドワーズ・オペラ劇場で開催されたテイラーの講演は彼の最初のアメリカ講演旅行の一環だったのです。「日本と日本人」と題されたスピーチの内容はどんなものだったか想像に難くないでしょう。

「テイラーの講演は日本についての話題が中心だった。一八五四年のこの年はアメリカ人の誰もがこの閉ざされた国に興味をもっていた。ただテイラーの講演は記憶に頼らなければならなかった。アメリカ海軍は彼の日記を没収していたのだ」[*60]

「テイラーは日本に着くまでは、日本人は支那人と同じで軽蔑の対象になると考えていた。しかし日本人は彼自身が驚くほど支那人とは違っていることを発見する。（中略）一般に信じられていたのとは大きく違い、日本人と支那人の間にはびっくりするほどの相異があった。日本人と支那人を比較すると興味が尽きない」[*61]

「(テイラーは) 支那からの移民は我が国を汚染する。我々の民族の将来を考えたら、決してこの国に彼らを移民させてはならない[62] (と主張した)」

テイラーはお得意の骨相学的観察を加えながら二つの民族の相異を聴衆に語ったのです。マウントヴァーノンでの講演の内容は詳(つまび)らかではありません。しかしマサチューセッツ州やニューヨーク州での講演内容の記録の一部が残っています[63]。

「一八五四年のマサチューセッツ州ケンブリッジ市での講演は支那人と日本人の比較で始まった。そしてそれは後者が前者よりも、能力や将来性においてそうとうに優れている (immensely superior) という主張で締めくくられた」

こうしたテイラーの意見は、彼独特の歌うような話術に乗ってアメリカ全土の知識人に伝わっていきました。当時の多くの識者が彼の影響を受けていることは確かなことです。たとえば歴史家アンドリュー・スタインメッツは一八五九年に著した著書『日本及び日本人』[64]の中で、テイラーの意見を引き合いに出しながら次のように述べています。

「日本人の知性、勤勉な性質を考えるとオーストラリアやニュージーランドでも移民として受け入れられるだろう。カリフォルニアも他の州も喜んで日本人を受け入れるだろう。日本人の血が混じり合っても民族の血脈がさらによくなるのだから、決してそれを恥じるようなことにはならない[65]」

◉原註

＊1　高川文筌。「高川文筌は、谷文晁（たにぶんちょう）の弟子で、一八一八年に現在の埼玉県所沢市で生まれた。三上文筌とも言う」
http://www.lib.u-tokyo.ac.jp/tenjikai/tenjikai2007/shiryo2.html
信州松代藩の御用絵師である文筌は、松代藩がペリー来航時に横浜の警備を命じられたことから、『浦賀紀行図』で交渉の場面を多く描き、老中首座阿部正弘にも献上している。彼がミンストレル・ショーを描いた場面は東京大学附属図書館のホームページで閲覧できる。
http://www.lib.u-tokyo.ac.jp/tenjikai/tenjikai2007/Km-View/case02/kmview.html

＊2　Elizabeth Bleecker McDaniel, A History of Music in Old Mount Vernon, Ohio with Particular Attention to Woodward Hall and The Nineteenth-Century American Opera House, A Thesia of Ohio State University, 2003.

＊3　同オペラ劇場保存会ホームページ。http://www.thewoodward.org/

＊4　Bayard Taylor　一八二五―七八年。旅行作家、詩人。

＊5　Bayard Taylor Memorial Library ホームページ。http://www.bayardtaylor.org/

＊6　William Penn　一六四四―一七一八年。

＊7　Charles 2nd　一六三〇―八五年。イングランド王。在位は一六六〇年から一六八五年。

＊8　Henry Wadsworth Longfellow　一八〇七―八二年。

＊9　Ralph Waldo Emerson　一八〇三―八二年。

＊10 Edgar Allan Poe　一八〇九—四九年。

＊11 Horace Greeley　一八一一—七二年。『ニューヨーク・トリビューン』紙の名物編集者。反奴隷制の有力な主唱者。

＊12 Bayard Taylor, *El Dorado; or, Adventures in the Path of Empire*, 1850.

＊13 Bayard Taylor, *A book of Romance, Lyrics, and Songs*, G. P. Putnam's Sons, 1851.

＊14 Bayard Taylor, *A visit to India, China and Japan*, 1855.

＊15 J. W. Maclellan, *The Story of Shanghai*, North-China Herald, 1889, p34.

＊16 Humphrey Marshall　一八一二—七二年。

＊17 Hamphrey Marshall's Case, *New York Times*, 1852 Dec. 13.

＊18 *A visit to India, China and Japan*, p289. 一八五〇年秋に大王崎沖で遭難した摂津大石村の栄力丸の漂流民と思われる。栄力丸の遭難の経緯については、石川栄吉「江戸時代漂流民によるオセアニア関係資料」（『国立民族学博物館研究報告』別冊六号、一九八九年）四五二—五三頁に詳しい。

＊19 Peter Parker　一八〇四—八八年。医師でもあった。

＊20 Vasilii Mikhailovich Golovnin　一七七六—一八三一年。ロシア帝国（ロマノフ朝）の海軍軍人、探検家。松前に抑留された。その体験を『日本幽囚記』としてまとめている。

＊21 テイラーは骨相学や人相学に詳しかった。そういう観点から良い（better）という単語を使っていると考えられる。原文は左記。
「The features of the Japanese were much better than those of the corresponding class of Chinese」（*A visit to India, China and Japan*, p290）

＊22 「江戸時代漂流民によるオセアニア関係資料」四四八—四九頁。あるいは『墨是可（めしこ）

新話』（長崎県地域文化推進室ブログ）。

＊23 http://www.pref.nagasaki.jp/bunka/hyakusen/kaigai/052.html
「江戸時代漂流民によるオセアニア関係資料」四三九頁。

＊24 宮永孝「英国公使館通弁伝吉暗殺一件」（『Hosei Univ. Repository 社会労働研究』一九九四年二月号）二四九頁。

＊25 *A visit to India, China and Japan*, p298.

＊26 同右、p300.

＊27 同右、p307.

＊28 同右、p308.

＊29 *The Story of Shanghai*, p34.

＊30 Sir. George Bonham。一八〇三—六三年。

＊31 *The Story of Shanghai*, p35.

＊32 *A visit to India, China and Japan*, p322.

＊33 同右、p325.

＊34 同右、p328.

＊35 同右、p329.

＊36 同右、p330.

＊37 同右、p335.

＊38 同右、p336.

＊39 同右、p333.

＊40 Thomas de Quincey。一七八五—一八五九年。イギリスの評論家。著作に『阿片服用者の告

白』（一八三二年）など。

*41 *A visit to India, China and Japan*, p336.

*42 同右、p358.

*43 同右、p361.

*44 同右、p364.

*45 同右、p412.

*46 同右、p416.

*47 堀達之助。一八二三―九四年。幕府旗本。通訳としてペリー艦隊と交渉にあたる。

*48 *A visit to India, China and Japan*, pp433-34.

*49 同右、p434.

*50 同右。

*51 同右、p437.

*52 Gideon Nye Jr.。一八〇八―八八年。晩年はアメリカ広東副領事。

*53 *A visit to India, China and Japan*, p499.

*54 アーロン・パーマーについては拙著『日本開国』（草思社、二〇〇九年）を参照されたい。

*55 John R. Haddad, *The Romance of China*, Chapter 8, I am carried from place to place in Triumph. http://www.gutenberg-e.org/haj01/haj09.html

*56 Ralph Waldo Emerson。一八〇三―八二年。詩人、作家。

*57 Henry Ward Beecher。一八一三―八七年。牧師、奴隷解放論者。

*58 David Donald, *Lincoln*, Simon & Schuster, 1995, p164.

*59 JohnT. Flanagan, *Bayard Taylor's Minnesota Visits*, Minnesota Historical Society, 1938,

pp399-400.
http://collections.mnhs.org/MNHistoryMagazine/articles/19/v19i04p399-418.pdf

*60 *The Romance of China*, Japan and China compared.

*61 同右。

*62 同右。

*63 Tom P. Wright, *The Result of Locomotion: Bayard Taylor and the Travel Lecture in the mid Nineteenth-Century United States*, p20.
http://cambridge.academia.edu/TomFWright/Papers

*64 Andrew Steinmetz, *Japan and Her People*, Rutledge, Warnes and Routledge, 1859.

*65 同右、p7. 原文は左記。
「Her intelligent, hard working population would find an outlet in Austlaria and New Zealand. California and the other States of the American Union would welcome a race with which they need not be ashamed to mix and renovate their blood」

第2章　カリフォルニアの争奪

苦力(クーリー)貿易

一八〇〇年代の初めから、奴隷制度を廃止する国々が相次いでいます。以下は各国の奴隷廃止年（括弧内）です。

アルゼンチン（一八一三年）。チリ（一八二三年）。中央アメリカ共和国（一八二四年）。メキシコ（一八二九年）。ボリビア（一八三一年）。ウルグアイ（一八四二年）。フランス、デンマーク植民地（一八四八年）。エクアドル（一八五一年）。コロンビア（一八五三年）。ペルー（一八五四年）。ベネズエラ（一八五四年）。

しかしキューバの砂糖プランテーションや南米のグアノ（肥料や爆薬の原料となる堆積した鳥の糞）採掘現場などでは低賃金労働者を引き続き必要としていました。労働力不足に悩むそうした国々は、支那沿海部の漁村や農村にありあまる若い男たちに目をつけます。彼らがその「労働力輸入」にあたって頼りにしたのがアメリカの海運業者でした。若い男を集める事業には、広東(カントン)に拠点を置いていた主な米系貿易会社のすべてが参入しています。自国民の海外移住を禁じている清国にあって、法を抜けるテクニックを知り尽くした業者の力なしでは成り立たないビジネスでした。

集められた若者は奴隷ではありませんが、渡航費の前借でまず借金漬けとなり、その返済を終え小金を貯めるためには四年から八年の年季奉公が必要でした。奉公が明ける前に多くの若者が劣悪な環境の中で死んでいきました。彼らはいつしか苦力（クーリー）と呼ばれるようになっています。一八五〇年代に入るとアメリカでも奴隷廃止論議が喧（やかま）しくなっています。南部の綿花プランテーションの経営者も支那人労働力に目をつけ始めていました。彼らも新しいタイプの擬似奴隷労働力が必要だったのです。一八五一年から六〇年までの十年間で四万一千三百九十七人がアメリカに渡っています。[*1]

「現在南部にいる黒人奴隷二百万人は苦力で置き換えることができる。二百万は大きな数字に思われるが、およそ二億五千万の支那の人口からすればまことに微々たる数字である」（『ニューヨーク・タイムズ』紙一八五二年五月三日付）

私たちは、この時代に盛んに行われていた苦力貿易の実態をほとんど知りません。しかしその痕跡は沖縄諸島のほぼ西南端に位置する石垣島で見ることができます。この島の夕日の名所、観音崎に一風変わった極彩色の唐人墓が建っています。渡航先がサンフランシスコだと信じていた苦力が、実際の行き先が違うと聞いて逆上し、船長らを殺害した事件がありました（「ロバート・バウン」号事件、一八五二年四月）。唐人墓はその事件の過程で命を落とした苦力の霊を祀っているのです。

サクラメントのスイス人

北アメリカの都市を漢字で表わす場合、漢字を表音文字として使うことが普通です。市俄古（シカゴ）、加利福尼亜（カリフォルニア）、晩香坡（バンクーバー）。中には聖路易（セントルイス）のように、漢字の表意性をうまく利用しているものもあります。ところがこうした漢字の当て字での命名とはまったく異なる都市名があります。「金山」です。これは、「ロバート・バウン」号に乗せられた支那の若者が目指したサンフランシスコの漢語表記です。カリフォルニアのゴールドラッシュの玄関口になったサンフランシスコの歴史を如実に物語る命名です。

北米太平洋岸最良の港といわれるサンフランシスコ湾。南北七十キロメートル、東西二十キロメートルの大きな内海です。太平洋からこの湾内に入るにはわずか二キロメートルの湾口があるだけです。太平洋の荒波はここで遮断されてしまいます。この海の隘路に今ではゴールデンゲート・ブリッジが架かっています。一九三七年竣工です。この広大な内海の平均水深はわずか五メートル。ここには北からはサクラメント川、南からはサンホアキン川が流れ込んでいます。河口付近では細かく分流した川筋が迷路となりカリフォルニア・デルタと呼ばれる湿地帯を形成しています。

デルタの迷宮を抜け、サクラメント川を北上することおよそ百四十キロメートル。そこにカリフォルニア州の州都サクラメントがあります。この町で西に向かって流れこんできたアメリカ川が南に向かうサクラメント川に合流します。この合流地点の東、アメリカ川の南の丘にジョン・オーガスタス・サッターが砦を築いたのは一八三九年夏のことでした。

サッターは一八〇三年生まれ、スイス北西部の古都ブルクドルフ出身のスイス人です。一八二八年夏、ブルクドルフで乾物の店を開きますがまったくうまく行きません。パートナーも逃げ出し倒産が確実になったのは一八三四年一月。倒産すれば法により監獄（Debtor's Prison）行きです。[*2] 収監を免れるにはこの町から出奔するしかありませんでした。親族からわずかばかりの旅費を借り受け、家族を置いてブルクドルフを逃げ出した彼は、どのような経路でサクラメントに現われたのでしょうか。

一八三四年五月、国境を越え、ムルハイム（現・ドイツ）へ。船でライン川を下り北海を抜け、フランス・ルアーブルへ。

一八三四年夏、四百四十四トンの帆船「アンデス」号で五十四日の船旅。ニューヨーク着。西部へ向かう。バッファロー―クリーブランド―ポーツマス（オハイオ）―シンシナティ―セントルイス。

一八三六年四月、セントルイスにしばらく滞在しわずかばかりの金を稼ぐと、さらに西部へ。カンザスシティー―フォート・ララミー（現・ワイオミング州）―ロッキー山脈分水嶺越え―ボイジ（現・アイダホ州）。

一八三六年八月、フォート・ワラワラ（現・ワシントン州ワラワラ）―ダレス（オレゴン州）―フォート・バンクーバー（現・ワシントン州）。

一八三八年十一月、カリフォルニアを目指したが船がなく、ハワイのホノルルに向かう。

一八三九年四月、シトカ（現・アラスカ州）着。

一八三九年七月、ヤーバ・ブエナ（Yerba Buena　現・サンフランシスコ）―モンテレイ。

一八三九年八月　ヤーバ・ブエナ―サクラメント。

世界地図を見ながらサッターの辿った道のりを追うと、当時のカリフォルニアがいかに文明から隔絶した土地だったかがよくわかります。

サッターはホノルル滞在中に、毛皮などの仕入れルートをカリフォルニアまで拡大したがっていたハワイの貿易商、ウィリアム・フレンチの知遇を得ました。フレンチは、広東で貿易を営んでいたボストン商人ウィリアム・スタージスの代理人としてハワイに派遣されていた男です。彼はホノルルを拠点として、ハワイ産の白檀（びゃくだん）や北米西海岸で獲れたラッコの毛皮を広東に送り、富を築きました。[*3] フレンチは、カリフォルニアを目指しているというサッターを、シトカのロシアアメリカ会社[*4]から毛皮を仕入れるブリッグ船「クレメンタイン」号に乗せ、その帰途、彼をサンフランシスコに送り届けさせました。当時この地はメキシコ領土でした。しかし人口が希薄なこの土地は一向に発展しません。ですから、メキシコの監督官庁のあるモンテレイに土地の払い下げを求めて現われたサッターは貴重な人的資源でした。この地に赴任していたメキシコ政府カリフォルニア総督アルヴァラード[*5]はサッターを歓迎しています。スイスで軍隊経験があるとサッターは語っています。その偽りの経歴が功を奏しました。サッターが要求したサクラメント川上流、アメリカ川と合流する周辺の土地四万八千エーカー（およそ一万九千ヘクタール）を喜んで払い下げたのです。

サッターは一八三九年八月に入植すると、フレンチがアシスタントに提供したハワイ人らと砦を築き、この一帯をヌエバ・ヘルヴェチア（Nueva Helvetia）と称して一大入植地に仕上げました。ヌエバ・ヘルヴェチアとはニュー・スイスという意味です。こうしてサッターは、一八四一年にはサンフランシスコの北にあるロシアアメリカ会社の北米西海岸最南端の砦、太平洋に面したフォート・ロスの権益までも買い上げるほどになっています[*6]。

ロシアアメリカ会社の最後の砦

一八四一年にサッターが買い取ったフォート・ロスは、ロシアアメリカ会社が一八一二年六月に築き上げた砦です。[*7] サンフランシスコの北およそ九十マイル（百五十キロメートル）にあるフォート・ロスは、今でもロシア風建物が残る観光スポットです。アラスカ沿岸で捕獲されるラッコの毛皮は支那で人気の商品でした。毛皮を濫獲していた数多くのロシア商社の競争をやめさせ、一七九九年に、オランダやイギリスの東インド会社を真似た国策独占会社ロシアアメリカ会社を設立させたのはパーヴェル一世でした。[*8] これを画策したのがニコライ・レザノフです。[*9] 一八〇四年、アラスカのシトカにある会社を視察する旅の途次、長崎に寄港し日本開国交渉を進めた男です。

毛皮貿易の独占で莫大な利益を上げるロシアアメリカ会社も、濫獲によるラッコの生息数の激減に悩みます。太平洋岸をさらに南下し、新たな捕獲の基地として構築したのがフォート・ロスでした。ラッコの毛皮は清との条約で外モンゴルの町キャフタを通じてしか支那市場に持ち込むことはできません。[*10] しかしカリフォルニアやアラスカで獲れた毛皮をモンゴル経由で販売するのではまったく商売になりません。そのため、広東で手広く商売をしていたボストン商人の手配するアメリカ船に売りさばいていたのです。次第にフォート・ロス周辺でも濫獲が進み、砦の維持が難しくなったロシアアメリカ会社がサッターに権益を譲ったのが一八四一年のことだったのです。ロシアがカリフォルニアから撤退したのは、サンクトペテルブルクの株主たちが莫大な配当を受けていたにもかかわらず、カリフォルニアやアラスカに何の関心も示さなかったためです。[*11] 彼らにとってはカリフォルニアはまさに地の果てでした。ロシアは地理的な理由だけで、あっさりとカリフォルニアから撤退していきました。

奪取を狙う英仏

フランスは一八〇三年に仏領ルイジアナをアメリカに千五百万ドルで売却しています。ナポレオンがヨーロッパでの戦費を賄うためでした。現在のアメリカ国土の四分の一ほどの広大な領土を譲ってしまったのです。北米に拠点を失ったフランスは失地回復の機会をその後も窺い続けていました。

一八三九年、フランス外務省はウジェーヌ・モフラ[*12]をメキシコシティーに大使館員として送り込んでいます。モフラには政府からある指令が出されていました。北米西海岸に向かい、フランスの入植地を作るための予備調査が命じられていたのです。[*13] モフラは一八四一年の半ば、五ヵ月にわたって調査の旅に出ています。この探検の成果は一八四四年にパリで出版されています。[*14]

フォート・ロスでは最後の支配人となるアレキサンダー・ロトチェフ[*15]にフランスワインでもてなされ、モーツアルトの曲のピアノ演奏で歓迎されました。[*16] サッターの砦も訪問しています。サッターはフランスびいきで知られていました。ここでもモフラは歓迎されたに違いありません。

「（モフラは）フランスに戻ると、報告書を提出したのだが、それには極秘のメモが添付されていた。そのメモには次のような計画が記されていた。カリフォルニア奪取の機は熟している。まず英ハドソン・ベイ会社に雇われているフランス系カナダ人をサッター砦の周辺に入植させる。その近辺で何らかの騒乱が起きれば、こうしたフランス人の権益を守ると称してフランス艦船をサンフランシスコ湾、モンテレイ、サンディエゴに派遣できる。こうしてカルフォルニアを新しいルイジアナとして奪取する。これにより北米で失った領土を再び回復できる[*17]」

ほぼ時を同じくして、メキシコのテピク[*18]にいたスコットランド人商人アレキサンダー・フォーブス[*19]が、英国によるカリフォルニア奪取の計画を立案しています。歴史家ケヴィン・スターは、探検家でもあったフォーブスが著書『カリフォルニアの歴史[*20]』（一八三九年）の中で次のように書いていたことを紹介しています。

「メキシコ政府はイギリスの商人たちに五千万ドルの借金がある。この借金をかたにカリフォルニアにイギリスの国策独占会社を作らせる。東インド会社やハドソン・ベイ会社に倣（なら）った会社の形態を考えればよい。この会社の株を債権者に持たせるのだ。東インド会社がインドを、ハドソン・ベイ会社がカナダを運営してきたように、この会社にカリフォルニアの運営を任せればよい[*21]」

メキシコからの大量移住計画

メキシコの宗主国スペインは早い時期から、アメリカに広がる領土に人口を増やすべきだと考えていました。スペインの領土拡大の常套手段は、宣教師の集団が先遣隊となり原住民をカソリック教徒に改宗させることから始まります。一七〇〇年に、カリフォルニアが島ではなく大陸の一部であることを最初に報告したのもイエズス会士でした。

宣教師たちはカリフォルニア沿岸に次々にカソリック教会を設立していきます。サンディエゴ（一七六九年）、ロサンジェルスの北に位置するサンフェルナンド（一七九七年）、サンタバーバラ（一七八六年）、モンテレイの南にあるサンカルロス（一七七〇年）、サンノゼ（一七九七年）、サンフランシスコ（一七七六年）。こうした宣教の核となる町はカリフォルニア沿岸を北上するように拓かれていきました。サッターがカリフォルニアに現われる頃にはその数は二十を超えています。それでも、この広大な土地に住むスペイン系メキシコ人はきわめて少なかったのです。

一八四八年のカリフォルニア人口[*22]は、原住インディアンが二万四千人、スペイン系メキシコ人が一万二千人。ほかにアメリカ人貿易商などが五百人いました。カリフォルニアを狙う外国勢力を警戒するメキシコは、早くからメキシコに移住してきているアイルランド人を利用することを考えます。イギリスの圧政を嫌うアイルランド人は、同じカソリック国であるスペインに移る者も増えていました。そこで軍隊に入り出世するとメキシコに派遣された者も多かったのです。メキシコ独立戦争（一八二一年独立）にも多くのアイルランド系軍人が活躍しています。

アイルランド系神父ユージーン・マクナマラが、カリフォルニアへのアイルランド系住民の大量移住計画を立案したのは一八四五年のことでした。マクナマラはこのままではカリフォルニアがアメリカのメソジスト・プロテスタントに侵食されてしまうと主張します。アイルランド系の二千家族を移住させるための土地払い下げをメキシコ大統領に訴えたのです。[*23] この計画はメキシコシティーの大司教の賛同を得ることに成功します。家族数二千世帯は、人口で言えばおよそ一万人に相当します。当時のカリフォルニアの人口からすれば、これがいかに壮大な計画だったか容易に想像できます。

ポーク大統領の独立工作

アメリカ第十一代大統領ジェームス・ポークは民主党の大統領です。[*24] アメリカこそが自由と民主主義に基づく道徳世界を築き上げる責務（明白なる宿命＝マニフェスト・デスティニー）を神によって委ねられた国だと、強烈に主張する男です。彼はテキサス共和国と北米大陸西海岸のオレゴン・テリトリー、メキシコ領カリフォルニアをアメリカ領土とすることをスローガンにして選挙戦を戦ってきました。

テキサス共和国は奴隷制度を維持する国でした。テキサスの合衆国への参加は奴隷制を嫌う北部州の反対があり、すんなりとは行きませんでした。しかし、前任のタイラー大統領がうまく処理を終え、テキサスの意思次第で合衆国参加が認められる手はずを整えてありました。一八四五年、ポークが大統領に就任（三月）した年に合衆国加入を果たしています。残るは太平洋岸の領土の奪取です。

太平洋岸北緯四十二度から五十四度四十分までの膨大な土地は当時オレゴン・テリトリーと呼ばれ、米英共同統治となっていました。太平洋とロッキー山脈の分水嶺に囲まれた台形の土地、約七十四万平方キロメートルは日本のおよそ二倍の面積です。一八一八年以来、米英の帰属をあえて曖昧なままにしておいたところです。

ポークは就任直後から英国との領土交渉を始めています。彼はこの土地すべての獲得を主張してきただけに弱腰の提案はできません。戦争も辞さずとの構えでイギリスとの交渉を開始したものの、カリフォルニア奪取計画が後に控えていて、メキシコとの対立が確実な時期でした。ポークにはイギリスとメキシコを同時に敵にする二正面での戦いを避けたい本音がありました。イギリスはオレゴン・テリトリーの管理は国策会社ハドソン・ベイ会社に委ねていました。なかなか人口の増えないこの土地では、ハドソン・ベイ会社の重要な資金源であったビーバーなどの毛皮の収獲量もコロンビア川流域での濫獲で大きく落ち込みました。表面上は戦争も辞さずの立場を崩さなかった両国ですが、水面下の交渉を通じて、「阿吽（あうん）の呼吸の妥協点」であった北緯四十九度線で国境の線引きをすることで決着させています（一八四六年六月、オレゴン協定）。しかしアメリカの発展にもっとも重要な土地はオレゴンではなく、むしろカリフォルニアです。拡大する支那市場を見据えたとき、アメリカ大陸とアジアを機能的に連結させるには、航海の最短距離となるグレートサークル・ルート（大圏航路）上にある良港サンフランシスコを、なんとしてもアメリカ領土として確保し、蒸気船による太平洋航路を構築しなければなりません。この港を外国勢力に渡すことは絶対にできません。メキシコからカリフォルニア奪取を狙うフランスやイギリスの狡猾な動きは摑んでいます。

ポークは大統領に就任すると、一八四五年十一月、民主党の盟友で、ペリー提督の義理の兄ジョン・スライデル下院議員をメキシコに派遣し、カリフォルニア買収交渉にあたらせています。それだけではありません。テキサスがかつてメキシコから独立し（一八三六年）、その後に住民の意思の自発的発露として合衆国に参加させたように、カリフォルニアの住民にまず武装蜂起させ、独立国となったカリフォルニアを合衆国へ参加させるという手法も画策していたのです。「テキサス型解決策[*25]（テキサス・ソリューション〈Texas Solution〉）」と名づけられた、アメリカが得意とする戦略です。

このやり方は後日、一八九八年のハワイ併合にも用いられています。

ポーク大統領が利用したのは、メキシコ領カリフォルニア・モンテレイの商人トーマス・ラーキン[*26]でした。一八四四年からこの町でアメリカ領事を任されていた男です。ラーキンはもともと「テキサス型解決策」をワシントンに提案していました。その提案を採用した大統領はラーキンにカリフォルニア住民工作を密かに命じたのです。

「一八四五年十月、ポーク大統領はラーキンに次のような密命を出した。『カリフォルニア住民とメキシコ政府との間の揉め事には合衆国は干渉しない。しかしアメリカはカリフォルニアが英国やフランスの植民地になるようなことは絶対に許さないし、そうなる可能性がある場合、カリフォルニアを無防備のままに放っておくことはない』。この考えを住民に伝えさせたのだ。ラーキンはさらに一歩進めて、アメリカはカリフォルニアが独立すれば合衆国の一員として喜んで迎え入れるだろう、と住民に伝えたのだった[*27]」

アメリカ政府は、ラーキンの住民工作と同時に物理的な軍事支援も行っています。陸軍探検家ジョン・フレモント[*28]にシエラネバダ山脈から太平洋に抜けるルートの開拓を命じ、その過程でカリフォルニアに入植しているアメリカ人にコンタクトさせたのです。六十人の武装した兵士を率いてフレモントがカリフォルニアに入ったのは一八四六年初頭のことでした。フレモントは若き陸軍士官とはいえ、アメリカ政界中枢との強いコネクションがありました。アメリカの西漸を声高に唱えるミズーリ州上院議員トマス・ベントンの愛娘ジェシーを妻にしていたのです（一八四一年十月十九日結婚）。ベントンはオレゴン・テリトリーをめぐる英国との交渉にも軍事力行使を強く主張していた領土拡張の強硬派でした。

この工作を通じて、アメリカのカリフォルニア奪取の強固な意志を確認したサクラメント川流域のアメリカ人入植者およそ三十人がカリフォルニアの独立を要求し、メキシコに反旗を翻すことになります。一八四六年六月十四日、叛乱軍はソノマにあるメキシコ軍の砦を落としました。この町に高々と掲げられたのが、一つ星とグリズリーベア（灰色熊）をあしらったベア・フラッグでした。カリフォルニア共和国の誕生です。

叛乱軍はまだ知りませんでしたが、熊と星の共和国旗がソノマにたなびいた六月には、すでにアメリカはメキシコに宣戦布告していました。スライデル議員に委ねたカリフォルニア買収交渉の頓挫を受けて、ポーク大統領は海上から、そして陸上からメキシコへの軍事的威嚇を続けていました。そんな中、リオグランデ川付近に展開させていたテイラー将軍の偵察部隊がメキシコ軍に襲撃されたのです。トーントン隊長が重傷を負い、十六名の死傷者が出たのは一八四六年四月二十五日のことでした（トーントン事件）。それまで開戦に慎重だったアメリカ議会も、この事件を境に戦争やむ

カリフォルニア共和国旗、ベア・フラッグ。

なしの姿勢に大きく傾いています。下院では百七十三対十四、上院では四十対二。議会が開戦に同意しメキシコに宣戦布告したのは五月十三日のことでした。

カリフォルニアへは、海からはストックトン提督の海軍が、陸からはカーニー将軍の陸軍部隊が派遣されています。七月の半ばにはモンテレイに到着したストックトン提督によりカリフォルニアは軍政下に置かれました。こうしてカリフォルニア共和国は泡沫のように消滅しています。開戦により「テキサス・ソリューション」作戦は不要になったのです。カリフォルニア沿岸に展開していた英国の軍船に、本国からは何の指令も届きませんでした。

メキシコ軍のカリフォルニアの拠点は次々と陥落していきました。ストックトン提督のカリフォルニア到着からわずか半年後、一八四七年一月十三日、メキシコ軍指揮官アンドレ・ピコ将軍[*29]はロサンジェルスの北、現在はユニバーサル・スタジオのあるカフエンガ峠近くで降伏します。将軍とフレモントの間に結ばれた降伏文書はカフエンガ条約(Treaty of Cahuenga)と呼ばれています。

金鉱発見!

カリフォルニアでの戦闘とは別にメキシコ本土でも激しい戦いが続いていました。一八四七年三月九日、カリブ海の軍港ヴェラクルーズにウィンフィールド・スコット将軍が迫ります。アメリカ陸軍が初めて敢行した海からの上陸作戦です。およそ一万の上陸部隊を援護したのはマチュー・ペリー提督の指揮する蒸気戦艦「ミシシッピー」号の三十二ポンド砲でした。この巨大な破壊力を持つ艦砲が「ミシシッピー」号から揚陸されています。ヴェラクルーズ要塞の固い城壁は陸軍の持つ砲ではびくともしませんでした。スコット将軍は艦砲の貸与を要請していました。ペリーは従前から海軍陸戦隊が重要になることを主張していました。

その主張の正しさを明らかにするまたとないチャンスです。喜んで要員と艦砲の使用を承諾しています。八百ヤード(七百二十メートル)の距離から次々に発射される砲弾が、要塞の壁を容赦なく破壊していきました。[*30] こうして、スコットの上陸部隊の攻撃には耐えていた四千三百のメキシコ守備兵はたちまち戦意を喪失していったのです。ヴェラクルーズが陥落したのは三月二十七日のことでした。ここからメキシコシティーまでは四百三十五キロメートル。アメリカ軍は、十六世紀初頭エルナン・コルテスがアステカ帝国征服に向かったときと同じルートでメキシコの首都に向けて進軍していきました。

九月十四日にはメキシコシティーは陥落しています。アメリカの戦争の真の狙いはカリフォルニアです。ポーク大統領がその買収交渉を任せたのはニコラス・トリスト[*31]でした。もともとアメリカには正義のない戦争です。軍事的に圧倒しているとはいえ、メキシコのアメリカに対する反発は強く、終戦の条件は一向にまとまりません。トリストの交渉は年を越した一八四八年に入っても続いていました。

メキシコシティーでヒートアップした交渉が進められていた一八四八年一月、サクラメントではサッターが新しいビジネスに向けて動き出しています。サッターの築いていた砦はフレモントの軍隊への軍馬や食料の供給に協力していました。しかし、サッターがメキシコ国籍を取得していたことから、フレモントは彼を警戒の目で見ていました。サッターはうまく立ちまわりその警戒を解いています。スイスでは何ひとつ軍隊経験がなかったにもかかわらず、あたかも経験豊富な元軍人のように振る舞ってメキシコ政府からの土地払い下げを成し遂げた男です。彼には人を信用させる特技があったのでしょう。サッターの新規プロジェクトは建築用木材を供給する製材所の建設でした。

サッターが製材所建設を決めたのはサクラメントからアメリカ川上流、東に八十キロメートルのところにある河畔でした。現在のコロマ近郊です。サンフランシスコでは建築用木材への需要が増えていて、人力で加工していては間に合いません。水力を利用して製材した板材を、アメリカ川やサクラメント川の水運を利用してサンフランシスコに運ぶ計画です。川幅が狭くなり流れの速いこの場所を選んだのはジェームス・マーシャル[*32]でした。三年前の夏、ニュージャージー州からサッターの砦にやってきた大工の経験のある男です。カリフォルニア共和国設立を目指したソノマの叛乱にも参加しています。

　この製材ベンチャーにはユタからやってきたモルモン教徒や原住インディアンが雇用され、水力製材所が稼働するのを待っていました。一八四八年一月二十四日朝、完成間近い製材所にやってきたマーシャルは、水の流れを速めるために掘り下げた川底の様子を調べに川に入ります。川岸には川底から掘り上げた土砂が無造作に放置され、小山となっていました。彼はその山の上部で、たくさんの怪しく光る鉱石の粒を発見するのです。製材所に輝く石を持ち帰ったマーシャルは、モルモン教徒たちと鉱物学者よろしく、その石の正体を見きわめようとします。ハンマーで叩いて変形させたり、沸騰した石鹸水に浸けてみたりしました。報告を受けたサッターも同じように届けられた輝く石を百科事典と首っ引きで調べています。硝酸に晒してもみました。どちらの素人鉱物学者のテストでも、その光る石が金であることを示していました。

「サッターはこの発見が、彼のこれまでの計画を根底から変えてしまうことを悟った。モルモン教徒の連中もそうでない者も、業務外の時間には金探しを認めてくれと騒いだ。（中略）この数ヵ月後には、サッター砦のストア・マネージャーをやっていたサム・ブラナンがサンフランシスコで、この『金発見』のニュースをしゃべりまくっていた[*33]」

◉原註

- ＊1　Joyce Vialet, *A Brief History of U. S. Immigration Policy*, Congressional Research Service Report No. 80-223, 1980, p31.
- ＊2　Ted Baggelmann and Willard Thomson, *John Sutter's Journey 1834-1839*, Sacramento County Historical Society, 1987, p5.
- ＊3　Bud Wellmon, Frontier Traders and Pioneer Cattlemen: Hawaiian Perspective, *Hawaiian Journal of History*, 1973, Vol. 7, p48.
- ＊4　ロシアアメリカ会社はロシアの国営特許会社。一七九九年設立。一八六七年のアラスカのアメリカへの売却まで存在した。
- ＊5　Juan Bautista Alvarado　一八〇九―一八八二年。アルタ・カリフォルニア州知事。
- ＊6　Kevin Starr, *California*, The Modern Library, 2005, p56.

＊7 Stephen R. Bown, *Merchant Kings*, Douglas and McIntyre, 2009, p186.

＊8 ロシア皇帝。在位一七九六―一八〇一年。

＊9 Nikolai Petrovich Rezanov　一七六四―一八〇七年。

＊10 キャフタ条約（一七二七年）に基づく交易都市。

＊11 *Merchant Kings*, p188.

＊12 Eugene Duflot de Mofras　一八一〇―五一年。フランスの外交官、探検家。

＊13 *California*, p61.

＊14 *Exploration du territoire de l'Orégon, des Californies et de la mer Vermeille, exécutée pendant les années 1840, 1841 et 1842.*

＊15 Alexander Rotchev。一八〇六あるいは〇七―七三年。

＊16 The Rotchev House, p18.
http://www.fortrossinterpretive.org/TEXT/Rotchev%20Furnishing%20Plan%20excerpts.pdf

＊17 *California*, p61.

＊18 メキシコ中部太平洋岸の町。

＊19 Alexander Forbes　一七七八―一八六二年。

＊20 原題は *History of Upper and Lower California.*

＊21 *California*, p62.

＊22 Martin Gilbert, *The Routledge Atlas of American History* 6th Edition, Routledge, 2009, p16.

＊23 *California*, p62.

＊24 ポーク大統領のアメリカ領土拡大の経緯は、拙著『日本開国』21章「『アメリカ』の誕生」

を参照されたい。

＊25　Harlan Hague, James K. Polk and the Expansionism Sprit, *Journal of The West*, July 1992, pp51-6.

＊26　Thomas Oliver Larkin　一八〇二—五八年。

＊27　James K. Polk and the Expansionism Sprit, *Journal of The West*, July 1992, pp51-6.

＊28　John Fremont　一八一三—九〇年。

＊29　Andrés Pico　一八一〇—七六年。

＊30　E. Alexander Powell, *The Road to Glory*, Charles Scriber's Sons, New York, 1915, p298.

＊31　Nicholas Trist　一八〇〇—七四年。

＊32　James Wilson Marshall　一八一〇—八五年。

＊33　*California*, p79.

第3章　太平洋シーレーン

明白なる宿命(マニフェスト・デスティニー)

一八四八年十一月末、カリフォルニアの軍司令部が置かれたモンテレイを八月に発った陸軍中尉ルシアン・ローザーがパナマ地峡を抜け、急ぎワシントンにやってきました。彼は一通の報告書を携えていました。その報告書には粗い砂金が添えられていました。牡蠣(かき)の空き缶に詰められていた砂金の重量は二百三十オンス[*1]（およそ六・五キログラム）。驚くべき重量です。

この年の初め、一向に埒(らち)の明かないメキシコシティーでの交渉に業を煮やした大統領は、トリスト特使の召喚を決めています。しかし、トリストはその命令に従おうとはしませんでした。メキシコの政治は、賄賂とも言われる「心づけ（sweetener）」一万ドルを贈っても国内世論をまとめられなかったサンタ・アナ将軍の軍政から民政に移りました。その過程で、アメリカに屈することもやむなしとの機運が醸成され始めているのを、トリストは肌で感じていたのです。アメリカには正義のない戦いです。

ゲリラ戦が継続される恐れもありました。無理やりにでも条約を結んでおかなければなりません。プロの外交官としての強い勘が働いたのでしょう。トリストは若き日に師事した第三代大統領トーマス・ジェファーソンの孫娘を妻にしているプライドの高い男です。彼は外交官としてではなく政治家として大統領命令に背く判断をしたのです。

一八四八年二月二日、ついに合意が成立します。この日、メキシコシティー郊外で調印された条約（グアダルーペ・イダルゴ条約）は、大統領の思惑をほとんど満たしていました。アメリカが、領土割譲に千五百万ドルを支払い、テキサス州民がメキシコ政府に補償請求していた三百万ドルを引き受ける。計千八百万ドルの支払いで終戦の合意ができました。当初予算三千万ドルを大きく下回ります。この金額と引き換えにメキシコが譲歩したのは、メキシコとテキサス州の国境をヌエセス川からさらに南のリオグランデ川とすること、カリフォルニア及びその周辺の土地の譲渡です。現在のカリフォルニア州、アリゾナ州、ニューメキシコ州、ユタ州、ネバダ州、ワイオミング州の一部、コロラド州の一部がアメリカの新たな領土となり、メキシコは国土のおよそ半分を失ったのです[※2]。

メキシコシティーで条約が調印されたのは二月二日。このわずか一週間ほど前のサッターの製材所での金発見のニュースがこの町に届いているはずもありません。このニュースを、条約締結前にメキシコ政府が知っていたら歴史は変わっていたかもしれません。

アメリカは領土拡張を成し遂げたものの、新領土に人はほとんど住んでいません。早急に、こうした土地に住む人々の数を増やさなければなりませんでした。しかし、交通インフラストラクチャーの整っていない状態での人口移動は困難をきわめます。ポーク大統領ら政権幹部の次の課題は新領土を発展させるため、どうやって人口を増やすかにありました。難しい課題です。

ところが、十一月にローザー中尉が届けたカリフォルニア軍政長官リチャード・メイソン大佐[*3]の報告書によると、未開の西部がすでに大きく変貌し始めているらしいのです。カリフォルニアの金が、磁石のように、一攫千金を狙う人々を猛烈な勢いで吸い寄せているというのです。

命令に背いた外交官が勝ち取った狙いどおりの条約。これ以上のタイミングはないほどの金鉱の発見と新領土への激しい人口流入。報告書を手にしたポーク大統領は、自らが高く掲げ続けてきたマニフェスト・デスティニーが神の加護のもとに大きく前進したことを確信したでしょう。ずっしりと重い牡蠣の缶を手にして、自らの強運にほくそ笑んだに違いありません。

メイソン大佐がワシントンのロジャー・ジョーンズ准将[*4]に宛てた八月十七日付の報

告書はカリフォルニアの模様を次のように伝えています。[*5]

「閣下　去る六月十二日からウィリアム・T・シャーマン中尉を帯同し、北部カリフォルニアを視察してまいりましたので、以下のとおり報告いたします。

六月二十日、サンフランシスコ到着。この町に男は誰もいなかった。数ヵ月前には多くの人が行き交い繁盛していたこの町の男たちは、一人残らず金を探しに山に入ってしまったようだ。町は打ち捨てられたようにひっそりとしていた。

七月二日、サッター砦着。ここではビジネスが活発に行われていた。船で運ばれた荷が次々に砦に運び込まれていた。砦の内部には数軒の店ができていてホテルもあった」

サンフランシスコから押し寄せた俄か鉱夫で賑わう砦の様子がわかります。七月五日にはマーシャルの製材所を訪れています。

「製材所周辺では四千人を超える男たちが金を探していた。マーシャル氏は製材所の近くに住んでいたが、たくさんの人を雇い入れていた。一人当たりの生産量は日に一オンスから三オンスに上るとのことだ」

金の比重は十九・三二、鉄の比重は七・八七。金は鉄の二倍半も重い金属です。俄か鉱夫が用いた方法はこの重い金の性質を利用して、集めた土砂から軽い砂や石を水で洗い流して選鉱するパニング（Panning）と呼ばれる原始的な方法でした。金を含んだ土砂を集める者、小型の滑り台のような選鉱台上部から土砂を載せそこに水を流し込む者、選鉱台の下部に集まった鉄分や砂金が混ざった砂を水の入った平鍋の中に移し、丁寧に揺らし砂金を分離させる者。こうした作業を数人のグループ単位で行い効率を高めていました。メイソン長官一行は七月七日にマーシャルの製材所を出るとその周辺を視察しています。アメリカ川に流れ込む支流を十二マイル遡り、製材所周辺よりもさらに大量の金が発見された現場について報告しています。

「W・デイリーとパーシー・マクーンという二人の男は、四人の白人と百人の原住インディアンを使って、一週間で一万七千ドルに相当する金を採取している。従業員への給料や他の経費を支払っても一万ドルが残ったらしい」

当時の一ドルは消費者物価指数で換算すると現在の二十八倍の価値があります。わずか一週間で二十八万ドル、一人当たり十四万ドルを稼ぎ出したことになります。現在価値でおよそ一千万円にあたる夢のような収入です。こうした物語は決して特別なものではありませんでした。大佐は他にも、かつてストックトン提督に仕えていたネライという男が、この周辺で一人で三千ドルに相当する金を三週間で手に入れた話も報告しています。三千ドルは現在の八万四千ドルに相当します。三週間の労働でおよそ七百万円の収入です。報告書はさらに続けてこう記しています。

「こうした金の発見はカリフォルニアの姿を恐ろしいほどに変えている。（中略）金を求める労働者の職場放棄が相次ぎ、船乗りが船に戻らず船員不足で出港できない船もある。サンフランシスコの港は、乗組員が一人もいない船が溢れている。兵士の職場放棄も相次いでおり、ソノマ砦から二十六人、サンフランシスコとモンテレイからも、それぞれ二十四人が逃亡した」

世紀の人口移動

一八四八年十二月五日、ポーク大統領は金発見のニュースを議会に正式に報告します。これによって、一部の者にしか知られていなかった事件を瞬く間に世界中が知ることになったのです。翌年の一八四九年には「ゴールドラッシュ」という世紀の現象が生まれます。[*6]

アメリカ川やサクラメント川の水系での砂金採取に資金は要りません。特殊な技術も不要です。グループを作れば効率は高まりますが、一人の作業でもシャベルと平底の鍋さえあればミリオネアになれるチャンスがあるのです。カリフォルニアに突如出現した、万人に開放された一攫千金のチャンス。アメリカ東部、中西部からだけでなくヨーロッパ、南米そして支那からも雲霞のごとく男たちが集まってきました。その後三年領の発表からわずか一年で非原住インディアン人口は十万を超えました。その後三年で二十五万五千人に増えています。

「新しい大都会サンフランシスコ。それはあたかもアトランティス大陸が突如海底から出現したかのようであった。（中略）カリフォルニアのゴールドラッシュは、良い意味でも悪い意味でも、アメリカという国のDNAを示すものである」[*7]

交通インフラストラクチャー未整備のこの時期、カリフォルニアへのルートは三つありました。ロッキー山脈を越えるルートは、その向こうにある砂漠地帯を抜け、さらにもう一度起伏の激しい山々を踏破しなければなりません。南米最南端ホーン岬経由の海路もありました。この二つのルートに要する日数はほぼ同じ。五ヵ月から八ヵ月が必要でした。これに対し最も人気があったのがパナマ地峡を抜けるコースでした。カリブ海からチャグレスに向かい、さらにチャグレス川を小船で遡り、最後はおよそ百キロの地峡をラバを使って、あるいは徒歩で抜けるルートです。太平洋側のパナマに到着すると、そこからは船を使いサンフランシスコに向かいます。この道程では陸路やホーン岬回りに比べ、三分の二もの日数が短縮できました。しかし、旅程短縮にはそれなりの代償が必要でした。ぬかるんだ道、熱病、毒蛇、人を襲うワニ、足を滑らせれば溺れそうな早瀬。こうした自然の障害に加え、旅人を狙う盗賊が出没していました。殺人事件も多発する危険なルートでした。

金が溢れるカリフォルニアの地はアメリカ連邦政府の所有です。しかし、メイソン長官は報告書の中で、犯罪行為などがない限り、俄か鉱夫の作業に介入しないとしています。彼らを管理する行政組織もなく、軍のマンパワーも徹底的に不足しています。やむを得ない判断でした。こうしてカリフォルニアの金探しは早い者勝ちとなります。とにかく早く現地に駆けつけて砂金や小粒の金の塊を探し、取り尽くしたら急いで移動して同じことを繰り返す。スピードが勝負でした。実際にどれぐらいの俄か鉱夫が山に入ったのか、正確な数字はわかりません。一八四九年十二月にはおよそ四万、ピーク時の一八五二年には十万と推定されています。[*8]

この世紀の人口移動の模様は、ベイヤード・テイラーがそのカリフォルニア旅行記『エルドラド』で詳細に語っています。一八四九年七月下旬、ベイヤード・テイラーはようやくの思いでパナマ地峡を抜け、太平洋岸の港町パナマに辿り着いています。テイラーがペリー提督の「サスケハナ」号で浦賀沖に現われる四年前のことです。カリフォルニアの様子をレポートするためサンフランシスコに向かったのです。『ニューヨーク・トリビューン』紙の依頼でした。ニューヨークを出たのは六月二十八日。彼の乗ったユナイテッド・ステイツ・メール蒸気船会社所有の「ファルコン」号はフロリダ沖からキューバのハバナに向かい、そこからニューオリンズを経てチャグレスに入っています。テイラーは地峡を抜けるためにラバを雇い、ときに現地人のカヌーで小川を渡り、大雨でぬかるんだ悪路に足をとられ川に流されそうになったこともあります。実に危険な旅でした。それでも五日でパナマ地峡を抜け、眼前に広がる太平洋を見ることができました。パナマに入った正確な日付は確認できません。彼の旅行記は、情景や人物描写は見事なのですが、具体的な日付の書き込みが少ないのです。テイラーは八月一日にパナマを出港予定のパシフィック・メール蒸気船会社の「オレゴン」号に乗ることになっていました。彼はその出港前にパナマに到着できたことに安堵しています。途中、現地人の営む運び屋に預けた手荷物も無事ホテルに届けられました。

パナマの町は混乱を極めていました。預けた荷物が届かない者も多く、そうした災難にあった者は船の出港に間に合わない可能性もあります。テイラーが町に入った頃には七百人ほどの男たちが「オレゴン」号を待っていました。数日前には、乗船券を求める男たちが暴動に近い騒動を起こしています。我先にチケットを求める男たちに、パシフィック・メール蒸気船会社は積載重量の上限分までチケットを売りさばいていました。買いそびれた者には次に入港する船の予約をとることで、騒動をなんとか収拾しています。三百ドルの乗船券に六百ドルを出す者も少なくありませんでした。[*9] 六百ドルは現在価値で一万七千ドルです。カリフォルニアの川底に埋もれた黄金に引き寄せられた男たちの狂気が、この恐ろしいほどに吊り上げられた運賃となって表われたのです。

海運王アスピンウォール

ウィリアム・アスピンウォール[*10]という人物は日本ではほとんど知られていません。これまでに登場した多くの人名も、アメリカ史に馴染みのない読者にとっては初めて聞く名前がほとんどでしょう。アスピンウォールもそうした名前の一つかも知れません。しかし彼が今でも世界的に活動する動物愛護協会（ＳＰＣＡ）の創立者であることや、ニューヨーク・メトロポリタン美術館の創設に関わっていることを知っていると、現代との繋がりを感じ、幾ばくかの親近の情がわいてくるかも知れません。彼は十九世紀の海運王として巨万の富を築いています。彼の会社は現在でも大手海運会社の一つ、アメリカン・プレジデント・ライン（ＡＰＬ）として存続しています。

海運王アスピンウォールの富は、カリフォルニアの金発見とそれに伴う人口移動に深く関わっています。アメリカ政府はいまだメキシコとの条約が成立していなかった一八四七年三月に早くも法律を可決して、新領土となるカリフォルニアへの郵便サービスを可能とする郵船事業を積極的に支援することを決めています。ニューヨークからチャグレスを繋ぐカリブ海ルートは、すでにビジネスの存在していた西インド諸島や、アメリカ南部の港湾の商都ニューオリンズを商圏にすることができるため、利益が確実なルートです。ですからこのルートを結ぶ郵船プロジェクトには複数の企業がすぐさま名乗りを上げています。一八四八年三月にはユナイテッド・ステイツ・メール蒸気船会社が、十二月にはハワード&サンズ・エンパイアー・シティー・ラインが参入しています。ユナイテッド・ステイツ・メール蒸気船会社が連邦政府から受ける補助金は年間二十九万ドルに上っています[*11]。

大西洋カリブ海方面の事業に比べ、パナマとカリフォルニアの港を繋ぐ郵船事業は相当な困難が伴うプロジェクトになることは誰にも予想できました。少ない人口に加え、カリフォルニアの沿岸には石炭補給や船舶の修理機能のある港はありません。どの企業家も事業参入に躊躇していた中、手を挙げたのがウィリアム・アスピンウォールでした。このルートへの参加企業を連邦政府が募集したのは一八四七年五月。ほとんど応募のなかった中で、この権利をまず取得したのはテネシー州出身の投機家アーノルド・ハリスでした。そのハリスから経営権を手に入れたのがアスピンウォールでした。権利取得は一八四八年二月八日のことですから、サッター製材所での金発見からわずか二週間ほど後のことです。もちろん金発見のニュースをアスピンウォールがこの時点で知るはずもありません。彼はカリフォルニアの長期的発展に賭けていたのです。

一八四八年四月十二日にはパシフィック・メール蒸気船会社が設立されています。連邦政府からは十年間の郵船事業独占の権利が与えられ、年間十九万九千ドルの補助金が支給されます。営業開始は一八四八年十月を目指しています。もちろん、補助金を受けるためにはいくつかの条件がありました。[*12]

一、パナマ―サンフランシスコ間に蒸気船を月二回運航すること。

二、使用する船舶は戦時には海軍軍船に転用可能なこと。

三、（従って）使用する船の建造には海軍の認可が必要なこと。

アスピンウォールがこの条件を満たすためには、最低三隻の千トンクラスの蒸気船が必要でした。それらは「カリフォルニア」号、「パナマ」号、「オレゴン」号と命名されています。三隻の仕様はほとんど同じ。長さ二百フィート（六十一メートル）、幅三十三フィート（十メートル）で、千トンを少し上回る大きさです。[*13]三本の高い帆柱が、信頼性を欠く初期の蒸気船を象徴していました。万一に備えての帆は欠かせなかったのです。

最初に竣工なったのは「カリフォルニア」号でした。九月に完成し、海軍に承認されたこの新造船がカリフォルニア航路就航のためにニューヨークを出港したのは一八四八年十月六日のことでした。港を出るとすぐに外輪の故障やエンジントラブルに見舞われます。途中、リオデジャネイロで修理と燃料補給が必要となり二十五日もの予定外の日数を費やしています。大幅なスケジュールの遅れとなった「カリフォルニア」号のフォーブス船長が、太平洋に抜けようと南米マゼラン海峡の荒れた海と格闘しているちょうどその頃、ポーク大統領が世紀の金発見のニュースを議会に報告したのです。

「カリフォルニア」号がパナマの港にようやく碇を下ろしたのは、年も明けた一八四九年一月十七日のことです。

「『カリフォルニア』号がパナマの港に入ると、乗員たちは驚くべき光景を眼にした。数百人の男たちが艀（はしけ）に集まっていて、『カリフォルニア』号の到着を待ちわびていたのだ。フォーブス船長は日誌に次のように記している。『パナマの町は今にも崩れかけそうな町であった。家々はみすぼらしく腐りかけ、教会も少し押したら倒れてしまいそうなありさまだった。（中略）そんな町にアメリカ人が溢れていた。五百人はいただろうか。みなパナマ地峡を散々な思いで抜けてきた者ばかりだった。途中コレラや赤痢で死んでいった者もいたようだ[*15]』」

大統領の金発見の議会報告が大きな地殻変動を起こしたのです。新聞が金発見の大統領報告を一斉に報道したのです。たとえば、議会報告の二日後、マサチューセッツ州の地方紙『バークシャイア・カウンティ・ウィグ』はこう伝えています[*16]。

「一人当たりの稼ぎは一日平均四十ドル、中には三百ドルを稼ぎ出す者もいる。カリフォルニア全体では一日六万四千ドルもの金が発見されていることになる。陸軍の兵士の中にも職場を放棄して金を掘りに出てしまう者が出ている」

現在の日本のお金に換算すれば平均で一日十万円、多い者で八十万円も稼ぎ出すというのです。一刻も早く黄金郷カリフォルニアへ行き、一攫千金の夢を果たそうとする熱狂が伝染病のように東部や中西部の男たちの間に蔓延していきました。こうした男たちの最初の集団がパナマの港で「カリフォルニア」号の到着を待ちわびていたのです。遅れて就航した「オレゴン」号と「パナマ」号がパナマで見た光景は同じでした。三隻とも二百五十人程度の乗客しか乗せられません。チャグレスにはニューヨークやニューオリンズなどの港から続々と男たちが押し寄せています。中には平底の小型漁船でカリブ海を渡ってチャグレスまでやってくる猛者までいたのです。

アスピンウォールはこうした状況への対応に迫られます。幸運の余韻に浸る間もなく、輸送能力アップに奔走します。次々に新しい船がカリフォルニア航路に投入されていきました。この年の秋には「テネシー」号と「カロライナ」号が、翌一八五〇年には「コロンビア」号が、さらに一八五一年には「フレモント」号と「ゴールデンゲイト」号が運航を始めています[*17]。

ポーク大統領の目指す西部開拓のクライマックスとも言えるアメリカ太平洋岸の開発は、領土奪取、金発見、パナマ―カリフォルニア航路設立、人口移動と続き、絵に描いたように進んでいったのです。

巨大都市サンフランシスコ

カリフォルニアにいったい、どれほどの人が流れ込んだのでしょうか。一八四九年から一八五二年の間に海路をとって入った者が十六万七千人、陸路で入った者も十六万を超えています。これは控え目の推定ですから、実際にはこれ以上の人々が新天地に向かっています。一八五二年のカリフォルニア人口統計（原住インディアンは含まず）が二十二万三千八百五十六人ですから、かなりの人々が故郷に帰ったか、他の地方に移動しているのがわかります。[*18] それでも一八四八年には白人はわずか五百人しか住んでいなかったのですから、人口激増の様子が十分に伝わる数字です。

カリフォルニアでの金の産出がピークを迎えたのは一八五一年から五三年の三年間です。年間およそ六千五百万ドル相当の産出がありました。以後一八六〇年まで五千万ドル前後で推移し、その後は急激に落ち込んでいきます。一八六五年には二千万ドルを割り込むと、それ以降は千五百万ドル程度の産出にとどまっています。[*19]

カリフォルニア発展の中心はもちろん「金山」、サンフランシスコです。すでに一八六〇年には、この街で起業した製造業やサービス業などを網羅した、五百五十ページもある分厚い企業一覧が発行されています。[*20] この一覧は単にこの街の企業をリストアップしただけではなく、サンフランシスコの人口学的分析やカリフォルニアの歴史を簡潔にまとめた記事も載せています。それに加え、サンフランシスコの将来を語る

サンフランシスコの人口構成

人種・性別	年齢	人数
白人・男性	21歳以上	38,890（人）
	5歳〜21歳	5,453
	5歳未満	5,000
（うちヨーロッパ系白人）		(5,000)
白人・男性計		49,343
白人・女性	18歳以上	23,985
白人計		73,328
支那人・男性	18歳以上	2,410
支那人・女性	18歳以上	540
支那人男・女	18歳未満	200
支那人計		3,150
黒人		1,605
総人口		78,083

考察もあり、多くの示唆に富んでいます。

サンフランシスコの人口分析は上の表のようになされています。[*21]

こうした人口分析に続いて、都市インフラストラクチャーの現状も述べられています。学校や教師生徒の数、宗教施設、住宅数、郵便物の取り扱い量、農業生産高などが詳しく報告されています。サンフランシスコに代表されるカリフォルニアは温暖な気候に加え、農業に適した平野部がそこかしこにありました。そこにはシエラネバダの山々を源とする河川が豊かな水を運んでいます。この土地に足りなかったのは人間だけでした。

十分な数の人間さえいれば、爆発的な発展が見込まれる条件の整った土地でした。この土地が大都市に発展するために必要な人口数の臨界点がどの程度だったのか。確実なことはわかりません。しかし一八六〇年度版企業一覧を見れば、臨界点をはるかに超えた人口流入でサンフランシスコはすさまじく自己増殖していることがわかります。いつ終焉を迎えるかわからない金採掘に頼らずとも持続的成長が可能な港湾都市に変貌していたのです。

醸造所二十四、家具製造業二十二、銀行十七、酒屋八百、宿泊施設二百四十八、証券取引業者百七十九。弁護士も二百八十八人が開業しています[*22]。この企業一覧は、サンフランシスコそしてカリフォルニアの将来の展望を次のように語っています[*23]。

「カリフォルニアの持つ諸資源は合衆国のどの州に比べても遜色がない。他州の成長はひどくゆっくりとしたものであるが、我々の未来は希望に満ち満ちている。（中略）世界のどこを見ても、この土地ほど人を引きつけるパワーのある土地はない。豊かな鉱物資源に加え、農業資源も十分で工業設備も確実に増えている」

「カリフォルニアの人口は現在六十万。こうした人々の生活を支える交易はすべてサンフランシスコ港を通じて行われる。カリフォルニアのすべての町や村がこの港に依存する。ここではすでに大規模製造業が生産を開始し、多くの商船が世界とこの港を結んでいる」

「近年、我が国が支那及び日本と結んだ条約[*24]で、遠くない将来にこの二国との交易が活発化するのは間違いない。遅かれ早かれ建設される太平洋側にまで至る鉄道網が完成すれば、東洋からの商品はこの港を通じて東部諸州や、さらにはヨーロッパまで運ばれることになる。一年以内に東部諸州とを結ぶ電信網が完成し、それがヨーロッパまで延長されるのは時間の問題である」

「咸臨丸」来航

日本開国に関する提案書を、ロビイストのアーロン・パーマーがクレイトン国務長官に提出したのは一八四九年のことでした。そこにはサンフランシスコが太平洋岸の商業の中心になることがはっきりと述べられていました。[*25] それからわずか十一年。パーマーの予言が現実のものとなったのです。一八六〇年、サンフランシスコの企業家たちは自信に溢れていました。

この年の春、サンフランシスコのリーダーたちが、この街の将来が東洋との貿易と密接に関わってくることを肌で感じる出来事がありました。極東の国、日本から蒸気船がこの港にやってきたのです。初めてアジアからやってきたこの船は、なんとも小さなスクリュー駆動の蒸気船でした。しかし確かに太平洋を越えてやってきたのです。このバーク型艤装がなされた日本の船は「咸臨丸（Candinmarruh）」と命名されていました。

三月十七日午後一時にサンフランシスコに投錨した咸臨丸は六百二十トン。日米修好通商条約の批准のため、ワシントンに向かう将軍使節（万延元年遣米使節）に随伴するという重要な任務を与えられた軍艦です。使節を乗せた「ポーハタン」号とともに浦賀を出たのが二月十日ですから、三十七日かけて太平洋を横断したことになります。艦長は勝麟太郎（海舟）、指揮官は木村摂津守（木村芥舟（かいしゅう））。この二人を含めた乗員の総計は九十四名という陣容でした。[*26] この日本人クルーに加え、アメリカ海軍の顧問（アドバイザー）、ジョン・M・ブルック大尉以下十一名も乗り組んでいました。十一人は二年前の一八五八年九月二十六日にサンフランシスコを出港した測量船「フェニモア・クーパー」号の乗組員でした。確かな拡大が予想されるアジアとの交易のために最適な太平洋航路を探り、安全な航海に必要な海図作成の任務を帯びて極東に向かった小型船です。しかし一八五九年八月二十三日、横浜沖で台風に遭遇し座礁しました。[*27] 離礁できたものの損傷がひどく、船体は破棄せざるを得ませんでした。船を失った乗組員が「咸臨丸」のサンフランシスコ渡航に操船アドバイザーとして乗船していたのです。

サンフランシスコ市民は「咸臨丸」を熱狂的に歓迎しています。「咸臨丸」の来航は、驚くべきスピードで成長を続けるこの街がアジアと確実に連結したことを示す事件だったのです。途中、信じられないほどの暴風雨に巻き込まれたと聞いています。そうでなければもっと短かくなったはずの航海です。カリフォルニアの交易にとって東洋がアメリカ東海岸と同じ価値、いやそれ以上の価値を持ったのです。翌三月十八日は日曜日にもかかわらず、ヘンリー・テッチェメカー市長以下十二人が表敬訪艦していいます。市長はボストン出身の商人でした。かつて支那との毛皮貿易にも関わっていましたから、アジア市場の重要性を十分に認識する人物でした。

市長たちは一人の日本人が器用に操る英語に感心しています。その男は通訳の中濱万次郎でした。彼の経歴は市長一行に、東洋がひどく近づいたことを改めて痛感させました。ブルック大尉との厚い友情の存在をも感じさせたこの男は、驚いたことに十年前にはサンフランシスコにいて金を採取していたというのです。

彼はおよそ十八年前に遭難した船乗りだが、フェアヘブンのウィットフィールド船長に救助され大西洋岸の町に運ばれた。そこで六年間の基礎教育を受けた。その後、捕鯨船員となったが最終的にカリフォルニアの金鉱にやってきた。採鉱でそれなりの財産を作ってサンドウィッチ諸島（ハワイ諸島）に向かい、そこで小さな捕鯨船と六分儀やクロノメーターなどの天文観測機器を購入し、アメリカ船で琉球に向かった。二人の日本人漂流民も彼に同行している。[*28] 最終的に江戸（Yedo）に無事に帰った。万次郎はボーディッチの実用航海術のほとんどを日本語に翻訳している（三月二十日付、アイザック・トウシー海軍長官宛のブルック大尉の報告書）。[*29]

万次郎は一八四九年十一月二十七日、カリフォルニアに向けてマサチューセッツの捕鯨のメッカ、ニューベッドフォードの港から、南米最南端のホーン岬を回るルートでサンフランシスコに向かっています。カリフォルニアに海路で向かった俄か鉱夫十六万七千人の一人だったのです。おそらくたった一人の日本人だったでしょう。一八五〇年五月二十日の到着ですから、移動に七ヵ月も要したことになります。彼はアメリカ東部からサンフランシスコへの木材運搬船「スティーグリッツ」号を利用しています。万次郎はわずか三ヵ月で六百ドル余りを稼ぎだし、ホノルルに移動しています。*30]

日本から初めてやってきた蒸気船に乗ったアメリカ人も、日本人通訳も、サンフランシスコに馴染みのある者ばかりでした。船上では、市長以下の要人との会話が弾んだことは容易に想像がつきます。二十日にはフランスやイギリスの領事の訪問もあり、二十二日は市長主催の歓迎会が催されています。[*31]

ブルック大尉は、勝艦長以下の操船技術がひどく未熟だったことにはあまり触れようとはしていません。日本人乗組員のほとんどが長崎海軍伝習所出身です。日本近海での蒸気機関を使った訓練は十分だったようですが、外海の荒い波の中でも確実に帆を操ることが要求される操船は少々荷が重かったようです。「咸臨丸」は日本を出てからわずか三日目に、早くもひどい嵐に襲われています。激しく吹きつける風に雹（ひょう）や雪が混じり、乗組員の作業を危険なものにしています。

「絶え間なく打ち寄せる波が船首にぶつかって、船を包み込んでしまうような感覚だった。船首で砕けた波が甲板を船尾に向かってしぶきを上げて転がっていった。（中略）進路を北に、そして東に進めるのだが、嵐はますます激しさを増し、二月十八日も十九日も止む気配はなかった。波の高さは尋常ではなく、結局、我々は進路を変えざるを得なかった[*32]」

　これは遣米使節本隊を乗せ、サンフランシスコに向かっていた「ポーハタン」号の報告です。アメリカ海軍の最新鋭蒸気戦艦「ポーハタン」号は二千四百トンを超える大型船です。同じ航路をとる六百トン強の小型蒸気船「咸臨丸」の状況は、これとは比較にならないほど厳しいものでした。ブルック大尉は海軍長官に、日本人船員がほとんど役に立たなかった事実を報告しています。

　しかし、そこには批難の言葉はありません。むしろ彼らを指導するよい機会になったと述べています。現実には、船酔いでまったく指揮のとれない勝艦長らとの間に激しいやりとりがありました。悪天候下の操船のほとんどはアメリカ人乗組員や、船乗り経験豊富な万次郎がこなしています。大尉はそのことを口外していません。アメリカがようやく成し遂げた日本との通商交渉。その成功を内外に示す日本からの初めての使節がワシントンに向かうのです。両国の関係にマイナスになるような報告は避けたのです。

将軍の遣米使節

日米和親条約に基づき、タウンゼント・ハリスが下田に赴任したのが一八五六年八月です。それからおよそ二年にわたる交渉を経て、ようやく日米修好通商条約が結ばれました。ときに激しい言葉でハリスとやりあった幕府高官ですが、日本が世界の科学と産業の発展にひどく後れていることは、こうした幕臣たちははっきりと認識していました。

「条約交渉が終盤に近づいたとき、幕府全権委員（plenipotentiary）の岩瀬と井上はハリスに、条約批准のために日本から使節をワシントンDCへ送ることを提案した」[*33]

交渉の中心となった幕府全権は岩瀬忠震（ただなり）と井上清直でした。使節の派遣は、日本は早急に西欧文明を吸収しなければならないこと、そしてそれが幕府の延命に繋がることをよくわかっていた二人の提案でした。ハリスにとっても、あるいは本国のブキャナン政権にとっても、極東の日本が将軍の代理をワシントンに送ることに異存はありません。ヨーロッパ列強にアメリカ外交の成果を見せつけるチャンスです。両者の思惑が一致し、日米修好通商条約で、ワシントンでの条約批准が規定されたのです（第十四条）。

アメリカに向かう使節、総勢七十七名を乗せた「ポーハタン」号が品川を出港したのは一八六〇年二月九日のことでした。しかし、アメリカでの批准を提案した岩瀬や井上は一行には含まれていません。二年前に大老に就任した井伊直弼（なおすけ）により左遷されています。代わって大役を任されたのは新見正興（まさおき）（正使）、村垣範正（のりまさ）（副使）、小栗忠順（ただまさ）（監察）の三人でした。

悪天候のためハワイに寄港せざるを得なかった「ポーハタン」号がサンフランシスコに入港したのは一八六〇年三月二十九日のことです。「咸臨丸」に十二日遅れての到着でした。海軍造船所で船体修理を受けていた「咸臨丸」のメンバーと再会し、互いの航海の無事を喜び合っています。

使節一行はサンフランシスコ市長主催の歓迎会に招待されています。四月一日に催されたこの式典では、新見らは丁重に最上席に案内され、ありあまるほどの料理とシャンパンでもてなされています。市の関係者だけでなく民間人も多数詰めかけました。

「使節一行そして『ポーハタン』号の士官たちは、ホテルの代金も手配の馬車代金も支払わせてもらえなかった。市民の誰もが日本の使節や『ポーハタン』号関係者に歓迎の意を露わにしていた[*34]」

四月七日午後、「ポーハタン」号はパナマに向け出港します。湾内にあるアルカトラズ島要塞から放たれた十七発の礼砲が一行を温かく送り出しています。要塞には日の丸が高々と掲揚されていました。この頃、「咸臨丸」は船体修理がまだ終わっていませんでした。修理を終えた「咸臨丸」が帰国の途についたのは、月も改まった五月八日のことでした。

四月二十三日、パナマの港に碇を下ろした「ポーハタン」号はアメリカ太平洋艦隊旗艦「ランカスター」号に迎えられています。使節一行は赤道近くの猛暑にそうとう苦しんだようです。それでもパナマ市の幹部に歓迎された後、パナマ鉄道会社の準備した特別車で大西洋岸の港町アスピンウォール（現・コロン）に向かっています。この地にいち早く鉄道敷設プロジェクトを立ち上げたのはアスピンウォールでした。その功績を顕彰して港には彼の名が冠されていました。パナマ鉄道会社は一八五五年に開通し、大西洋（カリブ海）と太平洋を結ぶ重要な動脈となっていたのです。

アスピンウォールで使節一行を待ち受けていたのは、米メキシコ湾艦隊の旗艦「ロアノーク」号でした。一八五七年に竣工したばかりのフリゲート蒸気戦艦です。「ポーハタン」号よりひとまわり大きい四千七百七十二トンの巨大な船体は、新見や小栗らに絶望的なまでに彼我の文明の落差を感じさせたに違いありません。この巨艦が使節を乗せ、カリブ海をニューヨークに向かっている頃、ワシントンでは着々と使節応接の準備が進んでいました。

ブキャナン大統領の思惑

ブキャナン大統領はポーク政権では国務長官としてアメリカの西部拡張を積極的に進めてきた民主党の政治家です。ロシア公使を務め、上院外交委員会の委員長を歴任し、英国との激しい交渉でオレゴン・テリトリー問題を決着させた外交交渉のプロでした。しかし一八五六年の大統領選に勝利してからの内政は散々でした。まず奴隷制度をめぐる論争で国内が騒然とし始めます。

一八五七年三月、大統領に就任すると、五月には最高裁判所により黒人奴隷はアメリカ市民ではないことを確定する判決（ドレッド・スコット判決）が下されています。奴隷所有農場主や奴隷州の政治家を喜ばせる判決でしたが、奴隷制廃止の機運が高まる中、国内世論の分裂に拍車をかける決定でした。この判決にブキャナンは「奴隷制は道徳的には許されないが、憲法上は合法である」という態度をとりましたから、両陣営から見放されてしまいます。

経済政策も困難を極めています。同年八月にはオハイオ生命信託会社の破綻を引き金にしてパニック・オブ・57と呼ばれる猛烈な不況に突入しています。前年のクリミア戦争終結による綿花価格の下落、過剰な鉄道建設関連投資への警戒で、イギリスがアメリカから資本を引き上げ始めたのが原因でした。これはアメリカ国内での不況に留まらず、世界的な不況を引き起こしています。

こうしたこともあり、一八五八年の下院選挙では共和党が第一党となり、大統領は議会運営の主導権を失っています。翌年十月には白人奴隷解放運動家ジョン・ブラウンがハーパーズフェリー（現・ウェストヴァージニア州）にある陸軍武器庫を襲撃するという過激な事件が発生し、奴隷制度をめぐる国内対立はますます先鋭化していきました。

厳しい政権運営を続けるブキャナン政権。任期も残すところ一年ほどになった大統領にとっては、日本の将軍の送り出した使節のワシントン入りは格好の宣伝材料でした。得意の外交での成果を国民に強く印象づけるチャンスです。極東のミステリアスな国を開国させ、この国を太平洋シーレーンの安全な中継地とする指令を受けたペリー提督は、ホイッグ党（後の共和党）のフィルモア大統領の親書を将軍に届けました。しかし一八五四年、日米和親条約締結に成功した時点では、大統領はすでに民主党のピアスに代わっています。さらに、一八五八年に日米修好通商条約を締結に持ち込んだタウンゼント・ハリスは熱心な民主党支持者です。民主党の人事によって日本に赴任した男です。「日本開国計画書」をクレイトン国務長官に提出したアーロン・パーマーと同じく、英国ロスチャイルド家の代理人を務めていたのはオーガスト・ベルモント（10章の注53参照）でしたが、彼も民主党を強く支持するニューヨーク金融界の大物でした。[*36] ベルモントはペリー提督の義理の息子でした。日本開国プロジェクトは民主党人脈によって実現したのです。

政権基盤が弱体化したブキャナン大統領に、民主党の偉業とも言える日本開国の成功をアメリカ国民にアピールし、政権浮揚のきっかけにしようとする強い動機が生まれたのは当然でした。日本の将軍が、三人の〝プリンス〟を特使として派遣することを誇らしげにカス国務長官に報告したハリスは、領事から公使（minister）に格上げされています。三人の幕臣を〝プリンス〟と称してワシントンに紹介したのは、自らの功績に彩りを添えたいハリスの思惑だったのです。一八六〇年四月三日、大統領は議会に接遇予算として五万ドルの計上を承認させています。現在価値で千三百万ドルに相当する大きな金額です。

ブキャナン大統領の政治的な思惑とは別に、アメリカ知識人や一般の人々の間でも日本の使節に対する関心は高まっていました。日本の高い文化、騎士道精神の存在、科学技術への強い関心。日本がアジア諸国の中で特異な性格の文明国であることは、アーロン・パーマーの分析や、イギリスの歴史家チャールズ・マックファーレンの著作[*37]などでアメリカ知識人の間ではよく知られていました。それはベイヤード・テイラーの講演で一般にも広まっていました。丁重に、そして威厳のある歓迎がなされるべきだとの意見は国民的コンセンサスになっていたのです。スミソニアン博物館初代館長で物理学者でもあったジョセフ・ヘンリーは次のように提案しています[*38]。

一、応接には友好的な態度を示し、彼らの尊厳を十分に尊重すること。
二、我が国の優れた科学、芸術、軍事、政体を視察させ我が国文明の優位性をはっきりと示すこと。

大統領は使節を洗練されたマナーで迎えようと、海軍から選りすぐりの三人の人物を接遇担当に任命しています。サミュエル・フランシス・デュポンは火薬製造で財を成したデュポン家の一員、シドニー・スミス・リーは元ヴァージニア州知事ヘンリーの息子で、後の南北戦争の南軍の英雄ロバート・リー将軍の兄。ペリー提督の日本遠征では「ミシシッピー」号の艦長を務めました。デヴィッド・ポーターは米墨戦争で活躍した海軍のスターです。十一年前にはアスピンウォールのパシフィック・メール蒸気船会社の三隻目の蒸気船「パナマ」号のパナマ港回送を任されています。三人の選りすぐりの海軍軍人に、ペリー艦隊に乗り組んでいたオランダ語通訳ポルトマンを付け、万全の態勢で将軍使節を待ち構えていたのです。

日米蜜月の絶頂

一八六〇年五月九日、「ロアノーク」号はニューヨーク港の対岸にあるサンディーフック沖までやってきていました。ここからハンプトンローズに向かい小型船に一行を引き渡せば、「ロアノーク」号の任務は終了です。本来のスケジュールでは最初にニューヨークに入ることになっていました。しかし大統領がワシントンでの接見が先だと変更させたのです。日本の使節も大事な任務を済ませなければ落ち着きません。この変更に異論はありませんでした。

翌十日、「ロアノーク」号に乗った使節一行を出迎えたのは、満艦の花飾りがほどこされた小型外輪蒸気船「フィラデルフィア」号でした。この蒸気船には三人の接遇担当士官と通訳ポルトマンのほかに、歓迎を盛り上げるために真紅の制服に身を包んだ十六人の軍楽隊も乗り込んでいます。国務省からはヘンリー・レッドヤードが出向いています。レッドヤードはカス国務長官の娘マチルダを妻にしています。[*39]海軍だけでなく外交を担う国務省の気遣いも十分です。「ロアノーク」号艦上で使節を正式に受け入れるセレモニーが行われています。雲ひとつなく晴れ上がり、波も穏やかな初夏の日和でした。官位の順に並ぶ将軍使節にデュポン大佐が歓迎の意を伝えます。

「閣下。アメリカ大統領に代わって貴使節を歓迎いたします。大統領は皆様の到着を待ち望んでおりました。皆様が元気なお姿で到着されたことを大いに喜ばれるに違いありません。心より歓迎の意を表します[*40]」

この挨拶に続いてレッドヤードが国務省を代表して歓迎すると、三人の使節は丁寧に謝意を伝えています。午後三時、「ロアノーク」号から「フィラデルフィア」号に移り、ワシントンに向かってポトマック川を遡行していきました。この様子は詰めかけたメディアが詳しく伝えています。その中には、ベイヤード・テイラーをペリー遠征隊に特派した『ニューヨーク・トリビューン』紙の記者も混じっています。この頃は人気の出始めたイラストたっぷりの週刊誌との競争も激しくなっていた時期です。『トリビューン』紙は五月十四、十五、十七と連日にわたって日本の〝プリンス〟の動向を細かく報道しています。この日の模様を次のように伝えています。[*41]

「お互いの紹介と使節の荷の移し替えが終わると、一行は『フィラデルフィア』号に案内された。船内にはいたるところに花が飾られていた。シャンパンが抜かれ、豪華な昼食が振る舞われた。プリンスたちは前菜からデザートのアイスクリームまでしっかり食べた。アイスクリームはふくよかな女性の形に盛りつけられていた」

一行がワシントンに到着したのは五月十四日。出迎えの場となったワシントン海軍工廠ではアメリカ国歌演奏と十七発の礼砲の中でジェームス・ベレット市長が出迎え、使節を工廠責任者フランクリン・ブキャナン大佐に紹介しています。ブキャナンはペリー艦隊の「サスケハナ」号艦長でした。日米和親条約締結からわずか六年で、将軍の使節がワシントンに現われたのです。一行の訪問をたいそう喜ばしく、また誇らしく感じたことでしょう。この日の海軍工廠は早朝から一般に開放されていましたから、日本人を一目見ようとする人々で溢れかえっていました。およそ五千の人々の中には、多くの上下院の議員が混じっていました。この日は両院ともこのセレモニーのために午前中で閉会していたのです。[*42]

「集まった人々は好奇心に溢れていた。このミステリアスな一行を一目見ようとしていた。使節らは周りで繰り広げられる喧騒に動じることもなく落ち着き払っていた。彼らは、蟻の動き回る蟻塚を思慮深く見つめる学生が見せるような穏やかな表情だった」[*43]

海軍工廠でのセレモニーが終わると、一行はウィラード・ホテルに案内されています。市内にある最高級ホテルです。一八五三年にピアス大統領が利用して以来、歴代大統領のほとんどが利用しています。ホワイトハウスからわずか二ブロックの距離にあり、今ではインターコンチネンタル・ホテルグループ傘下となり、現在でも利用可能です。海兵隊音楽隊に先導され、ホテルに向かう一行をおよそ二万の市民が待ち構えていました。当時のワシントン市の人口は七万人です。アジアからの賓客を一目見ようとする群衆で、わずかな距離の移動に二時間も費やしています。

一行七十七人に割り当てられた六十室はホテルの中でもひときわゆったりしたエレガントな部屋が選ばれ、内装も日本人の好むだろう仕様に改装されていました。政府関係者だけでなく、民間人の間でも、日本人に対する強い好奇と畏敬の気持ちが膨らんでいたことを窺わせます。こうした歓迎に対して使節のとった態度はアメリカ人の気持ちを裏切りませんでした。それはベイヤード・テイラーの観察を裏づけるものだったのです。

「（こうした歓迎に）日本人の見せた態度は、高度に洗練された礼節の存在を感じさせるものだった。高慢さを滲ませることもなく、偉ぶった素振りもまったくなかった。仮に異国人との交流に退屈し、いらつくようなことがあったとしても、彼らはそうした感情を表に出さない強い意志を備えていた。ユーモアもあり表情も柔和で、もてなす者に対して喜びの感情を見せていた。疲れやいらつきもあったようだが、そうした気持ちはおくびにも出していない。こうした態度は高度な文明の中にだけしか見ることができないものだ」[*44]

翌十五日はジョン・ブレッキンリッジ副大統領がホテルまで歩いてやってきて、議会側からも訪問要請があることを伝えています。十六日にはカス国務長官との会談をこなしています。大統領との接見は十七日に予定されていました。新見らはリハーサルを要求しましたが、デュポンらはそんなものは不要と笑うばかりでした。

十七日のワシントン市内には正装した将軍使節のホワイトハウス訪問を見届けようと、三日前と同様、たくさんの市民が集まってきています。三十人の軍楽隊が先導し、それに続く二十人の儀仗兵、そして騎馬兵が続きます。使節はそれぞれが幕府の服装規定に則って官位に応じた正装で身づくろいしています。三人の〝プリンス〟は無蓋の馬車に乗り、市民の歓呼に応えています。使節は十四番通りからペンシルバニア通りに抜け、十五番通りに入りホワイトハウスに向かいます。市民は街道からだけではなくビルの窓からも身を乗り出して歓声を上げていました。これには感情をほとんど表に出さない副使の村垣も顔をほころばせています。

ホワイトハウス・イーストルームは使節を待つ関係者で溢れかえっていました。部屋の一方には海軍士官が整列し、そこには「ポーハタン」号に同乗していたジョシア・タットノール前東インド艦隊司令官の姿もあります。部屋のもう一方には陸軍士官が同じように整列し、ひときわ背の高いウィンフィールド・スコット将軍が屹立してあたりを見おろしていました。部屋の中央のわずか五フィート（一メートル半）の隙間が将軍使節のために用意された空間でした。ブキャナン政権の閣僚に混じって何人もの議員が、開会中の議会を抜け出し妻や娘まで帯同して紛れ込んでいました。[*45]

予定どおり正午きっかりに大統領の待つこの部屋に、カス国務長官に先導された将軍使節一行が入ってきました。背の低い女性たちは部屋に置かれた椅子に乗ってまで、日本の〝プリンス〟を一目見ようとしています。烏帽子（えぼし）の正使、新見が漆塗りの重厚な小箱から将軍親書を取り出し、黒の正装のブキャナン大統領に手交します。新見の大統領への言葉はポルトマンによって次のように伝えられました。[*46]

「大君（Tycoon）は日米両国の末永く確固たる和親と交易の樹立を願い、私どもを貴国に派遣しました。（中略）大君は両国の親交がここに確立し、それが永続的なものになろうとしていることに喜びを禁じえないでしょう（後略）」

親書を大統領に手渡し、礼を繰り返しながらいったん退席した使節らが部屋に再び戻ると、ブキャナン大統領は次のように返礼しています。

「皆様を大君の代理としてアメリカ合衆国に迎えることを心より喜んでいます。貴国が外国に送り出す初めての使節の訪問地が我が合衆国であることは大変に光栄なことです。貴使節の訪問は両国の末永い友好と平和的関係樹立の第一歩を象徴するものです。ここに通商条約の批准がなり、向後両国民にとって実りある関係が構築されるのは間違いのないものと信じます」

アメリカ政界や陸海軍の中枢が列席したセレモニー。おそらく日米両国の関係が最も輝いた瞬間だったでしょう。ペリー提督はこの二年前に亡くなっていましたが、ニューヨークから娘婿オーガスト・ベルモントが訪れ、この様子をじっと見つめていました。[*47]

五月十九日は土曜日でしたが、一行はホワイトハウスの中庭のコンサートに招待されています。[*48] 大統領は自らホワイトハウスの案内を買って出ています。ブキャナン大統領は独身でしたからファーストレディー役は姪のハリエット・レーンでした。レーンを〝プリンス〟たちに紹介しています。彼女は小栗忠順に、身に着けている日本刀を抜いて見せるようにせがんでいます。目付け役にふさわしく顰（しか）め面ばかりの小栗も、このときばかりは笑顔を浮かべ、ファーストレディーのリクエストに応えています。こうした微笑ましいエピソードは逐一メディアによって好意的に報道されていきました。

華やかな表の外交とは別に、使節に付き添ってきた医師たちがワシントンの医学者らとの意見交換に臨んでいます。ここでは日本で使われる薬草や助産の方法、あるいはかの有名な死後硬直を解くと言われる「ドシア」粉末が話題にされています*49。ドシアはイギリスの歴史家チャールズ・マックファーレンが紹介している不思議な白い粉薬です。同じ学問を志す者たちの真面目な議論でした。後日訪れたフィラデルフィア造幣所では、小栗がアメリカ製コインの純度測定に立ち会っています。小栗が計測サンプル量の少なさに強く抗議すると、アメリカ側担当者はその理屈を認めています。日本からの使節に対する態度は、外交上の表面的な儀礼を超え、高い文化を共有する者との交渉であることを認めた真摯なものでした。

批准書交換の任務を終えた使節は、議会見学や海軍工廠での新型砲（ダールグレン砲）の試射に立ち会うなどして過ごし、六月八日にワシントンを後にしています。この三日前には、別れの挨拶にブキャナン大統領のもとを再び訪れています。五月十八日に共和党がアブラハム・リンカーンを大統領候補に指名したニュースに接して以来、心穏やかでない大統領でしたが一行を快く迎えています。

使節はボルチモア、フィラデルフィアを経由し、六月十六日にニューヨークに到着しています。ボルチモアでもフィラデルフィアでも式典が続きましたが、ニューヨークでの市民の熱狂ぶりは尋常ではありませんでした。マンハッタンでのパレードに繰り出した市民の数は五十万、パレードに参加した兵士の数は七千。ニューヨーク市は三万ドルの予算を計上し、一万人以上の人が個人献金に応じています。[*50]『ニューヨーク・ヘラルド』紙のオーナー、ジェームス・ベネットは使節を郊外の邸宅に招き、招待客は千人を超えています。『ヘラルド』紙は従前よりブキャナン民主党政権を支持していたメディアです。一行はペリー提督の未亡人ジェーンを訪問しています。

六月三十日、フリゲート蒸気戦艦「ナイアガラ」号で使節一行は、大西洋からインド洋に抜ける東周りの航路で帰国の途につきました。ニューヨーク出港前には、アテンドに尽力してくれた海軍士官三人に丁重に謝意を伝えています。アメリカ側は接遇に要した費用を受け取ろうとはしませんでした。ブキャナン大統領のレリーフが刻印された金のメダルをデュポン大佐から贈呈されると、新見は彼に日本刀をプレゼントしています。こうした将軍使節に対する歓迎ぶりはアメリカ外交の長い歴史の中でも特別なものでした。アメリカが官民そろってこれほど丁寧な扱いをした外交使節は稀でした。将軍使節らの対米感情は当然のようにポジティブなものになっています。小栗忠順の従者、福島義言（よしこと）が日誌を残しています。[*51]

「旅亭の窓下に毎日男女群集す（中略）。各争ひ我分の家宅へと伴はんとす、況や此の方より行くに於てをや、其の喜び大方ならず、近隣人を集め、茶菓を点して饗応なす、余は是にて日本人を（アメリカ人が）崇敬するを知るべし」（『花旗航海日誌』）

ところが、日米関係蜜月の絶頂とも言えるこの出来事は、瞬く間に忘れ去られていくことになるのです。アメリカ国内ではこの年の秋、大統領選挙で共和党のアブラハム・リンカーンが選出され、十二月にはサウスカロライナ州が合衆国からの離脱を宣言し連邦の瓦解が始まります。翌年、南部諸州が南部連合を結成すると南北戦争(Civil War)が勃発し、アメリカは建国以来の国家存亡の危機を迎えるのです。

日本では、一行がサンフランシスコに入っていた頃には大老井伊直弼が暗殺されていました（「桜田門外の変」）。使節が帰国すると、幕府は攘夷を強く主張する孝明天皇の朝廷勢力との融和、公武合体の道を探っています。幕府はアメリカとの通商条約締結を受け、オランダ、ロシア、英国、フランスと次々に同様の条約を締結しましたが、孝明天皇はこれを〝五蛮条約〟として激しく罵っています。こんな時期に外交成果を語ることは、幕府にはとてもできるものではありませんでした。

太平洋蒸気船航路への布石

アスピンウォールが企画したパナマ横断鉄道の建設は、予期した以上の時間がかかりました。工事が始まった一八五〇年五月からおよそ五年の歳月を要しています。車輛が初めて走ったのは一八五五年一月二十八日のことでした。この鉄道が開通すると、アスピンウォールは生涯で一度だけこの鉄道でパナマに抜け、自社の運行ルートを視察しています。翌五六年には経営の一線を退き、動物愛護協会やメトロポリタン美術館設立の活動に専念しています。

創業者は引退しましたが、パシフィック・メール蒸気船会社そのものは順調に発展を続けています。しかし経営陣にとって、パナマ―サンフランシスコ・ルートがドル箱であり続けるのは、シエラネバダ山脈を抜ける大陸横断鉄道の完成までであることは明白でした。

鉄道が開通すれば旅客のほとんどはそれを利用するでしょう。貨物の大半も鉄道輸送に振り替えられます。もはや会社の将来は、カリフォルニアとアメリカ東部や中西部を結ぶ海運ビジネスにはないのです。その未来はアジア市場にありました。日本からの咸臨丸の来航はそれを裏付ける事件でした。支那市場は一八五七年のアロー号戦争を経て、清官憲の嫌がらせが減り、開港場も増加しています（天津条約、一八五八年）。

この頃、太平洋は積載量とスピードのバランスを絶妙にとった帆船の最高傑作、クリッパー船（clipper）が疾駆していました。細身でスピードの速いクリッパー船は千トン程度の大きさで、外洋の波を切る（Clip）ように走ります。カリフォルニアへの旅客ビジネスでは、このクリッパー船がパシフィック・メール蒸気船会社と競合していました。一八五一年にはボストンの造船技師ドナルド・マッケイが新造した「フライング・クラウド」号が、南米ホーン岬経由の一万六千海里をわずか九十日足らずで結んでいます。ホーン岬を抜ける海路を提供する船は一八四八年にはわずか四隻だったものが、一八四九年には七百七十四隻にも急増しています。クリッパー船の活躍はパシフィック・メール蒸気船会社の売り上げを部分的に奪っていました。

しかし、こうした競合は予想される鉄道開通のネガティブなインパクトとは比較になりません。会社の将来のためにはアジアと鉄道輸送をリンクさせる太平洋航路にどうしても参入しなくてはなりません。アジアとの交易では運航スケジュールに信頼がおけ、かつ大量輸送の能力が要求されます。それを可能にするのは大型蒸気船だけなのです。鉄道とリンクする太平洋航路では、クリッパー船に対して蒸気船は十分に優位に立てるのです。

カリフォルニアの政界や経済界にとっても、アジアとの交易が近未来に開通する大陸横断鉄道と大型蒸気船海運とのリンクで大きく進展することは喜ばしいことでした。一八六二年、カリフォルニア州議会は連邦議会に対して、サンフランシスコと支那・日本を結ぶ郵船ルート開設を後押しするよう請願しています。*52 この請願を受けて連邦議会がこのプロジェクトを立法化したのは南北戦争も終幕に近い一八六五年二月十七日のことでした[*53]。リンカーン大統領が暗殺（四月十四日）される二ヵ月ほど前のことです。この法律では以下の条件を満たすことのできる会社が政府の支援を求めて名乗りをあげることができました。

「サンフランシスコと支那帝国（Chinese Empire）を結ぶ海運サービスを提供すること。このルートではホノルル（サンドウィッチ島）及び日本の一つないし二つの港を経由すること。最低月一回の運航の義務と、外洋航海に十分に耐えられるファーストクラスの蒸気船を使用すること。船舶の大きさは三千トンを下回らないこと」

公募に応じたのはパシフィック・メール蒸気船会社一社でした。

◉原註

＊1　*California*, p80.
＊2　Richard W. Stewart, *American Military History* Volume 1, Center of Military History United States Army, 2005, p190.
＊3　Roger Jones　一七八九―一八五二年。
＊4　David Rumph Jones　一八二五―六三年。
＊5　Mason's Official Report on the Gold Mines. サンフランシスコ市バーチャル博物館ホームペー

ジ。

http://www.sfmuseum.org/hist6/masonrpt.html

＊6　*California*, p80.

＊7　同右。

＊8　K. Glay and G. Wright, *Explorations in Economic History 42*, Elsevier Inc., 2005, p158.

＊9　*Eldorado*, p29.

＊10　William Aspinwall　一八〇七―七五年。

＊11　The Route 1848-1851, *The Postal Gazette*, November 2006, pp10-11.

＊12　Andrew P. Roberts, *Great Republic: A Historical and Archaeological Analysis of a Pacific Mail Steamship*, Texas A & M University, 2008, Master Thesis, p20.

＊13　同右。

＊14　同右、p24.

＊15　同右、pp26-7.

＊16　同右、p25.

＊17　同右、p30.

＊18　Karen Clay and Gavin Wright, Order without law? Property right during the California gold rush, *Exploration in Economic History 42*, 2005, p158.

＊19　同右、p159.

＊20　*The San Francisco Directory*, Valentine & Co, 1860.

＊21　同右、p20.

＊22　同右、p41.

＊23　同右、p19.

＊24　アメリカが一八五八年に清と結んだ天津条約と日本との日米修好通商条約を指す。

＊25　『日本開国』一四九頁（文庫版一六六頁）。

＊26　「咸臨丸乗員名簿」。咸臨丸子孫の会ホームページ。
http://www.kanrin-maru.org/kanrin/1860_crew/crew_list_for_usa.html

＊27　Fenimore Cooper, *Dictionary of American Naval Fighting Ships*, Naval Historical Center, Washington DC.

＊28　ナサニエル・ボーディッチ（Nathaniel Bowditch）が記した実用航海術の書 *The New American Practical Navigator* を指す。

＊29　Arrival of a Japanese Steamer, *New York Times*, April 17, 1860.

＊30　Ernest Stanley Dodge, *Western impact on the Pacific and East Asia*, University of Minnesota Press, 1976, p309. 及び John D. Cox, His path back to Japan was paved with gold, *Sacramento Bee*, Jan. 18, 1998.

＊31　咸臨丸子孫の会ホームページ作成資料。
http://www.kanrin-maru.org/

＊32　James D. Johnson, *China and Japan*, Cushing & Bailey, 1860, pp345-46.

＊33　『ペリー&ハリス――泰平の眠りを覚ました男たち』（東京都江戸東京博物館、平成二十年）九三頁。

＊34　*China and Japan*, p359.

＊35　同右。

＊36　『日本開国』11章、23章を参照されたい。

＊37　チャールズ・マックファーレン『日本 1852』（草思社、二〇一〇年）。
＊38　Dallas Finn, Guests of the Nation, *White House History*, No. 12, p20.
http://www.whitehousehistory.org/whha_publications/publications_documents/whitehousehistory_12.pdf
＊39　「ヘンリー・レッドヤード夫人蓋棺録」『ニューヨーク・タイムズ』一八九八年十一月十八日付。
＊40　*China and Japan*, p367.
＊41　Guests of the Nation, pp20-1.
＊42　同右、p21.
＊43　*China and Japan*, p368.
＊44　同右、p370.
＊45　Guests of the Nation, p28.
＊46　*China and Japan*, p372.
＊47　Guests of the Nation, p29.
＊48　同右、p30.
＊49　*China and Japan*, p372.「ドシア」粉末については『日本 1852』の「弘法大師の秘薬」の項（二八七頁、文庫版三三五頁）を参照されたい。
＊50　Guests of the Nation, p35. 及びニューヨーク日本領事館ホームページ。
http://www.ny.us.emb-japan.go.jp/en/c/2010/japaninfo1001.html
＊51　松沢弘陽「西洋『探索』と中国（1）」（『北大法学論集』29、一九七九年）一四五頁。
＊52　一八六二年第三十七回連邦議会提出。Mail Line between San Francisco and Japan and

China: Resolutions of the Legistrature of California.

＊53 一八六五年第三十八回連邦議会可決。 Act to authorize the establishment of ocean steamship service between the United States and China.

第4章　南北戦争

下関事件と米戦艦の威力

「長州より発砲せられし亜墨利加の商船より仔細を横浜滞留の同国の軍艦へ飛船を以って言送りしかば亜国の船将これをきいて且つ驚き且つ怒りて破損なしたる商船をも崎陽到りて検査なすべくまた長州の挙動をも速やかに糾すべしとて二十七日の早天に横浜を出帆しつ六月朔日の正午の頃長州下の関の逼門に近づきたり」（『近世紀聞』[*1]）

　タウンゼント・ハリスの締結した日米修好通商条約第三条では、神奈川（横浜）と長崎の開港が一八五九年七月四日と規定されていました。アメリカに遅れて同様の条約を結んだのはオランダ、ロシア、英国、フランスでした。開港日をアメリカ独立記念日の七月四日とすることに固執したのはハリスでしたが[*2]、ロシアはそんな思惑には頓着しません。七月一日の開港を要求し、英国もこれに同調しました。最初に書いたように、開港を待ちきれないアメリカ商船「ワンダラー」は六月三十日に、開港日当日にはオランダ船「シラー」が横浜に入港しています。

爾来、横浜は世界各国から貿易商人を引き寄せる国際都市に変貌していきます。一八六一年末にはイギリス人五十四人、アメリカ人三十八人、オランダ人二十人、フランス人十四人が居留していることが記録されています。これに加え、多くの支那の人々も暮らしています（「在神奈川外国人人口調査名簿」）。日本各地からも商人が雲集し、外国の貿易商人との商いを望んでいます。その数は一八六四年には一万二千にものぼっています。[※3]

一八六三年六月二十四日（文久三年五月九日）、横浜で荷を積んだアメリカ商船「ペンブローク」号は瀬戸内海から下関海峡に向かっていました。長崎を経由し上海に向かうのです。潮目が変わるとまるで激しい川の流れのような潮流となるこの荒々しい海峡を前にして、「ペンブローク」号はこの日の下関海峡通過を諦め、その東側で夜を過ごすことにしています。翌早朝、碇を下ろした無警戒の「ペンブローク」号に長州藩の帆走戦艦、「庚申丸」と「癸亥丸」が突如砲撃を加えたのです。陸上の砲台からも砲弾が飛来します。ペリー提督の一回目の浦賀入り（一八五三年）に危機感を強めた阿部正弘は大船建造の禁を解いています。それを受けて各藩は大型船による海軍力の充実をはかっていました。長州藩も積極的に軍艦を購入しています。「庚申丸」も「癸亥丸」もそうした艦船の一部でした。庚申丸には同藩攘夷過激派の久坂玄瑞が乗り込んでいました。虚をつかれた「ペンブローク」号はほうほうの態で豊後水道方面に逃れています。

心の将軍帝と世俗の将軍（大君）の二つの権威が並立する奇妙な日本の政体は、日本開国を仕掛けたアメリカや、それを注意深く見守るイギリスの研究で欧米列強の間では早くから理解されていました。香港貿易監督官であったジョン・デーヴィスはこのことをはっきりと指摘しています。

「仮に将軍が考えを改めて条約が結ばれるとなれば、そのときにはこの国の不思議なルールを頭に入れておいたほうがよい。こうした外国との条約は将軍が了解するだけでは不十分で、内裏の承認が必要になる。日本には二人の皇帝が存在する。内裏は日本人の心の皇帝であり京都に住んでいる。世俗の皇帝は江戸に住んでいる。内裏が承認しない約束事はこの国の諸侯は認めないので意味のない条約になってしまう」[*4]

開国交渉にあたったペリー提督は、この特異な政体をよく理解していました。一八五三年七月、まず四隻の小艦隊で浦賀に入り、開国を促す大統領親書を渡すだけに留めています。翌年の大規模艦隊の江戸湾入りを予告しただけで、いったん支那の港に戻っています。翌年春に結ばれた日米和親条約でも、領事の下田派遣を条約締結から十八ヵ月後としています。これは随分と余裕のある日程です。そのどちらにも、幕府に国内世論統一、つまり朝廷の意向との擦り合わせに十分な時間を与える気遣いが感じられます。[*5]

ペリーのカウンターパート（交渉相手）となった老中首座阿部正弘は、海防の重要性を早くから指摘しながらも頑なに攘夷を主張し、その上、朝廷との縁戚関係を鼻にかけるところのある水戸藩の嫌われ者、徳川斉昭（なりあき）を幕閣内に意図的に引き込んでいます。斉昭が政権の外に出て幕府の政策に反抗的な行動に出ることを未然に防いでいたのです。正弘はオランダ商館からの情報で世界の情勢をよく理解していましたから、若手の開明派幕臣を積極的に登用しています。

ペリーの最初の浦賀訪問を受け、急ぎ大船禁令を解き、大型船の建造を許し、国防充実の第一歩としたのも正弘でした。しかし正弘は一八五七年夏には世を去っています。正弘の死後、斉昭は政権中枢から放り出されると、幕府の外交政策を激しく批難します。その斉昭も一八六〇年九月に亡くなっています。危ういながらも確かに安定していた江戸と京都の二人の「帝」の緊張関係は、この頃には明らかにそのバランスを失おうとしていました。

一八六〇年三月、大老井伊直弼が暗殺され権威凋落の著しい幕府は、朝廷との融和によってこの崩れかけたバランスの回復を目指します。公武合体と称されるこの動きは一八六二年、将軍家茂（いえもち）と孝明天皇の妹和宮（かずのみや）の婚姻で実を結びます。〝五蛮条約〟の遵守を期待する西欧列強とその破棄を強く迫る孝明天皇の激しい主張。両立不可能な二つの命題です。

　朝廷は上洛した家茂に圧力をかけ、幕府に文久三年五月十日（一八六三年六月二十五日）をもって攘夷決行を約束させてしまっています。天皇の意向に沿った攘夷を率先して進めたのが長州藩でした。一八六三年六月の長州藩による「ペンブローク」号への攻撃はその攘夷行動の始まりを告げるものでした。横浜でこの知らせを受けた「同国の軍艦」は「ワイオミング」号、「亜国の船将」はデビッド・マクデューガルでした。

「ワイオミング」号は一八五九年に竣工した、スクリューを推進力とする千四百八十トンの新型蒸気戦艦です。遣米使節がワシントン海軍工廠で試射を視察したダールグレン砲や、大型の弾丸を六キロメートル以上先まで飛ばすことのできるパロット砲を装備したアメリカ海軍の動く要塞でした。一八六一年四月十二日、南部連合によるサムター要塞（サウスカロライナ州チャールストン）砲撃で南北戦争が始まりました。その頃、サンフランシスコ周辺で任務についていた「ワイオミング」号はそのままカリフォルニアに留まり、郵船業務を担っているパシフィック・メール蒸気船会社の船舶防衛を命令されています。この「ワイオミング」号に一八六二年六月十六日付で極東海域配備命令が届きます。南部連合がイギリスから密かに調達した新鋭船「アラバマ」号がアジアの海域でアメリカ商船を攻撃し、多大な損害が発生していたのです。「ワイオミング」号は急ぎ極東に向かい「アラバマ」号の鹵獲（ろかく）を目指しましたが、ついに発見できませんでした。

一八六三年五月には「ワイオミング」号は横浜に寄港しています。この港に居留する西洋人は「ワイオミング」号の掲げる星条旗を歓迎しています。幕府は日米修好通商条約第一条「向後日本大君と亜墨利加合衆国と世々親睦なるべし」（一八五八年）で象徴されるように、西洋列強と友好関係を築くことを約束していました。しかしまもなく幕府は、これに背く事件の発生で苦境に立たされています。ハリスの通訳だったヒュースケンは一八六一年一月に暗殺され、翌年の九月には生麦事件が発生しています。薩摩藩主島津久光の行列を無礼に横切ったイギリス商人リチャードソンの一行が殺傷されたのです。尊皇攘夷の過激なテロ行動は日増しに激しくなっていきました。

下関でのアメリカ商船への砲撃に、ハリスの後任ロバート・プルイン米公使は幕府に激しく抗議します。それでもまず事実確認を優先しようとする公使でしたが、「ワイオミング」艦長マクデューガルは迷うことなく報復を決断します。七月十三日に知らせを受けると、その二日後には下関周辺海域に到着しています。

「（下関周辺の）海図も要塞の位置を示す地図も持っていなかったが、艦長は石炭を積み込ませるとフルスピードで現場に向かった。七月十六日、雲ひとつない快晴で波はまったくなかった。艙口（ハッチ）を防水布で蓋（おお）い、無警戒の商船を装った。（中略）要塞の射程内に入るや否や、五つの八インチ・ダールグレン砲の弾丸が『ワイオミング』号に浴びせかけられた。この砲は合衆国が日本に贈呈したものだった」[*6]

七月十六日朝十一時十五分頃から始まった交戦はおよそ一時間続きました。「ワイオミング」号には十発の被弾があり四人が戦死、七人が負傷しています。負傷の一人は後に死亡しています。長州側も「ワイオミング」号の砲撃で甚大な被害を受けています。海上から「ワイオミング」号を襲った「壬戌丸（じんぼまる）」と「庚申丸」は撃沈され、「癸亥丸」は大破しています。

「一八六三年という年は南北戦争の帰趨を左右する重要な年であった。遠い島国に轟いた『ワイオミング』号の砲声は、ゲティスバーグで交わされた両軍の激しい戦いの記憶の中でかき消されてしまったようだ。セオドア・ルーズベルトは、この戦いが南北戦争の最中に起きていなかったら、我が海軍の名声は世界に響き渡っていたに違いないと述べている。今では我が国が日本と戦い、この国にお灸をすえた事実を覚えているアメリカ人はほとんどいない。しかし、日本人はこの事件を決して忘れることはないだろう」[*7]

七十一万人の内戦犠牲者

神出鬼没の「アラバマ」号は南部連合の武器調達エージェントが、南北戦争に中立の立場をとるイギリスから密かに調達した最新鋭戦艦でした。商船として購入し第三国で艦砲を搭載し軍艦に艤装したのです。この最新鋭の戦艦は世界の海を駆け巡り、合衆国船籍（北軍）の商船を襲い、合衆国（北軍）の海運に壊滅的打撃を与えていたのです。行方の杳として知れなかった「アラバマ」号がフランス北部の軍港シェルブールに修理に入っているのを発見したのは、合衆国海軍蒸気戦艦「キアサージ」号でした。一八六四年六月十四日のことでした。フランスはイギリスと同様に南部連合に同情的でしたから、密かにこの港を利用させていたのです。

船底には海洋生物がこびりつき、船に張られた銅板も剝がれかけた「アラバマ」号は満身創痍でした。サンム艦長は戦闘能力が著しく落ちた「アラバマ」号では「キアサージ」号との戦いに勝ち目がないことはわかっていました。しかし乗組員の士気も高く、艦長自身も降伏することは毛頭考えていませんでした。発見されてから五日後の六月十九日、シェルブール港沖の公海上で待ち構える「キアサージ」号との「海の決闘」に臨んでいます。午前十一時から始まった戦いは予想どおり「キアサージ」号が勝利を収めています。正午頃には「アラバマ」号は船体を傾け始めたのです。降伏を伝え、救助を求める「アラバマ」号にいち早く近づき、艦長以下の士官四十二人を瞬く間に拾い上げイギリスに連れ帰ったのは、イギリス民間人の所有するヨット「ディアハウンド」でした。

この「海の決闘」は快晴の日曜日の出来事でしたから、シェルブールの港にはたく

シェルブール沖の「海の決闘」。マネ画。
フィラデルフィア美術館所蔵

さんの見物人が集まり、その成り行きを見守りました。この戦いの模様を多くの画家が描いています。フランス印象派の巨匠マネもその一人です。

「決闘」で敗れた「アラバマ」号はシェルブール港の沖あいに沈んでいきました。この海戦の敗北はアメリカ本土の戦いでも南部連合が敗れゆく象徴でした。この海の「決闘」から十ヵ月も経たない一八六五年四月二日、南部連合の首都リッチモンド(ヴァージニア州)を守備していたロバート・リー将軍の北部ヴァージニア軍(南軍)は、ユリシーズ・グラント将軍率いる北軍に首都防衛ラインを突破されています。北軍の兵力十二万人に対して南軍は五万人。その上、南軍の兵站(へいたん)は乱れ、十分な食料や武器の補充ができずにいました。リー将軍はリッチモンドで戦況を見守る南部連合大統領ジェファーソン・デービスに首都脱出を進言しています。その夜、大統領以下閣僚たちは軍事施設や軍需物資に火を放ち、百四十マイル西南にあるダンヴィルの町に鉄道で脱出していきました。翌三日には北軍は首都を占領しています。首都陥落を待ちかねたかのように、翌朝にはリンカーン大統領を乗せた北軍のフェリーがリッチモンド市内のジェームス河畔に到着しています。

リー将軍の部隊は北軍の包囲網をかいくぐり、リッチモンドの西およそ百二十キロメートルにある鉄道駅アポマトックス近くまで撤退しました。しかし、そこに待っているはずの物資補給の貨車を見つけることはできませんでした。飢えや負傷で兵士は次々と脱落し、兵力は二万五千にまで半減しています。まともに戦える兵士はわずか八千でした。勝利を確信したグラント将軍は降伏を勧める交渉を始めています。勝利が確実な側から最初のアクションを起こしたのです。

「南部連合司令官　R・E・リー将軍殿

先週の戦いで貴殿の率いる北部ヴァージニア軍のこれ以上の抵抗は無意味であることはよく理解されていると思う。私の責務としてこれ以上の流血は避けるべきと考える。貴殿におかれてはすみやかに降伏を決断されるよう勧告するものである。

一八六五年四月七日午後五時

U・S・グラント准将」

これを皮切りとした文書のやりとりで、名誉ある降伏が可能であることを確信したリー将軍は降伏を決断します。四月九日、南軍のグレーの軍服を身に着け、シャツは首元までしっかりとボタンで留めたリー将軍は、指定されたアポマトックスにある民家の一室でグラント将軍の到着を待っていました。百八十センチメートルの長軀にシルバーグレイの濃い髯。額は少し禿げあがっています。それだけが五十八歳という年齢を感じさせていました。

遅れてやってきたグラントは彼より十四歳若い青年将校でした。二人とも米墨戦争を戦っています。戦場で汚れた軍靴とズボン。私服のシャツをラフに身に着けたグラントが、降伏した兵士は捕虜にすることなく武装解除が終わり次第故郷に戻すことを約束しました。威厳を保ちながらリー将軍が唯一降伏の条件に出したのは、個人所有の軍馬を持つ兵士には馬とともに帰郷することを許してほしいというものでした。故郷に戻ればこうした馬がすぐに農作業に必要になるのです。この条件が認められるとリー将軍は居住まいを正し、グラント将軍と握手を交わしています。二人を囲む北軍の士官に軽く会釈すると待たせた馬に乗って会見場を離れていきました。四月九日午後四時のことでした。

まるで映画の脚本のように進んだ降伏の儀式。このシーンからは、南北戦争と称されるアメリカ国内を真っ二つに引き裂いたおよそ四年の戦いの惨禍は想像だにつきません。一八六一年四月十二日、南部連合によるサムター要塞の攻撃で始まったこの内

主な戦いの戦死者

年月	戦場	戦死者数	
		北軍	南軍
1862年			
2月	フォート・ドネルソン（Fort Donelson）の戦い	2,832	16,623
4月	シロ（Siloh）の戦い	13,047	10,694
4月	第2次ブルラン（Bull Run）の戦い	16,054	9,197
9月	アンティエタム（Antietam）の戦い	12,410	10,724
12月	ストーンリバー（Stone River）の戦い	12,906	11,739
1863年			
5月	チャンセラーズビル（Chancellorsville）の戦い	17,278	12,821
7月	ゲティスバーグ（Gettysburg）の戦い	23,049	28,063
9月	チカマウガ（Chickamauga）の戦い	16,170	18,454
1864年			
5月	ウィルダネス（Wilderness）の戦い	17,666	11,000

南北戦争における死者数

	動員数	戦死	病死	推定死者数計
北軍	1,556,678	110,070	250,000	360,070
南軍	1,082,119	94,000	265,000	359,000
両軍計	2,638,897	204,070	515,000	**719,070**

戦は各地で激しい戦闘を繰り返しています。両軍の犠牲者数は想像を絶しています（上の表）。すべての戦いでの犠牲者をまとめると下の表の数字になります。[*8]

幕末の戊辰戦争では犠牲者の総数がおよそ八千五百人、[*9]日露戦争時の激戦で知られる二〇三高地攻防戦でさえ日本側戦死者はおよそ五千人であることを考えると、南北戦争での夥(おびただ)しい犠牲者の数に驚かされます。

当時のアメリカの人口は北部州（Union）は二千百万、南部連合（Confederate）

は千三百万（うち黒人奴隷四百万）でした。日本の幕末の人口も三千二百万程度でしたから日米両国の人口はほぼ同じだったのです。

奴隷解放宣言の真意

アメリカの奴隷制度をめぐる駆引きは常に妥協の連続でした。人道主義的な動機で奴隷解放を強く主張する人々の声は時代を追うごとに増えていきました。それでも政治的には奴隷制度を認める州（奴隷州）とそうでない州（自由州）の駆引きを通じて常に落としどころが探られてきました。領土が拡大するたびに新領土がどちらの陣営に属するかがワシントン政界の重大事でした。奴隷州はプランテーション経営による農業を基盤とする経済、自由州はまだ幼稚な段階ながらも諸工業をベースとする経済でしたから、連邦政府のとる施策は必ずどちらかに有利なものになります。新しい領土がどちらの陣営につくかでワシントンでのパワーバランスがシフトします。連邦政府の政策が一方の勢力に有利にならないように、自由州と奴隷州がワシントンに送り出す議員数は均衡するように工夫されていました。

こうした状況の中で、新領土での制度決定を、将来そこに移り住む州民の意思に任せようと主張する者が出てきても不思議ではありません。一八四七年に「住民主権(Popular Sovereignty)」とでも訳せそうな考え方を提示したのは、ミシガン州上院議員ルイス・カスでした。後にブキャナン政権の国務長官として、日本からの〝プリンス〟をホワイトハウスに迎えた人物です。メキシコから奪い取ることが確実な新領土における奴隷制度をどう扱うかが喫緊の課題になっていた時期でした。

数々の妥協を続けてきた奴隷制度と新領土をめぐる両陣営の対立が臨界点に達したのはネブラスカ・テリトリーをめぐる議論でした。この地域は一八二〇年に妥協を見た奴隷制度容認の境界線となる北緯三十六度三十分（ミズーリ協定）の北を含んでいました。自由州と決まったこの地に住民主権の考え方を導入しようとしたのが、イリノイ州選出の民主党上院議員スティーブン・ダグラスでした。

南部諸州はこの考えを支持します。ダグラスは本音のところではこの地域は奴隷制をベースにしたプランテーション農業には適さないと確信していました。ですから住民の意思に任せても必ず自由州になると見ていました。したがって、一見南部に譲歩したように見える彼の主張を、反奴隷制を主張する北部諸州の人々も理解するはずだと考えたのです。ピアス大統領を説得し、一八五四年五月三十日にこの法案はカンザス・ネブラスカ法案として議会を通過しています。

ところが彼の思惑は外れてしまいます。法案通過までの激しい論戦の過程で、北部諸州の民主党支持者の中にこの法案に強く反対する声が広がるのです。ダグラスの高等戦術は、法案が奴隷制度の拡大につながると憤る人々には理解できませんでした。

この法案の成立を契機に全国政党であった民主党は南部諸州の支持に偏った地域政党へと後退していきました。

ダグラスが一般聴衆に向けて行った数々の演説会できまって反対の論陣を張ったのが共和党のアブラハム・リンカーンでした。彼はイリノイ州スプリングフィールドに事務所を持ち、鉄道資本家のクライアントを中心に法務を見ていた弁護士です。法案は成立してしまったものの、その論争の過程で演説の天才と言われた同州選出の人気政治家ダグラスに堂々と渡り合ったリンカーン。二人の論争は多くの新聞に掲載されましたから、リンカーンの名は反奴隷制のシンボルとして全国に広がったのです。

その後党勢を増した共和党（一八五四年結党）が彼を一八六〇年の大統領候補に選出したのは、この年の五月のことでした。これがホワイトハウスで将軍の使節を迎えていた民主党ブキャナン大統領の頭痛の種だったのです。反奴隷制のシンボルであるかのようなリンカーンも、そして所属する共和党も現実の政治の中では決して急激な奴隷制度の廃止を主張してはいませんでした。また白人と黒人が平等であるなどとは決して思っていませんでした。

「リンカーンは確かに自由や人権についての重要性を語ってはいたが、その考えの実現にあたっては決して性急なあるいは法を無視したやり方をとらないと有権者にはっきりと説明している。『現在、南部に存在する奴隷制度については間接的にも直接的にも干渉する意思はない』としており、この問題を時間をかけて解決しようとしていた[10]」

「リンカーンは一八五八年には次のようにも語っている。『これまで私は黒人（negroes）が投票権をもったり、陪審員になったりすることに賛成したことは一度もない。彼らが代議士になったり白人と結婚できるようにすることも反対だ。皆さんと同じように白人の優位性を疑ったことはない[11]』」

「奴隷解放の父」と言われるリンカーンですが、南北戦争以前の彼の言葉を知ると、そのイメージとはかなり違う彼の実像が浮かんできます。リンカーンは奴隷制度に反対の立場をとりながらも、白人優位であることを繰り返し明言しているのです。もともとリンカーンの支持基盤である北部諸州において、奴隷制度の即時撤廃を標榜する過激派の数は二十万程度です。これはこの地域の成人人口のわずか二パーセントなのです[12]。こうした勢力は、奴隷制度を即時撤廃させるような強い政治圧力には未だなっていないのです。少なくとも短期的にはリンカーンの採る奴隷問題に関わる政策は穏健なものになるはずでした。

それにもかかわらず、サウスカロライナ州は一八六〇年十一月、リンカーンが大統領選挙に勝利した時点で連邦からの脱退を決めています。フロリダ、テキサス、ジョージアなどの南部（Deep South）六州が脱退を決めたのは一八六一年の一月から二月のことです。リンカーンが大統領として執務するのはこの年の三月からです。こうした南部の性急とも思われる連邦離脱の背景には、奴隷制問題とは違う何らかの思惑があったことを窺わせます。

南部連合の代表はすでに開戦前から何度もリンカーン政権と和平交渉を試みています。ところがリンカーンは妥協の道をきっぱりと拒否しています。そして一八六二年九月二十二日には世に知られる奴隷解放宣言を発するのです。

アメリカ合衆国大統領による布告[*13]

西暦一八六二年九月二十二日、アメリカ合衆国大統領より、特に以下の事項を含む宣言が発せられた。

「西暦一八六三年一月一日の時点で、その人民が合衆国に対する反逆状態にあるいずれかの州もしくは州の指定された地域において、奴隷とされているすべての者は、同日をもって、そして永遠に、自由の身となる。陸海軍当局を含む合衆国の行政府は、かかる人々の自由を認め、これを維持する。そして、かかる人々が、あるいはそのうちの誰かが、真の自由を得るために行ういかなる活動についても、これを弾圧する行為を一切行わない（後略）」

リンカーンは、この宣言によって南部連合の退路を断ったのです。この宣言は南部連合のレゾンデートル（存在根拠）を否定するものでした。南部の絶対に呑めない条件を宣言し、どちらかの完全なる勝利でしかこの戦争は終わらないことを示したのです。

連邦派（共和党）と州権派（民主党）

この戦争で北軍は三十六万の犠牲者を出したことはすでに述べました。奴隷解放のためだけに、これだけの人が命を捧げることができるのでしょうか。北部に住む人々の黒人に対する意識は、リンカーンのそれとさほどの乖離はなかったのです。大きな犠牲を払った南北戦争後にも、各地で引き続き激しい人種差別が続きます。差別は南で継続したのはよく知られていますが、北の諸州でもその実体は変わりません。

イリノイ州スプリングフィールドと言えばアメリカ人のほとんどがリンカーンを連想する町です。一八〇九年に彼が生まれたのはよく知られているようにケンタッキー州ホッジェンビルの山間部の小さな丸太小屋でしたが、彼が弁護士として修業を積み、さらに政治家として必要な弁舌の技を磨いたのはスプリングフィールドの町でした。リンカーン博物館はこの町にあります。ですからスプリングフィールドは奴隷解放と同義語のようなものなのです。ところが奴隷解放宣言から四十六年も経た一九〇八年八月にこの町で、白人が黒人を襲う激しい暴動がありました。リンカーンが住んでいた家のわずか数ブロック先で発生した惨劇です。

「黒人男性が白人女性を強姦しようとしたという誤った容疑をかけられた事件が発端となり、黒人を襲う暴動が発生した。この暴動で七人が死亡し、何千人ものアフリカ系米国人がスプリングフィールドの町からの逃亡を余儀なくされた[*14]」

奴隷解放の象徴の町スプリングフィールド。そこで発生した数千人規模の黒人のエクソダス。北軍で死んでいった兵士三十六万人の血は、もしかしたら何か他の大事なもののために流されたのではないかという疑いを惹起させる事件です。この問題を考えるヒントは、画家マネの描いたシェルブールの海の決闘が「フィラデルフィア」の美術館に所蔵されている事実にありそうです。海の南北戦争で北軍の勝利を決定づけたシェルブール沖の海戦。その場面を描いたマネの名画がなぜこの街にあるのでしょうか。

十九世紀前半フィラデルフィアはアメリカ政治経済学の拠点でした。アメリカ学派と呼ばれるグループが活発に意見を交わしていました。アメリカの政治家あるいは政治経済学者の思想は旧宗主国英国にどう対峙するか、その立場によって大きく二分されています。英国に匹敵する国力を持つ強い国家づくりを目指すべきと考えるグループと、英国の強い王権を嫌った祖先の伝統を重視し、緩い政治的集合体としてのアメリカを理想とするグループです。

前者は連邦派と呼ばれていて、その主張の中軸をなしたのは初代財務長官アレキサンダー・ハミルトンでした。[*15] 彼は連邦に中央集権的なパワーをもたせ、世界覇権を握る英国に対抗すべきだと考えていました。ハミルトンの結成したフェデラリスト党（連邦党）の思想は、一八〇四年に彼が決闘に破れて世を去った後は、ホイッグ党に、そして同党解体後は共和党に受け継がれていきます。

一方、強い王権を嫌う伝統を重んじるグループは、連邦政府に権限を集中させることに根強い警戒感を持っていました。アメリカが、祖先が逃れてきた自由を圧殺する国イギリスと同じような強権的な国に変質するのを恐れています。ですから合衆国は独立した州の自発的集合体であるという歴史的経緯を重んじ、連邦政府の権限はできるだけ弱くし、州が多くの権限を保持し続けるべきだとの考えを持っています。この考え方は第三代大統領トマス・ジェファーソンらが主張し民主共和党が設立されています。民主党はこの民主共和党の流れを汲んだ政党でした。

フィラデルフィアの政治経済学者のグループは強い連邦、強い合衆国を標榜する共和党の経済政策立案の理論的支柱となっていたのです。

英米経済学戦争──自由貿易か保護貿易か

「戦後、植民地主義が終わり、グローバルな自由貿易が可能となったために、戦争の必要性が大きく低下した」[*16]

これは二〇〇八年に発表されたある論文のまえがきの一節です。読者のほとんどが何の疑念ももたない当たり前の主張です。自由貿易の理論的正当性つまり関税などの政府干渉の少ない自由な交易が貿易国双方にとって遍く有利となることを主張したのは『経済学および課税の原理』（一八一七年）を書き上げたイギリスの政治経済学者デヴィッド・リカードでした。リカードの理論は国際分業の優位性を数字で示したものですから強い説得力を持っていました。現代の大学の経済学部でも自由貿易の重要性は講義の一環として必ずレクチャーされています。今ではリカードの主張はさらに数学的に精緻化されたヘクシャー・オリーンの定理[*17]として説明されています。リカードの比較優位の考え方は単純なモデルで理解することができます[*18]。

イギリスとカナダでそれぞれの資源一単位で以下のような生産が可能と仮定します。

	小麦（トン）	綿布（ヤード）
カナダ	一〇〇	六〇
イギリス	五	一〇
計	一〇五	七〇

仮にカナダがこの生産に使われる資源の十分の一を小麦の増産に振り向け、イギリ

スが一単位の資源を綿布に振り向けると仮定します。この場合には生産量が次のように変化します。

	小麦（トン）	綿布（ヤード）
カナダ	一一〇	五四
イギリス	〇	二〇
計	一一〇	七四
	プラス五	プラス四

こうしてトータルで増加した生産分を貿易にまわすことができれば、確実に両国は豊かになるという主張なのです。

数字を使って鮮やかに説明されるリカードの自由貿易理論は強烈な伝播力をもっていました。ですから十九世紀初期にはアメリカの大学でもこの理論が標準的に講義されていました。この理論によれば政府が貿易に関税をかけることは、せっかく確実にトータルで生産量を増やせ結果的に貿易国双方がより豊かになる貿易のプロセスを阻害することになるのです。

リカードがこの主張を展開した十九世紀初頭は、イギリスが世界に先駆けて産業革命を成し遂げた時期でした。十七世紀後半に英東インド会社がインド産綿織物をイギリスの上流階級に紹介すると、その肌触り、吸湿性、耐久性で猛烈な人気を博します。

しかしこれに面白くない毛織物業者は反発し、一七〇〇年にはインド産綿織物の輸入を禁止してしまいます。それでも国内で人気の高い綿織物でしたから、国内で生産力を上げる工夫が次々になされていきました。

まず綿布の幅を職工の手の幅に制限されない「飛び杼（とひ）」を使った織機が発明されます（一七三三年頃）。作業速度が倍増したため綿糸が不足します。手作業の紡ぎ車から一人で同時に八本の糸が紡げるジェニー紡績機が発明されます（一七六四年頃）。一七六八年にはこれが水力を使うアークライト紡績機に改良されると、糸の大量供給が実現しました。そのため改めて織機のさらなる改良が促されることになります。カートライトが水力の織機（一七八五年）を発明するとそれが次第に蒸気の力を利用する機械（一七八九年）に置き換わっていきます。インドの綿織物を輸入規制しながら、イギリスは木綿織物の製造プロセスを瞬く間に工業化してしまったのです。生産コストと品質でインドの綿織物を圧倒する能力をイギリスは持ったのです。この木綿工業は動力の高度化を追求する中で蒸気機関の開発を促進し、続けてそうした機械を作る製鉄業をも発展させました。さらには原料や製品輸送に必要な鉄道業海運業をも巻き込んで産業革命を成し遂げるのです。

リカードの論文が発表された時期は、イギリスがまさに世界最高の工業力をつけた時期に当たります。リカードは自らの主張に自信を溢れさせていました。

「比較優位の理論を通じて、リカードはイギリスが世界の工場となって現われることを見越していたのだった。そして彼は議会を前に、『我が国は世界中でもっとも幸福な国であり、もし二つの大悪弊――国債と穀物法――を除くことができれば、想像を超えた力で繁栄のうちに進歩するであろう』と、ご機嫌で宣言したのだった[*19]」

イギリスは自由貿易主義を声高に叫ぶ国に変身していきます。リカードが右記で述べたイギリスの悪弊の一つ、国内農業を保護する穀物法は一八四六年に廃止されました。国家が過度に貿易に関与することの象徴でもあった英東インド会社も徐々にその独占貿易権を剝奪されていきます。一八三三年には支那貿易に関わる独占貿易権が剝奪されています。自由貿易思想はイギリスの国是と化したのです。

アメリカ南部諸州の奴隷プランテーションをベースにした経済は、イギリスの標榜する自由貿易主義に基づく経済システムにリンクして確かな利潤を上げていました。アメリカ産綿花は品質の高いことで知られていましたが、綿の繊維に種がこびりつきそれを除去するのが一苦労でした。それもイーライ・ホイットニー（一七六五―一八二五年）が一七九三年に綿繰り機を発明し種の除去を容易にすると、アメリカ産綿花の生産量は驚異的な伸びを見せ、イギリスの木綿工業に大量の原料を供給できるようになるのです。

左の表にアメリカの綿花の生産量と輸出量を示してあります。綿花がキング・コッ

アメリカの綿花生産 (*20)　単位：ベール（約218キログラム）

年	生産高
1790年	3,135
1800年	73,145
1820年	334,378
1850年	2,133,851
1860年	3,837,402

アメリカの綿花輸出 (*21)　単位：1000ドル

年	綿花輸出額	アメリカの全輸出に占める割合
1800年	5,000	15.7%
1810年	15,108	35.66%
1850年	227,028	53.35%

トンと呼ばれた理由が一目瞭然の数字です。アメリカ南部諸州のプランテーションは、イギリスが世界の工場として君臨するために必要な原料を確実に供給する世界交易システムにがっちりと組み込まれていたのです。ですから、連邦政府がイギリスの標榜する自由貿易主義に基づかない保護貿易政策をとることに、南部諸州はきわめて警戒的でした。イギリスから入ってくる製品に連邦政府が高関税をかければ、イギリスが報復関税をかけるのではないかとひどく恐れたのです。

南部諸州にとって幸いなことに、一八五〇年代は南部に理解のある民主党の大統領が続きました。一八五二年にはフランクリン・ピアスが、一八五六年にはジェームス・ブキャナンが選出されたのです。しかし一八六〇年の選挙では民主党は敗れました。リンカーン政権では連邦政府権限を強化し、強いアメリカを目指す政治経済学者グループが台頭しています。イギリスの経済学者の説く自由貿易主義は学問ではない、イギリス以外の国を農業や軽工業でしか立国できない後進国に封じ込める政治プロパガンダに過ぎないと主張するグループです。

保護貿易主義者、カレイとリスト

ヘンリー・カレイ[*22]はフィラデルフィアで、アメリカ最大手と言われた出版社の一つであったカレイ・リー&カレイ社を経営していました。ヘンリーは、アメリカ建国の父の一人であるベンジャミン・フランクリンとも親交があった父親のマチューがアイルランドから抜け出し、フィラデルフィアに設立した会社をさらに発展させたのです。一八三四年にはリタイアし、学究生活に入っています。その過程でイギリス古典派経済学者の説く自由貿易思想の怪しさに気づくのです。

「カレイは一八四七年になると、リカードが主張する自由貿易システムは間違っていることを理解した[*23]」

この前年の一八四六年には民主党が支持するウォーカー関税（Walker tariff）法が可決され、アメリカ全体がイギリスの主導する自由貿易体制に組み込まれる傾向が顕著になっている時期でした。カレイは一八五二年に『イギリス型自由貿易の仕組み

The Working of British Free Trade』を発表し、より明確に自由貿易思想を攻撃しています。[*24]

「カレイはイギリスの主張に『自由』貿易などという言葉を使うのはまったくおこがましい限りだと主張した。貿易障壁を取り除くことは生産力を高め貿易を盛んにするのではなく、むしろ逆に国力を衰退させるのだ」

「イギリスの主張する自由貿易はアメリカの農園主を綿花という単一作物栽培に固定化させ、イギリスで生産された綿布や服を買わされることを正当化する。自由貿易の利益はイギリスだけが享受し、原料を安く買い叩き、そうしておいてイギリスの工業産品を高く売りつける。その猛烈な（工業力の）パワーはイギリスに独り占めされるのだ」

このカレイの主張のよき理解者がドイツ人政治経済学者のフレデリック・リストでした。プロシアが大国としてヨーロッパの雄となる基礎を築く理論的支柱となった学者です。彼は幼稚産業保護を強く主張し、イギリス型自由貿易思想と真っ向から対立します。リストは一八二五年から三二年までアメリカに暮らし、カレイの父マチューらからアメリカ型保護貿易思想を吸収していました。マチューもまた、一八二六年に貿易保護制度を主張するペンシルバニア協会を設立した政治経済学者でした。

イギリスは都合のよい自由貿易主義を世界に押しつけます。必要とあれば軍事力で威嚇して強制します。世界中に安価な商品をばら撒こうとするイギリスに唯一対抗する手段が関税です。自国の工業化を図ろうとする国がその目的を達成するには、関税で国内の幼稚産業を守るしかないのです。

リストは、国内に製造業があってこそ職場を増やすことができ、価格も安定し、大きな国内市場を創造することができる、と主張します。[*25] イギリスが説教する自由貿易思想は、最初に頂上に登りつめた者が、後続が続かないように上から梯子をはずしてしまう、方便の理屈であることを見破ったのです。経済の世界では、梯子をはずすという物理的なことはできません。ですから、イギリスの自由貿易思想は後れてやってきたものに、梯子を登らなくても（工業化しなくても）十分に幸せになれると説きました。カレイもリストもその詭弁を見破ったのです。フィラデルフィアはカレイ親子がアメリカ型保護主義思想を育み、リストがそれを学んだ町でした。

アメリカン・システムとは何か

リンカーンや共和党の政治家は、南部連合の離脱は南部諸州がイギリス型自由貿易システムにリンクした国づくりを目指すことを宣言したと理解したのです。連邦政府の積極的な関与で強いアメリカ、工業立国アメリカを目指すリンカーンにとって、国土の半分が離脱し、イギリスの経済的隷属下に入ることは決して許すことはできません。だからこそ奴隷解放宣言で南部連合の退路を断ち、完全に屈服させる道を選んだのです。妥協の余地はないのです。

南部連合の離脱によりアメリカ議会は共和党の目指す経済政策を存分に実施できることになります。アメリカン・システムによる強力な国家建設です。その中心的な考えは三つに集約されます。

一、高関税政策による国内産業の保護
二、連邦政府の積極的関与によるインフラストラクチャーの整備
三、銀行制度改革による産業振興

従来から中央政府の権限強化に警戒的だった南部民主党の議員は議会にはもういません。リンカーンは積極的にこの施策を遂行していきました。アメリカの平均関税率は一八六二年には一五パーセントから三七パーセントに、そしてその二年後には四七パーセントに引き上げられています。アメリカの高関税政策はその後およそ半世紀にわたり維持されるのです[*26]。

一八六五年二月に議会が承認した太平洋蒸気船航路への政府支援法案は国家による海運事業支援政策、つまりアメリカン・システム構築（海運インフラストラクチャー構築）の一環だったのです。

英仏介入の危機

リンカーンは、大蛇（アナコンダ）がじわじわと獲物を締め上げ死に至らしめるように、南部諸州の港湾を海上封鎖していきます。「アナコンダ作戦」と呼ばれる戦略です。これではイギリスが必要とする原料が途絶えてしまいます。ですからイギリスが南部連合に同情したのは当然です。フランスも同じように南部連合に同情的でした。

フランスの知識人は、アダム・スミスやリカードの主張にまんまと乗っています。自由貿易主義を是と判断したのです。これは一八六〇年に英仏通商条約（コブデン条約）として明確になっています。この合意によって両国間に存在する関税障壁を減らしていくことを確認しています。つまりフランスはイギリスとともに南部連合を支持する自由貿易陣営に属していたのです。ですから「アラバマ」号はフランスのシェルブール港を利用し、イギリスは沈みゆく「アラバマ」号の士官を瞬く間に救出したのです。

リンカーン政権は、南部連合との物理的戦争だけでなく、南部連合を支援する英仏両国に南部連合を国家として承認させないこと、そしてこの戦いに両国を決して参戦させないための外交戦争をも戦っていました。外交経験のないリンカーンに代わって政権の外交を担っていたのは国務長官ウィリアム・スワードでした。

スワードはニューヨーク州知事、上院議員を歴任し、リンカーンをはるかに凌ぐ政治経歴を持っていました。スワードは自ら大統領となることを目指していました。一八六〇年の共和党候補者を決める第一回指名選挙では百七十三票を取り、リンカーンの百二票を大きく上回っての第一位でした。しかし過半数を制するのに必要な二百九十三票を取れなかったために、最終的にリンカーンに敗れたのでした。

この強力なライバルをリンカーンは政権内部に抱え込み、デリケートな戦時外交交渉を任せました。ライバルをチームに引き入れるリンカーンの手法は後代にも引き継がれています。オバマ大統領が最後までその職を争ったヒラリー・クリントンを国務長官に起用し、外交を任せたのはリンカーンの手法に倣(なら)ったものでした。

スワードはもともと奴隷制度には反対でしたが、国の分裂を何とか避けようと南部との妥協の道を探っていました。一八六一年初頭には上院の特別委員会（Committee of Thirteen）でジェファーソン・デーヴィスらと交渉を続けています。しかしその努力は実りませんでした。リンカーン政権が一八六一年三月に発足すると、国務長官に就任します。大統領の南部連合への妥協を許さない強硬姿勢が明確になると、スワードは英仏両国に南部連合を承認させないための外交交渉に邁進します。

まずフォート・サムター開戦前の四月一日、メキシコやサントドミンゴに内政干渉を続けているフランスとスペインに強く抗議し、その回答次第ではアメリカ側から宣戦布告するというとんでもない案を大統領に示しています。外敵を作ることで国内分裂を回避する奇策です。しかしこの案はリンカーンが認めませんでした[*27]。

これを受けてスワードは、よりオーソドックスな外交交渉に方針転換します。イギリスとの交渉はチャールズ・アダムス公使に委ねます。彼は父親である第六代大統領ジョン・クインシー・アダムス譲りの政治的センスを持った外交官でした。五月十三日、リバプール港に到着したアダムスは、ただちにロンドンに向かっています。スワードのアドバイスに従って、イギリスが南部連合支持に回る口実を作らせないよう、イギリスへの物言いは慎重でかつ丁寧です。イギリスの政治家を無用に刺激しない気配りです。アメリカが保護貿易へシフトしたことで貿易停滞を心配する英国経済界にもメッセージを発しています。アメリカの関税引き上げがあったとしても、総額として見れば決してイギリスからの輸入は減らないと主張したのです[*28]。

イギリスはアダムス着任前の五月十二日には、ビクトリア女王の名において南北の戦いに中立の立場をとる声明を出していました。しかしこの中立表明の舞台裏では南部連合の活発な外交が展開されていました。ジョン・ラッセル外務卿は、アダムス着任前に、密かに南部連合の使節と二度も会っています。それに加え、イギリスの造船所が南部連合から六隻の軍艦の発注を受けているのです[*29]。この事実を知ったアダムス公使の猛烈な抗議に対して、イギリス政府は発注された船は軍艦ではなく商船である、政府はこの民間取引には一切関与していない、としらをきっています。南部連合がイギリスに秘密裏に送り込んだ軍艦購入エージェント、ジェームス・ブロックは、発注した船舶が軍艦にコンバートされることを示す明確な証拠をアダムスに握らせませんでした。「アラバマ」号はこうして発注された一隻でした。民生用の船は、竣工するといったんイギリスの港を離れ、第三国で軍艦に艤装されていたのです。

フランスにスワードが送り込んだのは、ウィリアム・デイトンでした。この頃のフランスはナポレオンの甥ナポレオン三世が君臨する第二帝政の時代でした。一八〇三年に叔父のナポレオン一世が戦費調達のためにルイジアナをアメリカに売却して以来、フランスは北米大陸での輝きを失っています。ナポレオン三世はその栄光を再び取り戻そうとする野心家でした。フランスが、メキシコの対外債務不履行を理由にイギリス、スペインとともにメキシコに侵攻したのが一八六一年十二月のことでした。イギリス、スペインはその後のメキシコ政府との交渉で撤兵しましたが、フランスだけは残留しました。一八六四年、最終的にはオーストリア・ハプスブルグ家のマキシミリアンを皇帝として擁立し、フランス傀儡政権を樹立しています。

アメリカが最も嫌う北米大陸へのヨーロッパ勢力の進出。ナポレオン三世は内戦で混乱するアメリカにはこれに抗議する余裕のないことを見透かしていたのです。デイトン公使もスワードもナポレオン三世の野心を見抜いていますが、リンカーン大統領の内戦終了までは隠忍自重を続けよとの方針に従っています。幸いナポレオン三世は南部連合に対する外交方針はイギリスに倣う方針を立てましたから、[*30] フランスは少なくとも表向きは中立の立場をとることになりました。それでも南部連合を応援したいナポレオン三世は、一八六二年十月にはイギリスに呼びかけて南北の休戦協定を提案しています。六ヵ月の休戦と北軍による南部港湾の封鎖解除の提案です。

ナポレオン三世は、もしリンカーン政権がこの提案を拒否するなら、戦争終結のためにイギリス、フランス及びロシアが南部連合を国として承認し、各国は軍事援助も辞さないだろうと脅したのです。[*31] 従前からフランス外務大臣エドゥアール・トゥヴネルはロンドンで開催されていた万国博覧会訪問を口実に、イギリス高官との間で、戦争介入とリンカーン政権崩壊のシナリオを打ち合わせていたらしいのです。[*32] イギリス綿紡績業は、アメリカ南部諸州からの綿花輸入が止まって以来、遊休状態に陥っていました。解雇された従業員は北部を恨んでいました。イギリス議会内部からも中立政策の見直し、南部連合への積極的な肩入れ要求の声が次第に強くなっています。

「アメリカの内戦への介入を世論が望んでいることを、パーマストン首相はわかっていた。介入は南部連合に確実に有利に働くし、多くのイギリス人はイギリス郵船トレント号を北軍の戦艦が国際法に違反して臨検し、乗船していた南部連合の外交使節ジェームス・メーソンとジョン・スライデルを連れ去った事件（トレント号事件）をはっきりと記憶していた。この事件で両国関係はまさに一触即発の危機に陥ったことがあった[*33]」

「一八六二年はアメリカ内政への干渉の動機が英仏でシンクロナイズした年でした。

「一八六二年十一月の初めがアメリカ政府が（南北戦争期間中で）最も危機的な時期であった[*34]」

この年の九月二十二日に出された奴隷解放宣言は、実はアメリカがひどく追い詰められていたことを示すものでした。ヨーロッパ知識人の誰もが嫌悪する奴隷制度。その根絶を錦の御旗として合衆国（北軍）が高々と掲げることで、英仏両国の南部連合への肩入れが簡単にはできないように仕掛けた、リンカーンとスワード国務長官のしたたかな奇策でした。「奴隷解放宣言は基本的には軍事戦略の一環に過ぎなかった[*35]」のです。この宣言がリンカーン政権に残された最後のカードだったと断言する歴史家もいるほどです[*36]。

懸命に外交工作を続けるリンカーン政権ですが、そこに思いがけない助っ人が現われます。ロシア艦隊がニューヨークとサンフランシスコに忽然と姿を現わしたのです。

「神風」を吹かせたロシア艦隊

アメリカとロシアの関係は、クリミア戦争で英仏と対峙するロシアをアメリカが支援していたこともあり従前から良好でした。リンカーン政権はロシアに対しても積極的な外交攻勢を仕掛けています。リンカーンがロシア公使に指名したのはカシアス・クレイでした。彼はイギリスの野望をはっきりと理解していました。

「カシアス・クレイはロシア外交を担当した男だが、イギリスの本音を見破っていた。『イギリスの本心はわかっている。彼らは我々の国が、がたがたになるのを願っているのだ。アメリカのパワーを妬んでいるのだ。彼らにとっては、北が勝とうが南が勝とうがどうでもよくて、要するにアメリカが嫌いなのだ』」[*37]

イギリスに激しく敵愾心(てきがいしん)を燃やすクレイはロシアのエリートに、イギリスの標榜する自由貿易主義の怪しさを声高に訴えました。ロシアもイギリスに対抗できる工業国に進化できる。そのためにはぜひアメリカン・システムの考えを理解してほしい、そして高関税政策で幼稚産業を保護すべきだ。そうした主張の根拠を明確に説いた論文や経済学の文献をロシアの高官に贈ったのです。

クレイ自らアレクサンドル二世に贈呈した経済学書の中にはもちろんヘンリー・カレイの著作 *The Harmony of Interest*(一八五一年初版)が含まれていました。クレイは、ロシアは工業国として立国できる潜在力を持つ国であり、アメリカン・システムを応用した独自のロシアン・システムを構築すれば、イギリスやフランスにも十分対抗できることを丁寧に説きました。

ロシアに対してはリンカーン大統領自ら積極的に外交工作に取り組んでいます。ロシアが英仏と歩調を合わせるような事態は絶対に避けねばなりません。この年の秋、リンカーンはアレクサンドル二世に自ら筆をとってロシアの考え方を確認しようとしています。皇帝はゴルチャコフ（一七九八―一八八三年）外務大臣を通じて彼の考え方をリンカーンに伝えています。

「我がロシアは必ずアメリカ合衆国を支援する。ロシアは合衆国が二つに分裂することを望んでいない。我がロシアに（英仏から）戦争介入の誘いが来ると思うが、そういった誘いには決して乗らない」

ゴルチャコフは皇帝の意思をサンクトペテルブルクに赴任していたアメリカ臨時公使ベイヤード・テイラーに伝えています。もともとリンカーン大統領と面識のあったテイラーは、多くの旅を通じてコサックの文化にも詳しかったのです。そのテイラーがロシアへの外交工作に起用されていました。皇帝の思いを伝えるゴルチャコフ外務大臣は、最後にテイラーの手を握りながら、「アメリカに神の加護がありますように」と加えるのを忘れませんでした[*38]。

アメリカン・システムの本質を理解し始めたロシア皇帝に、アメリカ支援を決断させる事件が発生します。一八六三年一月、ポーランドでロシアに反旗を翻す叛乱（一月蜂起）が起きるのです。ロシアの支配下にあったポーランド人の叛乱。これに同情的だったのがイギリスとフランスでした。アレクサンドル二世にとってポーランドはあくまでもロシア領土です。内政問題に干渉しようとする英仏を許すことはできません。

アメリカもまた内政に干渉しようとする英仏に苦しんでいます。英仏両国はまさにロシアとアメリカの共通の敵になったのです。クリミア戦争でロシアを支援してくれたアメリカには恩があります。アレクサンドル二世はロシア艦隊をアメリカに派遣するという大きな博打を打つことを決めます。万一、英仏が南北戦争に介入したらロシアは確実にリンカーン政権（北軍）の側に立つ。その決意を内外に知らしめる一大デモンストレーションです。アレクサンドル二世はこの前年に農奴解放を命じています。啓蒙君主を自任する皇帝が、黒人奴隷解放を旗印に戦いを続けるリンカーン政権を支援することに国際世論は何の矛盾も感じるはずがありません。

一八六三年九月二十四日、ロシア艦隊がニューヨーク港に突如姿を現わします。戦況は北軍にとって捗々(はかばか)しくなく、英仏の介入の危険性が増し、この頃のニューヨークには沈鬱な空気が漂っていました。そこにロシアが誇る最新鋭艦隊が、リンカーン政権支持を大胆に示そうとニューヨークの港にやってきたのです。市民はこの艦隊の勇姿に熱狂します。「アレクサンドル・ネフスキー」号も「ペレスヴェト」号も、アメリカの技術支援で建造された戦艦です。特に旗艦の「アレクサンドル・ネフスキー」号は五千百トンの大型蒸気戦艦です。

「（ニューヨーク港に碇を下ろした）ロシア艦隊にアメリカは熱狂した。（週刊誌の）『ハーパーズ・ウィークリー』はロシア艦隊の船のデザインや搭載されている兵器がアメリカ製であることを誇りを持って伝えていた」[*39]

この二隻に先立ってニューヨークに現われた「オスリアバ」号、「ワリヤーグ」号、「ヴィティアズ」号と合わせたロシア艦隊を指揮するのはレソフスキー提督でした。ニューヨーク市民の熱狂的歓迎ぶりは、盛大に繰り広げられたあるパーティーで費消された食材の量で想像がつきます。

一万二千個のオイスター。十二匹の大型サーモン（一匹十三キロ以上）。家禽千二百羽。二百五十羽の七面鳥。四百羽のチキン。四百六十キロのテンダーロイン。三千五百本のワイン。

ロシア士官や水兵たちはブロードウェイをパレードし、市民の温かい歓迎を受けています。三年前に日本の将軍使節を迎えた歓迎ぶりに匹敵します。しかし今度のロシア艦隊は単なる遠い未知の国からの賓客ではありません。英仏両国に、睨みをきかせる助っ人軍事使節なのです。ロシア艦隊は英仏介入の危機が去るまで、七ヵ月にわたってニューヨークに留まっています。その間ポトマック川を遡行してワシントンにその雄姿を見せています。このときの歓迎パーティーにはリンカーン大統領は体調を崩し参加できませんでしたが、ファーストレディーのメリー夫人が代役を果たしています。

ロシアは太平洋岸でも同様の示威行動を見せつけています。十月十二日にはポポフ提督の指揮するロシア太平洋艦隊がサンフランシスコに現われています。ロシアにはポーランド問題を有利に運ぶという思惑がありました。しかしそんなことはリンカーン政権にも北部諸州の人々にとっても、関係のないことでした。ロシア艦隊の訪問はリンカーン政権に事前に知らされていませんでした。ですから、国家分裂の危機にあったアメリカ合衆国（北軍）にとって、ニューヨークとサンフランシスコに現われたロシア艦隊はまさに「神風」だったに違いありません。

リンカーンの暗殺

英仏介入の危機をかろうじて避けることのできたリンカーン政権ですが、その後、国内の戦況は北軍に有利に展開していきました。一八六五年四月四日、南部連合の首都リッチモンドに入ったリンカーンは、逃亡した南部連合大統領ジェファーソン・デーヴィスの使っていた公邸に入っています。そこには一人の黒人の召使がリンカーン一行を待ち受けていました。

「デーヴィス大統領閣下は、私にこの屋敷をこれからやってくるヤンキー（北部アメリカ人）のために、しっかりと片付けておくようにと命令されて出ていかれました」*40

四月十一日の夕刻、ワシントンに戻ったリンカーンはホワイトハウス二階から勝利演説を行っています。それは単に勝利を祝うものではありませんでした。統一された考えの下でのアメリカ再構築の決意表明でした。「国家再建に向けて（Speech on Reconstruction)」と題されたスピーチです。

聴衆の中にワシントンでも名の知られた舞台役者ジョン・ブースがいました。リンカーンのスピーチを聞き終えたブースは隣に立つ仲間に一言つぶやいています。

「これが奴の最後のスピーチさ」[*41]

このスピーチの三日後の四月十四日の宵、ワシントンのフォード劇場は笑いに包まれていました。演目は喜劇『アメリカのいとこたち（Our American Cousin)』。バルコニー席ではリンカーン大統領が妻メリーとともに観劇しています。南北統一を成し遂げた大統領にとって久方ぶりのリラックスした時間でした。午後十時十五分、第二部第三幕に入る頃でした。ここは必ず笑いが起きる場面です。このシーンの少し前、この劇場の舞台役者ブースは、大統領のバルコニー席に難なく侵入していました。警備のチャールズ・フォーブスはこの役者をよく知っていたようなのです。[*42]

一階の観客席で大きな笑いが起こると同時に、ブースは隠し持っていた小型のデリンジャー銃で大統領の頭部を撃ち抜きました。弾丸は大統領の左耳から頭蓋を砕き、左目の後ろで止まりました。翌朝七時二十二分、劇場の隣にあるボーディング・ハウス（寄宿舎）に横たえられたリンカーンは最後の息を引きとりました。被弾直後に意識を失った大統領が回復の見込みのないことを医師たちはわかっていました。ですから治療はほどこされていません。

リンカーンがデリンジャー銃の弾を受けたのとほぼ同じ頃、国務長官ウィリアム・スワードも襲われています。一週間前に馬車の事故で怪我をし自宅療養していたスワードに、薬を届けると偽ってブースの仲間であるルイス・パウエルが長官の私邸に侵入したのです。パウエルは静かにベッドサイドに近づくとスワードの首を二度掻き切っています。幸いスワードは一命を取りとめました。

アメリカ合衆国の分裂を回避した二人の政治家ですが、大統領は国家再建の夢を果たすことなくこの世を去りました。見事に戦時外交を乗り切った国務長官は生死を彷徨（さまよ）いましたが、その後七年にわたって国家再建に尽力しています。産業革命をいち早く終え、世界の覇者のごとく君臨しようとするイギリスの前に立ちはだかった二人の政治家の明暗は分かれました。逃亡したブースは、事件から十二日後（四月二十六日）農家の納屋に隠れていたところを発見され射殺されています。

◉原註

＊1　染崎延房『近世紀聞』（春陽堂、大正十五年）一〇二―〇三頁。

＊2　『日本開国』二二〇頁（文庫版二四六頁）。
＊3　阿川尚之『横浜の波止場から』（NTT出版、二〇一〇年）三七―八頁。
＊4　『日本　1852』九九頁。
＊5　『日本開国』二〇〇―〇一頁（文庫版二二七―二二九頁）。
＊6　E. Alexander Powell, *The Road to Glory*, Charles Scribner's Sons, 1915, p316.
＊7　同右、p323.
＊8　*The Routledge Atlas of American History* 6th Edition, p56.
＊9　このうち、新政府軍の犠牲者として靖国神社に合祀（第一回）された数は三五八八人。
＊10　Marc Egnal, *Clash of Extremes*, Hill and Wang, New York, 2009, p230.
＊11　同右、p231.
＊12　Thomas J. Dilorenzo, *The Real Lincoln*, Three Rivers Press, 2002, p46.
＊13　在日本米国大使館ウェブサイト。
http://aboutusa.japan.usembassy.gov/j/jusaj-emancipation.html
＊14　一般に「The Springfield Race Riot of 1908」と呼ばれている事件。「『再建』の失敗に対するアフリカ系米国人の反応」。在日本米国大使館ウェブサイト。
http://aboutusa.japan.usembassy.gov/pdfs/wwwf-pub-freeatlast3.pdf
＊15　ハミルトンは、英国と関係の深い現職副大統領アーロン・バーとの決闘（一八〇四年）で死亡している。詳細は『日本開国』14章「決闘、アメリカの騎士道」参照。
＊16　河東哲夫「現実的な国家論・序説」（東京財団、二〇〇八年十月）四頁。
＊17　「一国は相対的に豊富にある生産要素を集約的に使用する財を輸出し、希少な要素を集約的に用いる財を輸入する」。ヘクシャー・オリーン定理については下記論文が参考になる。小

野進「準市場経済（Quasi Market Economy）とヘクシャー＝オリーン・モデルの限界（下）」（『立命館経済学』第三九巻第一号、一九九〇年四月）。

＊18 この数字は以下の経済学教科書の例示から採った。*Economics,* 5_{th} Edition, Harper & Row, New York 1982, p350.

＊19 T・G・バックホルツ『テラスで読む経済学物語』（日本経済新聞社、一九九一年）八五頁。

＊20 William H. Phillips (University of South Carolina), Cotton Gin, Economic History Services. http://eh.net/encyclopedia/article/phillips.cottongin

＊21 *Federal Reserve Bulletin,* Federal Reserve Board, May 1923, p567. http://fraser.stlouisfed.org/publications/frb/1923/download/50477/frb051923

＊22 Henry Carey。一七九三―一八七九年。カレイの経歴は下記文献による。
A. D. H Kaplan, *Henry Charles Carey,* The John Hopkins Press, 1931, Degital version by Gary Edwards, 2006.

＊23 Stephen Meardon (Department of Economics, Bowdoin College), Reciprocity and Henry C. Carey's Traverses on "the Road to Perfect Freedom of Trade", *Jounal of the History of Economic Trade,* Forthcoming July 2010, p18.
http://papers.ssrn.com/sol3/papers.cfm?abstract_id = 1641352

＊24 同右、p29.

＊25 Lawrence Freeman and Marsha L. Bowen, The American System's Battle Against British Free Trade, *EIR,* January 11, 2008, p58.

＊26 Thomas J. Dilorenzo, *Hamilton's Curse,* Crown Forum, 2008, p132.

＊27 Thomas B. Lee, Lincoln and Seward: From Rivalry to Teamwork, *Tamkang Journal of*

American Studies, Vol. 6, No. 2, 1989, p46.

*28 同右、p47.

*29 同右、p48.

*30 同右、p49.

*31 George C. Herring, *From Colony to Superpower*, Oxford University Press, 2008, p243.

*32 Michael Knox Beran, *Forge of Empires*, Free Press, 2007, p106.

*33 同右、pp127–28.

*34 *From Colony to Superpower*, p243.

*35 Jackson Lears, *Rebirth of a Nation*, Harper Collins, 2009, p20.

*36 *Forge of Empires*, p131.

*37 Jacob Breach, *The Road to Power*, 2009, p11.
http://web.ics.purdue.edu/~jbreach/files/The%20Road%20to%20Power.pdf

*38 *Forge of Empires*, pp155–56.

*39 Konstantin George, The US-Russian Entente that saved the Union.
http://american_almanac.tripod.com/russcwar.htm

*40 K. M. Kostyal, Abraham Lincoln's Extraordinary Era, *National Geographic*, 2009, p189.

*41 同右、p189.

*42 同右、p195.

第5章　大陸横断鉄道開通

外圧を利用したルート選定

ゴールドラッシュに沸くサクラメントに鉄道が敷設されたのは一八五六年二月のことでした。サクラメントとアメリカ川上流の町フォルサムを繋ぐ二十二マイル（三十五キロ）という短い距離での開通でした。この鉄道、サクラメント渓谷鉄道（Sacrament Valley Railroad）を企画したチャールズ・ウィルソンは、ニューヨークから鉄道技師セオドア・ジュダを招聘しています。

任せられた二十二マイルの鉄道敷設は、おおむね平坦なアメリカ川流域を抜けるものでした。ですからほとんど困難もなく完成しています。ジュダは大きな夢を持った鉄道技師でした。新領土カリフォルニアを東部諸州と連結する大陸横断鉄道は、その必要性を誰もが理解しながらも一向に進捗が見られませんでした。ジュダの夢は自らが主役となり、シエラネバダ山脈を貫いてアメリカを一つに結ぶ鉄道を完成させることでした。

鉄道建設のネックになるのは政治がらみの案件であるのは当時も今も変わるところはありません。大陸横断鉄道のもたらす巨大な便益は政治家たちにも容易に理解できます。ですからその必要性については誰もが認めるところでした。しかしそのルートの選定作業が、彼らの間に渦巻く思惑でまったく進捗しなかったのです。北部諸州がサクラメントからシエラネバダ山脈を抜ける中央ルートを主張すれば、南部諸州はニューメキシコやアリゾナ南部を抜ける南ルートを推していました。

特に南部諸州の政治家は、一八五〇年にカリフォルニアが奴隷制度を認めない自由州となったことに強い危機感を抱いていました。大陸横断鉄道が中央ルートに決定してしまうと、カリフォルニアは経済的にも北部東部諸州と完全にリンクしてしまうことになります。南部諸州はこれを妨げようとします。南ルートの鉄道敷設が有利になるよう、建設が容易な高原地形であるアリゾナ南部に接するメキシコ領土をメキシコから連邦政府に素早く買い増しさせています（ガズデン購入、一八五三年）。

一八五三年、アメリカ議会は最適ルート決定のために調査団を派遣します。その報告が上がってきたのは翌年の秋のことでした。およそ二年間の調査に基づいた十二巻にも上る報告書（The Pacific Railroad Surveys of 1853-55）を吟味しても、なお南ルートに固執したのは当時ピアス政権で陸軍長官だったジェファーソン・デーヴィス（ミシシッピー州民主党）でした。ジュダはこうした南部の政治家の動きを警戒し、議会に対して何度も論文を発表するなどして中央ルートでの建設を推進するロビー活動を進めていました。一八五七年一月一日付で提出したレポートが残っています。[*1]

「この大陸横断鉄道建設プロジェクトはまさに二つの大洋を結ぶものである。この鉄道は人口豊かな東部とまだ未開発だが肥沃な西部を連結する、我が国にはどうしても必要なリンケージ（連結）である。アメリカの安全と発展を築くための動脈であり、合衆国の独立を確実なものにする東西の絆である」

これに続いて純粋に技術的な視点から、中央ルートによるフィージビリティー（実行可能性）調査を連邦政府の支援で実施すべきことを主張しています。ジュダのこうしたロビー活動も、南部の発展を強く望む南部出身の政治家が跋扈（ばっこ）する議会にあっては、建設計画の進捗には一向に効果がありませんでした。業を煮やしたジュダは、カリフォルニア州とオレゴン州の政治家を動かします。一八五九年四月、建設促進の決起集会を開催させると、カリフォルニア州から千五百万ドル、オレゴン州から五百万ドルを拠出させロビー活動の資金にあてたのです。この資金をもとにして、ジュダは一八五九年十月から二年間にわたってワシントンに乗り込み、自ら政界工作にあたっています。一八五九年十二月六日にはさっそくブキャナン大統領と直接交渉を実現しています。[*2]

カリフォルニア州の経済界や政界の期待を一身に背負うジュダにとって、南北戦争の開戦はまさに福音でした。分離した南部諸州の政治家はみなワシントンの議会から去っていきました。南部ルートを主張する者はもはやワシントンにはいないのです。一気に連邦政府の後押しを受けた中央ルートによる大陸横断鉄道計画を軌道に乗せるチャンスです。ジュダは、議会に残った北部・東部諸州の議員やリンカーン政権の中枢に対して、彼らが最も恐れるイギリスのカリフォルニア侵攻の恐怖を煽ってみせたのです。

「英国が南部連合に加担してカリフォルニアに上陸してきたらどうなるか考えてほしい。カリフォルニアやネバダが南部連合に組み込まれたら、この地域で豊富な金・銀の鉱物資源や穀物はどうなるのか。鉄道なくしてこの地域を東部諸州はどうやって防衛しようというのか」[*3]

ジュダのこの戦術は効果的でした。外国勢力の介入を極度に恐れていた政治家の心理を衝いています。ジュダはさっそく、上下両院の大陸横断鉄道検討委員会の事務方の要職に起用されています。ジュダが中心になってまとめ上げた法案は、太平洋鉄道敷設法（Pacific Railway Act）として提出され議会を通過すると、一八六二年七月、リンカーン大統領の署名で成立をみています。この法律により、オマハから西への鉄道敷設をユニオン・パシフィック鉄道が、サクラメントから東に向かう路線建設にはセントラル・パシフィック鉄道があたることが決定されています。

その後何度か修正されたこの法律には、連邦政府の積極的な支援策が盛り込まれています。路線周辺を含む政府所有の土地が大量に二つの会社に譲渡されていきました。こうした土地を担保にすることで大型の鉄道債券の発行が可能になったのです。ユニオン・パシフィック鉄道とセントラル・パシフィック鉄道が、アメリカ西部における最大の土地所有者となるのは時間の問題でした。[*4] リンカーン政権の経済政策アドバイザーたちが進めるアメリカン・システムの中でも、交通インフラ整備は強いアメリカ建設の象徴なのです。

ビッグ・フォーの役割分担

セントラル・パシフィック鉄道は、ジュダのロビー活動の成功を確信していたサンフランシスコの経済人により一八六一年六月に設立されています。創業者は、後日、巨万の富を築きビッグ・フォーと呼ばれることになる四人のサクラメントのビジネスマンでした。金物商のコリス・ハンティントンとマーク・ホプキンス、乾物商のチャールズ・クロッカー。そして小売商のルランド・スタンフォードの四人でした。この四人にセオドア・ジュダも加わっています。

この四人はみな共和党員でした。一八五六年の大統領選挙では創設されたばかりの共和党の候補ジョン・フレモントを応援した仲間です。カリフォルニア独立の英雄フレモントを推した四人が作成した選挙応援のスローガンは『フリーダム（自由）、フレモント、そして大陸横断鉄道を！（Freedom, Fremont and the Railroad !）』でした。スタンフォードはこの四人の中では唯一の法律家であり、後にスタンフォード大学を創設していますから、日本でもいくらかは知られている人物です。もともとゴールドラッシュで一攫千金を狙ってこの地にやって来た男たちですが、地表に見え隠れする金を探すより、カリフォルニアに殺到する俄か鉱夫たちを相手にした商売の方がずっと割に合うことにいち早く気づいた利に聡い連中でした。

一八六三年一月八日、サクラメントでついに大陸横断鉄道の建設が始まります。ここから東に向けてシエラネバダの山脈を抜ける大工事の始まりです。スタンフォードはこの前年、共和党から立候補しカリフォルニア州知事となっています。政治とビジネスの二足の草鞋（わらじ）を履くことが当たり前のような時代です。社長のスタンフォードが知事を兼職することは会社にとって好都合でした。

四人はそれぞれの役割を分担しています。ハンティントンは対連邦政府ロビー活動、スタンフォードは州政府の政治を事業に有利に誘導し、ホプキンスは会計担当、クロッカーが工事の実務担当でした。ジュダも当然に少数株主の立場でチーフエンジニアとして経営に参画していました。しかし四人から次第に疎まれるようになると経営から外されています。利益の中抜きを狙った建設請負のダミー会社を設立した四人にとって、ジュダは鬱陶しい存在になっていたのです。彼の持株を十万ドルで買い上げ、排除に成功しています。将来四十万ドルでその持株の買い戻しが可能という条件付きの排除でした。そのスポンサーを探すために東部に旅立ったジュダでしたが、パナマ地峡を越える際にチフスに罹患してしまいました。一八六三年十一月、彼はニューヨークで失意のうちに亡くなっています。[*5]

巨利を得るために邪魔なジュダの排斥に成功した四人でしたが、工事は一向に進みません。工事が始まっておよそ二年、一八六四年も暮れようというのに敷設された線路はわずか五十マイル（八十キロメートル）に過ぎませんでした。問題はひどい労働者不足でした。一八六四年の冬、会社が必要としていた労働者数は五千人です。これに対して現場で働いていたのはわずか六百人でした。もともと人口の少ないサクラメントやサンフランシスコ周辺です。ここに暮らす男たちは地表に露出した金を手っ取り早く探しだし、一夜で金持ちに変身できると夢想している荒くれ者ばかりです。

少しでも実入りのいい仕事があればさっさと職場を去っていく連中ばかりでした。一八五九年にはネバダ州コムストックロードで大規模な銀鉱脈も発見されています。ですからネバダに向かう男たちも後を絶ちませんでした。一八六五年一月七日には地元紙『サクラメント・ユニオン』で五千人募集の広告を打ちましたが、応募者はわずか二百人というありさまでした。

業を煮やした工事担当のクロッカーは、現場監督のジェームス・ストロブリッジに支那人を雇ってみることを提案するのです。ストロブリッジは労働意欲の低いアイルランド人を中心とした白人労働者の管理に辟易（へきえき）しながらも、支那人の雇用には断固反対でした。

「俺にはチャイニーズを管理して働かせるなんてことはできない。奴らに鉄道建設の仕事ができるわけがないだろう」[*6]

知事を兼任している社長のスタンフォードもこの意見に同調します。スタンフォードは知事就任演説で選挙権を持つ白人たちの票を意識して、支那からの移民に対してひどく侮蔑的な立場をとっていたのです。

「カリフォルニアに劣等な人種がやってくることは、法に触れない限りあらゆる手段を使って食い止めなければならない。夥しい数の人間が蠢（うごめ）くアジア。彼らはそこからカス（dreg）のような輩（やから）をこの国に送って寄こすのだから、たまったものではない」[*7]

スタンフォードは、支那からの移民が劣等ではないことを知っていました。今でも歴史的建造物として観光名所となっているネオルネッサンス様式の彼の大邸宅では、多くの支那人（チャイニーズ）の召使が真面目に仕事をしていました。その上、妻のジェーンが肺疾患の病に苦しんでいたとき、薬草の麻黄を処方して治療してくれたのは漢方医のイー・ファン・チュン（Yee Fung Cheung）でした。

しかし、多くの白人にとって支那からやってきた男たちは異様なものに映っていました。カリフォルニアにやってくるのは若い男たちばかり。女性はほとんど見かけません。みなさっさと稼いで故郷に戻り家族に再会することを望む者ばかりでした。ですから無駄遣いはほとんどしません。身にまとうものにもまったく頓着しません。彼らの食事は白人たちとはまったく違います。仲間の料理人が好物の豚肉をたっぷり使って作る広東料理です。余暇は仲間内のギャンブルとたまに吸引するアヘンでした。彼らはひどく特異な集団生活を送っていたのです。

　こうしてカリフォルニアには白人社会から遊離した生活空間、チャイナタウンが形成されていきました。数少ない女性たちはほとんどが売春婦でした。一八五二年の数字が残っています。サクラメントに住んでいた支那人の数は八百四人。女性はわずか十人でした。[*8] 家族を伴いアメリカに骨を埋める覚悟で渡ってきた者はほとんどいなかったのです。決して衛生的とは言えない彼らの生活、およそ十年前にベイヤード・テイラーが見た上海での支那人の生態に似た暮らしぶりを、サンフランシスコの白人は目の当たりにしました。彼らに対する生理的嫌悪が、著しい人種差別意識を生み出したのです。

　さらに問題だったのは、支那からの移民はみな奴隷と同じだと考える者が多かったのです。清がアヘン戦争に敗れてイギリスと結んだ南京条約と虎門寨（こもんさい）追加条約。アメリカと結んだ望厦（ぼうか）条約。どれも不平等条約です。そこで規定された領事裁判権で英米商人は清の法律からの訴追を免れています。

開港された港でアヘン密売の巨利をむさぼったのはイギリスのジャーディン・マセソン商会だけではありません。アメリカの商社も同様にアヘン売買に参画していました。[*9] そうした商社が新たに目をつけたのが、奴隷制度廃止の世界的潮流を受けて引き起こされた極度の労働力不足でした。治安の乱れる清の沿海部は手っ取り早く人を集められる草刈場でした。

「領事裁判権という特権のおかげで、ヨーロッパ人もアメリカ人も、支那人を誘拐まがいに連れてくることが容易になったし、そうした行為の代行を行う支那人誘拐稼業の連中（crimps）を保護することも簡単になった。彼らは貧乏農家の男の子を誘拐してくるのに手を貸したし、清政府がそうした行為を取り締まろうとするのを妨害もした」[*10]

こうして、若い男性労働力が誘拐や姦計によって集められ、特に労働力不足が深刻なキューバやラテンアメリカ諸国に「輸出」されていきました。苦力（クーリー）と呼ばれる疑似奴隷集団です。アメリカ政府は苦力貿易をアメリカ商社が行うことを禁ずる法令を、一八四七年及び四九年に成立させています。しかし、その条文にはアメリカ商人が外国の港から外国の港に運ぶ行為を罰する規定はありませんでした。その抜け道をアメリカ商人は利用したのです。当時の支那貿易で活躍したアメリカ商社で最も大きかったのがビッグ・フォーと呼ばれる、ラッセル商会、オリファント商会、オーガスチン・ハード商会、ウエットモーア商会でした。オリファント商会がペルー政府と結んだ契約書が残されています。[*11]

「第三条　ペルー政府はオリファント商会以外の会社と苦力購入契約を結ばない。オリファント商会は最高品質の苦力を厳選して供給する」

「第十五条　一隻ごとに船積みされる苦力の数は五百頭を下回らないこと」

オリファント商会は十九世紀初めからプロテスタント宣教師の支那沿海部での布教を積極的に支援していました。この会社だけはアヘン密売には手を染めていません。しかし「奴隷売買（human trafficking）」には積極的に参入していたのです。

アメリカ本土にそうした労働力を輸出するには少し工夫が要りました。すべて自由意志による移民にしなければいけないのです。アメリカの雇用主に期限付きで年季奉公し、前借を返済し次第自由になる「契約移民（indentured laborer）」としたり、親類縁者を通じてアメリカまでの船賃を何とか工面して新天地で金を探そうとやってきた自由移民である、との形式をとっています。アメリカに暮らす支那人はみな、建前上は自らの意志でやってきた者ばかりです。しかしその実体は怪しいものでした。石垣島の唐人墓の男たちが、自由意志で金山（サンフランシスコ）での生活に胸をときめかせて「ロバート・バウン」号に乗ったのか。それとも誘拐同然に集められ、行く末の不安におののいていたのか。本当のところはわからないのです。

支那の港から世界中に「新奴隷」を送り出していたアメリカ商社の行状を、カリフォルニアの経済界が知らないはずがありません。スタンフォードが鉄道建設現場に支那人を雇うことに強い難色を示したのにはこういった事情もあったのです。

彼らは形を変えた新種の奴隷に違いないのです。しかしこのまま工事が遅れることは会社にとっては大きな損失になります。その上、白人労働者は人手不足をいいことにストライキを計画しているとの噂が飛び交っています。背に腹は代えられません。ストロブリッジはしぶしぶ支那人の雇用を承知しました。一八六五年二月、五十人を初めて雇用しました。あくまでも試験採用(トライアル)です。

支那人労働者の驚くべき生産性

ストロブリッジは徒党を組んで現われた支那人たちの統率のとれた行動に驚きます。彼らに約束された給与は月額およそ三十ドル。単純労働者給与指標で換算すると現在価値でおよそ三十万円に相当します。[*12] 寝泊りや食事は自己負担でした。ですから仲間内で準備した料理人を連れてきています。アイルランド人の給与はおよそ三十五ドルで寝泊りにかかる費用は別途支給されています。支那人の身なりは相変わらずみすぼらしいのですが、料理人の準備する乾燥魚などをおかずにライスでしっかりと食事を取り、衣類は頻繁に洗っています。睡眠も十分にとって毎朝現場に現われました。栄養バランスの偏った食事に加え、沢の水をそのまま飲んでしばしば腹をこわすアイルランド人らと違い、必ず沸かした湯でお茶を飲む支那人たちは実に健康でした。

こうした働きぶりに気をよくしたストロブリッジはさらに五十人を雇ってみます。同じようにてきぱきと働く支那人たちを見て、ストロブリッジは本格的に彼らを雇い入れる決断を下します。

「支那人の連中はなかなかよく働いて、白人とまったく遜色ない。教え込んだら発破作業だろうが、荷役馬の扱いだろうがうまくこなしてくれている。彼らの仕事ぶりはなかなか信頼できる。それにストライキをするなどと言って騒がないところがいい」*13

工事担当のクロッカーも気をよくしています。

「さすがに万里の長城を造った民族だけはある。線路敷設や暗渠（あんきょ）を入れる作業くらいはお手の物だろうさ」*14

支那人労働者を積極的に雇い入れることに決めたセントラル・パシフィック鉄道でしたが、すぐに十分な数の支那人がカリフォルニアには存在しないことに気づくのです。それまで、彼らを歓迎するムードはカリフォルニアにはありませんでしたから、支那からやってくる人々はそれほど増えていません。むしろ減少している年もあるの

カリフォルニアの支那人数の推移 (*15)

年	流入	流出	増	減
1860	7,343	2,088	5,255	
1861	8,424	3,594	4,830	
1862	8,188	2,795	5,393	
1863	6,435	2,947	3,488	
1864	2,696	3,911		1,215
1865	3,097	2,298	799	
純増			18,550	

1850年のカリフォルニアにおける支那人総数＝34,933人
1865年のカリフォルニアにおける推定支那人人口＝53,483人

です。

表に示した数字は税関データに基づいていますから、流出の数字は他州に移動したものではなく、故郷で待つ家族の元に帰って行った若者の数と考えられます。

セントラル・パシフィック鉄道は、支那人労働者の採用を加速させています。一八六五年の六月には三千人が現場で働いています。それでもまだまだ足りません。ワシントンのロビー活動を担当するコリス・ハンティントンは途方もない数字を堂々と口にしています。

「もっともっと支那人をカリフォルニアに連れて来るという考えに賛成だ。我々もカリフォルニア州も、一八六八年には五十万人ほどの支那人がやってきてくればいいと思っている[*16]」

セントラル・パシフィック鉄道とユニオン・パシフィック鉄道による大陸横断鉄道の建設は、イギリスの自由貿易帝国主義に対抗できる強国アメリカを作り上げるアメリカン・システムの象徴でした。政府の積極

的な財政支援は当然のように行われています。どちらの鉄道に対しても最初の四十マイル（六十四キロメートル）の敷設を自前で完成した後には、一マイルの延長ごとに線路に隣接する六千四百エーカーの土地が譲渡され、さらに一万六千ドルから四万八千ドルの政府借款ができるようになっていました。その代わり、太平洋鉄道敷設法第四条では、資材は米国製品の使用が義務づけられていました。ヘンリー・カレイらの保護主義経済学者の主張をしっかりと具現化した法律だったのです。一八六四年四月二十五日、部分開通したサクラメント―ローズビル間を第一号列車「ガバナー・スタンフォード」が初めての乗客を乗せて走りました。この列車もフィラデルフィアにあるノーリス機関車製造所で作られたものでした。

人手不足に悩むセントラル・パシフィック鉄道に、政府は外交政策でも支援します。ますます東に漸進する鉄道敷設工事は次第にシエラネバダ山脈に近づいていきます。ますます厳しくなる環境にもかかわらず労働者の確保がままなりません。支那からの移民はほとんど増えていません。むしろ減少傾向にありました。一八六六年の支那人移民の流入は二千二百四十二人、流出は三千百十三人で八百七十一人減です。一八六七年は流入が四千七百九十四人、流出が四千九百九十九人で二百五人減。二年間での純減は千七十六人となっています。[*17]

支那に惚れた外交官

支那文明あるいは支那文化といったものは、人にアンビバレントな想いを抱かせながらも、不思議な魅力を西洋人に見せるようです。支那大陸の無秩序と混沌に激しい嫌悪感を示したベイヤード・テイラーとはおよそ対極の反応を見せる人々です。支那人女性をこよなく愛し、支那科学史に熱中したケンブリッジ大学出身のジョゼフ・ニーダム、中国共産党を賛美したエドガー・スノーなどがそうした人物の典型です。

こうした人々の先例とも言える人物がいます。リンカーン大統領によって駐清公使に任命されたアンソン・バーリンゲームです。奴隷制に早くから反対の立場をとり、マサチューセッツ州選出の共和党下院議員であり、また法律家でもありました。一八六〇年の大統領選挙ではリンカーン大統領陣営で活躍したリンカーンの盟友です。しかし本人は同年の下院選挙に敗れ議席を失っています。アメリカではポリティカル・アポイントメント（政治任命）は普通に行われます。一八六一年、リンカーン大統領は彼を駐清公使に任命しました。当初はオーストリア公使に任命されたのですが、オーストリアが拒否しています。

アンソンの父親ジョエルは敬虔なプロテスタント（メソジスト）で、またフリーメーソンの会員でもありました[*18]。息子のバーリンゲームも敬虔なメソジスト信者です。カソリックの国オーストリアにとって好ましい人物ではありませんでした。その上、オーストリアの支配下にあったハンガリーの革命家コシュート・ラヨシュを支援していましたから、オーストリア政府が彼をペルソナ・ノングラータ（persona non grata。不適格外交官）として拒絶したのも頷けます。[*19]

オーストリア政府からの拒絶の報はパリにいたバーリンゲームに届いています。ウィーンに向かう途次でした。しかし、ほどなくして本国から清国駐在公使のポストが提示されました。新ポストを了解したものの、彼にはこの国についての知識はありませんでした。一八六二年七月二十日、バーリンゲームは無事北京に着任しています。

当時の北京は混乱の極みでした。アヘン戦争敗北を受けて、清は南京条約をイギリスと結んでいます。その第二条で広東の他に廈門・福州・寧波・上海が開港されています。広東に閉じ込められていた西洋人商人は開かれた港に続々とオフィスを開設し、西洋諸国の外交官もこうした港に赴任していきました。この頃は外交官のポストの多くに貿易商人が任命されていました。

南京条約ではアヘンには何も触れられていませんが、アヘンはイギリスやアメリカの貿易商人によって、公然と密輸入されています。清は南京条約に続いてアメリカと望廈条約を結んでいます。アメリカはアヘン密売犯罪について罪を犯した場合は、アメリカ人でも領事裁判権を行使しないとしていますから、いくぶんは自国の商人によるアヘン密売に自責の念がありました。[*20]

開港以来、清の国内治安は悪化の一途を辿っています。バーリンゲームが着任した頃も、太平天国の軍が相変わらず猛威をふるい続けていました。一方で、支那の民も清政府高官も、開港された港で商売する西洋人に対してはその傲慢ぶりに、外交交渉の通訳として活躍する宣教師に対してはその二枚舌に苛立ちを募らせていました。特に一方で神の教えを説きながら、アヘン密売を強要する外国政府の手先になっていた宣教師たちへは強い反発がありました。

一八五二年に両広総督（広東省・広西省の総督）として赴任してきた葉名琛（ようめいちん）は、強い排外主義思想の持ち主でした。清の官僚は、開港された港での通関業務を意図的に遅滞させたり妨害したりしてささやかな抵抗を続けていました。こうしたやり方に貿易商社の不満が鬱積していきます。こんな時期に事件が起きました。一八五六年十月、英国国旗を掲げた商船アロー号を、清国海軍が臨検したのです。こうした行為は国際法上、戦争行為と見なすことができます。英国と清との関係が一気に緊張しました。

広東領事のハリー・パークス（後の駐日公使）と香港総督ジョン・ボーリングは本国政府の了解をとりながら戦争準備を始めています。一八五七年十二月から始まった戦い（第二次アヘン戦争／アロー号戦争）は、カソリック宣教師が殺害されたフランスがイギリスに続いて参戦すると清は次第に劣勢となり、英仏海軍は天津まで迫っていきました。清政府は一八五八年六月、英仏両国と天津条約の締結を余儀なくされています。清に同情的な態度を示していたアメリカとロシア両国ですが、英仏を悪者に仕立て上げながら、同じような条約を結んでいます。これにより清皇帝がこれまで頑なに拒んでいた、列強の外交官の北京駐在が認められたのです。各国が結んだ条約にはアヘン売買については何も書き込まれていません。しかし、付則でアヘンの輸入関税率が明示的に示されましたから、実質的にアヘン貿易は合法化されています。西洋諸国はついに堂々と清国内でアヘン販売ができるようになったのです。

　合法化には、清政府の打算もありました。太平天国の乱の平定には巨額な戦費を必要としていました。アヘン輸入から期待できる関税で戦費を賄おうとしたのです。

「アヘンはアメリカから持ってくるのか」

「あなた方はイエス・キリストの使徒と称しているのに、アヘン売買に関与しているのはおかしいではないか」

　これは開港された各地の港で、支那の民から宣教師に対して何度も繰り返された疑いの言葉です。[*21] 自責の念に苛(さいな)まれていた宣教師たちは、アヘン輸入の合法化で自分たちに向けられる冷たい視線がいくらかでも和らぐことを期待していました。清政府が認めたのですから、もはや責任は外国政府にあるわけでなく、その外交交渉に一役も二役も買っていた宣教師の責任でもないという理屈です。一八六一年十月、バーリンゲームが北京に向かう途中のマカオで会ったサミュエル・ウィリアムスもそうした宣教師の一人でした。ペリー提督の日本遠征で通訳だったウィリアムスは、この頃、マカオでアメリカ領事館の代理公使（charge d'affaire）を務めていました。

冬が近づいている頃にマカオに到着したバーリンゲームですが、北京へ入るのは難しい季節でした。陸路も河川水運も厳冬の支那では機能不全に陥ります。沿海部に留まることを余儀なくされたバーリンゲームは、この間に開港された港湾都市を視察しています。太平天国軍に怯える上海や寧波でアヘンによって退廃する民衆の惨状を目にしたのです。[22]

翌年の夏、ようやく北京に着任したバーリンゲームが清政府とまず交渉したのは、南北戦争で苦しむ本国政府を外交面で支援することでした。アジアの海を遊弋しアメリカ商船に狙いをすませて襲いかかり、母国に大きな損害をもたらしている神出鬼没の南部連合の「アラバマ」号。その行方は杳として知れません。しかし必ず補給が必要になるはずです。支那の港にいつ現われてもおかしくありません。バーリンゲームは、清政府中央から清の沿岸部を監督する地方長官に向けて、「アラバマ」号の寄港を認めさせない命令を発令してもらうことに成功しています。[23]

アメリカはアヘン戦争の際もそうだったように、第二次アヘン戦争でも清の軍隊と戦っていません。それでもイギリスが獲得した特権をそのままいただいてしまう条約を結んでいます（天津条約）。現実に軍隊を出した英仏が得た条件と同じ内容の条約です。その第一条は清米両国の修好をうたっています。それと同時に、他の外国勢力が清政府と揉め事を起こしたら、アメリカがその紛争斡旋に乗り出すことも明記しています。タウンゼント・ハリスが、ほぼ同時期に徳川幕府と結んだ日米修好通商条約第一条と同じです。凶暴なイギリスの後ろに隠れて軍隊は出さず、良い子の振りをするこうしたアメリカのアジア外交の進め方は、利他主義の仮面をつけたご都合主義的外交だった（mingled altruism and selfishness）とアメリカの歴史家でさえも自嘲的に分析しています。[*24]

北京に到着したバーリンゲームの交渉相手は、この前年に清政府が設立した総理各国事務衙門でした。この新しい組織が清の外交通商問題を扱っていました。総攬していたのは、幼い同治帝（一八五六年生まれ）を輔弼する叔父の恭親王でした。親王は清朝内部の強烈な排外主義を抑え込み、西洋近代知識を早急に吸収しようとする洋務運動の中心人物となっていました。清に軍事力を行使することなく、西洋列強との揉め事には斡旋を約束するアメリカ。恭親王はバーリンゲーム公使と次第に親密になっていきます。

西洋列強の軍事力の前に不平等条約を押しつけられ、地方では太平天国軍が跋扈し、清の高官は鬱憤を積もらせていた時期です。世界で最も優れた国であるはずの大清帝国の地で西夷が勝手気ままな振る舞いを見せています。その不満をぶつけるかのように、条約交渉に天津に現われたイギリス外交団のハリー・パークスらを人質にとることまでしています。これがかえって英仏の清に対する不信と軽侮の念を深めさせてしまいます。

こうした清の野蛮とも言える西洋列強との対峙の姿勢とはまったく異なる態度で西洋に向かい合ったのが日本でした。徳川幕府は万延の遣米使節以降も有為の若者を各地に送り見聞を広めさせています。

一八六二年（文久二年）オランダ留学、十四名。
一八六五年（慶応元年）ロシア・ペテルスブルグ留学、六名。
一八六六年（慶応二年）イギリス・ロンドン留学、十三名。
一八六七年（慶応三年）フランス・パリ留学、九名。

徳川幕府は国内では攘夷の狂気、つまり排外主義が危険なほどに高まっている中でも、西洋列強から最新の科学と思想を導入する努力を続けていました。恭親王も西洋に倣う決断をします。将来のある有為の者に西洋世界を見聞させるのです。またそうした国々のリーダーとの直接接触により清に対する理解を深めてもらうのです。しかし清にはそうした外交交渉のできる人材はいませんでした。そこで恭親王が目をつけたのがバーリンゲームでした。

一八六七年十一月、バーリンゲームは条約開港都市をあらためて視察してから公使の職を辞することを決めています。彼との別れを惜しむ送別の宴で恭親王は、バーリンゲームに驚くべき提案をします。頑なに西洋を蔑み、しかし実際は西洋を畏れ縮こまっていたこの国が、条約を締結した各国に外交使節を送りたい、ついては彼にその使節の長になってほしいというのです。清の悲惨な民の状況にはアメリカのアヘン貿易が相当な責任を負っていることは公然の事実でした。敬虔なメソジスト信者のバーリンゲームにも強い自責の念が芽生えていたのでしょう。彼はこの要請をそれほどの躊躇も見せずに了承しています。

彼がソワード国務長官に宛てた文書が残っています。清政府が彼を外交使節団長に指名した経緯を説明し、翌年の二月には蒸気船でサンフランシスコに向かうことを伝えています。同時にワシントンでの国務長官との接見を要請し、それに続けて次のように語っています。

「世界の人口の三分の一を擁する国が、初めて西洋諸国との交渉を自発的に求めています。最も若い文明国アメリカにその交渉の仲介を願っているのです。この使節が本国によって受け入れられることを強く願っています[*25]」

「低賃金労働者供給条約」

リンカーン大統領と同時に命を狙われたスワード国務長官は首の傷も癒え、リンカーンの後継アンドリュー・ジョンソン政権のもとでも引き続き国務長官を務めています。強い州権を主張する南部諸州の政治家は南北戦争の敗北でワシントンから一掃されました。思う存分に連邦政府（中央政府）主導で国づくりができる環境ができあがったのです。強国アメリカの実現を目指すスワード長官が最も気がかりだったのは大陸横断鉄道工事の進捗でした。南北戦争の勃発にもかかわらず法案を成立させて、連邦政府の後押しで進めているサンフランシスコに至る鉄道。この完成なくしては、豊かな富をもたらすアジア市場への交通インフラのリンクは閉じたままです。ジュダがかつて指摘したように、この鉄道なしでは太平洋岸の新テリトリーは孤立したままとなり、防衛もままなりません。工事のネックになっているのが労働者不足であることは、スワードもはっきりと認識していました。

「（スワードは）カリフォルニアの労働力不足問題を懸念していた。太平洋貿易の拡大に強い関心を寄せていたのだ。工事に必要な労働力の足りないことを彼はひどく憂慮していた。不足の原因は二つあった。一つはカリフォルニア州における反支那人感情、そしてもう一つは清政府の移民を認めない政策だった[*26]」

清は自国民が外国に出ることを禁じていたのです。清の建国当時、明（みん）の遺臣が海外に逃れ、そうした土地に拠点を設けて明再建を夢見ていました。自国民が彼らと接触することを嫌った政策の名残りです。ですから、カリフォルニアにやってきて金で一儲けして故国に戻っても官憲からの嫌がらせが待っていました。国禁を破っているのですから官憲のそうした行為には正当性があったのです。この清の法律が国の外に出ようとする者には大きな障害になっていました。

バーリンゲームが清の外交使節の長としてワシントンにやってくるという知らせに、スワードはほくそ笑んだに違いありません。何人いても足りないくらいの工事現場に、評判のよい支那人労働者を一気に増やせる可能性が出てきたのです。二つの障害を取り除く条約をバーリンゲーム代表と結んでしまおうというのです。

一八六八年六月六日、清の使節はワシントンでアンドリュー・ジョンソン大統領との謁見に臨んでいます。バーリンゲームは大統領に、自らが清の全権（Extraordinary and Plenipotentiary）であることを伝えています。自国の外交官が職を辞して、清が初めて西洋世界に送り出す外交使節の全権となってワシントンに現われる。何とも不思議な光景です。ホワイトハウスでの晩餐会に続いて、議会側から招待があり、下院議長のスカイラー・コルファクスが歓迎しています。[*27] コルファクスも共和党の有力政治家です。

スワードは清政府全権であるバーリンゲームと一気に懸案を解決するための条約交渉に入ります。一八六八年七月二十八日、八ヵ条の条約が結ばれています。内容は表向きは清の主権の尊重と、すべての国が清と均等で自由な通商ができることを確認したものです。均等な通商機会の要求はアメリカの清（支那）に対する基本方針（オープンドア政策）の表明でした。

しかし、こうした約定の内容はアメリカにとっては実質的な意味はありませんでした。もちろん清国にとってはそれなりの意味がありました。この条約でアメリカから、清の主権尊重の姿勢を強く打ち出させることができ、西洋列強は清との外交交渉に節度をもった態度で臨むべきだとのメッセージを得たのです。これからのヨーロッパ列強との交渉に十分な効果を持つでしょう。

アメリカにはおよそ重要性を持たないかのような条約でしたが、この中にスワード国務長官は、巧妙に清からの労働者「輸入」が容易になる条文を紛れ込ませていたのです。第五条は両国民の自由な移住を認めるというものでした。市民権の付与については規定されていませんが、清からアメリカに居を移した者を、他の国からの移民とほぼ同様に扱うとアメリカは約束したのです。アメリカ国民が清に居住する場合も同様の扱いを清政府から受けることができます。

スワードはこの条文を挿入することで、支那からの移民を一気に増加させようと目論んだのです。カリフォルニアに反支那人（チャイニーズ）の空気が漂っている事実には何の変化もありませんが、そんなことにはお構いなしです。国家間の条約として明確に支那人移民を保護することを約束したのです。この条項で、清政府も自国民が職を求めて外国に出ることを公式に認めたことになります。労働者不足の二つの原因を一挙に取り払う名案でした。「スワード・バーリンゲーム条約」と呼ばれるこの条約を、後世の歴史家は「低賃金労働者供給条約（a cheap labor treaty）」と皮肉っています。[*28]

バーリンゲームはアメリカとの条約交渉を終えると、すぐにヨーロッパに向かっています。清と条約を結んでいる国を訪問し、そうした国々のリーダーと直接交渉の場を持つことで、清に対する偏見を解き、ヨーロッパ諸国の清に対する理解を深めさせようとしたのです。もちろん、アメリカの元外交官が全権である異例の使節です。ヨーロッパ各国は不信の念を拭えないでいました。

特にイギリスとフランスは、一八六〇年の秋、北京近くで交渉に向かった外交団を捕虜にされています。この蛮行の記憶がまだ生々しい時期でした。この事件では後に日本公使となるハリー・パークスが幽閉され、手荒な扱いを受けて十三人が死亡しています。西欧諸国の外交交渉では考えられない下劣な行為です。北京の円明園が焼き払われたのは英仏の激しい復讐心の発露でした。清という国への英仏の不信感と不快感、いやそれ以上の侮蔑の思い。こうした感情は容易に消すことができないものでした。

それでも演説の名手と言われていたバーリンゲームは清の立場を代弁し、精力的に交渉の旅を続けています。イギリス、フランス、オランダ、デンマーク、スウェーデン、プロシアとめぐり、ロシアとの交渉を始めたのが一八七〇年二月のことでした。しかしここで彼は肺炎を患ってしまいます。同月二十三日、サンクトペテルブルクで息を引きとりました。

外交官ではなく伝道師ではないかと揶揄されたバーリンゲームですが、清政府は彼の貢献に感謝し、遺族に一万ドルの弔慰金を贈っています。[*29] 現在価値でおよそ十七万ドルに相当します。

アメリカの東西統一

一八六七年、セントラル・パシフィック鉄道は、最も難工事が予想されたシエラネバダ山中のドナー峠と格闘していました。標高二千メートル前後の谷間にトンネルを掘る工事が連続します。セントラル・パシフィック鉄道は、この年の夏にはおよそ一万四千人まで雇用を増やしています。そのうちのおよそ九割にあたる一万三千人が支那人労働者でした。カリフォルニア州に住む支那人のおよそ四分の一が鉄道建設に従事していたことになります。

このあたりの地盤は厚い花崗岩層の連続です。作業にあたる支那人は三十人から四十人の単位に分けられ、それを主にアイルランド系の白人責任者が監督していました。硬い岩盤を砕くには人力や普通の火薬ではとても歯が立ちませんでした。発破用にニトログリセリンが初めて試されています。サンフランシスコで最も優れた化学者とされたイギリス人ジェームス・ハウデンが工事現場近くに建てた小屋で薬品を慎重に調合していました。この火薬は、一八六三年にスウェーデンの化学者ノーベルが開発したダイナマイトの特許を侵害する可能性がありました。しかし背に腹は代えられません。[30] ハウデンの作る怪しい爆発物は、堂々と支那人労働者に配られています。

「(支那人労働者は)切り立った崖の上から吊るされた籠で下ろされていった。そうして硬い岩肌に穴を穿ち、そこに爆発物を仕掛けた。監督からの指示は英語だから言葉の壁はもちろんあったが、それは何の障害にもならなかった。そうした作業では多くの男たちが命を落としたが、その数を示す記録は残っていない」[31]

たしかにどれほどの支那人労働者が事故死したのか正確な数字は残っていません。ある文献では骨になって故郷に戻っていった数はおよそ千二百と伝えています。[32] 十人に一人が命を失ったことになります。

北京でバーリンゲームが恭親王から外交団の全権を委ねられた頃、ドナー峠を東に抜ける工事は終了しています。シエラネバダ山脈の東側までようやく線路の敷設が終わった一八六七年十一月三十日、セントラル・パシフィック鉄道は難工事の終了を記念して、特別列車を走らせています。

ドナー峠は越えられました。これを上回る難工事を強いる地形はこの山脈の東にはもうありません。それでも、セントラル・パシフィック鉄道の幹部は工事のスピードを緩める気は毛頭ありません。東から西への工事を進めるユニオン・パシフィック鉄道とどの地点でぶつかるかは事前に決められていません。とにかく急いで工事を進め、できるだけ東で接続する。これが幹部の狙いでした。線路を敷設すればするほど政府から譲渡される土地も補助金も増えるのです。難工事に思いどおりの活躍をしてくれた支那人労働者はまだいくらでも増やしたかったのです。

こうしたセントラル・パシフィック鉄道の期待に応えるかのように、スワード国務長官の結んだ条約が移民増加に劇的なインパクトを与えています。流入から流出を差し引いた純増が一八六八年には六千八百七十六人、一八六九年には一万九十八人にもなっています。[*33]

「低賃金労働者供給条約」で増加した新しい移民のうち、どれだけの人々がセントラル・パシフィック鉄道に雇用されたのかデータはありません。一八六八年から六九年の鉄道建設現場で働く支那人労働者の数は一万二千から一万三千人ですから、雇用者数は急激には増えていないようです。それでもカリフォルニアにプールされる低賃金労働者総数の増加は労賃の上昇を抑え、経営陣の恐れていたストライキの芽を摘んだことは確かでした。

一八六九年五月十日月曜日、ユタ州プロモントリー・サミット（Promontory Summit）でついに東から延びてきたユニオン・パシフィック鉄道との連結がなりました。セントラル・パシフィック鉄道は、サクラメントから六九九マイルの線路敷設を完成させたのです。[*34] 連結の最後の犬釘（スパイク）を打ちつけるセレモニーは、一大国家事業の成就にふさわしく入念に準備された式次第に従って進められました。現地時間の午後十二時四十七分、最後のカナ釘をセントラル・パシフィック鉄道社長スタンフォードとユニオン・パシフィック鉄道副社長トーマス・デュランが打ちつけています。湧き上がる歓声と同時にこの模様はワシントンに打電されました。ワシントン時間は午後二時四十七分。[*35] ここも大きな興奮に包まれています。この世紀のイベントは全米から送り込まれた記者たちによって各地に詳細にレポートされています。[*36]

「待ちに待った時が来た。大陸横断鉄道はついに完成したのだ。大西洋岸の住民も太平洋岸に暮らす者も今日一つに結ばれた。我が社の特派員は開通の模様を大歓声の中から伝えてきた。特派員のそばでは電信機が世界中にカタカタと音を立てながらこの世紀のイベントを伝えていた」（『ニューヨーク・タイムズ』一八六九年五月十一日付）

「昨日、大西洋と太平洋がついに繋がった。三千マイルの距離を結ぶ鉄道。サンフランシスコとニューヨークがわずか六日の距離に短縮された。おそらく一、二週間のうちにカリフォルニアの農場で収穫された、香りのいいフルーツやら新鮮な野菜が東部の町に溢れることとだろう」（『ワシントン・インテリゲンサー』一八六九年五月十一日付）

労働者確保に悩み続けてきたクロッカーは、支那人労働者に感謝の言葉を述べています。

「この事業が予定された工期を大幅に短縮して完工できたのは、ひとえにチャイニーズ労働者のおかげである。チャイニーズは嫌われ続けて気の毒だったが、彼らの工夫と努力で完成を見たのは間違いないことである[*37]」

しかし、この世紀のイベントを報道するカメラマンの残したスチール写真には支那人労働者の姿をほとんど見ることができません[*38]。

◉原註

＊1　Theodore Judah, *A Practical Plan for Building the Pacific Railroad*, Henry Polkinhorn, 1857.

＊2　J. David Rogers and University of California Berkeley Civil Engineering dept, *Theodore Judah and The Blazing of The First Transcontinental Railroad over The Sierra Nevadas*, p10. http://web.mst.edu/~rogersda/american&military_history/THEODORE%20JUDAH%20AND%20THE%20BLAZING%20OF%20THE%20FIRST%20TRANSCONTINENTAL%20RAILROAd-Sierra%20Nevada-Rogers.pdf

＊3　*California*, p116.

＊4　同右、p117.

＊5　同右、p118.

＊6　Jack Chen, *Linking a Continent and a Nation*, p28.
http://www.rippey-sphs.info/Linking%20a%20Continent%20and%20a%20Nation.pdf

＊7　原文は以下のとおり。
「To my mind it is clear that the settlement among us of an inferior race is to be discouraged by every legitimate mean. Asia, with her numberless millions, send to our shores the dregs of her population」

＊8　Stephen Maganini, Chinese transformed 'Gold Mountain', *Sacramento Bees*, 1998, Jan. 18.

＊9　清における米国アヘン商人の活動については『日本開国』16章「ヒッチハイキング帝国主義」及び29章「混沌の支那大陸」を参照されたい。

＊10　Shin-shan H. Tsai, American Involvement in the Coolie Trade, *The American Studies*, Vol. VI, No. 4, December 1976, p52.

＊11　同右、p60.

＊12　換算は http://www.measuringworth.com/uscompare/ の unskilled labor の指標で行った。

＊13　*Linking a Continent and a Nation*, p28.

＊14　同右、p28.

＊15　George F. Seward, *Chinese Immigration in its Social and Economical Aspects*, Edward Bosquit & Co., 1881, p7. に示された数字をベースに作成。

＊16　Norman E. Tutorow, *The Governor: The Life and Legacy of Leland Stanford*, Arthur H. Clark Co., 2004. p248.

＊17　*Chinese Immigration in its Social and Economical Aspects*, p7.

＊18　Frederick Wells Williams, *Anson Burlingame and The First Chinese-Mission to Foreign*

Powers, Charles Scribner's Sons, 1912, p4.

＊19　同右、p14. 及び貴堂嘉之「『帰化不能外人』の創造　一八八二年排華移民法制定過程」(『一橋大学アメリカ研究』29、一九九五年) 一八三頁。

＊20　望厦条約については『日本開国』16章「ヒッチハイキング帝国主義」を参照されたい。

＊21　Michael C. Lazich, American Missionaries and the Opium Trade in Nineteenth-Century China, *Journal of World History*, Vol. 17, No. 2, University of Hawaii Press, 2006, p215.

＊22　*Anson Burlingame and The First Chinese-Mission to Foreign Powers*, p20.

＊23　同右、pp48-9.

＊24　Upton Close, *The Revolt of Asia*, G. P. Putnam's Sons, 1927, p273.

＊25　*Anson Burlingame and The First Chinese-Mission to Foreign Powers*, p91.

＊26　Tyler Dennett, *Americans in Eastern Asia*, The Macmillan Company 1922, p540.

＊27　*Anson Burlingame and The First Chinese-Mission*, p131.

＊28　*Americans in Eastern Asia*,, p539.

＊29　T. K. Chu, 150 years of Chinese Students in America, *Harvard China Review*, Nov. 2004, p16.

＊30　*The Governor: The Life and Legacy of Leland Stanford*, pp252-53.

＊31　*California*, p118.

＊32　*Linking a Continent and a Nation*, p32.

＊33　*Chinese Immigration in its Social and Economical Aspects*, p7.

＊34　*The Governor: The Life and Legacy of Leland Stanford*, p286.

＊35　Robert L. Soude, Promontory Summit, May 10, 1869, National Park Service, 2005, p25.

＊36　Promontory Summit, May 10, piii.

＊37　*Linking a Continent and a Nation*, p35.

＊38　同右。

第6章「アメリカの湖（アメリカン・レイク）」

「スペインの湖」だった太平洋

大陸横断鉄道開通の翌月、パシフィック・メール蒸気船会社（ＰＭＳＣ）は米国東部と太平洋岸の町を結ぶ郵便配達業務を終了しています。ＰＭＳＣはこの日の来ることは当然に予期していました。政府の補助金を受けたこの郵便配達業務も、法外なプレミアムを上乗せできたパナマとカリフォルニアを結ぶ貨物・客船事業も大陸横断鉄道の開通で儲かる事業ではなくなることはわかっていたことです。だからこそ一八六五年には早くも蒸気船による太平洋航路事業に名乗りを上げていたのです。もちろん連邦政府からこのルートでの郵便配達業務にはあらたな補助金が約束されています。政府の承認を受けると同社はさっそく横浜に駐在員を派遣しています。

「（ＰＭＳＣの）初代横浜駐在員として一八六六年にこの港にやってきたロバート・ウォーカー・アーウィンという二十二歳の米国人がいる。この人はフィラデルフィアの名家の出身」[*1]でした。

香港や横浜での受け入れ準備作業は一八六七年一月一日の運航開始に向けて着々と進んでいきました。一八六六年七月八日、同社はサンフランシスコの地元紙（『アルタ・カリフォルニア』紙）で最初にこの航路開設を知らせる初めての広告を出していきます。[*2] サンフランシスコ市民の関心が否応なく高まっていきます。十一月に入ると貨物や乗客の募集広告を繰り返し掲載しています。[*3]

日本・支那航路開設のお知らせ
パシフィック・メール蒸気船会社は一八六七年一月一日（火曜日）からサンフランシスコと日本及び支那を結ぶ蒸気船を就航させることになりました。当社所有のコロラド号（四千トン、船長ジョージ・ブラッドベリー）は同日正午にサンフランシスコ出港予定。コロラド号はどのクラスの客室も設備が整っており、貨物についても十分なキャパシティーがございます。
お問い合わせは当社エージェント、オリバー・エルドリッジまでお願いいたします（一八六六年十一月二十六日付『アルタ・カリフォルニア』紙）。

予定どおりのスケジュールでサンフランシスコを出港した「コロラド」号に乗船していたVIPの中に、ニューヨーク商工会議所会頭アビエル・ローがいました。[*4] アメリカ最大のアヘン商社であるラッセル商会[*5]のパートナーで、一八三七年にはニューヨークに戻って支那産の茶葉を扱う商社を立ち上げた男です。彼の他にも支那との貿易で財をなしたビジネスマンが多数乗船していただろうことは想像に難くありません。ニューヨーク経済界も、これからさらなる拡大が確実な支那や日本との貿易に大きな期待をかけていたのです。

「コロラド」号はサンフランシスコを出港すると、その二十二日後には横浜に到着しています。まだ埠頭のない横浜港の沖に碇を下ろした「コロラド」号。港には祝砲が鳴り響いています。港に入っていたフランスのフリゲート艦「ラ・ゲリエール」の軍楽隊員によるアメリカ国歌『星条旗』（The Star Spangled Banner）の演奏が祝賀ムードを盛り上げていました。艀（はしけ）で旅客や貨物を降ろした「コロラド」号はその翌日には早くも香港に向け出港して行きました[*6]。

太平洋は十六世紀から十八世紀にかけてスペインの湖（Spanish Lake）と呼ばれていました。太平洋がスペインの湖だった十六世紀後半にスペイン領となったフィリピンのマニラと、ニュースペイン（Nueva España）と呼ばれたメキシコのアカプルコを結ぶガリオン船が、この大洋を我が物顔で行き交っていました。マニラを出港すると北太平洋を時計回りに進むスペインのガリオン船は、日本の本州北東部の沿岸近くまで近づくと次第に北東に進路を変えながら、アメリカ北西部沿岸を目指すルートをとっていました。

ですから、サンフランシスコ沖ではアカプルコに向かって南下する多くのスペイン船を見ることができたはずです。スペインの商人がマニラで、支那から持ち込まれた物産を南米産の銀で買い付け、そうした品々をたっぷりと積み込んだスペイン船の行き交う海が太平洋だったのです。

サンフランシスコがスペイン人によって発見されたのは一七七六年のことです。さっそくスペイン支配の尖兵として布教にやってきたのはイエズス会の宣教師でした。彼らの布教活動は次第にフランシスコ会系の宣教師に取って代わられています。この港に初めて小さな砦ができたのはこの年の九月十七日。奇しくも、フランシスコ会の信奉する聖フランシスコ（一一八二―一二二六年）が、磔にされたキリストの受難を追体験しようと、自らの身体に聖痕を受けた日に当たりました。この港がサンフランシスコと命名された由来です。

かつてニュースペインと呼ばれ、本国スペインから派遣された副王に統治されたメキシコは、一八二一年には独立を果たしています。そのメキシコが支配したカリフォルニアは米墨戦争でアメリカに奪われました。フィリップ二世の名を冠したフィリピンはいまだスペインの支配下にあるものの、もはや太平洋をスペインの湖と呼ぶ者はいません。十九世紀半ばの太平洋は「アメリカの湖」に変貌しようとしていたのです。

リンカーン政権が目指したサンフランシスコと支那を結ぶ航路の開設は成りました。そしてその二年後の大陸横断鉄道開通で一気にアメリカ東部と連結しました。リンカーン大統領が南北戦争の困難な時期にあっても決して諦めなかった強いアメリカの建設。その礎（いしずえ）となる交通インフラストラクチャーが見事に完成したのです。太平洋横断に二十四日、大陸横断に六日。アメリカの政治経済の中枢である東海岸と貿易利益の源泉となっている支那市場がわずか一ヵ月ほどの距離に短縮されたのです。

日本開国プロジェクトを立案したロビイスト、アーロン・パーマーは支那沿岸部―日本―サンフランシスコ―ニューヨークを結ぶラインを「太平洋ハイウェイ」[*7]と呼びました。一八四八年のカリフォルニア領有、一八五四年の日本開国（開港）、一八六一年の大陸横断電信網の設置、一八六一年から六五年の南部州権派政治家の放逐（南北戦争）、一八六七年の太平洋蒸気船航路開設、一八六九年の大陸横断鉄道開通。パーマーの夢見た太平洋ハイウェイ構想は見事に完成を見たのです。

国務長官の野望――アラスカ買収

南北戦争時の外交政策責任者として英仏の介入を防ぐ見事な手腕を見せた国務長官スワードは、早い時期からアジア太平洋方面の重要性に気づいていた政治家でした。一八五二年七月、当時上院議員であったスワードはある法案を上院に上程しています。

ペリー提督が日本に向けてノーフォークを出港する四ヵ月前のことです。歴史家のウォルター・ヌージェントはこう書いています。

（スワードは）ベーリング海峡、北極海の探検及びアメリカと支那を結ぶ航路の事前調査を実施すべきとする法案を上院に提出していた。彼の法案説明のための演説の最初の半分は、この地域で困難で危険な操業を続けるニューイングランド地方の捕鯨船員を称賛し、北太平洋方面の航海をより安全なものにすべきだと主張するものだった。しかし、その演説は後半になるとより大きなビジョンを語るものに変わっていった。（それは支那市場の重要性を示すもので）議員たちに向かって「あなた方の郵便も支那に行き来する商人も蒸気船で運べるようにしなければならない。蒸気船によって上海とサンフランシスコが結ばれなければならない」と述べたのだった。[※8]

早い時期から北太平洋方面に強い関心を示していたスワードは、ロシア領アラスカの獲得にも並々ならぬ意欲を見せていました。ロシア領アラスカはロシアの特許会社ロシアアメリカ会社によって統治されていました。同社の初代支配人としてその運営に尽力したアレクサンドル・バラノフは、アラスカの帝王（Lord of Alaska）と呼ばれるほどの優れた経営手腕を見せていましたが、一八一八年、サンクトペテルブルクにいる株主たちや軍部の根拠のない嫉妬が原因で解任されています。

バラノフは帰国途中、バタビアで罹患した病で高熱を発し亡くなっています（一八一九年四月十二日）。彼の亡骸は水葬されインド洋に沈んでいきました。[*9] サンクトペテルブルクに居ながらにして十分な配当を享受していた株主たちは、みすみす卵を産むニワトリを殺してしまったのです。爾来、ロシアのアラスカ経営が軌道に乗ることはありませんでした。

一八五〇年代になると、ロシアはシベリアや極東開発をより重要視するようになっていきます。アラスカ経営への関心は薄れていくのです。一八五三年初め、東シベリア総督は皇帝ニコライ一世に対して、北アメリカ大陸はいずれアメリカが鉄道網をめぐらせ大陸の全支配を目論むだろうから、ロシアはむしろシベリアに経営資源をシフトさせるべきだ、との建言を行っています。この二年後に父を継いだアレクサンドル二世もこの考えに同意しています。[*10]

クリミア戦争の敗北（一八五六年）でロシア皇帝は遠隔地の支配の難しさを改めて思い知らされています。一八五七年にはすでにアラスカ売却をブキャナン政権に打診しています。ブキャナンはアジア貿易の重要性を強く意識していた大統領でした。

「東アジアとの交易を制する国こそが富を得、そして強い国に変貌する。それは歴史が証明していることだ」[*11]

南北戦争のためにこの案件は一時棚上げされていましたが、戦いが終わった頃には、米露関係はいっそう良好になっていました。交渉がすんなりまとまる下地は醸成されていたのです。ロシアの外務大臣ゴルチャコフの指令を受けたロシア駐米公使ストックルがスワード国務長官にアラスカ売却を再打診したのは一八六七年三月九日のことでした。ロシア本国からの公使への指示は、アラスカ売却の案件はあくまで表向きはアメリカ側がイニシアティブをとったと発表させることだけでした。

「三月二十九日の晩、ストックル公使がラファイエット・スクエアにあるスワードの邸にやってきた。（アラスカ売却について）皇帝の最終的な許可が下りたことを伝えるためだった。明日国務省に出向くのでそこで条約内容を書面にしたい、という公使にスワードは、『明日まで待つ必要がありますか。今晩中に作業をしてしまいましょう』と言ったのだった」[*12]

スワードはただちに盟友の上院外交委員会チャールズ・サムナー委員長に連絡し内諾をとると、夜を徹してストックル公使と買収条件を詰めてしまっています。午前四時にはもう条約案に調印がなされ、正午前にはその文書はサムナーのもとに届けられるという手際のよさでした。一晩でも猶予してロシアが万が一にでも翻意することを恐れたのでした。合意された買収価格は七百二十万ドル。サムナーは五つの理由を挙げげてこの買収を議会は批准すべきだと委員会で訴えています。[*13]

一、支那・日本との交易に有利になること。
二、フランスからのルイジアナ購入から始まる北米大陸におけるアメリカ領土拡大の当然の帰結がアラスカ買収であること。
三、アメリカ建国の精神を世界に広げる「明白なる宿命」の考えに則した行動であること。
四、他国がアラスカを手中にする危険性を未然に防げること。
五、ロシアとの友好をさらに深めることができること。

上院で三十七対二で可決されたこの条約案は下院での採決は遅れましたが一八六八年七月に批准されています。アンドリュー・ジャクソン大統領は「アメリカの領土は自然の摂理のように平和的にかつ合法的に拡大する」[*14]とご満悦でした。領土拡張は可能な限り金銭でけりをつける。これがアメリカの伝統的手法です。金銭による領土取得が後顧の憂いを避けることになるという強い信念でした。戦争では完全に勝利していながらも、メキシコに千五百万ドルをオファーし、カリフォルニアを金銭譲渡の形式にしたのもそうした理由からでした。

アラスカ買収に反対した議員の中には「アラスカに住もうとする者などいやしない、あそこは白熊の天国だ」と毒づく者もいました。「アラスカなどはスワードの趣味で買った大型冷蔵庫のようなものだ[*15]」と嘲った者もいました。しかし、今ではスワードのこの決断を批難する者はどこにもいません。

アラスカの実務上の移管は一八六七年四月九日に早くも実施されています。当時のアラスカの中心地であったシトカに星条旗が掲げられ、後に四十九番目の州となる新領土が誕生したのです。広さはおよそ百五十二万平方キロメートル。日本の四倍の大きさです。この中にはアリューシャン列島も含まれていました。

「スワードが、アラスカとアリューシャン列島の獲得はアジア諸国にアメリカが友好の手を差し伸べるための重要な施策の一つである(a way of extending a friendly hand to Asia)と確信していたのは否定のしようがない[*16]」

イギリスは当然のようにアラスカが米国領になったことを警戒しています。アメリカが北米大陸の太平洋岸すべてを領土化する野望を持ち、英領ブリティッシュ・コロンビアへの影響力を強めようとしていることは明らかでした[*17]。イギリスはこの年、カナダ連邦を成立させています。ブリティッシュ・コロンビアはイギリスに残された最後の太平洋への西の玄関です。決してアメリカに渡せない領土でした。

ブリティッシュ・コロンビアの住民にとっても、自分たちが英米どちらに帰属するのが有利かは重大事でした。イギリスにとって幸いなことに住民の多くがカナダへの帰属を望みました（一八七一年）。ただしカナダ連邦加入には一つの条件が付けられていました。それはカナダ版大陸横断鉄道の敷設でした。カナダ連邦政府が責任をもってこの事業を完遂すること。それが条件でした。この地域がカナダ東部と鉄道で連結しなければ、早晩カリフォルニアから北上するであろう鉄道網で結ばれ、アメリカ領土となっていたことは疑うべくもありませんでした。

一八六七年にはアラスカ買収に続き、アメリカにとってもう一つ喜ばしい事件がありました。フランスの傀儡（かいらい）政権の首領であったメキシコ皇帝マキシミリアンがメキシコ民族派の蜂起にあい銃殺刑となったのです。この銃殺の模様もマネが作品として残しています。北米大陸に残るヨーロッパ勢力はゆっくりとそして確実に排除されていったのです。

国務長官の野望——ミッドウェイ島領有

南北戦争に勝利したスワード長官が領土拡張の野心を見せたのはアラスカだけではありませんでした。太平洋に浮かぶ孤島や群島も積極的にアメリカ領土に組み込んでいきました。この大洋のほぼ中央にあるベーカー島、ハウランド島、ジャービス島は、すでにブキャナン政権時代の一八五七年に領有が宣言されています。しかしこれらの島は赤道に近く、太平洋ハイウェイ構想では重要度の低い島々でした。スワードが狙いをつけたのはハワイの北西千二百マイル（およそ二千キロメートル）にあるミッドウェイ島でした。

わずか六平方キロメートル強の島ですが環礁に守られた入り江は世界でも屈指の良港になるだろうと海軍は報告していました。一八六七年夏、この島に入ったアメリカ北太平洋艦隊に所属する「ラカワンナ」号艦長ウィリアム・レイノルズが領有を宣言したのは八月二十八日のことです。上院（第四十回議会）には領有の意義が次のように報告されています。

「外国勢力と紛争になった場合、この島はアメリカ東アジア艦隊と北太平洋艦隊の共同作戦を展開するためにきわめて重要になろう。カリフォルニアと支那を結ぶ郵便事業のスピードアップにも役立つ島である。もしこの島を放置したら確実に外国勢力に領有されることになろう」[*18]

「Midway（ミッドウェイ）」とは、支那沿岸部とサンフランシスコの中間点であることを意味します。アジア貿易の重要性を鑑みるときに、この島はアメリカ領土になるべくしてなったと考えてもよさそうです。[*19]

◉原註

＊1　『横浜の波止場から』六一頁。

＊2　E. Mowbray Tate, *Transpacific Steam*, Cornwall Books, 1986, p23.

＊3　同右、p41.

＊4　同右、p24. 及び *Journal of Occurrance at Canton.* http://sunzi.lib.hku.hk/hkjo/view/44/4401053.pdf

＊5　アヘン密売商社であるラッセル商会については『日本開国』16章「ヒッチハイキング帝国主義」を参照されたい。

＊6　*Transpacific Steam*, p25.

＊7　『日本開国』一七二頁（文庫版　一九四頁）。

＊8　Walter Nugent, *Habits of Empire*, Vintage Books, 2008, p242.

＊9　*Merchant Kings*, p192.

＊10　*Habits of Empire*, p244.

＊11　Ian N. Higginson, *Arctic*, Vol. 50, No. 4, 1997, p341.

＊12　同右、p245.

＊13　同右、p247.

＊14　*From Colony to Superpower*, p256.

＊15　この当時、商業用の冷凍庫にはアラスカから船で運ばれた真水の氷が実際に使用されていた。

＊16　*Americans in Eastern Asia*, p417.

＊17　*Arctic*, p340.

＊18　*Habits of Empire*, p253.

＊19　同右、p253.

第7章　岩倉使節団の失敗

「太平洋ハイウェイ」と文明開化

日本開国計画をロビイスト、アーロン・パーマーがアメリカ政界の中枢に提起してから二十年以上の歳月が流れた一八七〇年、スワードは故郷のニューヨーク州オーバーンを発ち、西回りで世界一周の旅に出ています。パーマーの計画の骨子は、アジア貿易における富の源泉である支那市場とアメリカ東部を結ぶ「太平洋ハイウェイ」（シーレーン＝有事において確保すべき海上交通路）を構築することでした。そのプロジェクトの総仕上げは太平洋蒸気船航路の開設と大陸横断鉄道の敷設でした。前者は一八六七年に、後者は一八六九年にその完成を見ています。

文明の伝播は東西方向に向かう。それがユーラシア大陸で容易だったのは、この大陸では東西を遮るものがほとんどなかったためだと喝破したのはジャレド・ダイアモンド[*1]でした。しかしその文明の東西伝播の街道は、東回りでは日本まで到達したものの、そこから先は太平洋に遮られて日本が終点となり、西周りの道は大西洋は容易に越えられましたが、北アメリカ大陸の西部でロッキー山脈やシエラネバダ山脈など南北に連なる山脈で遮断されていました。太平洋ハイウェイ構想は、この文明伝播の道（富と文明のハイウェイ）の行く手を阻む海と山をアメリカが力ずくでねじ伏せる計画だった、と表現してもよさそうです。

日本では、太平洋蒸気船航路が開設された一八六七年には大政奉還となり、大陸横断鉄道が開通した一八六九年は箱館戦争の終結で、徳川幕府から新政府への権力の移行が完成を見た年です。幕末から明治への動乱の時期とシンクロナイズするかのように完成した文明の東西伝播の街道。横浜とニューヨークをひと月余りで結んでしまうハイウェイ。薩摩藩が参勤交代に要した日数もおよそひと月でした。この新しいハイウェイは、江戸とニューヨークやワシントンとの距離を、江戸と鹿児島と同じものに激変させたのです。

明治新政府はこのハイウェイの完成によって、西洋諸国の優れた人材や機械文明の恩恵を受けることができたのです。一八七四年から七五年にかけて、五百人を超える数のお雇い外国人が明治政府に高給で招かれています。明治の文明開化に不可欠だった彼らは、その多くが、このハイウェイがあったからこそ日本にやってくることを了承したのです。日本からも続々と有為な若者が太平洋を越えて旅立ちました。このハイウェイの完成が明治維新にシンクロナイズしていなければ、維新による文明開化のスピードはそうとうに遅れたはずです。

リンカーン及びジャクソンの二人の大統領のもとで国務長官として強国アメリカを築き上げたスワードは、一八六九年三月、南北戦争の英雄グラントによる新政権成立に合わせて引退を決意しています。暗殺を奇跡的に免れ、国家存亡の危機を乗り切り、さらに領土までも大きく拡大させることに成功した国務長官はすでに六十八歳。健康もすぐれませんでした。加えてグラント大統領とスワードはそりが合いませんでしたから、政界からの引退はちょうど潮時だったのでしょう。しかし、スワードは故郷で静かに余生を送ることを考えるような政治家ではありませんでした。彼が完成させた芸術品とでも言えそうな太平洋ハイウェイ。その作品の出来栄えを自らの目で確かめる旅に出るのです。親族は彼の健康を気遣っています。しかしスワードはそれを一笑に付しています。

「確かに長旅になることは承知しているけれども、陸の旅も船旅も蒸気で走る列車と船が利用できるわけで、のんびりとした旅になるはずだ。体にきついというよりも、むしろ健康にいいだろう。オーバーンの駅では西に向かって出発するが、出迎えのときには私が東から帰ってくることを忘れるな」[※2]

一八七〇年八月九日、スワードはこう言い残して故郷の町を旅立っていきました。彼がこのオーバーンの駅に東から戻ってきたのは、この日からちょうど十四ヵ月後、一八七一年十月九日のことでした。彼の世界旅行記は一八七三年にニューヨークで刊行されています。[*3] 彼が訪問した先々で会見した人々との会話の記録や紀行文を追っていくと、当時のアメリカ外交の本音が見えてきます。

東部から来たアイルランド人

スワードはオーバーンを発った翌日にカナダ領チャタムに入っています。

「カナダはアメリカと同じように土地は肥沃だが、なにしろ人口が少ない。(中略)北米大陸には一つの国があればよい。この国はアメリカに編入されるべきなのだ。カナダは迷いつづけているが、最終的にはそれが正しいことに気づくだろう。偉大で強大なパワーを持ち、そして自由な国アメリカ。この国の一員になる方が、小さくそして弱々しい国のままでいるよりずっと有利だろう」[*4]

アラスカ買収を契機に、アメリカは西海岸のブリティッシュ・コロンビアを領土に組み込む動きを活発化しています。イギリスとの交渉はスワードが後を託したグラント政権に委ねられています。南北戦争時、国際法に抵触して「アラバマ」号を南部連合へ売却したイギリス。これによって被ったアメリカの損害は巨額です。グラント政権はこの賠償請求放棄の条件としてこの地域の割譲をイギリスに要求していました。[*5]

八月十一日、デトロイト。十四日、シカゴ。十六日、オマハ。十七日、シャイアン。

十九日、シャーマン。二十日、ソルトレイクシティー。二十三日、エルチョ。

スワード一行がシエラネバダの山中を抜けたのは八月二十五日でした。もちろんセントラル・パシフィック鉄道の幹部たちがスワード一行を出迎えています。旅行記には彼らが待っていた地点は具体的には記されていませんが、おそらく多くの支那人工夫たちが命を落としたドナー峠付近だったのでしょう。

「スタンフォード、クロッカー及びミルズ君の三人が出迎えてくれた。そこからシエラネバダ山脈の西を下っていった。この路線は、実際の距離は短いのだが、重なる山々を抜ける道は起伏が激しく、かなり急なところもあって危険だった。そのせいか、この区間はなんとも長い旅に感じられた[*6]」

この辺りは深い谷や青々とした森が続きます。旅行記には景観に驚く言葉が頻出していますが、難工事だったろうことに想いを馳せる記述はありません。

スワードがサンフランシスコに入ったのは九月一日のことでした。この町の繁栄の基礎となる数々の法律を通し、連邦政府の財政支援を確かなものにした政治家の訪問です。あまり大げさな歓迎は要らないとのスワードの意向でしたが、やはり街は歓迎ムードに溢れていました。

レセプションの開かれたクリフ・ハウスは、太平洋を望む岬の上に建てられた壮麗なレストランでした。そこに参集したサンフランシスコの経済人に混じって、シェルブールの「海の決闘」に勝利したジョン・ウィンスロー艦長の姿もありました。太平洋艦隊（Pacific Squadron）司令官に昇進していたのです。

蒸気推進のプライベート・ヨットで湾内の観光を終えたスワードは市内での式典に招待されています。当時のサンフランシスコは支那人移民の問題が顕在化していました。大陸横断鉄道完成により職を失った支那人労働者の大半はサンフランシスコに戻り、料理人、住み込みのメイド、洗濯人といった単純労働に従事していました。そこに鉄道の開通で東部の町から大量の白人労働者が押し寄せていたのです。

その中心となったのがカソリック教徒であるアイルランド人でした。イギリス統治下にあったアイルランド。この国は一八四〇年代後半に発生したジャガイモ飢饉でおよそ百五十万人の餓死者を出しています。多くのアイルランド人がアメリカに新天地を求めました。その数は百万人を大きく超えています。こうした人々の大半は教育程度も低く、彼らのほとんどがアメリカ東部の都市で単純労働に従事していました。

支那人労働者なくしては完成しなかった大陸横断鉄道ですが、鉄道工事の終了で職を失った支那人で溢れかえるサンフランシスコ。そこに安い運賃で旅が可能になったアイルランド人が大挙して押し寄せてきたのです。ボストンなどの東部の大都市で働いていたアイルランド人は、その激しい気性と、反英思想を剝き出しにする活発な政治運動で好感を持たれていませんでした。

東部で蔑まれていたアイルランド人がサンフランシスコで見たものは、溢れかえる支那の人々だったのです。差別された者が差別する側にあっさりと立場を変えるのはよくあることです。サンフランシスコにやってきたアイルランド移民は、自らが白人であることを唯一の根拠に支那人を激しく攻撃するようになっていきます。

彼らには選挙権があります。選挙権の持てない支那人に比べたら大きな武器でした。アイルランド人の人種差別活動が活発化し、それがこの町に住む白人居住者の間に従前からあった支那人への生理的嫌悪の気持ちと重なります。スワードが清と結んだ「低賃金労働者供給条約」が必然的に生み出した矛盾がその醜い姿を現わし始めたのです。スワードの訪問を知った両陣営から集会への誘いが届いています。彼はどちらからの誘いも断っています。

「当時のサンフランシスコは支那人問題が顕在化し始めていたときであった。反支那人グループはスワードを（汚れた）支那人街に連れて行き、いかに彼らがアメリカ人として同化するのにふさわしくない民族であるかを訴えようとしていた。逆に支那人グループは、支那人をアメリカ人として同化させることが、どれほどアメリカに有利になるかを懸命に伝えようとしていた」[*7]

スワードは自らが関わった清との移民条約は正しいと固く信じていましたし、アメリカほど移民の力を必要とする国はないと明言しています。しかしこうした彼の信念とは裏腹に、アジアとの交易の玄関口となるはずだったサンフランシスコは、東西からやってきた貧しい移民が互いに激しく憎しみ合う醜い町へとその姿を変えていくことになるのです。

パシフィック・メール蒸気船会社

九月四日、サンフランシスコでの日程を終えたスワードを港で迎えたのはパシフィック・メール蒸気船会社の「チャイナ」号でした。太平洋航路に最初に配船された四隻の外輪蒸気船、「コロラド」号、「チャイナ」号、「ジャパン」号、「グレート・リパブリック」号の一つでした。四千三百トンの「チャイナ」号の船上で、スワードは実に雑多な人々を観察しています。

商社員に加えて、北京に帰任するロシア公使、清や日本の勤務地に向かうイギリス政府職員、アメリカ人宣教師とその家族たち。アメリカ東アジア艦隊の海軍士官やアジアにあるアメリカ領事館の内部監査に向かう役人もいました。学業を終えたばかりの若者も混じっていました。彼らは未知のアジアに魅せられて何でも見てやろうという好奇心で一杯でした。「チャイナ」号はこうした乗客だけでなく様々な貨物をも積んでいました。メキシコ銀貨、農機具、家具、小麦粉、薬。スワードはこれらが支那の港で茶、絹、ライスなどの物産や支那人移民と交換されると記しています。[*8] 彼の頭の中では、移民は支那からの輸入品の一つだったのです。

船底に近い三等客室にはおよそ五百人の支那人が陣取っていました。金山（サンフランシスコ）で幾ばくかの財産を築いて故郷に待つ親族のもとに帰る者たちです。

「（運賃が半分以下の三等客室では）支那人たちはみな床に転がって寝ていた。船室の中央にキャンバス地で覆った暗い空間を作り、そこでアヘンを吸っていた。甲板に出てきた彼らは小奇麗な身なりだったが、運任せの単純な博打を飽くことなく続けていた。今では支那からアメリカにやってくる人々は年間一万二千人とも言われている。みな成功しているのだ。そのうちの半数ほどが一時帰国したり故郷に錦を飾っている[*9]」

かつてベイヤード・テイラーが嫌悪した彼らのアヘン吸引やギャンブルに興じる性癖を、スワードは何か微笑ましい光景を見るかのように描写しています。

九月二十日には早くも日本近海までやって来ています。数日来の荒天も回復して黒潮の流れる海域に入ったことが記されています。この日スワード一行は凪いだ水平線に一隻のブリッグ帆船をみとめています。双眼鏡でその船を観察した乗客の一人が、それはマカオからチリの港町バルパライソに向かう苦力船だと見破っています。スワードの旅行記では「チャイナ」号の支那人をチャイニーズ（Chinese）と書く一方で、遠くに見える帆船に押し込められているだろう支那人労働者を苦力（coolie）と表記

していま す。[10] 彼が意識的に両者はまったく異質なものであるとのメッセージを読者に向けていることがわかります。

「樺太買い取り」の助言

「チャイナ」号が相模湾に入ったのは九月二十四日のことでした。

「太平洋を実にあっさりと横断してきたものだ。（中略）この船旅で（アジア市場とともに発展することになる）アメリカ北西部の沿岸やアラスカを見ることができなかったのは残念だった。こうした地域では漁業や林業が盛んになるだろう。鉱物資源の宝庫にもなるだろう。アリューシャン列島は二つの大陸を結ぶ格好の足がかりを作ってくれそうだ[11]」

相模湾からは富士の姿をはっきりと見ることができます。晴れてさえいれば、船旅で日本を訪れる誰もが目にする美しい山容。しかし、スワードの旅行記ではその場面の描写はわずか一行です。それよりも彼にとっては、アメリカの長年の夢であった太平洋ハイウェイの最初のドライブインとでも言えそうな横浜到着を間近にした感激を記すことの方がより重要でした。横浜沖まで到着しながら、なかなか碇を下ろせない「チャイナ」号に苛立ちを隠せません。

「（横浜港に入るのは夜半になるらしく）フリーマン船長は夜中の十二時前にはなん

とか碇を下ろせそうだと説明していた。我々一行が初めて目にするアジアの港。その明るい港の輝きを眼前にして、ベッドに入ることなどとてもできなかった。甲板を歩き回り船尾と船首を何度も往復した。（中略）いらいらしながら待っていたが船は一向に動かなかった。今日は昼夜の長さが同じ九月二十四日。これほど長い一日になろうとは思いもしなかった[*12]」

一行を「チャイナ」号船上まで出迎えたデロング公使、シェパード領事などの政府関係者や横浜の貿易商人らとスワードが固い握手を交わすことができたのは、翌々日の二十六日になってからでした。明治新政府要人との会見は十月一日に予定されていました。その間スワードは横浜周辺だけでなく鎌倉まで足を延ばし、大仏や鶴岡八幡宮を見物しています。品川と横浜を結ぶ蒸気鉄道の建設現場も目撃しています。スワードは日本をおおむね好意的に表現しています。手入れされた庭園、丘の上までも見事に開墾された田園風景、整備された街道。スワードは日本や日本人について、それなりの事前知識を持っていたのでしょう。彼の描写からは十七年前のベイヤード・テイラーが見せた素直な驚きは感じられません。むしろ、すでに多くの書物に語られているとおりの日本をじっくりと確かめているような、冷静な描写が続いています。

スワードの日本訪問の知らせを受けて、明治政府は政府高官併せて六百人にもなろうかという規模での歓迎パーティーを準備していました。しかしスワードはその招待を固辞しています。そうした大型のレセプションに彼の体は耐えられそうもなかったのです。沢宣嘉（のぶよし）外務卿との会見だけにとどめてもらっています。これも私的訪問の形にしてあります。

スワードが沢を訪問したのは十月四日（旧暦九月十日）。約束の時間は午前十時でした。前日が重陽の節句だったこともあり、街にはまだ賑わいが残っていました。一行を迎えた沢は五フィート十インチ（一七七センチ）の長身の男でした。沢は、スワードの高齢での旅に気遣いを見せながら歓迎の言葉を伝えています。スワードは節句行事で忙しい中での訪問を詫びています。挨拶を終えると沢は表情を硬くして、明治政府が苦慮しているロシアとの樺太領土紛争に話題を移しています。

ロシアがアラスカを売却したのは、その経済・軍事資源を極東開発にシフトさせるためでした。アラスカ経営からフリーハンドになったロシアは樺太でも活動を活発化していました。一八六九年八月には樺太函泊（はこどまり）を占領し陣地を構築しています。これに強く抗議する明治政府との間で激しい交渉が続いていました。一八七〇年三月、明治政府はアメリカ公使デロングに斡旋を打診しています。

「沢は日本がロシアとの間で紛糾している樺太の国境問題に話題を移した。アメリカ政府の斡旋に期待する沢が、スワードに一肌脱いでもらえないか尋ねてきたのだ。しかし彼はこの二国間交渉に関わろうとは思わなかった。（沢の真剣なまなざしを避けるように）スワードはこう答えている。『しばらく前まで、北米大陸ではアメリカとロシアは隣人のようなものでした。国境付近ではアメリカ漁民の権利をめぐって紛争も起こっていました。それが高じてかなり危険な状況に陥ったこともあります。しかし北米大陸にあるロシア領土をアメリカが買い取ることで決着しました。日本もアメリカに倣(なら)って樺太を買ってしまうことも考えたらいかがですか[*13]』」

　彼は領土問題がひどくデリケートな外交マターであることを熟知しています。領土問題を金銭で解決するといっても、そこに至るまでには軍事行動や外交交渉の積み重ねが不可欠です。スワードは明治政府がこの提案を理解し実行できるとは思っていないようです。それでもアメリカの領土拡張の歴史には、最後は金銭で解決し紛争の火種を未然に取り除いておく伝統があるのは確かなことで、少々冗談めかしたスワードの言葉でしたが、そこには重要な外交テクニックのアドバイスがあったのです。沢はそれを理解することはできませんでした。

「歴史を振り返れば、樺太が日本の領土なのは明らかなのです。もともと自国の領土であるものに金を払うことなど到底できるものではありません[*14]」

　声を荒らげる沢に向かって、スワードは静かに諭すように答えています。

「あなた方日本人にアメリカ人と同じような考え方ができれば、早晩、領土を売ったり買ったりするというのはごく普通のことだとわかるようになりますよ[*15]」

十九世紀半ばのアメリカ外交を仕切った老練政治家の貴重な助言でした。沢はこの言葉の真に意味するところをそれ以上深く探ろうとはしませんでした。シャンペンや酒、お茶やお菓子、葉巻まで用意された接待所での歓迎の中で、このアドバイスは忘れ去られていきました。十月九日、この会談の数日後、スワードは明治天皇の私的ゲストとしての招待を受けています。無事に謁見を終えると翌日には横浜を去って行きました。

十月十日、兵庫。十三日、長崎。

「どんな町に住みたいかと聞かれれば、長崎のようなところに住みたいものだと私は答えるだろう[*16]」

この港を訪れた異国人の誰もがその風光を称えた長崎の港ですが、スワードの印象もまったく同じものでした。十月十四日、一行は上海に向かって旅立っていきました。

大使節団のミッション

スワードの訪問からおよそ一年経った一八七一年十二月二十三日の寒い夜、横浜の港に礼砲が響き渡りました。昼間の青く澄み切った冬空は夜になって雨に変わり、凍てつく横浜の港に十九発の砲声が轟(とどろ)きます。間を置かず十五発の低い響きが続きました。最初の礼砲は明治政府が巨額の予算を惜しまず送り出す岩倉具視を団長とする遣米遣欧使節団に向けてのものでした。続く礼砲は使節団に随行するアメリカ公使デロングに向けたものでした。[*17]

この使節の団長は八月に外務卿に就任したばかりの岩倉具視でした。彼を支える副使は木戸孝允（参議）、大久保利通（大蔵卿）、伊藤博文（工部大輔）、山口尚芳（外務少輔）の四名。この五人に加えて書記官などの旧幕臣を含む官吏四十八名。さらに旧華族、士族の子弟五十四名が加わっていました。この中には五人の女子留学生も混じっていました。わずか六歳の津田梅子もその一人でした。百名を優に超える「日本史上空前絶後の大規模調査団」[*18]をＰＭＳＣの最新鋭巨大蒸気船「アメリカ」号が待ちうけていました。

日本は幕末から明治にかけて諸外国と修好通商条約を結んでいます。その数は十五ヵ国にのぼります。明治に入ると、こうした条約がいわゆる不平等条約であることがはっきりと自覚されるようになりました。最恵国待遇を相手国にのみ与え、領事裁判権を認め、その上関税を自ら決めることのできない欠陥が問題になっていたのです。こうした欠陥をどう是正するかが明治政府の重要課題になっていました。具体的にどのような改正を諸外国に要求すべきかが政府内で真剣に議論され、一八七一年には要求の概要が固まっています。[*19]

一、各国と結んだ条約の体裁を一様に帰したいこと。
二、江戸改税約書による大名家来に対する貿留の特例（商売自在の法）を廃すること。
三、阿片の制限に関して新たに一ヵ条を設けたいこと。
四、旧来の条約にあった「大君殿下」の呼称を「天皇陛下」と改めたいこと。
五、従来の条約は、外国から日本へ来る者のための条約であり、日本における権利だけを想定し、日本側が外国に赴いた場合の規定を欠いているので、相互並行の権利を持つように条約文を改めたいこと。
六、外国人の沿岸交易を禁ずる約定を定めたいこと。
七、貿易規則をいっそう綿密にし、輸出入税目についても改正したいこと。

各国と結んだ条約は「明治五年五月二十六日（一八七二年七月一日）以後、一ヵ年前の通告をもって条約を改正し得る定め」[*20]でした。日本の条約改正の意志とその条件を伝えること。これが岩倉使節団に課せられた重要な責務でした。ただ条約改正交渉そのものまでは期待されていません。岩倉一行の留守を預かる形で外務卿となった副島(そえじま)種臣(たねおみ)は次のように述べています。

「遣使の目的は、各国に向て聘問(へいもん)を修め、交宜を厚くする傍(かたわら)、条的改正の準備手段として、海外の事情を視察せしむるに在り」[*21]西洋の事情を可能な限り見聞すること。これがこの一行に課せられた第一義的使命でした。

サンフランシスコ市民の歓迎

岩倉一行がサンフランシスコに入港したのは横浜出港から二十二日後、年も改まった一八七二年一月十五日のことでした。霧に包まれたサンフランシスコでしたが、陽が昇るにつれて次第に晴れ渡り、東の方向に山並みをはっきりと望むことができました。日章旗を高々と掲揚した「アメリカ」号はゴールデンゲート（金門海峡）を抜け、サンフランシスコ湾に入ります。湾内のアルカトラズ島要塞からは十五発の歓迎の祝砲が響いてきました。

十二年前に徳川使節の乗る「ポーハタン」号を迎えたときと変わらない歓迎ぶりです。午前十時に接岸を終えた「アメリカ」号。岩倉一行を待っていたのは在サンフランシスコ日本領事として働くチャールズ・ブルックスでした。旅の無事を喜ぶ言葉が交わされている中、使節の荷物が宿泊先のホテルの手配したポーターらによって手際よく運び出されていきました。一行は午前十一時には宿泊先グランド・ホテルに到着しています。

サンフランシスコでは十二年前の徳川遣米使節団の歓迎に匹敵する様々なレセプションが用意されていました。市の政財界の主要メンバーが岩倉使節の到着を待ちわびていたのです。

翌日の一月十六日も気持ちよく晴れ上がりました。午前十一時にはさっそく、サンフランシスコ市長ウィリアム・アルヴォードがホテルまで表敬に出向いています。アルヴォードは前年の暮に市長に選出された新任の政治家でした。ニューヨーク州からゴールドラッシュの波に乗ってこの地にやってきた彼は、探し当てた金で小金を儲けると次に訪れた鉄道建設ブームのビジネスチャンスを逃しませんでした。線路用レールの製造や小型蒸気機関製造の会社を立ち上げ財をなしていきます。彼に随伴していたのは海軍や陸軍の高官たちでした。これにサンフランシスコ駐在の各国領事の訪問が続きます。午後三時には市内のビジネスリーダーがこぞって訪ねてきています。

岩倉一行への歓迎はこうした政財界や軍の高官だけではありませんでした。夜の十時には使節の宿泊するグランド・ホテルに一般市民が続々と詰めかけています。歓声を上げて一行のサンフランシスコ入りを祝う市民。岩倉はホテルのバルコニーに身を乗り出して感謝の意を伝えています。彼のスピーチがデロング公使によって英語に訳されると、集まった市民は万雷の拍手と歓声で応えています。[*22]

使節の誰もが洋風の身なりに替えた中にあって岩倉だけは「立派な刺繍を施した繻(しゅ)

子のお国風の衣装をまと」って日本の全権にふさわしい威厳を保っていました。[*23]

「天皇陛下は私を特命全権大使に任じ、（中略）まず初めに貴国を訪れたわけです。私たちが歓待されるのは、アメリカ人民の友情が本物であることの紛れもない証しであり、我が国民の心の中にこだましてやまぬものと確信しております」

この模様は『ニューヨーク・タイムズ』紙などの特電でワシントンやニューヨークにもいち早く報道されています。

歓迎の式典に集まったサンフランシスコ政財界の人々は、日本の開国で現実化する商業的利益を狙っていました。数々の使節歓迎行事の仕掛け人であったウィリアム・ラルストンはそうした人物の一人でした。レセプションを通じて副使伊藤博文と懇意になりました。彼はバンク・オブ・カリフォルニアを支配下に置いていた銀行家でした。後日、ラルストンは伊藤を通じて明治政府の金塊精錬事業の委託を受けています。[*24]

爾来、この銀行は日本企業との濃密な取引関係を築いていくことになります。特に三菱グループとの関係は深く継続的なものでした。一九八四年にこの銀行は旧三菱銀行に買収されていますが、両行の関係は百年以上も前の岩倉使節団のサンフランシスコ訪問に端を発していたのです。

政財界の歓迎ぶりは金銭的な動機であることは明らかです。しかし一般市民の歓迎ぶりは経済的理由からだけでは説明しきれないものがあります。この時期、すでに支那人とアイルランド人の憎しみ合いが顕在化しています。ここに岩倉使節が感激するほどの市民の歓迎があったのは、明らかにサンフランシスコ市民には日本人（日本民族）を素直に歓迎するムードがあったと考えられます。少なくともこの時点では、市民はこの町に暮らす支那人移民と日本人とはまったく違う人種として認識していたと考えてもよさそうです。それは地元紙（『デイリー・イブニング・ブリテン』紙）の記事からも窺えます。[*25]

「今日の日本は人口三千五百万人を擁している。合衆国の人口にわずかに数百万人及ばない程度の大国である。支那人とは異なり（Unlike the Chinese）、日本人はそこに改善や進歩があると理解するや、服装、食生活、ものづくり、あるいは生活習慣といったものを積極的に変えようとしている。日本人という人種は、直情的であるがきわめて高い知性を示し、かつ勇敢な民族である。きれい好きで自尊心が高く、身分の高低にかかわらず礼を重んじている。外国人、特にアメリカ人に対しては親切である。支那人とは異なり（Unlike the Chinese）、国を愛する気持ちが強く、苦力になって外国に移ろうなどという考えはない」（傍点筆者）

短い文章に二度も「支那人とは異なり（Unlike the Chinese）」との表現を繰り返しています。この町が日本人を人種的に劣等な黄色人種の一民族に過ぎないと断定し、はっきりと蔑み、イエローペリル（黄禍）を唱え、激しく排斥し始めるのはまだ先のことでした。

岩倉一行は精力的に産業視察や有力者との懇親に努めています。十八日には二百四十人の支那人と百人の白人労働者の働く毛織物工場「Mission Woolen Mills」を見学し、二十日には鉱業用工作機械メーカー「Booth and Company of San Francisco」を訪れています。この日の午後には市内での歓迎パレードが企画され、二万人を超える市民が集まっています。翌二十一日にはバンク・オブ・カリフォルニアのミルズ頭取が一行を私邸に招待しています。[*26]

こうした行事を無事終えた岩倉一行は、一月三十一日にサンフランシスコを出発し、二月二日午前三時、サクラメントからさらに東に向かう列車に乗ってカリフォルニアを後にしました。[*27] サクラメントではカリフォルニア議会が岩倉一行を議会の公式ゲストとして招待し、盛大に晩餐会を催しています。

カリフォルニアで繰り返された歓迎式典の数々。この旅を記録した久米邦武はある感慨に耽っています。

「世界の大都会は海峡や大洋を隔てて双子の様に発展しているのではなかろうか。ドーバー海峡を隔てたロンドンとパリ、大西洋を中にはさんだロンドン・パリのペアとニューヨーク・フィラデルフィアの両都市。成長を続ける大都会サンフランシスコの太平洋越しに向かい合うのは上海であり香港でありそして横浜である[*28]」

久米はサンフランシスコの成長とシンクロナイズしながら発展する横浜の明るい未来を頭に描いていたのです。

明治天皇の大統領宛親書

岩倉一行はサクラメントを出発するとユタ州オグデン、同ソルトレイクシティー、シカゴ、フィラデルフィア、ボルチモアを経てワシントンに入っています。ワシントン到着は二月二十九日午後三時のことでした。通常は五日から一週間の大陸横断ですが、ロッキー山脈付近で大雪があり、ソルトレイクシティーで十七日間も足止めされています。そのため日程が大幅にずれました。

特別列車でボルチモアを出発したときには雨でしたが、それは徐々に雪に変わりワシントンに入る頃には十センチほどの雪が町を銀色に覆っていました。凍てつく駅舎で一行を迎えたのは、一年前にワシントンに着任した森有礼（もりありのり）代理公使とウィリアム・マイヤーズ将軍らでした。アメリカ議会は一月三十日に岩倉使節接遇の予算五万ドルを承認しています。[*29] 現在価値でおよそ一億円の予算を組んでいたのです。マイヤーズ将軍は使節受け入れの責任者でした。一行を迎えたのはこの二人だけではありません。ワシントン特別区知事ヘンリー・クックもいました。

「我が合衆国の首都にあなた方一行をお迎えすることはまことに喜ばしいことです。

使節の皆様それぞれにとってこの訪問が実りあるものであると同時に、日米両国がこれからいっそう親密な関係を築くことになると信じております[30]」

クックはグラント大統領から特別区知事として抜擢されましたが、共和党を早くから支援していた大物政治家でした。共和党設立後最初の大統領候補ジョン・フレモントを推したのも彼でした。彼は、リンカーン政権が南北戦争の巨額な戦費を賄うために発行した戦時国債を、兄ジェイ・クックとともに国内投資家に売りさばき、共和党政権の財政を支えた金融マンでもありました。こうした人物がわざわざ雪の降りしきる中、駅舎まで迎えに出ているのですから、アメリカ政府が真摯に岩倉使節を歓迎するムードであったのは間違いありません。

使節一行は市内のアーリントン・ホテルに落ち着き長旅の疲れを癒しています。ホテルにはグラント大統領夫人から豪華な盛り花が届けられています。久米はそれが三百ドル（現在価値でおよそ五千ドル）はするだろうと聞いたと記録しています。

グラント大統領との謁見は週が明けた三月四日、月曜日に予定されていました。ここで岩倉は明治天皇の親書を読み上げています。その親書は両国のいっそうの親善を願うと同時に使節の訪問を通じてアメリカの進んだ教育や産業システムを学ばせてほしい、との言葉で結ばれていました。さらに「使節が帰朝次第諸外国と結んだ条約の改正を目指したい」と、日本の意思を伝えていました[31]。国書を奉呈する岩倉や四人の副使は衣冠（いかん）、随行の書記官らは直垂（ひたたれ）の正装で大統領謁見に臨んでいます。西洋人にとってその未知の衣装が奇異に見えたことは、新聞が詳しく伝えています。

グラント大統領はこの親書に前向きに応えています。両国の発展は二国間貿易の拡大と人的交流がより活発化することで確実に強化されるだろうことを述べ、条約改正に向けての協議開始にも前向きでした。

「あなた方が懸案の国際問題について交渉する権限が（天皇より）与えられているのであれば、私たちは喜んでその協議に応じましょう」[*32]

この日の夜には下院議員ジェームス・ブルックスの私邸で盛大な晩餐会が開かれています。[*33] 彼はユニオン・パシフィック鉄道の幹部でした。彼もアメリカと日本の交易の活発化による経済的利益を睨んでいたのです。

三月六日にはワシントン議会から公式招待を受けています。午前十一時、使節一行が議会に案内されると、そこは彼らを出迎える議員で溢れかえっていました。一行を先導したのナサニエル・バンクス下院議員でした。バンクスは外交問題委員会委員長の職にあり、スワード元国務長官のアラスカ購入計画を強く後押しした大物議員です。カナダをアメリカに併合する、と激しい主張を繰り返していた領土拡張主義の政治家でした。議会を代表して歓迎の辞を述べたのはジェームス・ブレイン元下院議長です。[*34] 彼も一八八四年の大統領選挙では共和党候補となるほどの有力政治家でした。

イギリスにしてやられた対日外交

タウンゼント・ハリスが日米修好通商条約（ハリス条約）を結び、日本を西洋列強との外交の荒波に引きずり出したのは一八五八年七月二十九日のことでした。欧州列強も次々とこの条約に準じた条約を締結しています。オランダ、ロシア、イギリスとはこの年の八月に、フランスとは十月に調印がなされています。この五ヵ国との条約は安政五ヵ国条約（五蛮条約）と一括りにされていますが、日米修好通商条約には他の四ヵ国の条約にはない文言がありました。この条約の第二条は次のように規定されています。

「日本國と歐羅巴中の或る國との間にもし障り起る時は日本政府の囑に應し合衆國の大統領和親の媒となりて扱ふへし」

万一ヨーロッパ列強との間に揉め事が発生した場合、アメリカが仲介に立つことを明確に宣言したものです。他の四ヵ国との条約にはこの文言はありません。これこそが、支那沿岸部でのイギリスの帝国主義的外交を目の当たりにしてきたハリスが、アメリカの良心の発露として滑り込ませておいた条文でした。敬虔な米国聖公会信者（エピスコパリアン）であり、日本から帰国した後にはウィリアム・アスピンウォールの始めた動物愛護協会の運動にも献身した人物だけに、彼には人道主義的な気概がありました。

朝廷勅許が下りず条約調印を躊躇していた幕府に、イギリスのアヘン戦争やアロー号戦争による清市場蚕食(さんしょく)の模様を伝え、イギリスが日本外交を活発化する前にアメリカとの条約を結んでおくことの利を熱心に説いたのがハリスでした。インドや清でのイギリス外交のあくどさを十分すぎるほど知っていたハリスは、子供のような日本が、西洋列強の強烈な軍事力を背景にした外交攻勢の前に必ずや立ち往生することを見通していたのです。日米修好通商条約第二条は、幼い日本の後見人のようにアメリカが振る舞うことを他の列強に知らしめ、彼らが過度な帝国主義的要求を控えるように牽制していたのです。

ハリスとの条約交渉を任されていた岩瀬忠震(ただなり)は、他の列強が日本とアメリカとが結ぶ条約内容に満足して、それに追随するのかどうか繰り返しハリスに確認しています。「心配しないでいただきたい。これから日本にやってくる列強は必ず貴国が我がアメリカと結ぶ条約を喜んで受け入れることを断言します。万一彼らとの交渉に問題が発生するようなことがあれば、私が日本政府の側に立って交渉します[*35]」

ハリスはこの第二条に加え、条約の付則である貿易章程の第二則で「阿片の輸入厳禁たり。然るに密商し、又其事を謀る輩は、阿片一斤ごとに十五ドルラルの過料を日本役所に納むべし」(『開国大勢史』)と明記させ、アヘン持ち込みをはっきりと禁止させています。さらに重要なのは付則第七則でした。ここでは日本に持ち込まれる諸製品の関税率を定めています。漁具・建材・食料などには例外的に五パーセントの低率関税を適用させていますが、それ以外には二〇パーセントという率を定めています。その上、フランスやイギリスの輸出品目になるはずの酒類（ワイン、ウィスキー）には三五パーセントの高率関税を認めているのです。

日本製品の輸出についても五パーセントの輸出税を了承しています。一八五八年当時のアメリカの関税率は二〇パーセントを少し超えるくらいですから、ハリスは本国の関税とほぼ同じ税率を日本に適用させたのです。十九世紀の国際貿易が大きく発展する時代にあって、関税収入が国家財政上きわめて重要となることを知っていたのです。実際にアメリカは南北戦争が始まると関税率を大きく上げています。

アメリカに後れてやってきたイギリスは、イギリスを仮想敵国であるかのように想定したハリスの交渉の手口が気に入りませんでした。イギリスの狙いを邪魔するような条約内容なのです。アメリカが幕府との交渉に、あたかも西洋列強の幹事国のごとく立ち回ることに強い不快感を示したのです。

一八五九年、江戸に初代駐日総領事として赴任してきたのは、対清外交で豪腕ぶりを見せたラザフォード・オールコックでした。彼は十九世紀イギリスの強引な外交をリードした典型的な辣腕（らつわん）外交官でした。ハリスとオールコックが犬猿の仲になるのは時間の問題でした。二人のいがみ合いは、あたかも中年女性の罵り合いにも似ていた(Two quarreled like old women)と伝えられています。[*36]

イギリスからしてみれば、アメリカのアジア外交の狡猾さに呆れたところがあったのかもしれません。アメリカは、支那市場ではイギリスが武力で勝ち取った条約とほぼ同じ内容の条約を、尻馬に乗るように獲得しています。アヘン戦争では一八四四年に望厦(ぼうか)条約を、アロー号戦争では一八五八年に天津条約を清と締結しています。アメリカは、イギリスやフランスが武力行使で勝ち取った条約と同じ内容の不平等条約を漁夫の利として得ていたのです。ところが日本との条約になると、白馬の騎士のごとく日本の国益をも考慮した思いやりのある条約を英仏に先駆けて結んでいます。

オールコックはハリスの仕掛けておいたイギリス型自由貿易主義への防波堤を切り崩しにかかります。手始めはアメリカ外交を他の列強の方針に同調させるように変更させ、アメリカを対日本外交の幹事役から引きずり下ろすことでした。アメリカを英仏などの方針に足並みを揃えさせることができれば、日米修好通商条約第二条はその実質を失います。オールコックは、日本国内に吹き荒れる過激な攘夷の動きを利用します。江戸市中に多発する異国人へのテロルはオールコックにとっては日米を離反させる絶好の口実になりそうでした。

外国人を狙ったテロは、一八五九年八月に最初の事件が発生しています。この月の十六日、日露修好通商条約の批准交換にシベリア総督ムラヴィエフ・アムルスキー伯爵が品川に来航しています。八月二十五日、食料の買出しに横浜に出た乗組員三人が襲われ、見習い士官ローマン・モフェトと水夫イワン・ソロコフが切り殺されます。十一月には、フランス領事代行ホセ・ロレイロが雇っていた支那人ボーイが西洋人と見間違えられ、二人の侍に背後から切りつけられて命を落としています[*37]。年が明けた一八六〇年一月二十九日には、高輪のイギリス公使館に通弁として働いていた伝吉が深編み笠の侍に、背後から短刀で刺されて絶命しています。伝吉はベイヤード・テイラーが「サスケハナ」号の艦上で見た日本人の一人でした。上海で音吉の世話になり、マカオの宣教師ギュツラフ師[*38]のもとで英語を学ぶうちにオールコックの知遇を得た男です。

オールコックは伝吉が殺害された日、病に伏せるハリスを見舞っていました。オールコックがハリスに温かい言葉をかけたのか、中年女性のようなきつい言葉で彼を詰っていたのかわかりません。ハリスは部下のヒュースケンを各国公使に貸し出して幕府との交渉のアシスタントにさせていたのですから、オールコックがハリスを見舞うこと自体は不自然ではありません。

ロシア、フランス、イギリスというヨーロッパ列強の使節関係者を次々と襲った攘夷のテロでは、どの事件も犯人は挙がっていません。不穏な空気の漂う江戸の町でさらに西洋人を震撼させる事件が発生します。ハリスがプロイセンと幕府との交渉に貸し出していた通訳ヒュースケンが暗殺されたのです。一八六一年一月十五日午後九時頃のことです。

オールコックはフランス・オランダの公使らに江戸からの一時避難を提案し、自らはさっさと横浜に移っています。ヨーロッパの条約国が追随することを狙っていました。ハリスは、オールコックの横浜への退去は、イギリスが武力行使に向かう布石だろうと疑っていました。ハリスは懸命に幕府の立場を擁護し、外交官は江戸に留まるべきと主張しています。一八五六年夏、ともに下田に赴任し、以来辛苦をともにしてきたヒュースケンの死。深い悲しみに暮れています。しかしその中にあっても、外交官としての視点を失っていませんでした。ヒュースケンの遺族に幕府から一万ドルの賠償金を支払わせることで、アメリカ本国の強硬姿勢をも抑えています。

オールコックは横浜を、上海や広東の租界地のようにすることを画策していたに違いないのですが、他の列強が追随しなかったために結局、江戸に戻っています。このときはアメリカを他の列強から引き離す工作はうまくいきませんでした。しかし幕府の関心をアメリカからイギリスに向けさせるチャンスが訪れます。

一八六一年三月にロシアの軍艦「ポサドニック」号が対馬に入りますが、いつまでも退去しないこの船に幕府はなす術がありませんでした。ところがイギリスは軍艦を派遣して退去させてしまったのです。　幕府にイギリス海軍のパワーを見せつけると同時に大きな恩を売ったのです。

さらに、オールコックは幕府とイギリス本国との関係強化を狙って、遣欧使節派遣を幕府に提言しています。万延の遣米使節はハリスが画策し、幕府高官とアメリカ政府との友好関係構築の第一歩となっています。イギリスはこれに対抗策を講じなければならなかったのです。表向きの理由は、一八六二年五月から開催予定のロンドン万国博覧会への出席要請でした。

幕府はこの頃、朝廷権威を利用して体制の立て直しを図っていました。将軍家茂と皇妹和宮の婚姻を実現させています（勅許は一八六一年十一月）。しかし、異国人嫌いの孝明天皇が出した和宮降嫁の条件は五蛮条約の破棄にありました。幕府が七年から十年をかけて攘夷を実行するなら、という条件で降嫁を許したのです。幕府はこれを承諾したものの現実性のない空約束でした。

万国博への出席を利用してヨーロッパの条約締結国を訪問し、条約改定交渉ができるとすればそれはそれで幕府の望むところでした。使節の滞在費用はイギリスをはじめとした条約締結国が負担してくれるというです。幕府はさっそく、外国奉行竹内保徳を正使とする使節派遣を決定します。総勢三十六人の一行が英国軍艦「オーディン」号でヨーロッパに旅立っていったのは、一八六二年一月二十一日のことでした

（文久遣欧使節）。

オールコックはこの一行に公使館員マクドナルドを随伴させ万全を期しています[*39]。ロンドンに滞在している使節一行の後を追って本国に一時帰国したオールコックは、幕府の置かれた状況を十分に理解していました。本国政府に日本の状況を理解させると、一八六三年一月一日と決まっていた新潟、兵庫の開港と江戸、大坂の開市を、五年間延長することを決めてしまうのです（「ロンドン覚書」、一八六二年六月六日）。朝廷に実現不可能な約束をしていた幕府にとっては渡りに船の条件でした。これで条約破棄に向けて着々と事を進めているという姿勢だけは示すことができるのです。オールコックの、幕府の歓心を買いイギリスに対しての信頼を勝ち取る作戦はまんまと成功しました。

オールコックの巻き返し工作にハリスは焦燥感を強めています。しかし体調を崩したハリスには、こうしたイギリスの外交攻勢に対抗する気力はもはや残っていませんでした。アメリカ本国は南北戦争の渦中にあり、対日外交に力を入れる余裕はありませんでした。アメリカはその生存をかけてイギリスとの外交戦争をも戦っている真っ只中でした。

ハリスはもともと民主党支持者でしたが、本国ではすでにリンカーンの共和党政権に代わっています。もはやワシントンには彼を積極的に支える友人はいません。日々衰える体力と気力。ハリスはスワード国務長官に任を離れたい意向を伝えています（一八六一年六月十日付で辞表を提出）。スワード国務長官は慰留しましたが、ハリスの意思は変わりませんでした。[*40] ハリスが日本を離れたのは一八六二年四月のことでした。彼の後任にはスワード長官の友人ロバート・プルインが任命されています。しかし日本の事情を知り尽くしたハリスの離任で、対日本外交の主導権は一気にイギリスの手中に移っていくことになるのです。

「ハリスが残っていればハリスが結んだ条約やそれに続く諸条約が引き起こす面倒な事態の幾ばくかは防ぐことができただろう。（中略）（ハリスにそれができなかったのは）彼の体調不良やホームシックが原因だったかもしれない。いやむしろ、イギリスが圧倒的な力でこれからの対日外交を仕切るのは、もはや避けることのできないことだと（ハリスは）悟ってしまったのだろう[*41]」

ハリスを排除し、アメリカから対日外交の主導権を奪取したイギリスの次の狙いは、ハリスが残した日本に有利な関税率を下げさせることでした。オールコックはロンドンで、開港・開市延期の条件として税率低減の検討を幕府に約束させています。イギリスやフランスが主張する自由貿易主義は、植民地や後進国を原料や半製品の供給源のままに閉じ込めておくことが狙いです。早々と世界の工場に変貌を遂げたイギリスにとって、日本の関税率を下げさせることは当たり前の外交目的でした。最終的に関税引き下げ交渉をまとめ上げたのはオールコックの後任のハリー・パークスでした。一八六五年十一月、パークスの主導で幕府に関税率引き下げを認めさせると、翌六六年六月二十五日には英仏蘭そして米国までもが関税率改定の条約に調印しています。こうして「関税率は原則として一律従価五分相当と低率に引き下げられ、以後、片務的な条約の下、関税自主権を持たない状況が三十年余り続」くことになるのです。[*42] プルイン公使はハリスとは異なり、こうした関税率の変更が日本の自立に大きな足枷になることを危惧するような外交官ではありませんでした。あっさりとイギリス主導の関税引き下げに同調してしまっています。

プルイン公使時代のもう一つの失敗は、対清外交でも行使しなかったアメリカの軍事力を、日本に対して使ってしまったことでした。長州に対して単独で懲罰行動に出た「ワイオミング」号の行動を抑えることができませんでした。その後も続いた長州藩の下関海峡封鎖に対抗した四国艦隊（英仏蘭米）にも軍艦を派遣しています。プルイン公使はスワード国務長官から、条約締結国と協調した行動をとるように指示されていましたから、致し方ない行動かもしれません。この時代のアメリカには対日外交をリードする余裕はなかったのです。しかし武力の行使で、アメリカは他の列強と同じ行動原理の国であると日本に警戒感を抱かせてしまいました。アメリカは対日本外交のイニシアティブを失ってしまったのです。

したたかなイギリスは、一八六三年六月、アメリカ外交が手詰まりになっている間に長州藩の若者五人（長州五傑＝伊藤博文、井上馨、遠藤謹助、山尾庸三、井上勝）のロンドン留学を受け入れ、一八六四年十一月には薩英戦争後の賠償交渉を通じて、薩摩藩の将来の武器購入斡旋を約束しています。長州藩や薩摩藩との人脈づくりを着実に進めたのです。

イギリスの対日外交攻勢の中で埋没したアメリカにとって、改めてイギリスから主導権を奪い返すチャンスが岩倉使節団のアメリカ訪問でした。蒸気船による太平洋航路が開通し、サンフランシスコから東部へつながる大陸横断鉄道も完成しました。日本（そして支那大陸）に通ずる交通インフラストラクチャーは完全に準備ができています。日本がアメリカを最初の訪問国にしたのは当然のことでした。

岩倉使節団への熱烈歓迎の裏にはこうしたアメリカの隠れた思惑がありました。イギリスはアメリカの巻き返しを警戒していました。プルインの後任として着任したデロング公使が岩倉使節団の全権になるのではないかとの噂が飛び交ったほどです。パークス公使らはこれをひどく気にかけています。

「これは根拠のない噂かもしれないが、次のような不愉快な情報が私の手元に届いている。それによると、駐日アメリカ公使デロング氏は、日本政府を説得して、自分を同格の全権大使に任命させ、その資格で、使節団とともにヨーロッパを巡回するというものである。このような取り決めが本当に考慮されているのだとしたら、非常に深刻な事態であると言わざるを得ない」[*43]

「デロング氏がバーリンゲーム氏のごとき地位を手に入れようとしたことは、疑う余地がない。しかし、その点で、同氏は日本側を説得できなかったばかりでなく、アメリカ政府もかかる動きを承認しないだろうと思う。もちろん、使節団がワシントンでどういう落とし穴にはまり込むことになるのか、まだ知る由もないが、外国人にバーリンゲーム氏のごとき高い地位を与えることは、いかにも日本人にふさわしくない行為である。日本人は非常に誇り高い国民だからである。ただし、万一そういうことにでもなれば、それは愚挙中の愚挙である」[*44]

岩倉使節団が、清の送り出したバーリンゲーム使節団のようになってしまっては、イギリスがこれまで築き上げた対日外交の成果が台無しになってしまいます。イギリスにとっては幸いなことに、デロング公使がそうした立場に就くことはありませんでした。

未熟な条約改正交渉

岩倉使節団を待つアメリカ政府高官は、対日本外交の主導権をイギリスから取り戻す必要性を強く感じていました。同時に、日本に対して贖罪の気持ちもありました。

攘夷思想に凝り固まった長州藩の下関海峡封鎖に対抗して西欧列強が派遣した連合艦隊ですが、英仏蘭米の四ヵ国で計十七隻の軍艦を派遣し、長州藩の砲台を徹底的に破壊したのは一八六四年九月のことでした。アメリカはプルイン公使がチャーターした一隻の商船「タキアン」号にわずか一門の砲を搭載してこの行動に参加しています。四ヵ国はこの艦隊派遣のコストの賠償として三百万ドルを幕府から脅し取っています。幕府が長州藩の行為に責任を持たざるを得なかったのです。

この賠償金はイギリスに六十四万五千ドル、他の三国にそれぞれ七十八万五千ドルという金額で分配されています。横浜に初めてやってきた四千トンの最新鋭蒸気船「コロラド」号が完成したのは一八六五年ですが、その建造費はおよそ百万ドルでした。[*45]大型蒸気船を三隻も建造できる巨費を四ヵ国は日本から毟(むし)り取ったのです。

ハリスが公使として残っていたら、こうした事態は避けられていたでしょう。アメリカ政府は、プルイン公使の対日本外交が、ヨーロッパ勢力に同調した、いささか理不尽なものに変質してしまったことに自責の念を持っていました。一八六八年初め、スワード国務長官は議会に対して、この不正義な行為で手にした賠償金の扱いに善処を促しています。一八七〇年になると、政府や議会の間でも、七十八万五千ドルは日本に返還すべきだとの気運が高まっています。[*46]

アメリカは、岩倉使節団が最も重要視しているのが、関税自主権の回復と領事裁判権の破棄にあることは十分に理解していました。関税収入が強力な国家建設のための重要な原資であることをわかっていたにもかかわらず、ハリスがせっかく日本の将来のために設定しておいたフェアな関税率を、アメリカ外交の宿敵イギリスの尻馬に乗って五パーセントまでに下げさせることに手を貸してしまったのです。岩倉使節がアメリカに入った当時のアメリカの関税率は四〇パーセントを超えています[*47]。グラント政権は日本の財政がそうとうに苦しくなることを理解していました。

日本が領事裁判権を喪失したことにも同情を示しています。ペリーは開国交渉当初、日本に領事裁判権を要求していませんでした。しかし日本が下田付則条約、日露和親条約、さらに日米修好通商条約などを調印する過程で、領事裁判権が徐々に条約の中に盛り込まれていったのです。一八六九年にオーストリアと結んだ条約では、日本は領事裁判権を完全に認めてしまっています。幕府はこの条項の本質を理解することなく、国家主権の一部を外国に委譲してしまったのです。タウンゼント・ハリスは日本をこうした状況に陥らせる端緒（たんしょ）を作ってしまったことを悔やんでいます[*48]。グラント大統領も日本に、ハリスに似た憐憫の情を寄せています。

「グラントは一八七九年に次のように語っている。（領事裁判権を）決して手放そうとしない他の西欧諸国の態度には呆れるほかはない。国家としての独立と尊厳のために欠かせない裁判権が、支那や日本には否定されるのは信じられないことだ[*49]」

アメリカが岩倉一行を温かく迎えた背景には、こうしたアメリカの日本への同情と幾ばくかの自責の念がありました。デロング公使が外交に不慣れな日本になり代わって、ヨーロッパ列強との交渉の矢面に立とうとしたのも同じ思いからでした。旧宗主国イギリスの圧政に反発して独立を勝ち取ったアメリカは、ときにこうした優しさを見せることがあるのです。プルイン公使時代とはまったく違うアメリカ外交の姿勢でした。

岩倉一行のアメリカとの第一回の会談が始まったのは一八七二年三月十一日正午のことでした。日本側は条約改正そのものの交渉ができるものと期待しています。日本政府はそこまでの交渉をこの使節に期待していたわけではありません。「交渉権の範囲は、条約改正についての日本側の考えを相手国に伝え、使節らが帰国後正式に会談する際の手段とすることに」[*50]限られていたのです。それにもかかわらず、具体的な改正交渉に岩倉使節が踏み込もうとしたのは、アメリカでの度重なる歓迎と丁重な扱いを受けたことで、条約改正にまで持ち込める可能性を感じたためでした。少し舞い上がっていたのです。

しかしこの期待はアメリカ外交の責任者であるハミルトン・フィッシュ国務長官からあっさり潰されてしまいます。使節が持参した天皇からの国書はそうした権限の付与には触れていません。協議はできても正式な調印の権限がないことを指摘されたのです。フィッシュは領事裁判権を失い、関税率を国家運営上、危険なほどに下げてしまった日本外交の未熟さをよく理解していました。だからこそこの使節を温かく迎え、日本の力になろうとしていたのです。しかし全権委任状のない国書で改正交渉に入ろうとする岩倉一行には、さらなる危うさを感じたのです。

この外交手続き上の問題は、副使の伊藤と大久保をいったん日本に戻し、全権委任状の下付を天皇に奏請することで対処することになります。駐ワシントン代理公使森有礼の提案に岩倉が同意したのです。[*51]二人が日本から全権委任状を持って帰国するまで協議は継続することになりました。

伊藤、大久保が日本から再びワシントンに戻るのが七月二十二日のことです。それまでの四ヵ月間に十一回の交渉が重ねられました。日本側の使節は、最恵国待遇の持つ意味も理解できないほどに外交の常識に欠けていましたから、関税自主権や領事裁判権の具体的処理にまで深く踏み込んだ議論はできませんでした。しかし通関制度の不備や治安維持に関わる諸問題については意見を交わすことができました。アメリカ側は、日本に対してより過酷で厳しい対応をとっているヨーロッパ諸国との交渉の叩き台になる程度の覚書は日米両国で作り上げようとしていたのです。フィッシュ長官はヨーロッパ列強のしたたかさを熟知している政治家です。外交交渉がどれほど白熱しても、友人であり続けられるのはアメリカだという信念があったのです。手強いヨーロッパ諸国との交渉に、アメリカの知恵と経験を貸そうとしていました。

しかし、こうしたアメリカの考えを汲み取る余裕は岩倉らにはまだありませんでした。「アメリカ側に、ヨーロッパのある地で、列強の代表すべてを招いて条約改正を目指した会合を開く提案を[*52]」しています。アメリカとの二国間交渉で覚書にすることを断っているのです。ただでさえ難しい多国間交渉を、外交には素人同然の日本使節が主張したのですから、フィッシュ長官は、驚きというよりも憐れみを覚えたに違いありません。長官はヨーロッパ諸国が日本の要求に決して前向きに応えることなどあり得ないことを知っていました。彼らは本当に手強いのです。日本の主張を一蹴しています。

「岩倉大使は『今日までたびたび会談の機会を持ちながら、このような申し出（各国合同会議を開く件）をし、ご不快を与えたことを申し訳なく思います』と詫びると、フィッシュは『私も残念に思います。我が政府はなるべくお国のためになるような条約を結びたく、会談を行いましたが、ことごとく水泡に帰しました』と答え[*53]」、最後の交渉を終えています。

七月二十二日のことでした。伊藤と大久保が持ち帰った天皇の全権委任状がその役割を果たすことはありませんでした。岩倉一行にはこの後、ヨーロッパの条約国訪問が控えていました。アメリカでの経験を踏まえ、ヨーロッパ諸国との条約改正交渉はしない方針に切り替えています。先進諸国の文明をできるだけ吸収するという使節の本来の目的に戻したのです。

◉**原註**

＊1 Jared Diamond, *Guns, Germs, and Steel*, W. W. Norton, 1999. 邦訳『銃・病原菌・鉄』（草思社、二〇〇〇年）。
＊2 William H. Seward, *Travels Around The World*, D. Appleton & Co., 1873, p4.
＊3 スワードの旅行記の編集は、彼に同行した、養子であり愛人でもあったオリーブ・スワードが行った。
＊4 *Travels Around The World*, p5.
＊5 「アラバマ」号の損害賠償の交渉には英米の代表のほかにイタリア、スイス、ブラジルも参加した。イギリスはアメリカに千五百五十万ドルを支払うことで合意した（ワシントン条約、一八七一年）。
＊6 *Travels Around The World*, p25.
＊7 同右、p28.
＊8 同右、p30.
＊9 同右、p30.
＊10 同右、p33.
＊11 同右、p24.

＊12 同右、p37.
＊13 同右、p58.
＊14 同右。
＊15 同右、p59.
＊16 同右、p87.
＊17 Kume Kunitake, *Japan Rising*（久米邦武『米欧回覧実記』英訳版）, Cambridge University Press, 2009, p7.
＊18 宮永孝「アメリカにおける岩倉使節団――岩倉大使の条約改正交渉」（『法政大学リポシトリ社会労働研究』一九九二年一月）四九頁。
＊19 同右、四六―七頁。
＊20 同右、四三頁。
＊21 大隈重信『開国大勢史』（実業之日本社、一九一三年）一二一九頁。
＊22 *Japan Rising*, p16.
＊23「アメリカにおける岩倉使節団――岩倉大使の条約改正交渉」五四頁。
＊24 石井雅之「日本語ＴＶ放送『龍馬伝』に触発された日本近代史黎明期の西海岸散歩道」。http://www.shokookai.org/dayori0310.pdf
＊25 Charles Lanman, *The Japanese in America*, Longmans. Green. Reader and Dyer of London, 1872, pp22-3.
＊26 *Japan Rising*, pp16–20.
＊27 同右、p32.
＊28 同右、p27.

＊29 *The Japanese in America,* p29.

＊30 同右、p34.

＊31 同右、p37. 原文は以下。

「as soon as the said Embassy returns home we will consider about the revision of the treaties, and accomplish what we have expected and intended」

＊32 同右、p40. 原文は以下。

「It will be a pleasure to us to enter upon that consultation upon international questions in which you say you are authorized to engage」

＊33 同右、p41.

＊34 同右、pp41-2.

＊35 Oliver Statler, *Shimoda Story,* Random House, 1969. p551.

＊36 同右、p565.

＊37 「英国公使館通弁伝吉暗殺一件」p235.

＊38 ギュツラフについては『日本開国』13章「イギリスの正義、宣教師の正義」を参照されたい。

＊39 宮永孝『幕末遣欧使節団』（講談社学術文庫、二〇〇六年）二五一四三頁。

＊40 *Shimoda Story,* p570.

＊41 同右、p571.

＊42 「関税法研究会とりまとめ」（財務省、平成十八年）六頁。
http://www.mof.go.jp/singikai/kanzeihou/houdou/torimatome180623/torimatome180623a.pdf

＊43 鵜飼政志「明治初年における内外条約改正構想の対立と岩倉使節団の条約改正交渉」史料14。

http://www.h-web.org/mrugai/private/rep1994b.html

＊44 同右、史料15。

＊45 「An Ocean Palace on Exhibition」『ニューヨーク・タイムズ』一八六五年三月二十三日付記事。

＊46 Payson J. Treat, *Japan and The United States: 1853-1921*, Houghton Mifflin Co., 1921, p111.

＊47 Cecil E. Bohanon and T. Norman Van Cott, *The Independent Review*, Volume IX No. 4, Spring 2005, p531.

＊48 *Japan and The United States*, p116.

＊49 同右、p117.

＊50 「アメリカにおける岩倉使節団——岩倉大使の条約改正交渉」六八頁。

＊51 『開国大勢史』一二一九頁。

＊52 伊藤之雄『伊藤博文——近代日本を創った男』（講談社、二〇〇九年）一〇二頁。

＊53 「アメリカにおける岩倉使節団——岩倉大使の条約改正交渉」八五頁。

第8章　フィラデルフィア博覧会

お雇いアメリカ人の功績

西洋諸国との圧倒的な国力の差は、この頃西洋に旅した日本人すべてを絶望的なまでに打ちのめしています。しかし維新のリーダーたちは、意見の差はあっても、このギャップは必ず埋められるはずだとの信念を持っていました。こうした状況の中で、明治政府はどの列強とも友好関係を構築しようとしてはいますが、合従連衡（がっしょうれんこう）のような高等手段を使えるほどの余裕も、経験も、国力もありませんでした。アメリカとヨーロッパ列強の間の利害対立を見透かして、そうした国々の政治家を手玉に取るなどという芸当は、とてもできない時代でした。文明開化のためにどの国とも良好な関係を保ち、できるだけ多くの知識人を招聘し、国内インフラストラクチャーの構築に努めています。

明治政府が高給で雇い入れた外国人は一八九〇年までに総計二千六百九十人にも及びます。イギリスの千百二十七人は別格ですが、アメリカ四百十四人、フランス三百三十三人、ドイツ二百十五人、オランダ九十九人と続いています。[*1] 一つの国に偏らない方針が如実にわかる数字です。圧倒的に多いイギリスからやってきたお雇い外国人の数が、アメリカを出し抜いたイギリス外交の巧妙さを示しています。

しかし、アメリカが、対日外交の停滞を挽回しようとしていたのは確かなことでした。アメリカが送り出した「お雇い外国人」にはグラント大統領に近しい政府高官が混じっていました。よく知られているのはホーレス・ケプロンです。一八七一年、北海道開拓次官であった黒田清隆が六十七歳の現職農務省長官（Commissioner of Agriculture）であったケプロンを口説き落として招聘しています。

黒田がワシントン駐在の森有礼代理大使を連れ、グラント大統領に謁見し北海道開拓の必要性を訴え、指導者たり得る人材の推薦を依頼したのです。グラントが推したのがケプロンでした。ケプロンもグラント同様に南北戦争を戦った男です。北軍で最も老練な士官としてイリノイ騎馬隊を率いています。

日本滞在三年十ヵ月の間に北海道各地を視察すること三回。その詳細な報告書は「ケプロン報文」としてまとめられ、札幌を首都とすることや、農業開発のための高等教育機関を設立することなどが建言されています。世に知られるウィリアム・クラーク博士（マサチューセッツ農科大学長）を迎えて札幌農学校を開校できたのもケプロンの建策に負っています。明治政府にとって、ロシアの南下を防ぐためには北海道開発が急務でした。札幌大通り公園にはケプロンの巨大な像が黒田清隆の像と仲良く並んでいます。

アメリカ政府はもう一人重要な人物をアドバイザーとして送り込んでいます。ケプロンほどには世に知られていませんが、初期の明治政府の経済・外交政策に大きな影響を与えています。リンカーン政権の経済政策のブレーンを務めたエラスムス・スミスです。

ヘンリー・カレイの主張するアメリカン・システムを信奉し、イギリス型の帝国主義的自由貿易に真っ向から対決する考え方を持っていた学者です。また法律の専門家でもありました。一八五三年には『政治経済マニュアル』[*2]を上梓しています。アメリカは、イギリスに対抗するためには政府主導でインフラストラクチャーを整備し、工業を発展させ、国内市場を育てることが重要であると説き、そのためには選択的に高関税をかける品目を決めるべきこと。そして保護すべき産業は確固とした態度で守り抜くべきだと訴えています。アメリカン・システムの正しさを理解した、カレイの愛弟子でした。

「ヘンリー・カレイはエラスムス・ペシャイン・スミスといった人々に大きな影響を与えている。スミスは間違いなく日本の明治維新の枠組みを作り上げた一人である」[*3]

日本が殖産興業の施策を猛烈な勢いで進められたのも、明治政府が彼の思想をしっかりと理解したからにほかなりません。もちろん、関税自主権を喪失している日本は高関税政策をとることができません。関税政策ではなく他の方法で工業化を進めなくてはいけないのです。

指導するスミスは歯痒かったに違いありません。スミスは、明治天皇の顧問として一八七一年から七七年まで滞在しています。彼はイギリスに対抗するための政治経済学の基礎を教授しただけではありません。日本の外交を西洋列強に伍すレベルにまで引き上げるのに多大な貢献がありました。大隈重信も、はっきりとそれを記録しています。

> 我が国外交の面目を一新したるは「ドクトル」スミスと称する、亜米利加の国際法学者の力に頼る所少なからず。スミスは、元（も）と合衆国国務省の顧問にして、本国に於ても相当の地位ありし学者なり。之をわが国の顧問に聘したるは、米国公使デロン〔ママ〕の推薦に因り、故木戸公も、多少此の事に関係せられたるやに記憶す。デロン公使は、岩倉大使の欧米派遣に就いても、大いに尽力する所ありたり。幕府以来、我が国の外交は、独立国に欠くべからざる威厳を欠き、我が外務当局者は、常に命令的に外国公使館に呼び出されて、談判を仕掛けらるる有様なりしが、副島外務卿に至り、著著（ちやくちやく）之を改革し、公文の体裁に至るまで面目を一新したり。

是れ多く世人の知らざる所なれど、僅僅二年の間に、著しき改良の功を挙げたるは、大抵「ドクトル」スミス参与の力なりとす。スミスは副島外務卿の辞職と同時に帰国したり。*4

明治新政府が国力強化に腐心し、西洋との慣れない外交交渉に打ちのめされている時期に、グラント政権は一流の人材を日本に送り込んでいたのです。岩倉使節団の交渉が不調に終わったこと、外交文書の欠陥を指摘され、伊藤と大久保が惨めにもいったん日本に戻らねばならなかったこと。こうした表層的な事件に目を奪われてしまうと、この時期のアメリカの対日外交がそうとうに善意に満ちていたことを見逃してしまいます。アメリカの送り込んだ知識人の功績は国のシステムや、政治や外交の進め方に関わるものでしたから、目に見える構造物のような存在として残っていません。しかしそうした目に見えるものをはるかに超えた影響を日本に残しています。

イギリスも多くの人材を送り込んでいます。イギリスからの〝お雇い外国人〟第一号とでも言えるリチャード・ブラントンは「灯台の父」とも称されています。明治新政府は貿易の基礎である海上交通の安全を確保するために灯台を急ぎ整備しなければなりませんでした。一八六八年に来日してからの八年間で彼は二十八の「作品」を残しています。紀伊半島樫野埼灯台、伊豆半島石廊崎灯台、根室半島納沙布岬灯台、房総半島犬吠埼灯台、大隅半島佐多岬灯台。観光名所となっている日本各地の半島や岬の突端で、優雅でそして堅牢な丸い建物が今でも旅人を迎えています。このほか金華山、羽田沖、伊王島（長崎）、御前崎などにある彼の造り上げた灯台の存在は、否が応でもこの時代のイギリスの影響力を今に伝えています。

一八七七年に来日した建築家ジョサイア・コンドルは工部大学校（現・東京大学工学部）教授となり、明治文明開化期の象徴とも言うべき多くの建物を設計しています。鹿鳴館、ニコライ堂、旧宮内庁本館、岩崎弥之助深川邸洋館をはじめ岩崎一族や多くの三菱財閥に関わる建物を手がけています。その多くがすでに取り壊しや震災で失われています。それでも上野公園近くの岩崎庭園洋館、三重県桑名市の旧諸戸清六邸、古河虎之助邸（現・旧古河庭園大谷美術館）などは今に残るコンドルの名品です。しかし、こうした目に見えやすい業績をもたらした男たちに混じって、イギリスはとんでもなく危ない人間をも明治政府に紹介しているのです。

英国公使パークスと金融詐欺師

イギリス公使パークスは、日本最初の鉄道建設プロジェクトでもアメリカの影響力を巧妙に排除しています。太平洋ハイウェイの重要な結節点となった横浜の港は世界の港と直結しています。その横浜と江戸を連結する交通インフラストラクチャーの整備が重要になることは誰の眼にも明らかでした。

江戸幕府に江戸―横浜間の鉄道建設免許を最初に求めたのはアメリカでした。老中であり外国事務総裁であった小笠原長行がその免許をアメリカ領事館書記A・C・ポルトマンに交付したのは一八六七年のことです。[*5] 一八六九年、アメリカはこの免許を根拠に、神戸―大阪間の鉄道敷設にも乗り出そうと、その許可を大阪外国事務局判事五代友厚に求めています。[*6]

しかし五代はこの申請を認めていません。その上、明治新政府は幕府がアメリカに約束した新橋―横浜間の敷設免許についてすら認めないとの立場を明らかにするのです。表向きの理由は、幕府の免許はアメリカ側に鉄道の経営権まで認めており、日本の植民地化を招く恐れがあるというものでした。五代は従前より、イギリス貿易商社ジャーディン・マセソン商会の長崎の代理人トーマス・グラバーを通じてイギリスとの関係が深い人物です。また、五代が出た薩摩藩は薩英戦争後の賠償交渉を通じて、イギリスとの関係を深めていました。

一八六五年には藩独自の訪欧使節団を組んでいます。イギリスを中心にヨーロッパ視察に向かった十九名のメンバーの一人が五代でした。パークスは一八六六年には鹿児島を訪問し、一週間にわたる滞在で、藩主島津忠義やその父久光との懇親を深めています。その歓迎ぶりもパーティーで費消された食材の量で推量できます。鶏三千羽、卵五万個、豚三十頭が供され、饗応経費の総額は三万両にのぼったと伝わっています。[*7]

イギリスびいきの五代には、アメリカとの約束事を反故（ほご）にしたい十分な動機があったのです。もちろんアメリカもそうあっさりとは引き下がりません。パークスがこの紛争処理に裏で動きました。

「(アメリカに与えた免許を破棄する) 決定は、ポルトマンやアメリカ領事館との間で外交問題に発展した。西洋列強との外交問題についてはひどくナーバスだった明治新政府がこうした強硬な態度をとれたのは、イギリス公使ハリー・パークスの強力な支援があったからにほかならない。日本が独自に鉄道を敷設し運営するという方針はイギリスにとって好都合だったのだ[*8]」

パークスの主張はイギリスは技術資本援助にとどめ、鉄道経営権は日本側に残すというものです。この考えを受け入れたのは岩倉具視（大納言）、大隈重信（大蔵卿）、沢宜嘉（外務卿）、伊藤博文（大蔵少輔）らでした。しかしその建設コストは外国からの借り入れに頼らざるを得ません。イギリスを信用していた明治政府にパークスが紹介したのはホレーシオ・レイという男でした。

レイはかつて宣教師ギュツラフのもとで漢語を学んでいた男です。語学の才能を買われてイギリス外交団の通訳を務めていたギュツラフ門下生の中でも、レイは抜群の語学能力を示していました。漢語の読み書きに加えて北京語も広東語も操りました。[*9]

彼が上海副領事に出世したのは一八五四年のことです。この頃、パークスは厦門（アモイ）の領事でした。レイは太平天国軍から上海の疎開地を守るため、清高官との度重なる折衝を続けていました。ですから清政府との人脈は広かったのです。西洋諸国との貿易そのものは、太平天国による国内騒乱にもかかわらず衰えることはありませんでした。清政府はその関税徴収の機関（海関）を設立すると、レイを初代総税務司に任命しています。

一八五六年、レイは、密輸出入を取り締まるためには海関が独自の軍船を持つべきだと清政府を説得すると、ただちにロンドンに向かっています。彼には調査の権限しか与えられていなかったにもかかわらず、総税務司の肩書きを利用してイギリス政府に軍船建造とイギリス人船員の雇用を認めさせてしまうのです。関税徴収を扱う役所の長官の肩書きを持った男が交渉したのです。担保は一国の莫大な関税収入です。その信用で八隻の軍艦建造の商談をまとめてしまっています。その軍艦が清に届けられるのは一八六二年八月のことです[*10]。

あずかり知らない軍艦の到着に驚いたのは外交政策の統括官庁であった総理各国事務衙門（そうりかっこくじむがもん）でした。支払いを迫るレイの要求を受けて対応に苦慮する清国政府が助言を求めたのがバーリンゲーム公使でした。一八六三年十一月十五日、公使のアドバイスで清政府はレイを解雇しています。後腐れのないように手切れ金総額一万四千ポンドをレイに支払うことを決めています。[*11] これは現在価値で六十万ポンド（約七千六百万円）を超える大きな額です。イギリス政府はレイの越権行為を認め、引き下がっています。この事件でイギリス政府にとってもレイは好ましからざる要注意人物になっていたのです。

パークスが大隈ら政府高官とイギリス主導の鉄道敷設計画を練ったのは、一八六九年も押し詰まった十二月七日のことです。この会議の後、日本にやってきていたレイが紹介されています。レイはすでにロンドンの投資家から三百万ポンドを集め、確かな投資案件を探していると述べて大隈らを信用させています。彼が明治政府のエージェントに任命されたのは、そのわずか一週間後の十二月十四日のことでした。しかし彼は二つの内容の異なる契約書に明治政府のサインをもらっています。一つはあくまでもレイの人脈を通じた個人投資家からの融資で事業を進めることを示したもの、もう一つはロンドン証券取引所を通じて資金調達するというものでした。[*12] レイが個人投資家を抱えているというのは嘘でした。

大隈らは国内で、外国からの借金を警戒すべきだとの声が上がっているのを知っていました。しかし、あくまで個人投資家のお金であり、国が絡む話ではないからとの理由で押し切ろうとしました。レイのロンドン市場での起債計画が世間に知られるのに時間はかかりませんでした。一八七〇年一月二十四日付の『ニューヨーク・タイムズ』紙で報じられたのです。この問題にはデロング公使が厳しく忠告しています。

「レイ氏は日本政府から公式に委託されたエージェントとして百万ポンドの起債を行っている。こんな小額の借り入れの担保として日本政府の関税収入を差し出しているのだ。（中略）五千万ポンド、いや一億ポンドの起債で関税収入を担保とするのなら理解できないでもないが、わずか百万ポンドばかりの借金のために関税を担保にするようでは世界中の笑いものになる。日本は財政が完全に破綻している国だと満天下に知らしめているようなものではないか[*13]」

あわてた政府は急ぎ上野景範（かげのり）と前島密（ひそか）をロンドンに送り、市場に出回っている債券を買い取らせ、最終的にロンドン・オリエンタル銀行に債券を引き受けてもらっています。担保は鉄道開通後の運賃収入で十分でした[*14]。関税を担保とした場合、万一国そのものが借金を返せない事態となると、その取り立てのために軍事行動に出られても仕方のない時代でした。

メキシコがフランスの傀儡（かいらい）政権に支配されたのも国の借金が滞ったためでした。事なきを得た明治政府でしたが、大隈、伊藤、前島らにとってはイギリス外交の狡猾さを身を持って味わった事件でした。外交交渉では本当の敵と味方の区別はそう簡単に見分けられるものではありません。敵も味方も刻々変化していきます。味方も形勢次第では瞬く間に敵となってしまいます。それを見分ける能力と、そうした相手を操る能力が問われました。

一八七二年十月十四日、明治天皇ご臨席による日本最初の鉄道の全線開通セレモニーが行われています。文明開化と国家建設の象徴である鉄道。日本最初の横浜―新橋間の鉄道建設には、米英の日本市場をめぐる激しいつばぜり合いがあったのです。

パニック・オブ・73

アメリカ経済界は、岩倉使節の交渉が不調に終わった後も丁寧な接遇を続けています。一行が交渉を終了しワシントンを発ったのは一八七二年七月二十七日の正午のことでした。目的地はフィラデルフィアの北およそ十六キロメートルの郊外にある銀行家ジェイ・クックの私邸でした。最寄りの駅にはクック家の手配した馬車が岩倉一行を待ち受けていました。ジェイは、雪の降りしきるワシントン駅頭で岩倉一行を出迎えたワシントン特別区知事ヘンリー・クックの兄にあたります。

翌日、鉱山視察から戻ったジェイは、岩倉使節を歓迎する盛大な晩餐会を催しています。久米邦武はそれが心からのもてなしを感じさせるものだったと書き残しています。クックの邸はその後、女子大学「The Ogontz School for Young Ladies」となり、現在ではペンシルバニア大学の一部になっています。軽く百人を超すゲストを収容できる壮大な館でした。[*15]

ジェイがこれほどの財産を築くことができたのは、リンカーン政権の財務長官ソロモン・チェースとの強い繋がりがあったからです。南北戦争遂行に必要な戦費を賄うための戦時国債の販売を独占的に扱ったのです。もともとリンカーン政権の戦費はニューヨークの銀行団から調達する計画でした。その総額は一億五千万ドルにのぼります。ところが、一八六一年十二月二十八日、リンカーンが連邦政府の銀行管理強化、政府紙幣発行、一般個人向け政府債の発行といった戦時財政金融政策を発表すると、銀行団は貸し出しを拒否しました。

リンカーンの示した政策は、アメリカがイギリスの金融支配から独立する意思を示したものでもありました。ニューヨークの銀行団は貸し出す額に相当する債券を発行し、ヨーロッパ市場で販売する計画でした。リンカーンの計画の発表を受けて態度を豹変したのです。銀行団の中心人物の一人がロスチャイルドのエージェントであるオーガスト・ベルモントでした。[*16]

リンカーンの銀行管理強化計画によって、国内の銀行が銀行券を発行するためには政府債券の保有が義務づけられました。政府紙幣（金銀との兌換性を持たないグリーンバックスと呼ばれる紙幣）も発行しました。戦時中にもかかわらずアメリカ経済は成長していましたから、グリーンバックスはそれほどのインフレを引き起こすことなく市中に流れ込み戦時財政を賄っています。

ジェイ・クックはこうした政府の政策遂行に協力しましたから、イギリスの世界金融支配に抵抗するリンカーン政権の金融財政政策を象徴する人物となっていました。一八七二年七月二十八日の夜会で岩倉使節団とジェイとの間でどのような会話があったのでしょうか。使節らは、クックの富がどこから生まれてきたのか想像を膨らませたでしょう。一行がアメリカの財政や金融システムに関わる、ちょっとしたレクチャーを受けたとしても不思議ではありません。債券販売のテクニックだけではなく、政府による貨幣発行益や銀行の準備金システムによる信用創造のトリック（fractional reserve system）の話題が出たのかもしれません。

ジェイが南北戦争時代に連邦政府から一手販売を任されたのは、五分利付き二十年戦時公債でした。ヨーロッパの安全な投資対象であるイギリスのコンソル公債の利率は十九世紀半ばから末期まで三パーセント前後で推移しています。*17 ですから利率の高いアメリカの公債はヨーロッパの投資家にとっても魅力がありました。十億ドルもの公債を、アメリカ国内だけでなく、ヨーロッパに設置した代理店を通じて売りさばいたのです。ジェイが得た手数料総額はおよそ七百十七万ドル。彼が雇った二千五百人のセールスマンにその九割が支払われましたが、十分な利益を上げています。

岩倉使節団を自邸に招いた頃、ジェイはすでに新しいプロジェクトに取り組んでいました。一八七〇年に、第二次大陸横断鉄道プロジェクトとも言えそうなノーザン・

パシフィック鉄道の経営に参画し、同社の鉄道債券販売に注力していたのです。一八七一年にはロンドンに新会社「Jay Cooke-Hugh Macullock & Co.」を設立し、イギリス資本の導入に余念がない時期でした。[*18]

ノーザン・パシフィック鉄道はアメリカ五大湖の最西端に位置する湖岸の町ダルース（ミネソタ州）と、アメリカ北西部のオレゴン州やワシントン州の港町を結ぼうという壮大な計画です。ダルースのロケーションは、言ってみれば琵琶湖西南端の大津のようなものです。早くも一八七八年から、琵琶湖水運の拠点となっている大津の町と京都、大阪との連結を目的とした鉄道工事が始まっていることからも想像できるように、五大湖水運と太平洋海運とを結ぼうとするノーザン・パシフィック鉄道計画には十分な経済合理性がありました。そのスケールは壮大です。

「ダルースは五大湖沿岸の港町の中で最も将来性のある町だ。アメリカの穀倉地帯(The Great Plains)が世界の穀倉地帯に大化けするのに欠けているのは鉄道だけである。ダルースと太平洋岸北西部の港が連結する未来を想像するだけでわくわくする(luscious)ではないか[*19]」

しかし、この時期になると、第二次大陸横断鉄道構想にはかつて彼が扱った戦時公債のようにアメリカ人の愛国心に訴えるものはなく、ヨーロッパでは過剰な鉄道建設投資に対する漠然とした不安感が広がっていました。その上、一八七〇年に起きた普仏戦争が翌年、あまりにあっけなくフランスの敗北で終わってしまい、期待していた穀物価格の上昇が望めなくなってしまいました。[20]そのため鉄道債券の売れ行きは鈍っていきます。債券相場が下がると投資家の払い戻し要求が急増していきます。販売を促進するために証券価格維持を約束していたジェイ・クック商会はその圧力に耐えられず、一八七三年九月十八日に倒産してしまいます。[21]パニック・オブ・73と呼ばれる不況の始まりです。

ジェイ・クック商会の破綻で急速に力をつけたのが、ジョン・ピアポント・モルガンのドレクセル・モルガン商会です。一八七七年、ジェイ・クック商会に代わって戦時公債の借款事業を、オーガスト・ベルモントらのロスチャイルド系銀行と提携（シンジケート）して成功させるのです。[22]イギリス金融資本とは一線を画し、独自路線を歩んでいたジェイ・クック商会の金融市場からの退場で、アメリカの金融はシティー（ロンドン）と緊密な関係を持つウォール街（ニューヨーク）に牛耳られていきます。

不況を契機に、ユダヤ資本との関係が深いニューヨークの金融機関が、アメリカ政府の金融政策に深く関与し始めるのです。こうした歴史的経緯から、アメリカにはユダヤ資本に対するいつまでも拭えない疑念が残っているのです。

「ロスチャイルド家のビジネスとアメリカ財務省の関係ができあがったことで、最も不吉で恐ろしい（most direful）ことは（中略）、アメリカがイギリスに服従してしまったことだ。そしてそのイギリスはロスチャイルド家に服従しているのだ」[*23]

ジェイ・クックが夢を託したノーザン・パシフィック鉄道も一八八〇年には資金繰りに窮し、ドレクセル・モルガン商会がシンジケートを組んだ銀行団に四千万ドルの社債を引き受けてもらっています[*24]。アメリカの鉄道とイギリス資本との濃密な関係ができあがっていきました。

ロックフェラーとカーネギー

十九世紀半ばのアメリカは多くの幸運に恵まれています。その象徴がゴールドラッシュでした。それがメキシコから奪取した新領土の人口を爆発的に増加させました。アメリカの幸運は続いていきます。金に続き石油が発見されるのです。しかも見つかった場所はアメリカン・システムを標榜する学者たちを輩出するペンシルバニア州でした。鉄道網も整備されており内陸輸送のコストが大幅に低下していた時期の発見でした。

ペンシルバニア州北西部の町タイタスヴィルで石油が見つかったのは一八五九年八月二十八日のことでした。この日の朝、石油を求めてこの町の地面に深い穴を掘り続けていたエドウィン・ドレイクは、掘っていた穴の一つが一晩のうちに黒い液体で溢れかえっているのを発見したのです。従前より光を点(とも)すこの液体の存在は知られていました。それが大量に存在することがわかったのです。カリフォルニアの金は怪しく光るイエローゴールド、ペンシルバニアで見つかったのは真黒な液体でしたが、人々を太陽光の束縛から解放する黒い黄金（Black Gold）だったのです。

　この当時の人々は大半が、太陽の光に合わせて生活を営んでいました。日暮れてからの灯りは鯨油や菜種油に頼っていました。しかしそうした油は高価で一般の人々にとっては贅沢品でした。日が暮れたら床に就き、日が昇ると仕事を始めるのが日課でした。太陽光に依存した生活から人々を解放する油のニーズが巨大であることは誰にでも理解できました。

　古くからロック・オイルとしてその存在を知られていたこの液体は、光源としてではなく、むしろリューマチなどに効くと信じられ薬として用いられていました。しかし一八四六年にカナダの化学者アブラハム・ゲスナーによって、石油からケロシン（灯油）を精製する技術が紹介されると、その利用価値が爆発的に高まるのです。[*25] 鯨油を灯火として使うコストは、一八六〇年頃には月に十ドル程度でした。それがケロシンへの切り替えで、十ドルで一年間の灯りが点せるようになるのです。カリフォルニアに続いて今度はペンシルバニアの山奥で始まった「ブラックゴールド」ラッシュ。ドレイクの発見からわずか一年でタイタスヴィルには七十五本の油井が林立しました。[*26]

　このブームに乗ったのがジョン・ロックフェラーでした。北軍（ユニオン）の徴兵を三百ドルの支払いで逃れた男です。[*27] この当時、三百ドルを納めることで合法的に徴兵を回避できたのです。カリフォルニアのゴールドラッシュで巨万の富を築き上げたのが、現実に金を掘り当てた俄か鉱夫たちではなく、むしろそうした鉱夫を相手に食料や日用品を販売したスタンフォードらだったように、石油の場合も巨利を得たのは泥にまみれて金のなる黒い液体を探す山師ではありませんでした。彼らが掘り当てた原油を精製する男たちだったのです。

いち早く精製の重要性に気づいたロックフェラーは、過剰供給になり値段の下がった石油を買い占め、精製能力を寡占化していきました。ロックフェラーは、原油を精製所に運ぶために特別に作らせたホワイトオークの樽（バーレル）まで買い占めます。樽は四十二ガロン（およそ百六十リットル）が運べます。バーレルは今でも石油取引の単位です。

一八六四年、ロックフェラーが初めて精製基地を作ったのがオハイオ州クリーブランドでした。ここに大量の原油を運び込みます。当時、貨物量に比べて輸送能力が過剰気味になったことに悩む鉄道会社がロックフェラーに秘密のリベートを支払って彼の荷を奪い合いました。ロックフェラーの競合会社はリベートを要求できるほどの扱い量はありません。価格競争力を失ったこうした会社は次々にロックフェラーに精製設備を売却していきました。石油ビジネスの寡占化を成し遂げながら鉄道経営者との密接な関係を築いていったロックフェラーは、一八七〇年にはスタンダード・オイル・オブ・オハイオを設立しています。一八七九年には全米の九〇パーセントの精製能力を支配下に治めています。ロックフェラーの石油ビジネスは南北戦争後の国家再建のブームに乗って急成長するのです。

ロックフェラーは石油王と呼ばれ、十九世紀後半のアメリカ発展の代名詞とも言うべき人物になっていきます。同じように鉄鋼王と呼ばれ、アメリカの驚異的な成長のシンボルとなる男がいます。アンドリュー・カーネギーです。彼の成功も南北戦争と鉄道建設に密接に結びついています。一八五三年、十八歳でペンシルバニア鉄道に採用され、五九年には同鉄道の西部地区責任者となったカーネギーは、南北戦争の勃発とともにその才能を開花させました。モールス信号を独学で学んでいたカーネギー[*28]は北軍の軍事通信システムを作り上げてしまうのです。[*29]会社の幹部として順調に出世するカーネギーの人生を変えたのはジョージ・プルマンとの出会い[*30]がきっかけでした。

プルマンは鉄道の旅を少しでも快適にしようと寝台車を開発したことで知られています。カーネギーは寝台車を製造する会社「Woodruff Sleeping Car Co.」に投資します。その最大の顧客は自らが勤めるペンシルバニア鉄道でした。現代なら問題のある行為です。この投資は大成功を収めます。一八六三年の彼の年間収入は四万八千ドル（現在価値でおよそ八十五万ドル＝約六千万円）と報告されています。このうち、給与所得分はわずか二千四百ドル（現在価値およそ四万二千ドル＝約三百万円）です。[*31]

一八六五年に会社を辞めると、橋梁建設を専門とする新会社「Keystone Bridge Co.」を設立しています。この年は南北戦争が終結し、戦争で焼かれたり破壊された鉄橋の再建が急務となっていた時期です。会社は瞬く間に成長していきました。この事業を通じてカーネギーは時代の花形は鉄であることを確信するのです。強い鉄（鉄鋼）の製造のためには不純物を高温の炉で取り除く必要があります。イギリスに鉄鋼業視察の旅に出たカーネギーは、ベッセマーの開発した炉で作られた鉄は製造コストが安価で強度も優れていることを知ると、一八七五年にはその方法を採用した製鉄所を作り上げてしまいます。ペンシルバニア州ブラドックの町に完成した二基の溶鉱炉は、同州にふんだんにある石炭からできるコークスを利用して、拡大する建築用鉄材の需要に応えていったのです。

　カーネギーの製造するアメリカ産鉄鋼は十分な保護関税によって、イギリス製品との競合から守られていました。一八七〇年の法律で鉄鋼にかけられた関税は、トン当たり二十八ドルの従量税です。当時の鉄鋼価格から従価税換算すると五五パーセントの関税に匹敵します。一八七七年にはイギリス製品の価格はおよそ三十一ドル（トン）に下がっていますから、アメリカの鉄鋼業は従価税換算すると一〇〇パーセント近い高率関税になっています。[*32] カーネギーはその後、一九〇一年にJ・P・モルガンに会社を売却しています（ユナイテッド・スチール・カンパニー）。カーネギーが保護関税はもう要らないと言い始めるのは一九〇八年のことです[*33]。いかにアメリカの工業が長期間にわたって関税に守られて育ったのかが、よくわかります。

アメリカン・システム成功の証し

一八七六年はアメリカが独立を宣言してから百年の節目にあたる重要な年でした。独立後もイギリスの植民地支配からの脱却は容易なことではありませんでした。一八一二年、ナポレオン戦争によるヨーロッパの混乱に乗じ英領カナダの奪取を狙って始まった第二次米英戦争では、逆に首都ワシントンを落とされる屈辱を味わいました（一八一四年）。新領土の獲得は常にイギリスの軍事力を警戒しながら行われました。南北戦争では、イギリスの外交攻勢によって国家分裂の危機も味わいました。しかし独立から百年を経て、アメリカは大きく変身したのです。

ヘンリー・カレイの主張するアメリカン・システムにより、連邦政府主導で国内交通インフラストラクチャーが整備され、鉄鋼に代表される幼稚産業は十分な高関税によって守られています。イギリスの帝国主義的自由貿易の主張を見事に跳ね返し、世界の工場であるイギリスの原料・半製品供給国に閉じ込められることを拒否したのです。アメリカはイギリスの工業力に対抗できる新しい産業と国内マーケットを整備し始めているのです。その上、アジア市場と北米を繋ぐハイウェイ（太平洋ハイウェイ）が完成し、イギリスよりも有利な立場を作り上げました。
このアメリカの発展ぶりを世界に見せつける国家事業こそが、フィラデルフィア博覧会でした。フィラデルフィアはトーマス・ジェファーソン起草の独立宣言を発した歴史ある街です。宣言の発せられた建物は今でも独立記念館として保存されています。同時にこの町は、アメリカン・システムを標榜するヘンリー・カレイらの経済学者が君臨する町でもありました。アメリカ最大の鉄道会社もここを本拠とするペンシルバニア鉄道です。路線距離の総計は六千六百十五マイル（約一万キロメートル）に及びます。アメリカ最大というよりも、むしろ世界最大の鉄道会社といったほうがよさそうです。[*34] この町にはアメリカ最大の汽車製造メーカーであるボールドウィン機関車製造会社もありました。この会社を岩倉使節団も訪問しています（一八七二年七月三十日）。一行は蒸気エネルギーを使って大型金属プレートを易々と加工する様に圧倒されています。[*35]
フィラデルフィアは、アメリカ建国とアメリカン・システムを象徴する町でした。ここで建国百周年を記念する博覧会が開催されるのは、言ってみれば当然のことだったのです。十年の準備期間で、二百八十四エーカー（約三十五万坪）の土地に二百四十九の大小のビルディングが建設されています。アメリカの主要都市はすでに鉄道網で結ばれ、この博覧会には途方もない数の人々が訪れることが予想されていました。大量の見物客の波をさばくロジスティックスを任されたのはペンシルバニア鉄道社長トーマス・スコットです。スコットはリンカーン政権では陸軍省次官補を務め、軍事物資や兵員輸送を担当した鉄道ロジスティックスの専門家でした。全米の鉄道会社から運ばれてくる客は、一日当たり最大十四万五千人を見込んでいました。フィラデルフィア新駅（Philadelphia Depot）から博覧会場までを新線で結び、会場内には狭軌の小型列車を走らせます。この博覧会はアメリカ東部からだけではなく、遠く中西部からもたくさんの人を呼び込んでいます。

シカゴからこの博覧会に来るための費用リストが残っています[*36]。

シカゴ—フィラデルフィア列車往復＝三十二ドル。寝台車往復料金＝十ドル。列車内の食事代（片道四食、計八食）＝六ドル。市内宿泊代（朝夕食付き）一泊＝二・五ドル。フィラデルフィア駅—博覧会場往復列車運賃＝〇・一四ドル。博覧会入場料＝〇・五ドル。会場内ランチ代＝〇・五ドル。総計、五十・六四ドル。

この当時のアメリカ人の日給は一ドル二十一セント[*37]でしたから、およそひと月半の収入に匹敵する費用がかかります。それでも無理をすれば何とか捻出できる額でした。五月の開幕から十一月の終幕までの来場者数は九百七十九万人に及んでいます。このうち七百五十万人が鉄道を利用してやってきています。列車事故は一度も起こしていません[*38]。この時代のアメリカの人口はおよそ四千万。六ヵ月におよそ一千万人が会場を訪れたのですから、この博覧会のスケールの大きさが想像できます。

博覧会のオープニングは五月十日でした。これは大陸横断鉄道がプロモントリー・サミットで完成を見た日です。鉄道とこの博覧会の密接な関係を示しています。この日、博覧会のメイン会場であるメモリアル・ビルディング前の広場には十万人が集まったと記録されています。開会の宣言を行ったのはグラント大統領でした。彼の誇らしげな開会の演説を、ファーストレディーのジュリアと、遠くブラジルから招待された大統領ドム・ペドロ二世夫妻がにこやかに見守っていました。演説に続く百発の祝砲にヘンデルのハレルヤ・コーラスが続きました。VIP待遇の招待客の数は四千。出展を決めた外国パビリオンは三十七に及んでいます。そこには日本の代表団（副総裁西郷従道（じゅうどう））の姿もありました。[*39]

会場の一角にある機械館（マシナリーホール）の広さは十三エーカー（一万六千坪）で、建物内に設置されているすべての機械に動力を供給するのは、ジョージ・コーリスが作り上げた巨大蒸気エンジンでした。製作費二十万ドル、工期十ヵ月。プロビデンス（ロードアイランド州）工場から六十五台の貨車を使って会場に運び込まれたエンジンは高さ十二メートルに及び、見物する人々を睥睨（へいげい）し、静かに、そしてゆっくりと回転していました。毎分三十六回転するピストンは千四百馬力のエネルギーを生成しています。最大出力は二千五百二十馬力でしたから、余裕たっぷりのピストンの動きです。

鉄道や巨大エンジンはアメリカのパワーの表象です。この博覧会で人々が驚いたのはこれだけではありません。アメリカのさらなる発展を予見させる電話機のプロトタイプ（アレキサンダー・ベル）、ケロシンを燃料とした内燃機関、人工ゴムの靴やブーツの見本（チャールズ・グッドイヤー）、鉄線を編み上げた橋梁用大口径ケーブルなども展示されていました。アメリカがイギリスを抜き去り、世界一の工業国になるだろうことを誰もが確信しました。

コーリス・エンジン。
フィラデルフィア博覧会、1876年。

エジソンの電話展示の近くでは、ヘンリー・カレイの著作集を、ヘンリー・カレイ・ベアード社の社員が誇らしげに販売していました。[*40] この博覧会自体がカレイの主張の正しさを証明するものでした。

七月四日の独立記念日には数々の特別な祭典が用意されています。この日の入場者は二十五万人。インディペンデンス・ホール前には特別観覧席が設置され、軍楽隊の行進を各国の要人が見守りました。イギリスからの解放を祝うお祭りムードの祝典の中に西郷従道の姿がありました。日本がこの博覧会に出展を決めたのは一八七四年のことです。大久保利通を総裁としておよそ六十万ドルの予算が計上されています。[*41] 伝統建築を駆使した日本館で展示されたのは陶磁器、漆器、絹製品やおもちゃなどでした。西郷は彼我の国力の格差に改めて身震いしたに違いありません。

西郷従道と伊藤博文、範を求める

しかし、西郷の身震いは決してネガティブなものではなかったでしょう。彼は母国日本が国家運営のノウハウをこの国からしっかりと学びつつあることを知っていました。アメリカ政府が日本の成長に支援を惜しまないことを、西郷は自らの経験を通じて十分に理解していました。

一八七一年、台湾に漂着した宮古島の漁民が虐殺された事件の解決にあたって、翌七二年十一月に、こうしたケースに経験豊かだった元駐厦門（アモイ）領事のチャールズ・ルジャンドルを明治政府に紹介したのはデロング公使でした。[*42] ルジャンドルは一八六七年、台湾南部で難破した米貨物船「ローバー」号の乗組員が原住民に虐殺された事件（ローバー号事件）を処理し、台湾問題の扱いに慣れていた外交のプロでした。台湾に渡ること三度。彼は島の歴史や民族を調査し、一八六九年に「台湾は支那帝国の一部なのか？（Is aboriginal Formosa a part of the Chinese Empire?）」という小論文を発表しているほどです。[*43] 一八七四年、西郷が国内の反対を押し切り、台湾出兵を自信を持って遂行できたのも、ルジャンドル顧問のアドバイスに拠っていました。

「デロング公使がルジャンドルを紹介すると、明治政府は彼がいかに有用な人物であるかを理解した。清国との外交交渉、台湾出兵の是非についての議論では、（ルジャンドルは）清国は琉球の漁民が殺された事件で、台湾における主権を主張しないだろうとアドバイスした。（中略）日本の軍隊が台湾に常駐することになれば、彼をこの島の知事にすることもルジャンドルに提示されていた」[*44]

清国に、台湾を同国の主権の及ばない「化外（けがい）の地」として認めさせ、また、一八七九年に琉球の日本併合が可能になったのも、アメリカの外交エキスパートの助言に負っていたのです。西郷従道はアメリカの好意を自らの経験を通して知悉する政治家でした。フィラデルフィアでは確かにアメリカの恐ろしいほどの産業の発展ぶりを見せつけられました。しかし、彼はそのアメリカが日本を支えてくれていることに強い安堵感をも持っていたのです。

西郷と同様に、伊藤博文はアメリカから金融システムについての指南を受けています。伊藤は一八七〇年秋から翌年春までのおよそ半年にわたってアメリカに出張し、「アメリカの理財に関する諸法令、国債、紙幣および為替、貿易、貨幣鋳造に至るまで」[*45]の調査に携わっています。伊藤は明治政府の中でも財政金融システムのエキスパートになっていました。彼は一八七一年一月十八日にワシントンに到着したそのわずか二十日後には大蔵省に建白書を提出しています[*46]。アメリカの金融システムをしっかりと理解した報告です。とても二十日間で学んだとは思えません。

「米国に於て取建候ナシオナルバンクに至りては、実に万国無比の良法にて、実施施行の際其弊害を予防し、之を我邦に採用仕候はば、将来富国の基本とも相成可申候。

一体米国に於て発行の紙幣に二種あり。

会計局より発行の紙幣

ナシオナルバンクより発行の紙幣

会計局より発行の紙幣は、此国内乱戦争の際、国用に乏しきより、一時の窮を救う為、政府より発行せるものなり。ナシオナルバンクより発行の紙幣は、紙幣条例にも尽したる通り、国債証書を大蔵省会計局へ引当として預り置き、許可を以って発行為致たる手形也[*47]（後略）」

国家建設の血液とも言える貨幣の発行システム（信用創造メカニズム）について、伊藤がわずか二十日間でマスターできるはずはありません。貨幣発行による信用創造のロジック（マジック）は現代の大学の経済学部でさえ、まともに講義がなされているのか疑わしいテーマです。政府が直接貨幣を発行する方法と銀行システムにより（準備金制度）銀行券を発行させる二つの方法とその功罪。これらを伊藤が理解していた事実は、彼の周辺にアメリカの経済システムに詳しい、高度な経済学の知識を持ったアドバイザーがいたことを窺わせます[*48]。

伊藤は帰国後、国法銀行を通じたアメリカ型の信用創造システムの導入を強く主張しています。一八七二年、国内の消極論を抑えて伊藤の考えどおり国立銀行条例が施行され、多くのアメリカ型の国立銀行（国法に基づく私企業＝国法銀行）が設立されます。明治政府顧問エラスムス・スミスの考えが採用されていると考えて間違いなかろうと思います。

このように明治前期においては、西郷の台湾出兵についても、伊藤の国立銀行条例の施行についても、アメリカの強いアドバイスがありました。多くの歴史書が、この時期のイギリスからのお雇い外国人の数に注目して、アメリカの影響にほとんど触れていないのは、この事実を見逃しているのかもしれません。明治のリーダーはイギリスの怖さに薄々気づいていたのです。だからこそアメリカに範を求めたのです。

大久保利通と内国博覧会

フィラデルフィア博覧会の閉幕した翌年、一八七七年の八月、東京上野で日本初の博覧会が開催されています。

「約十万平方メートルの会場には、美術本館、農業館、機械館、園芸館、動物館が建てられ、寛永寺旧本坊の表門の上には大時計が掲げられた。また、公園入り口に造られた約十メートルのアメリカ式の風車（地下水汲み上げ用）や上野東照宮前から公園にかけての数千個の提灯が彩を添えた。全国から集められた出品物は、前年のフィラデルフィア万博にならって大きく六つの部（鉱業及び冶金術、製造物、美術、機械、農業、園芸）に分類され、素材・製法・品質・調整・効用・価値・価格などの基準で審査が行われた[*49]」

岩倉使節団の副使であった大久保利通は、使節団一行より一足早く帰国しています。この頃の政局は征韓論をめぐっての対立があり、積極派の西郷隆盛、板垣退助、江藤新平らは政府を去っています。この結果、権力を集中的に握ることができた大久保は大隈重信を大蔵卿に、伊藤博文を工部卿に起用し、殖産興業政策を官主導で積極的に推し進めています。イギリスの産業革命は民間資本がリードしました。しかしアメリカの工業化は、大陸横断鉄道建設でもわかるように、連邦政府の強引なまでの国家資金投入によって成し遂げられています。大久保はアメリカ型の国家建設を選択したのです。

大久保は明治七年（一八七四年）に殖産興業に関する建議書を起草しています。彼は日本の産業の発展が遅々として進まないのは「『政府政官ノ茲ニ注意セスシテ提携ノ力足ラサル』ところにあったと」述べて政府の支援不足を認め、「政府政官ノ誘導奨励ノ力ニ依」る、上からの資本主義育成への道を説いています。[*50] 西洋列強に伍すためには国内産業の振興が必須であり、そのためには政府の積極的介入が不可欠であると主張しているのです。まさにその主張の象徴が第一回内国勧業博覧会だったのです。内務卿の大久保はフィラデルフィア博覧会に続き、ここでも総裁を務めています。

大久保はフィラデルフィアの博覧会を模範とはしたものの、二つの博覧会には大きな違いがありました。三十七もの外国パビリオンがあったフィラデルフィアとは異なり、上野の会場には外国の参加はありませんでした。ヘンリー・カレイが標榜するアメリカン・システムの根幹は、高関税による幼稚産業の保護にありました。しかし、明治政府は関税で国内産業を守る手段を奪われていました。アメリカは、どれほど手強い外国の産品が展示されようがいっこうに構いませんでした。関税で国内産業を保護する術を持っていました。明治新政府にはそれができません。外国からの展示の打診もありましたが、大久保が断っています。あくまでも国内産業の「勧業」が目的でした。

攘夷の思想と皇室尊崇の国民の思いを統合して倒幕運動にまとめ上げた明治のリーダーたちですが、彼らはその過程でイギリス主導の関税引き下げ交渉にまんまとしてやられました。それは成り行き上、やむを得なかったのかもしれません。しかし殖産興業政策の遂行に大きな足枷となってしまいました。大久保らは、たとえそれが四国艦隊に威嚇されての決断だったにしろ、関税率を五パーセントに下げてしまった思慮の浅さと、国家財政についての知識不足をひどく悔いていたに違いないのです。

◉原註

＊1　植村正治「明治前期お雇い外国人の給与」（『流通経済大学論集』第21巻第1号、二〇〇八年）四頁。

＊2　Erasmus Peshine Smith, *A Manual of Political Economy*, George P. Putnam, 1853.

＊3　Don Veitch, *Manufacturing and National Unity*, David Syme Foundation, 1996, p23.

＊4　『開国大勢史』一二一二―一二一三頁。

＊5　「幻の東京赤煉瓦駅・借款契約及び鉄道建設に関する意見」（『旅と歴史』）。http://members2.jcom.home.ne.jp/70little_rascals0201/gedokuzai/gedokuzai/renga_

kikaku/renga01_sub01.
html#shakkan

*6 同右。

*7 桐野作人「英国公使パークスの鹿児島訪問（中）」『南日本新聞』二〇〇八年十一月十五日付。

*8 Traffic and Transport Technology, Modernization and the Railway.
http://d-arch.ide.go.jp/je_archive/pdf/book/jes2_d09.pdf

*9 Jack J. Gerson, *Horatio Nelson Lay and Sino-British relations, 1854-1864*, Harvard Univ. Asia Center, 1972, p36.

*10 Dan Free, *Early Japanese Railways 1853-1914*, Tuttle Publishing, 2008, p58.

*11 同右、p58.

*12 同右、p59.

*13 同右、p61.

*14 同右、pp61-2.

*15 ペンシルバニア大学図書館ホームページ。
http://www.libraries.psu.edu/psul/digital/ogontz/cookeogontz.html

*16 オーガスト・ベルモントとロスチャイルドの関係については『日本開国』11章「不況はチャンス」を参照されたい。

*17 宮下郁夫「合衆国鉄道証券の発行とロンドン資本市場の再編成」（『北海道大学経済学研究』44〈1〉、一九九四年六月）三六頁。

*18 尾上一雄「アメリカに於ける金融資本主義の成立条件」（『成城大学経済学研究』昭和二十九年十月、第2号）一五二—五三頁。

＊19 H. W. Brands, *American Colossus*, Doubleday, 2010, p81.

＊20 同右。

＊21 「アメリカに於ける金融資本主義の成立条件」一五四頁。

＊22 同右、一五九頁。

＊23 Richard Hofstadter, *The Age of Reform*, Vintage Books-Random House, 1960, p79.

＊24 「アメリカに於ける金融資本主義の成立条件」一六〇頁。

＊25 アブラハム・ゲスナーについては『日本開国』20章「救鯨主」を参照されたい。

＊26 *American Colossus*, p72.

＊27 同右、p73.

＊28 同右、p78.

＊29 アンドリュー・カーネギーについては左記参照。
http://nationalhumanitiescenter.org/pds/gilded/progress/text7/carnegie.pdf

＊30 同右。

＊31 *American Colossus*, p79.

＊32 F. W. Taussig, *The Tariff History of the United States* Part 1, G. P. Putnam's, 1910, p137.

＊33 「Carnegie Assails Protective Tariff」『ニューヨーク・タイムズ』一九〇八年十一月二十三日付。

＊34 The Railroads and the Centennial Exhibition of 1876.
http://cprr.org/Museum/Centennial_Exhibition_1876/

＊35 *Japan Rising*, p95. 使節団は、設計図の製図には日本製のインクが使われているとの説明を受けている。

*36 The Railroads and the Centennial Exhibition of 1876.
*37 The Centennial Exhibition of 1876, Fast Facts.（フィラデルフィアメモリアルホール・プリーズ・タッチ博物館ホームページ）
http://www.pleasetouchmuseum.org/news/press_kit/news_memhall/1876fastfacts/
*38 Mark Calney, *The International Centennial Exhibition of 1876*, p4.
http://www.wlym.com/~calney/text/1876-Centennial-Article.pdf
*39 同右、p6.
*40 同右、pp12-3.
*41 同右、p18.
*42 *Americans in Eastern Asia*, p440.
*43 Jack L. Hammersmith, *Spoilsmen in a "Flowery Fairyland"*, The Kent State University Press, 1998, p100.
*44 同右、p440.
*45 『伊藤博文――近代日本を創った男』八六頁。
*46 高垣寅次郎「ナショナル・カレンシー・アクトと国立銀行条例」（『成城大学経済研究』31号、一九七〇年）一一八頁。
*47 同右、一一九頁。
*48 国家の貨幣供給（信用創造）のあり方は、ケインズ流の金融理論をベースにしたシステムが破綻しつつある今日、きわめて現代的なテーマである。日本でも、政府貨幣導入が議論されているが、アメリカが南北戦争時に発行したグリーンバック紙幣はその一例である。
*49 博覧会近代技術の展示場。国立国会図書館ホームページ。

http://www.ndl.go.jp/exposition/s1/naikoku1.html

*50 浅田毅衛「明治前期殖産興業政策の修正と政商資本」（『明大商学論叢』第75巻、一九九二年九月）一七四頁。

第9章　支那人排斥法

ジャガイモ飢饉

「(スラム街となっている) 一画へ行くにはひどく狭い小路を抜けなければならなかった。建物に挟まれた通りは、悪臭を放つ腐った管のようでもあり、地表に剝き出しになった下水道のようでもあった。スラムではおきまりの光景だが、汚水槽からねとねとした緑の液体が染み出し道の表面に溢れ出ていた。この街を訪れる者は誰もがこの (不潔きわまりない) 道を通らざるを得ないのだ[*1]」

「イギリス本土の豚の方が、この辺りに住む人間よりもまともな物を食っていて、もっと清潔だ。豚の皮膚の方が、ここの住民の肌よりもきれいだ[*2]」

一八三〇年代から四〇年代の初めにアイルランドの大都市ダブリンを訪れた旅人の誰もが、この町のスラム街の凄惨なまでの貧困と非衛生なさまに驚きました。ベイヤード・テイラーが上海で見た光景と重なります。しかしダブリンは、はるか遠い東アジアの街とは違います。リバプールから海路でわずか百四十マイル (約二百三十キロメートル）の距離に位置する大英帝国第二の人口を持つ都市なのです。

住民のほとんどがカソリック信者であるアイルランドは、イギリスからの分離を望んでいました。フランスの後ろ盾で農民の大規模な反英暴動が起こったのは一七九八年のことでした。大陸でのナポレオンの台頭を警戒するピット首相はこれを徹底的に抑え込んでいます。フランスによるイギリス侵攻の基地にされることを恐れたのです。一八〇〇年にはアイルランドは大英帝国に併合（連合法、the Act of Union）されています。

併合されたとはいえ、農業国アイルランドの地主にとっては経済的に十分な利益がありました。イギリスは国内農業保護を目的に、輸入穀物には十分な関税をかけ、価格が一定水準以上に維持される工夫を施していました（穀物法）。豊作となった場合には、値下がりを防ぐために余剰穀物を輸出に回す奨励金まで出ていたのです[*3]。それに加え、大陸との交易はナポレオンとの抗争で閉ざされていましたから、イギリスの穀物価格は高い水準で推移したのです。一八一五年にナポレオンがワーテルローで敗れるまでの時期は、アイルランドの農業にとっては幸福な時代でした。

ところがナポレオンの脅威を排除し産業革命が順調に進み、イギリスが世界の工場として君臨することが確定的になると、穀物法の存在が疎ましくなってきます。この法律は国内の商工業の発展を阻害するものとして白眼視されるようになっていくのです。エンゲル係数の高い時代でしたから、穀物価格が下がれば労賃も安くできるはずだという主張です。[*4]

こうした勢力は、リカードの唱える自由貿易主義を理論的根拠として反穀物同盟を結成します。一八三九年、彼らは農業を保護する必要はもはやないと主張しました。同盟を指導したのは、自由貿易主義者のリチャード・コブデンやジョン・ブライトらでした。彼らは「国会の内外で穀物法反対の一大キャンペーンを展開し、一八四六年五月二十六日、ついに時の首相ピールを説得して穀物法の廃止」[*5]を決断させました。アダム・スミスでさえ、国防上重要な産業については自由貿易の例外が許されるとしていました。農業は国防に密接に関わります。それでも、イギリスのさらなる工業化のためには農業を自由貿易の荒波に晒(さら)しても構わないと決断したのです。世界の制海権を握り、国防に強い自信を見せるイギリスならではの大胆な方針転換でした。

関税政策の変更はアイルランドの地主にとっては死活問題でした。従来どおり穀物を栽培していては利潤が大きく下がります。そこで彼らが目をつけたのが牧畜でした。鉄道の発達によって、牛肉需要の高まった都市部近郊の屠殺場まで、肉牛を生体のまま輸送することが可能になったことが牧畜への転換に拍車をかけています。毛織物の輸出で羊毛の需要も増加し、それに応えるための羊の放牧も増えています。

この頃、アイルランドの土地は寡占化が進んでいました。わずか千人ほどの地主が国土の半分の土地を所有するありさまでしたから、[*6]こうした動きが全国的なものになるのにそれほどの時間はかかりませんでした。こうした地主の三割ほどがイギリス本国に暮らす不在地主でした。耕作地は次々と牧草地に替えられて、減少する耕作地に小作人たちはへばりつくようにして生計を立てざるを得なくなります。それに耐え切れなくなった者は都市に流出し、スラム街を形成していたのです。

こうした人々の食料となっていたのがジャガイモでした。ジャガイモは穀物生産には向かない痩せた土地でも容易に栽培できました。栄養価も高く、十分に主食となる作物だったのです。耕作地が減り、過剰気味になった農民や都市部の低所得者が糊口をしのげたのは、この作物のおかげでした。しかし限界耕作地に容易に育つとはいえ、そうした作物に食生活を依存することは危険なことだと注意を喚起する農政家もいました。

ウィリアム・コベットはそうした一人でした。農民が豊かに暮らすには三つの「B」、すなわちパン（Bread）、ベーコン（Bacon）、ビール（Beer）が欠かせないと主張していました。[*7]ジャガイモは穀物に比べて保存も輸送も難しく、換金もままならない不安定な作物だったのです。しかし土地を持たない小作農民にとって、痩せた土地でも手間いらずで育っていくジャガイモは重宝な作物でした。

コベットの危惧が現実になったのが一八四五年のことでした。この年、収穫の三割近くが真っ黒に腐敗しながら、どろどろに溶けていきました。ファイトフトラ（phytophthora）と呼ばれる植物病原菌が北米大陸から伝播してきたのです。連作で地味の弱った土に育ったジャガイモにはこの病への抵抗力はありませんでした。翌年には収穫量は九〇パーセントもの激減を見せました。

「メイヨーの沼地一帯からコークの丘陵地帯まで、どこもかしこも野いちごや野草や樹の皮をあさる人間で溢れかえっていた。誰もが案山子(かかし)のように痩せこけていた。（中略）クラレ修道院の周りでは、クリスマスイブだというのに、女や子供が飢えたカラスのようにカブ畑をほじくりかえしていた。雪の中で女たちは裸同然で（half naked）で口に入れられるものを探していた。子供たちは腹を空かせて泣き叫んでいた」[*8]

ファイトフトラの勢いが衰えた一八五一年までに餓死した者は百万人にのぼっています。国を捨て、北米大陸に移住していった者は百五十万人に及んでいます。人口八百万人のアイルランドから二百五十万人が消えていったのです。イギリス国内でも穀物法を維持すべきだと訴えた学者は少なくありませんでした。経済史学者ジョン・バートンは「穀物価格低下の影響は、農業労働者と製造業労働者とでは大きく異な」[*9]ってしまうことに警鐘を鳴らし、穀物価格と死亡率の相関関係から、価格が低下すれば死亡率はむしろ上がるという逆説的な傾向を見出していました。イギリスが農業保護政策をやめた時期に、神が時をはかったかのように引き起こした未曾有の食糧危機でした。

「(これほどの飢饉が)それほど遠くない過去にあったこと。そしてそれが当時、世界で最も豊かな国の領土内で発生したことは実に驚くべきことであった[*10]」

棺桶船

百万人が餓死していったのは、イギリス本島からわずか数百キロメートルの距離にあるアイルランド島でした。大英帝国内に発生した食糧危機だったのです。

それでもイギリス本国の政治家は飢えた民の救済に消極的でした。アイルランド人は本土の英国人(English)にとっては決して同胞ではありませんでした。偶像崇拝のカソリックの教えを盲信し、同じ教えを信じる敵国フランスと誼(よしみ)を通じている警戒すべき民族でした。イギリスは彼らがカソリック教徒である限り、選挙権を与えず公務員への道も閉ざしていました。アイルランド人はあくまで被征服民族だったのです[*11]。

自由貿易主義と表裏一体のレッセフェール(自由放任主義)の思想が主流の時代でした。飢饉[*12]は増えすぎたアイルランド人の人口を市場(神の見えざる手)が、自律調整しているに過ぎないと考える政治家が帝国の政治を動かしていたのです。

飢えに苦しむアイルランドの人々が、北米大陸にエクソダスを開始したのは当然のことでした。祖国アイルランドの土地は大地主によって囲い込まれ、その三分の一はイギリス本島に居住する不在地主でした。絶望と迫りくる餓死の恐怖。男たちは先を争って北米大陸に渡っていきました。

彼らはお金が貯まると本国に送金し、家族を呼び寄せています。この時代のアメリカは鉄道建設をはじめとするインフラストラクチャーの整備に多くの単純労働者を必要としていました。「アイルランドからの大量の移民が渡ってきた時期は、アメリカの経済発展が著しいときであった。単純労働者を必要とする職場はどこにでもあった[*13]」のです。その上、アイルランド人は同じ言葉をしゃべるだけに便利な移民でした。カソリック教徒であることだけが気がかりでしたが、アメリカの発展には欠かせない労働力だったのです。

ジャガイモを探す飢えた女と子供たち。『イラストレイテッド・ロンドン・ニュース』1849年

夫や父や兄が送金したわずかなお金で、やっとのことで手配できたのは三等客室のチケットでした。船底に近い窮屈な雑魚寝（ざこね）の空間とはいえ、それでも客船に乗ること

ができた者は幸せでした。客船を利用できない者は貨物船を利用せざるを得なかったのです。材木や毛皮を運んできた船倉に急ごしらえの棚が設置され、そこに藁を敷いただけの「客室」がある〝人間貨物船〟でした。[*14]

天井までの高さはわずか百六十センチメートル。息苦しく暗い穴倉が生活スペースでした。苦力を運ぶ船長は「商品」を傷つけてはその価値が毀損します。健康なままで目的地に運ばなければなりません。ですから船内環境にはそれなりの気配りを見せました。しかしアイルランド人を乗せた貨物船の船主や船長にはそうした気遣いは無用でした。運賃は前払いです。洋上で死んでいく者は後を絶ちませんでした。いつしかアイルランド人を乗せた移民船は「棺桶船（Coffin Ship）」と呼ばれるようになっていったのです。

「衛生状態を劣悪にした最大の要因は便所である。船首に便所が設置されていたが、不潔きわまりなく、設置場所が危険であり、また、ドアが風で開けば甲板にいる人から丸見えになるため、乗客は使用を嫌った。非常に粗末なつくりの小屋で、強風や荒波を受けて壊れてしまうこともしばしばだった。乗客は船倉内の溲瓶で用を足していたが、数が足りないこともあり、その結果、船倉内の床や壁に直接用を足してしまうことになった。船倉には舷窓も換気装置もなく、甲板への出入り口が二、三箇所あるだけで、天候が許せば甲板に出て外の空気を吸えるが、嵐がくれば乗客はみなその穴蔵に閉じ込められた。乗客は何十日もの間身体を洗うこともなく、ベッドの寝藁は湿気で腐り、船倉内は汗や汚物のにおいが入り混じり、鼻をつく異臭をはなった[*15]」

大量の移民を受け入れる窓口になったのは、陸地から離れた小島が利用されていました。アメリカではニューヨークの沖にあるエリス島が、カナダではケベックシティー近くのセントローレンス川に浮かぶグローセ島が選ばれています。アメリカもカナダも、ヨーロッパからの移民を歓迎する立場でしたが、彼らが伝染病を持ち込むことはひどく警戒していたのです。船足の遅い帆走貨物船を利用した移民船は、大西洋横断に四十日以上かかっています。劣悪な環境と栄養不良により、船上ではコレラ、チフス、赤痢といった伝染病が多発していました。隔離された島で健康状態を確認する検疫プロセスなしでは上陸を許すことはできませんでした。

カナダは大英帝国の一部でしたから、アメリカ以上にアイルランド移民の受け入れに好意的でした。受け入れ先となったケベックシティーはフランス系住民が暮らす町です。反英感情が強く、同じカソリック信者であるアイルランド人に憐れみを感じていたこともあり、移民受け入れ業務を積極的に進めていました。それでもグローセ島には、その事務手続きと医療看護のキャパシティーを大きく超える移民船が押し寄せてきたのです。無事に大西洋を越えた船も手続きを待って数日間はセントローレンス川の水上での待機を余儀なくされています。大陸の地を眼前にしながら息を引きとる者も多かったのです。

「グローセ島に着く数日前、我々が甲板に出ていると、暗い川の中をいくつかの遺体が流れていくのに気がついた。船の脇から見ると一つの遺体が錨の鎖に引っかかっていた。前方の船でも遺体を投げ下ろしていた[*16]」

アイルランド北西部の港スライゴから四百四十人を乗せた「ラーチ」号では百八人が死亡し、グラスゴーを出た「ヴァージニアス」号では四百七十六人の乗員のうち百五十八人が亡くなっています。生き残った者もその半分はチフスなどの症状を見せていました[*17]。受け入れ地となった二つの島は、生き残った者にとっては「希望の島(Isle of Hope)」でした。しかし、検疫所収容中に病死した者や入国を拒絶された者にとっては「涙の島(Isle of Tears)」です。その後も多くのヨーロッパ移民を受け入れたエリス島とグローセ島ですが、歓喜と悲嘆の涙のこぼれたこの島には彼らの魂を慰霊する碑が残っています。

カナダに上陸したアイルランド人は、その九割がアメリカに職を求めて移動していきました[*18]。筆舌に尽くしがたい飢えと棺桶船の地獄を見たアイルランド移民は、深い望郷の念とイギリスへの激しい恨みを抱えて全米に散っていきました。死んでいった仲間や祖国に残る同胞のためには、新天地アメリカで何としてでも成り上がらなければならないのです。

アイルランド移民の鬱屈

「古ぼけた車両に乗り込み、木製のベンチに腰掛けると、やがてケーブルカーはゆっくりと動き出した。このあたりはフィナンシャル・ディストリクトと呼ばれるビジネス街で、銀行の本店や証券取引所などが集まるところである。バンク・オブ・アメリカのビルの前を過ぎたあたりから急な坂が始まり、そのまままっすぐに坂を上っていく。（中略）ノブヒル（お偉方の丘）と呼ばれるこの地区は、ケーブルカーの開通によって高級住宅地として開発されたところであり、今も三本のケーブルカーが集まっている」[*19]

サンフランシスコを訪れる観光客は年間千六百万人を超えています[*20]（二〇〇八年）。その多くがケーブルカーを利用してノブヒル（Nobhill）で少々気取った散歩を楽しみます。世界のどの町でも、景色のよい小高い丘には財をなした者が集まります。ノブヒルは、お高く止まった（snob）連中が住む、広さ一平方キロメートル、標高三百メートル弱の高級住宅地です。ここからはゴールデンゲートを抜けていく大小の船が手に取るように一望できます。アルカトラズ島要塞もはっきりと望めます。

一八七三年、景色がいいだけの、殺風景で風の強いこの丘にケーブルカーが敷設され、アクセスが容易になると富裕層がこの土地に目をつけます。ここに最初に邸宅を構えたのはジェームス・ハギンでした。トルコ系のハギンがカリフォルニアの金発見のニュースを聞いて、ニューオリンズから蒸気船でカリフォルニアを目指したのは一八四九年のことでした。一刻も早く黄金郷に辿り着こうと、パナマ・ルートをとりましたが、黄熱病にかかり、サンフランシスコに到着したのは年を越した一八五〇年でした。中濱(なかはま)万次郎とほぼ同じ時期に「金山」にやってきた男です。ここで財をなした者の多くは、自分の手で金を掘った者ではありません。ここに集まる夥しい数の人間と、活発になる経済活動を見越した男たちでした。ハギンは不動産事業に注力して巨富を築きました。アジアから移民を運ぶパシフィック・メール蒸気船会社の専用埠頭にも投資しています。ハギンの邸は高さ十五メートル、部屋数が六十。三つの熱帯植物観賞用の温室までありました。[*21]

ハギンの邸に続いてセントラル・パシフィック鉄道の四人の大物経営者がここに邸を構えました。一八八六年、もともと狭いこの丘に次々と邸宅が建ち並び、空いた土地が少なくなった時期に、また一人の男が巨大な館を構えています。アメリカ東部の大型ビルディングの外装石材として人気のあったブラウンストーンを、サンフランシスコの町で初めて贅沢に使った建物でした。一九〇六年のサンフランシスコ大地震にも耐え、今でも上流階級の会員制クラブであるパシフィック・ユニオン・クラブ(Pacific Union Club)の建物として使用されています。この邸のオーナーは、アイルランド人ジェームズ・フラッドでした。[*22]

フラッドの富はハギンやセントラル・パシフィック鉄道のビッグ・フォーとは異なり、鉱山そのもので稼ぎ出した大きな利益でした。もちろん、地表に現われた金の粒を拾って得たのではありません。同じアイルランド系の仲間三人で、打ち捨てられたネバダの銀山の地下を掘り、一八七三年に深さ千二百フィート（三百六十メートル）のところで高品位の銀鉱脈を掘り当てたのです。この発見でシルバー・キングあるいはリトル・フォーと呼ばれたのは、フラッドとジョン・マッケイ、ジェームズ・フェアー、ウィリアム・オブライエンの三人でした。彼らもノブヒルに邸を構えました。ノブヒルに聳（そび）えたつ四人の大邸宅は、アメリカに夢を追ったアイルランドの人々の成功の証しでした。

アメリカに移り住んだアイルランド人は、飢饉発生前にやってきた者を含め、およそ百五十万人を超えています。これだけの数ですから、ビジネスで成功を収めたシルバー・キングのほかにも各界で活躍する者を数多く輩出していきました。選挙権を得ることのできる立場でしたから、強い政治力を持つグループに育っていきました。

リンカーン政権では、アイルランド系の名門キャロル家（メリーランド州）出身のアンナ・エラ・キャロルが、リンカーン大統領の私的アドバイザーとして活躍しています。グラント将軍の軍隊内での早い昇進には彼女の口添えがあったと伝えられています。グラントの母方の祖父ジョン・シンプソンは北アイルランド・ティロン州の出身でした。大統領退任後のワールドツアーに出たグラントは、一八七九年にアイルランドを訪問しています。グラントはアイルランド各地で熱狂的な歓迎を受けています。彼の演説はアメリカとアイルランドの強い絆の歴史を語るものでした。

シルバー・キングの四人もグラント大統領も、アイルランド系移民がアメリカで大きな勢力に成長した証しでした。しかし棺桶船でやってきたアイルランド移民がこうした力を持つのはまだ先のことでした。棺桶船でやってきた者のほとんどは教育のない農民でした。拡大する鉄道建設の現場に向かう者も少なくありませんでした。しかし多くは東部の大都市にとどまり、単純労働に従事しています。住宅建設現場、港湾や鉄道荷役の現場。こうした職場にアイルランド移民が溢れたのです。独身の女性たちは、上流階級、あるいは拡大する中流家庭に住み込むメイドの職を得ています。南北戦争の始まる頃には、ニューヨークの単純労働の八割をアイルランド人が占めるまでになっています。[*23]

アイルランド移民が就いた職場には、かつて黒人たちが溢れていました。馬丁もレンガ工もみな黒人の仕事でした。メイドやレストランの皿洗いや料理人は黒人女性の仕事でした。しかしアイルランド人は彼らより低い賃金で働くことを厭いませんでした。[*24] 本来であれば、職を奪われた黒人はアイルランド人に激しい敵意を持つのですが、彼らの気持ちは複雑なものがありました。

「彼らは確かに我々の職を奪っている。しかしそれと同時に（そうした単純労働に就くことで）受けていた蔑みや差別を我々黒人に成り代わって引き受けてくれているといってもいい」[*25]

社会の底辺で生きる者の複雑な感情でした。既存のプロテスタントの白人社会は、教養が低く、反政府的な傾向のあるカソリック教徒のアイルランド人を警戒していましたし、彼らを軽蔑していました。アイルランド移民は最下層の、ただ肌が白いだけの、ときとして黒人よりも嫌われる存在になったのです。こうした環境の中で生成される鬱屈した感情はいつか爆発するものです。

一八六三年三月三日、リンカーン大統領は徴兵令を発布しています。一進一退の戦況の最中にあって新たな兵力を必要としたのです。市民権を持った者や市民権を申し込んだ者の中の二十歳から二十五歳の男が徴兵の対象でした。全国で三十万人を必要としていました。ニューヨークで最初に徴兵される男たちがくじ引きで決まり、その名簿が新聞紙上で発表されたのは七月十一日ことでした。

この徴兵令には抜け道が用意されていました。三百ドルを支払うことで徴兵を免れることができたのです。三百ドルはアイルランド移民にとって年収をはるかに上回る金額でした。その上、戦争の目的は黒人奴隷の解放だというのです。解放されれば彼らはニューヨークに押し寄せるでしょう。黒人との職の奪い合いが始まるのは必定です。[*26] アイルランド人にとっては実に割りの合わない兵役義務でした。

新聞発表の数時間後には、徴兵名簿を見たアイルランド人がニューヨーク・イーストサイドに続々と集結しました。その数は五万人に及んでいます。群衆の熱気は黒人への憎しみに火をつけます。目にした黒人を襲い、商店の略奪を始めるのにそれほどの時間はかかりませんでした。三日間にわたる暴動で死者は千二百人とも千五百人とも言われています。この中の黒人の犠牲者の本当の数はわかりません。かなりの数の黒人の死体がハドソン川に放り込まれたからです。[*27] 軍隊の動員で鎮静化させたものの、この暴動はアメリカにおけるアイルランド移民が蓄え始めたパワーを見せつけるものでした。だからこそ、リンカーン大統領はアイルランド系移民の懐柔に気配りを見せました。

アイルランド移民の中には、祖国の民を虐げたイギリスへの恨みを深く持ち続ける者もありました。一八五八年、彼らは祖国のイギリスからの解放を要求する政治結社フェニアン団（Fenian Brotherwood）を結成しています。フェニアン団は南北戦争の終了で戦場から帰ったアイルランド系兵士をまとめ上げると、イギリスへ圧力をかける目的で英領カナダへ数回にわたって軍事侵攻しています。南北戦争時のイギリス外交への恨みもあり、アメリカ政府のフェニアン団取り締まりは緩やかなものでした。

反チャイニーズを煽る左翼闘士

一八七七年十月三十日、数千人の男たちが息を切らしながらカリフォルニア通りのきつい坂を登っていきました。彼らの集合地はノブヒルにある宮殿のようなクロッカー邸前でした。セントラル・パシフィック鉄道のビッグ・フォーの一人、クロッカーの邸はサンフランシスコのビッグビジネスの象徴です。

この頃のアメリカ経済は、ジェイ・クック商会の破綻から始まったパニック・オブ・73の長い不況に喘(あえ)いでいました。労働者が、富の象徴である鉄道施設を襲う暴動がこの夏から活発化していました。七月二十一日のピッツバーグの騒乱では、軍隊が出動してガトリング銃(機関銃)まで使用しています。フィラデルフィア、シカゴなどにも連鎖した暴動はサンフランシスコに飛び火しました。

七月二十三日の夜、サンフランシスコは異様な熱気に包まれていました。八千人もの白人労働者が手に手にトーチを持って集合したのです。ワーキングメンズ党(Workingmen's Party)の呼びかけに応えた群衆たちに向かって、党の幹部は資本主義の不条理を訴え、その象徴である鉄道経営者を激しく詰(なじ)っていました。

ワーキングメンズ党はマルクス主義の影響を強く受けた、アメリカで初めて結成された左翼思想を持つ政党でした。マルクスの指導下で一八六四年に結成された国際労働者協会＝第一インターナショナル（International Workingmen's Association）に呼応する組織だったのです。一八七三年の不況以来、アメリカでも労使の対立が激化していたのです。

党の幹部は経営者層への非難だけにとどまらず、サンフランシスコに職がないのは鉄道経営者が欲に目がくらんで、アジアから支那人労働者を野放図に「輸入」するからだと主張したのです。アンチ・チャイニーズの憎しみに火のついた集会のかたわらを運悪く通りかかった支那人が叩きのめされました。これに興奮した群衆は、近くにあるチャイナタウンに押しかけ、支那人経営のクリーニング店など、およそ二十軒もの店を破壊し尽くしました[*28]。

その後も反チャイニーズの空気は一向に衰えませんでした。翌日には支那人労働者を多用する毛織物工場を襲い、さらに次の日の夜には、支那人「輸入」で大儲けしているパシフィック・メール蒸気船会社の専用埠頭を壊そうと押し寄せたのです。治安の悪化を憂慮した自警団との間で銃撃戦となり、暴徒四人が射殺されています[*29]。十月五日、ワーキングメンズ党は反チャイニーズの思想をいっそう強化するために、アメリカから支那人を完全に排除することを党是にしています。党首はデニス・キアニーでした。

十月三十日にノブヒルを目指して、汗まみれで登っていく男たちは、キアニーの支那人排斥の演説を聞こうと集結したのです。安価な支那人労働者の「輸入」で巨富を築き、富の象徴の町ノブヒルに住む鉄道経営者の代表格クロッカー。その邸の前に、わざわざ数千人規模の失業した白人労働者を集めてのアジテーション演説を企画したのはキアニーでした。

キアニーはアイルランド南部の港町コルク出身です。食糧飢饉が最も厳しかった一八四七年に生まれています。十一歳でアメリカに移り住んだ彼がサンフランシスコに現われたのは一八六八年のことでした[*30]。わずか三十歳のキアニーが党のリーダーにのし上がったのは、演説のうまさと、優生学の知識を持っていたためでした。まともに学校に行けなかったキアニーは独学でチャールズ・ダーウィンやハーバート・スペンサーの著作を読み、優生学的に白人は優秀な種であると雄弁に語ることができたのです[*31]。

「支那人労働者の存在は、我がアメリカに向けられた呪いのようなものだ。道徳を退廃させ、我々白人の生存さえ危うくする。彼らの移住は制限されるべきだし、永久に締め出さねばならない」

キアニーは毎回、演説を「支那人を追放せよ（the Chinese must go!）」と締めくくって聴衆を熱狂させています[*32]。彼の言葉に、サンフランシスコの他の白人種も快哉を叫びました。

チャイナタウンができあがったのも、ひとたび支那人に住居を貸すと、たちまちそこを普通の白人には住めない環境にしてしまったことが原因でした。彼らは建物内の部屋をさらに小さく区切り、多人数が住めるように改造します。勝手気ままなところで料理を始め、その火や煙で建物は汚れ、彼らの吸引するアヘンで壁は異臭を放ちます。白人がとても寄りつけない環境になると、ますますそこに支那人が集まり、チャイナタウンができあがったのです。ギャンブル好きな彼らの賭場の喧騒がチャイナタウンの異様さに拍車をかけます。

「支那人は精神的にも肉体的にも白人種に劣る。ニグロよりもわずかながらベターといった程度のものだ。体は変な臭いがして皮膚もおかしな色をしている。吝嗇（りんしょく）この上なく、嘘つきでずるがしこい。そして不正ばかりに手を染める。ところが実は臆病という厄介な人種だ。こうしたことはもう誰もが知っていることなのだ[*33]」

人種差別的発言が白人の間から出てくるのは、チャイナタウンの中に秘密結社ができあがり、ギャンブル、売春、といった犯罪行為が堂々と行われていたことも大きな理由になっていました。白人の顧客も多かったことから、警察や役人への賄賂は日常茶飯事でした[*34]。

一八七〇年のサンフランシスコの人口統計が残っています。十四万九千四百七十三人の総人口は全米十位の規模です。白人は十三万五十九人。次にチャイニーズの一万千七百二十八人が続きます。この二つの人種でほぼ九九パーセントを占め、ヒスパニックなどは統計に上がってきていません。[35]

人口の一割近くを支那人が占めていましたが、政治家にとってはほとんど意味のない数字でした。彼らは市民ではないのです。市民権を申請できる移民は一七九〇年の連邦法で自由な白人種（free white persons）で、二年以上居住した者と明確に規定されているのです。選挙権のない支那人に幾ばくかの憐れみを感じても、それ以上のことをするのは政治家にとってはまったくメリットはありませんでした。それよりも治安を一刻も早く落ち着かせることが先決でした。

キアニーをはじめ暴動を煽ったワーキングメンズ党の数人の幹部が逮捕され、三週間監禁されました。しかし起訴にはいたっていません。サンフランシスコ市長アンドリュー・ブライアントは二十五人以上の集会でアジテーション演説を禁ずる法案を可決させています。しかし、こうした対処は逆にワーキングメンズ党の人気を高める結果になっています。一八七八年のカリフォルニア州議会では、ワーキングメンズ党は三分の一を占める勢力に急成長したのです。九月には、ワーキングメンズ党の掲げるアンチ・チャイニーズ、アンチ・ビッグビジネスの色彩の強い修正カリフォルニア州憲法が成立しています。

忌むべき「奴隷」労働者

大陸横断鉄道の開通で、アイルランド系移民に代表される多くの白人労働者がサンフランシスコに押し寄せました。これとは逆に、東に向かう支那人労働者もいました。もちろんそうした労働者が移動できたのは職場が確保されていたからです。この頃は人手不足に加え、ヨーロッパの労働運動がアメリカにも伝播し、各地の製造現場でストライキが頻発していた時期でした。こうした状況に業を煮やした経営者が考えたのが、西海岸に溢れる支那人労働者を雇用することでした。鉄道建設の終了で十分な数の労働者が簡単に見つけられたのです。

ストライキで停止した工場に、最初に支那人労働者を連れてきたのはボストンの西百七十キロメートルにあるマサチューセッツ州内陸の町ノースアダムスの製靴工場でした。従業員百五十人で年間三十万足を製造するモデル・シュー会社は、当時アメリカ最大の労働団体「The Secret Order of the Knights of St. Crispin」に指導され、機械導入反対を訴える従業員のストライキに悩んでいたのです。彼らは賃上げと労働時間短縮を求めていました。これに困ったオーナーのサンプソンが支那人労働者をサンフランシスコから「輸入」することを決断するのです。

サンフランシスコに送り込んだ工場長が契約を結んだのは、十六歳から二十二歳までの七十五人の支那人労働者たちでした。みな元気な若い男たちです。移住の費用は会社負担、十一時間労働、日給九十セント、住居と暖房費を会社が負担するという条件でした。期間は三年、契約終了時にはサンフランシスコまでの旅費が支払われることになっていました。白人従業員の待遇は月給三十三ドル、十時間労働でした。彼らはこの条件の改善を求めてストライキに入っていたのです。サンプソンは支那人労働者の採用で労賃を半分以下に圧縮できました。ストライキの発生が一八七〇年四月、七十五人の支那人の若者がノースアダムス駅に現われたのは六月。わずか二ヵ月で労働問題を解決できたことになります。彼らは低賃金にもかかわらず、かつて鉄道建設現場で見せたのと同様、サンプソンの期待どおりの働きを見せてくれました。[*36]

これにはストライキに入っていた労働者は驚きました。このままでは支那人労働者に職場そのものが奪われてしまいます。他の製靴工場の労働者もストライキに入っていましたが、彼らは職場に戻ることを決めています。支那人労働者が現われてからわずか十日後のことでした。職場復帰の条件は一〇パーセントの賃金カットです。屈辱の決断でした。同じ労働問題を抱えていたノースアダムスの多くの経営者がモデル・シュー会社の成功を歓迎し、それに倣(なら)っています。[*37] サンプソンは翌年にはさらに五十人の支那人労働者を追加採用しています。

ヨーロッパでのマルクスらの活動によって理論的な礎を得た東部の労働者たちにとって、とても受け入れられないような賃金で嬉々として働く支那人労働者の登場は、

「チャイニーズ・コメットの出現」。トーマス・ナストの諷刺画。1870 年

まさに青天の霹靂(へきれき)でした。不気味な彗星(コメット)に乗って現われた悪魔でした。東部の白人労働者の生存を脅かす弁髪の男たちは、白人労働者たちの激しい嫌悪の対象になっていったのです。

かつて支那は、ボストンを中心にしたニューイングランド地方の人々にとっては富をもたらす国でした。十八世紀末にアメリカ北西部から大量のビーバーやラッコの毛皮を広東に持ち込み巨利を得たのは、ボストンやその近郊の港町セーラム出身の貿易業者でした。十九世紀に入って、支那沿海部のアヘン貿易に手を染め暴利を貪ったのもラッセル商会をはじめとしたボストンの商業資本でした。

支那はアメリカ北東部の町に繁栄をもたらした国でした。そうした貿易船に乗ってときおり現われる支那の男たちは、単なる好奇の対象に過ぎませんでした。

しかし時代は変わりました。アメリカの富創造のエンジンは商業から工業に転換したのです。低賃金で働く支那の若者は、経営者にとっては相変わらず富の源泉でしたが、一般労働者にとっては忌むべき新タイプの「奴隷」労働者だったのです。

チャイニーズ・コメットの襲来に脅かされたのは工場の現場だけではありませんでした。この頃の上流階級の家庭では家政婦は「必需品」でした。現代の家庭でも、料理レンジや洗濯機や掃除機がなければ主婦の一日が肉体労働の繰り返しで暮れてしまうように、家政婦なしで豊かな生活を営むことは不可能でした。そうした職場はアイルランド人独身女性の独擅場でした。同じ言語を使う重宝な存在でしたが、気性が激しく、ときに主人に反抗する扱いにくい下僕でした。支那人労働者への敵意は、どちらが主人かわからないほどの態度でアメリカ人家庭に入り込んでいたアイルランド人家政婦の間にも燎原（りょうげん）の火のように広がったのです。

「一八六九年から八二年にかけて東部の町の中流家庭では、できることならいつも喧嘩腰で反抗的なアイルランド人家政婦を、きびきびした支那人の男たちに切り替えたいと考えていた。どうやったらそれが叶うか、サンフランシスコでのやり方を参考にしようとしていた[*38]」

アメリカ東部諸都市の支那人労働者に対する態度は、反発と歓迎が錯綜（さくそう）していたの

「アイルランド人家政婦の独立宣言。どちらが主人かわからない」
『パック』誌　1883年5月9日号

です。ところが、ここにサンフランシスコから一人の男がやってきて、東部の反支那人ムードに火をつけるのです。デニス・キアニーがアジテーションにやってきたのです。

「（カリフォルニア州選挙後）しばらくしてから、私は全米ツアーを始めた。行く先々で押し寄せた聴衆に向けて、連邦議会に圧力をかけて支那人移民を止めさせなければならないと訴えた。このツアーは大成功だった。わずか一年足らずで、この移民問題をカリフォルニアのローカルな政治問題から国全体の問題に格上げさせることに成功した[*39]」

キアニーが自慢するように、有力政治家が次々に移民規制に積極的な発言を始めています。カリフォルニア選出の上院議員ジョン・ミラー（共和党）を筆頭に、ジェームス・ブレイン（メイン州下院議員、共和党）、ジョン・ジョーンズ（ネバダ州上院議員、共和党）、ジョン・モルガン（アラバマ州上院議員、民主党）らがそうした議員の代表でした。もちろん規制に消極的な議員もいました。ハニバル・ハムリン（メイン州下院議員、共和党）、ジョセフ・ブラウン（ジョージア州上院議員、民主党）、ジョージ・ホアー（マサチューセッツ州下院議員、共和党）らが反対の論陣を張っています。

反対派の主張の根拠は対清国外交への悪影響でした。

「移民を規制することになったら、支那でのビジネスが拡大しつつあるアメリカ企業への打撃となる。支那市場はアメリカの産業界にとっても金融界にとっても、きわめて重要である[*40]」

こう憂慮したのは、ニューヨーク州上院議員エルブリッジ・ラップハムでした。

人種を基準にした政治

アメリカ東部の都市では、アイルランド系市民は最も政治力のある少数民族に育っていました。一八七〇年にはニューヨークでもボストンでも、人口の五分の一がアイルランド系でした。一八八〇年代に入ると、ニューヨーク州やマサチューセッツ州だけではなく、全国的にアイルランド人票が選挙結果を左右する状況が生まれています[*41]。

移民規制に反対する政治家は支那人からの票はまったく期待できません。彼らは選挙権を持てない民族なのです。ワシントンの議会で移民規制派が主流となるのは時間の問題でした。

まず支那人移民を「輸入する」船に対して数量規制をかけることが決められています。一八七九年、一隻当たり十五人以上の「輸入」を禁じたのです[*42]。

この法案は清国と結んだスワード・バーリンゲーム条約に違反します。グラントの後を引き継いでいたヘイズ大統領は拒否権を発動せざるを得ませんでした。しかし翌年には大統領選挙を控えています。共和党も民主党も、支那人移民対策を講じることを選挙民に約束していました[*43]。ヘイズは清国へ外交交渉団を派遣することを決めています。団長は駐清国公使に決まっていたミシガン大学学長ジェームズ・エンジェルでした。

アメリカの自己都合による移民規制の要求は、清のプライドを著しく傷つけるものでした。しかしこの頃の清は多くの外交上の懸案を抱えていました。日本とは朝鮮に対する宗主権と琉球の帰属問題をめぐって揉めていました。フランスは一八七四年にベトナムを保護国化して南方での火種となり、ロシアとはウイグルで国境紛争を抱えていました。こうした領土に関わる懸案のないアメリカとは友好関係を維持し、必要であれば支援を得たいと考えていた時期でした[*44]。一八八〇年十一月十七日、清はアメリカが移民規制処置を取ることにしぶしぶ同意しています。

エンジェル条約と称されるこの条約は支那人をアメリカから排斥するものではなく、すでに米国に居住する者は従来どおり自由な移動が許され、適当な保護が受けられるものでした。必要であれば移民規制措置をアメリカが取ることに同意しただけの条約でした。清国はこの条約を結ぶ見返りに、別の条約を結んでいます。アメリカ企業がアヘン売買から完全に撤退するとの約束を取りつけたのです。清国内で高まるアヘン売買への反発をかわし、相変わらずアヘン商売にいそしむイギリスへ当てつけることがアメリカの狙いでした。

しかし、アメリカ世論はこれでは納得しません。より具体的な規制を政府に要求したのです。エンジェルが北京で交渉している最中にも激しい反支那人暴動が起きています。十月三十一日にデンバーで起きた暴動はその典型でした。ビリヤード場での白人と支那人の若者の間で起こった諍(いさか)いが瞬く間に暴動となり、数百人の白人労働者が支那人経営の店を襲い破壊し尽くしました。

十二時間にわたる暴動が治まると、一人の支那人の老人のリンチ死体が柱に吊るされていました。一八八二年五月六日、ついに議会は、向こう十年間にわたり清国からの移民を認めない法律を可決します。支那人排斥法と呼ばれるこの法律「Chinese Exclusion Act」はその後繰り返し延長され、規制は次第に強化されていきました。

一八八二年を境にして支那人移民は激減します。

すでに移住した支那人労働者を国外に追放するのではなく、あくまでこれからやってこようとする単純労働者の入国拒否でした。ビジネスや留学が目的の入国は引き続き認められ、妻や夫の呼び寄せは可能でした。そのため書類を偽造して入国してくる者は後を絶たず、そうしてやってきた者たちは支那人コミュニティーの中にたちまち消えていきました。当初この法案に反対した工場経営者は、違法入国者をいっそう低賃金で利用できることに気づきます。[*45] 経営者層は沈黙してしまいます。

支那人排斥法は、アメリカが人種を基準にした政治（移民政策）を行うことを内外に示した最初の事件でした。支那からの黄色い民は決して白人の職場を脅かしてはならない。それを国の意思としてはっきりと示したのです。

アメリカにおける支那人移民の変遷[*46]を見ると、一八六一年から七〇年までの十年間で六万四千三百一人です。以下、七一年から八〇年までが十二万三千二百一人、八一年から九〇年が六万一千七百十一人、九一年から一九〇〇年までが一万四千七百九十九人、一九〇一年から一〇年までが二万六百五人となっています。

◉原註

＊1 Piers Brendon, *The Decline and Fall of the British Empire*, Random House London, 2007, p117.

＊2 同右、pp117-18.

＊3 「穀物法によるスライド式輸入関税および輸出奨励金」。美濃口武雄「マルサス・リカードの穀物法論争」（『一橋大学社会科学古典資料センター・Study Series』No.17、一九八九年）二頁。

＊4 同右、四頁。

＊5 同右。

＊6 Eric B. Ross, *Ireland: The promised land of Malthusian theory?*, Working Paper Series No. 230, Institute of Social Studies of the Netherlands, 1996, p19.

＊7 Silas Clifford-Smith, William Cobbett: cottager's friend. http://www.gardenhistorysociety.org.au/pdfs/AGH%2019.5%20William%20Cobbett.pdf

＊8 *The Decline and Fall of the British Empire*, p119.

＊9 野原秀次「バートンの穀物法論」（『大阪商業大学論集』第5巻第1号、二〇〇九年）二三六頁。

＊10 Lori Henderson, The Irish Famine: A Historiographical Review, *Historia*, Eastern Illinois University History Department, 2006, p133.

＊11 *The Decline and Fall of the British Empire*, p116.

＊12 Leaving the Emerald Isle: Irish Immigration to Philadelphia.（ペンシルバニア歴史協会ホームページ）

http://www.hsp.org/files/leavingtheemeraldislefinal.pdf

＊13 同右。

＊14 佐藤郁「暗黒の１８４７年」（『国際地域学研究』第９号、二〇〇六年）一八五頁。

＊15 同右。

＊16 同右、一八六頁。

＊17 A. D. Blue, *Journal of the Royal Asiatic Society of Hong Kong Branch*, Vol. 10, 1970, p86.

＊18 同右。

＊19 ブログ「世界あくせく紀行」。
http://www.geocities.co.jp/SilkRoad/7260/world/sf/02.htm

＊20 サンフランシスコ観光局資料。
http://www.sfcvb.org/media/downloads/research/2008_spending.pdf

＊21 Kaleene Kenning, Nob Hill architecture overview, *SF Historic Places Examiner*, 2010, May 19.
http://www.examiner.com/historic-places-in-san-francisco/nob-hill-architecture-overview

＊22 United States Dept. of Interior, National Park Service, Inventory, James C. Flood Mansion.

＊23 *American Colossus*, p235.

＊24 *Journal of Negro History*, Vol. 36, 1951, p376.

＊25 *American Colossus*, p235.

＊26 同右、p236.

＊27 *Journal of Negro History*, p375. 死者数は百人程度との資料もある（*American Colossus*, p236）。

＊28　*California*, p124.
＊29　同右、p125.
＊30　Kevin Jenks, Denis Kearney and the Chinese Exclusion Acts, *The Social Contract*, Spring 1996, p214.
＊31　同右、p215.
　ダーウィンの『種の起源』の出版は一八五九年、スペンサーは「適者生存」という用語を初めて使用した。
＊32　同右。
＊33　*California*, p221.
＊34　*American Colossus*, p302.
＊35　サンフランシスコの人口統計。
　http://www.sfgenealogy.com/sf/history/hgpop.htm
＊36　Mass Moments: Chinese workers arrive in North Adams.
　http://www.massmoments.org/moment.cfm?mid=191
＊37　カリフォルニア州立大学ホームページ。
　http://www.csub.edu/~gsantos/img0049.html
＊38　Andrew Theodore Urban, *An Intimate World: Race, Migration, and Chinese and Irish Domestic Servants in the United States, 1850-1920*, University of Minnesota, 2009, p137.
＊39　Remarks by Mr. Denis Kearney on Kearneyism in California.
　http://www.sfmuseum.org/hist9/brycenotes.html
＊40　Biographical Directory of the United States congress.

＊41 *American Colossus*, pp238-39.
＊42 the Fifteen Passenger Bill（十五人上限法）。
＊43 *Americans in Eastern Asia*, p542.
＊44 同右。
＊45 *American Colossus*, p257.
＊46 「米国の移民」、表タイトル「米国移民の変遷」（日本貿易振興会海外調査部編、二〇〇三年三月）一三頁。

第10章　ハワイ国王カラカウア

砂糖王（シュガーキング）スプレッケルス

一八四〇年代のヨーロッパの農業はおおむね不作が続いていました。しかし、アイルランドのように保存のきかないジャガイモに主食を依存していませんでしたから、飢饉は起きていません。そうはいってもこの時期は腹を空かせた男や女がヨーロッパ中の町に溢れた時代でした（Hungry Forties）。ナポレオン戦争以後、活発化する農民解放運動が一八四八年には頂点に達し、多くの農民が社会的流動性を持ちました。

ドイツでは隷属農民から農業労働者になった者の多くが新天地を求めてアメリカに旅立っています。ドイツ系移民の数はアイルランド系よりもはるかに多く、二〇〇七年の時点で、ドイツ系の祖先を持つ人は、人口のおよそ一七パーセントに及んでいます。アイルランド系は一二パーセントで第二位です。ドイツ系の移民は、その多くが小奇麗な身なりでアメリカの港に到着しましたから、検疫の島に収容されることなく、書類の手続きだけで入国ができました。

ドイツ系移民のアメリカ永住権取得数は[*1]、一八四〇年から四九年までが三十八万五千四百三十四人、五〇年から五九年が九十七万六千七十二人、六〇年から六九年が七十二万三千七百三十四人、七〇年から七九年が七十五万一千七百六十九人、そして八〇年から八九年が百四十四万五千百八十一人となっています。

一八四八年、十九歳の若者がサウスカロライナ州の港湾都市チャールストンにやってきました。十三年後に南北戦争が勃発した港です。ハノーバー公国（北部ドイツ）出身の男の名はクラウス・スプレッケルス。英語はまったくしゃべれず、ポケットの中にある七十五セントが彼の全財産でした。しかし、この町にはすでに多くのドイツ人が暮らしていました。食料品店の住み込み店員として四ドルの月給で簡単に雇ってもらっています。引退する店主から店を譲り受け、その借金を返済したのは一八五五年のことでした。わずか七年で店のオーナーになったのです[*2]。

しかし、彼は小さな成功に満足する男ではありませんでした。一八五六年にはゴールドブームの続くサンフランシスコに移り、食料品店を開業しています。スプレッケルスは、常により利益の上がる商売を追う企業家精神に満ちていました。最初に目をつけたのはビール醸造でした。翌年には食料品ビジネスを譲って得た五万ドルで、仲間とともにアルバニー・ビール会社を設立しています。サンフランシスコで最も大型の醸造設備を持つ工場を立ち上げたのです[*3]。一八六〇年にこの町で歓迎された徳川遣米使節の一行や、咸臨丸の勝海舟や福沢諭吉も、パーティーではアルバニー・ビールを振る舞われていたかもしれません。

一八六三年には、より以上に儲けの見込める商品があることに気づきました。それは砂糖精製事業でした。七万五千ドルでアルバニー・ビールの株を手放すと、翌年にはベイ精糖会社を設立しています。狙いどおり十分な利益を上げた事業でしたが、彼はこの会社の持ち株もすぐに売り払い、ドイツにいったん帰国します。故国で砂糖精製の進んだ技術や機械を研究し、原料購入、マーケティングのノウハウを学ぶ旅に出たのです。石炭が鉄道や海運業のエンジンであるとすれば、砂糖は食品産業のエンジンでした。シュガービート（甜菜）を原料とする砂糖精製は、ドイツでは一七九九年から始まっています。[*4] 技術や設備はドイツが進んでいました。

ドイツで経験を積んだスプレッケルスが再びカリフォルニアに戻り、新会社カリフォルニア精糖会社を設立したのは一八六七年のことでした。アメリカの砂糖消費量は南北戦争の頃はおよそ四〇パーセントもの落ち込みを見せ、年間三十三万トン程度でした。しかし戦争の終了ですぐに年間五十万トンという元どおりの水準に回復していきます。カリフォルニアの人口増加で、砂糖消費量が順調に増えることを予想しての会社設立でした。

リンカーン政権以降、採用されている高関税政策で、砂糖精製業は輸入品から十分に守られていました。種類によって違いはあるものの、輸入品には従価税換算で二〇パーセントから四二パーセントの関税が課せられます。[*5] カリフォルニア精糖会社は、中間製品である粗糖を輸入しなければなりませんでしたが、十分に利益を出せる環境を整えていたのです。さらにスプレッケルスは、当時販売の主流だった棒状（Sugar Loafs）での販売形態を変更します。角砂糖や粒状（グラニュー糖）製品を開発し、市場に投入していきました。マーケティング力で他社を圧倒していったのです。[*6]

順調に事業を展開するスプレッケルスに大きな事業拡大のチャンスが訪れたのは一八七五年のことでした。この年、ハワイ王国がさらに粗糖のアメリカ向け輸出を増やそうと、アメリカと米布互恵条約を結び、一月三十日に調印の運びとなったのです。一八六七年、ミッドウェイ島を領有した当時のスワード国務長官がこの王国と互恵条約交渉を進めていました。しかし、アメリカの貿易の国是は高関税政策です。ハワイ王国が小国とはいえ、議会が自由貿易を認める互恵条約を承認することはありませんでした。しかし、ハワイの経済界は諦めませんでした。ハワイ王国の経済が砂糖産業に極端に特化したことで、ハワイは自由貿易協定をアメリカと結べるか否かが重大な関心事になっていったのです。

一八三五年にカウアイ島でラッド・カンパニーがサトウキビ・プランテーションを始めて以来、徐々にハワイの主要産業になっていたサトウキビ栽培は、その経営者の多くが十九世紀初頭にこの島に移ってきたプロテスタント宣教師の子供たちでした。彼らは王国の高級官僚の職をほぼ独占し、国王の内政・外交に強い影響力を保持していました。ほとんどがアメリカからやってきた者ばかりでした。一八七四年二月、こうした勢力がイギリスに親近感を見せていたエマ王妃（Queen Emma）を排除し、親米派のカラカウア（David Kalakaua）を王位に就けることに成功します。

プランテーション経営者（plantocracy）の勢力は、即位したばかりのカラカウア国王のワシントン訪問をあっさりと実現させます。グラント政権は新国王を国賓として歓迎しました。スコフィールド元陸軍長官をサンフランシスコに送り、国王を出迎えさせています。ワシントンでは、グラント大統領以下要人との会談が用意されていました。国務省、陸軍省、海軍省は合同で盛大なパーティーを催し、新国王のワシントン入りを祝っています。[*7]

グラント政権がこうした態度を見せたのは、保護関税論者から予想される互恵条約調印反対の動きを抑え込む自信があったからです。この訪問の二年前、グラント大統領は陸軍長官ウィリアム・ベルクナップに命じ、秘密裏に真珠湾の軍事的価値を評価させています。二ヵ月にわたる綿密な調査に基づく報告で、この港湾の重要性をグラント政権ははっきりと認識していたのです。この情報をベースにすれば議会の説得は十分に可能だと考えていました。一八七五年三月十八日、グラント大統領の狙いどおり米布互恵条約は上院で批准されています。

この条約で、ハワイのビジネスは無税でアメリカ市場にアクセスできることになりました。アメリカにとって当時のハワイ貿易は貿易総額のわずか三百七十三分の一、ハワイの輸出の中心だった砂糖貿易に限った統計でもわずか一パーセントでした。その上、ハワイ産砂糖の消費地はほとんどがカリフォルニア州でした。アメリカ経済にはまったく影響のない数字です。[*8] しかし、アメリカは国防上、大きなメリットのある見返り条件を獲得しました。「ハワイ港湾の他、いかなるハワイ領土もアメリカとの相談なくアメリカ以外の国家に譲渡あるいは貸与しない、また特権も与えないとする領土特権[*9]」を得たのです。

ハワイ製品の無税特権はアメリカ経済の総体にはほとんど影響がなく、砂糖製品で無税となるのは粗糖に限られているとはいえ、スプレッケルスにとっては深刻な市場環境の変化でした。彼は思い切った行動に出ます。パシフィック・メール蒸気船会社のホノルル行き「シティー・オブ・サンフランシスコ」号に飛び乗ってハワイに乗り込み、サトウキビ生産の状況をつぶさに見て回ったのです。マウイ島の王国所有の土地に目をつけると一万七千エーカー（二千万坪強）をリースし、灌漑工事を施し、豊かな農場に変えていきます。五十万ドルのコストのかかる大きな投資でした。スプレッケルスは大規模プランテーションに進出したのです。[*10] 原料の買い占めも行っています。

一八七七年には同島のサトウキビ生産量の半分を買い上げるほどでした。

カリフォルニアのマーケットをコントロールする立場にあったスプレッケルスは、川上の産業への進出に成功します。一八八二年には農場規模を四万一千エーカー（五千万坪）にまで拡大し、四百万ドルをかけて新工場を設立しています。一八八〇年代に入ると、ハワイの粗糖生産のほとんどを独占し、その粗糖は彼が立ち上げた海運会社「Oceanic Steamship Company」によってサンフランシスコに運ばれます。そして、サンフランシスコの彼の工場で精白され最終製品に仕上げられたのです。この過程で、彼はカラカウア国王との親交を深めています。王自身への個人的資金の融通までしています。シャンパンの大好きな国王と賭けポーカーをして遊ぶほどの仲でした。

サンフランシスコのノブヒルの丘から数ブロック西に位置するパシフィック・ハイツもまた、サンフランシスコの港が望める高級住宅地です。パシフィック通り二千九十九番地にはオッティリー・シューベルト・ホールが立っています。観光案内書はこの優雅な建物を次のように説明しています。

「この壮大な復古調の建物は、もともと一九〇四年にジョン・スプレッケルスによって建てられたものである。（中略）彼の父はハワイを世界の砂糖生産の中心地に変貌させた人物である。彼は息子のジョンをハワイに送り、事業全体を監督させた」[*11]

白檀の島、鯨の島

太平洋がスペインの湖だった頃、スペインのガリオン船（貿易船）が北太平洋を疾駆していました。スペイン商人は支那本土の港で直接に交易する必要がありませんでした。十六世紀末に支配下に置いたフィリピンの港マニラへ、支那商人が絹製品や陶磁器を満載してやってきたのです。そうした産品を南米産の銀で買い付けていました。支那産品をたっぷり積んで、アカプルコ（ニュースペイン、メキシコ）に戻るガリオン船の航路は、風や潮流を利用して時計回りに大きな円を描くものでした。

アカプルコからマニラへは、貿易風の東風を利用して赤道に近い航路を取りました。ハワイは、スペインの貿易船が利用した、この北太平洋を大きく周回する円状の航路のほぼ中心に位置しています。ですから、スペインが太平洋を支配した時代にはハワイは西洋文明との接触はありませんでした。

イギリス海軍の探検家ジェームス・クックがこの島にやってきたのは、時代が下がった一七七八年のことでした。この翌年、ハワイ島西部のケアラケクア湾でクックは原住民との誤解に基づく抗争で殺害されています。この悲劇にもかかわらず、クック探検隊員の中からこの島に暮らそうと考える者がいました。厳しい船上生活に比べたらこの島は楽園でした。クックの死後、指揮を執ったジョージ・バンクーバーは、そうした部下を利用することを考えます。彼らの願いどおり島に残ることを許すと、ハワイ島の一部族長に過ぎなかったカメハメハに軍事ノウハウを伝授させるのです。カメハメハのハワイ諸島統一の野望を実現させたのです。

クックやバンクーバーの航海は大西洋から北西に向かい、北極海を抜けて支那に向かう航路（Northwest Passage）を求めてのものでした。こうした貿易ルートが完成すれば、寄港地として重要になるこの島が、統一政権の下で管理されている方が都合がよかったのです。一七八四年から開始されたカメハメハのハワイ統一の戦いは、一八一〇年に最後に残っていたカウアイ島の部族長の降伏で終了します。こうしてカメハメハは、陸地面積六千四百三十五平方マイル（約一万七千平方キロメートル）のハワイ諸島全土を支配することになったのです。陸地面積は日本の四国（約一万九千平方キロメートル）に匹敵します。ハワイはサンフランシスコから二千マイル（三千二百キロメートル）、香港から五千マイル（八千キロメートル）のところに位置します。船乗りにとってはハワイは海のオアシスでした。

統一政権の誕生で治安に不安がなくなると、イギリスやアメリカの貿易商人が続々とやってきます。当時の富の源泉が支那との貿易であることには変わりありません。英米の商人はスペイン商人のように銀を持っていません。彼らが支那で売りさばく商品は、アメリカ北西部沿岸で仕入れた毛皮でした。ハワイはそうした商品を運ぶ帆船で賑わう寄港地となるのです。

支那とのビジネス経験豊富な商人は、ハワイの山々に繁茂する白檀(びゃくだん)にも目をつけています。白檀は奈良正倉院に大事に保管されてきたように、古代から珍重されている香木です。現代でも和服の女性が使う白檀の扇子から漂う気品ある香りは鼻腔を心地よくくすぐるように、当時の支那ではその香りに高い需要がありました。早くも一八〇五年には少量の輸出が始まり、一八二〇年代には最盛期を迎えています。

広東やマカオに住む支那人は、ハワイ諸島を檀香山（Sandalwood Mountains）と呼ぶほどでした。[*12] しかしハワイ王国の財政を支えた香木の輸出は、濫伐によって一八四〇年代には衰退していきました。

ハワイ王国にとって幸いだったのは、その衰退を救うかのようにアメリカの捕鯨船がハワイの港に集まってきたことです。灯油が発明される前の灯火には、匂いや煙の少ない鯨油が人気でした。世界の海で「泳ぐ石油」を追い求めていた捕鯨船がハワイ近海に現われたのは、北太平洋で鯨の漁場が発見されたためでした。一八二〇年代には北緯二十五度から四十度、東経百四十度から百八十度に広がるジャパン漁場（Japan Ground）が、一八三〇年代半ばにはアラスカ沖から日本海に広がる漁場が見つかっています。鯨の群れを追い求める船が、薪水の補給や船員の休養のためハワイに続々と現われるようになりました。

ハワイ島のラハイナやオアフ島のホノルルには彼らを相手にする酒場がひしめき、

売春婦が溢れていました。一八二〇年代には年間百五十隻程度がハワイにやってきましたが、一八五〇年代に入ると年間五百隻以上が寄港する盛況を見せています。しかし南北戦争と石油の発見で、ハワイに現われる捕鯨船は急減しました。一八七〇年代に入ると、訪れる捕鯨船は年間わずか数隻という衰退ぶりでした[*13]。

西洋人との接触から始まった貿易でハワイ王室は潤いました。また多くのハワイ人が捕鯨船員として雇われました。しかし、ハワイ人の人口そのものは激減していきます。異文明との接触で不可避的にもたらされる病原菌が原因でした。西洋人が持ち込んだ風疹、インフルエンザ、百日咳などで死亡率が上がり、性病の蔓延で出生率が低下します。クックがこの島を発見した当時の人口はおよそ十万から十一万でしたが、一八七〇年代には半減してしまうのです。

カメハメハ王の後継のリホリホ王（Liholiho）は、一八一九年にはハワイ固有の宗教行事を廃してしまっています。一八二〇年四月、宗教的真空地帯となったハワイに多くの宣教師がやってきました。彼らは支那貿易で潤うボストン周辺からやってきたカルビン派のプロテスタントでした。十七世紀イギリスのチャールズ一世を斬首した清教徒の末裔です。

「彼ら（宣教師）は虚飾や華美を嫌い、とりわけ王制を嫌悪した。もちろんその存在が彼らの利益になる場合は話は別であった。ひどく独善的で、カルビン派の教条どおり金儲けは神の御心に合致する行為だと信じていた。（中略）結果的に、彼らはハワイの伝統や文化に何の価値をも見出さなかった」[*14]

宣教師たちは、王の下で間接的に統治を委ねられている部族長（ali'i）に西洋型の経済システムを教え込んでいきました。西洋式の学校システムも構築しています。こうした「教育」の成果が土地所有の自由化でした。英語教育も行き届かせています。カラカウア国王が流暢な英語でワシントンの要人と会話できたのはこうした教育の賜物でした。一八四四年にはハワイの土地は政府、王族及び部族長、一般人に配分され、一八五〇年からは外国人の土地所有が認められています[*15]。この土地所有制度の変更で企業家は、リースだけでなく土地の買い占めが可能になりました。スプレッケルスの大規模なサトウキビ・プランテーションが可能だったのはこうした背景があったのです。

移民呼び込み行脚

サトウキビ・プランテーションを効率的に運営するためには大量の低賃金労働者が必要でした。十八世紀初頭からイギリスに紹介された支那産の茶は、西洋人には欠かせない嗜好品になっていきました。イギリスでは、一七一〇年頃には年間百トン足らずの輸入が、一八〇〇年代になると一万トンを超えています。まるで茶の中毒にかか

ハワイの人口の推移 (*16)

	総人口	原住民人口
1778（年）	100-110,000（人）	不明
1831	130,313	不明
1853	73,137	71,019（人）
1872	56,897	51,531
1890	89,990	40,622
1900	154,001	39,656
1920	255,881	41,750

ったかのような需要の増加は、「茶がなければ、英国人は便秘で死んでしまうのではないかと信じられるほど」[*17]のものでした。茶の消費に引きずられるように砂糖の需要が高まります。

西洋諸国の砂糖需要のほとんどが、キューバを中心としたカリブ海の島々のサトウキビからとれる砂糖で賄われています。こうした島々のサトウキビ・プランテーションの存在で、多くの黒人奴隷や支那人苦力（クーリー）がカリブの島々に運ばれていきました。サトウキビは見た目の姿とは違い、デリケートな気配りが必要な作物です。糖分の充実した頃合を見計らって一斉に刈り取らねばなりません。その上、酸化が早いため収穫後すぐに加工作業に入り粗糖にしてしまう必要があるのです。収穫時期に一気にその作業を終えなければならないため、常に十分な労働力を確保しておかなければならないという厄介な商品作物です。

スプレッケルスらのプランテーション経営者にとって、大量に必要となる低賃金労働者をどうやって集めるかが悩みの種でした。砂糖ビジネスは、米布互恵条約で確実に儲かることがわかっています。灌漑設備を整え大規模農場も準備できました。最後の課題である低賃金労働者の「輸入」がハワイの経済人、つまりハワイ王国の重要な外交課題になりました。

こうした事情から、ハワイ王国は早くから移民政策には熱心でした。一八六四年、南北戦争期にすでに移民局が設置されています。初代局長のウィリアム・ヒレブランドは香港をはじめとした極東の国々を回り、移民を精力的に奨励しています。[*18]早くも一八六五年秋には二隻の船が香港から支那人移民五百二十一人を運んでいます。日本からも幕末混乱期の中、幕府の許可で百四十九人がハワイに旅立っています。明治政府はこれは誘拐と同じだとして糾弾しました。政府は帰還措置をとりましたが、そのまま在留を望む者も多く、事後的な認証で百人強がハワイに残っています。[*19]

南北戦争時のハワイの砂糖ブームは一過性でした。しかし米布互恵条約で見込まれる輸出量の増加には、はっきりとした構造的な裏づけがあります。生産すれば必ず儲かる市場環境です。ハワイの経済人はカラカウア国王の世界歴訪計画を利用して移民数を増やそうと行動を起こしました。ハワイ王国のステイタス向上を目指して、一八八一年初頭から国王が世界一周の旅に出る計画があったのです。

ハワイ政府高官の大半は、宣教師の子供たちなどアメリカ人を中心とする西洋人でした。外務大臣ウィリアム・グリーンは一八一八年のロンドン生まれですが、カリフォルニアのゴールドラッシュにいち早く駆けつけた男です。カリフォルニアで財を成せず、一念発起して支那へ向かう途中、船旅が嫌になりハワイに居ついた山っ気のあるビジネスマンでした。彼の経営するホノルル鉄工所の顧客は、サトウキビ・プランテーションやそれに関連するインフラ整備の会社でしたから、砂糖精製のビジネスの浮沈は彼の重要な関心事でした。米布互恵条約の締結に積極的に関与しています。[20]もちろん移民の招致にも熱心でした。

「ハワイの外務大臣W・L・グリーンは、一八八一年一月十五日付でハワイの駐日領事R・W・アーウィンに国王の日本訪問に備える指示を出している。また世界各国のハワイの外交関係者にも次のように伝えている。『今回の国王の世界歴訪の目的は、各国の移民情報を集め、ハワイ王国の人口減少を補う移民を探すことにある。ハワイ王国の土地は豊かである。中でも砂糖と米が最も利益を生む作物である[21]』」

彼はこの指示の中で、支那の移民には注意するよう促しています。おそらく米国本土の支那人排斥の動きを睨んでのことでしょう。駐香港領事には、家族ぐるみでの移住を望む者を優先するよう指示を与えています。[22]独身の若い男は定着率が悪く、売春婦を呼び込みます。これは、サンフランシスコでの経験を踏まえたものです。

グリーン外務大臣が指示を与えたハワイ王国駐日総領事のロバート・アーウィンは、パシフィック・メール蒸気船会社がその太平洋航路開設の準備に合わせて横浜に送り込んだ社員でした。彼はその後、横浜の有力貿易商社ウォルシュ・ホール商会に移っています。アーウィンはこの頃、初代外務大臣となる井上馨や初代三井物産社長となる益田孝と知り合っています。[*23] 井上がフィラデルフィア博覧会を訪問した際には通訳を務めています。アーウィンの父ウィリアムはフィラデルフィア出身の元下院議員であり、母方の祖先は五代遡るとアメリカ建国の父ベンジャミン・フランクリンに行き着く名門でしたから、井上にとっては重宝な通訳でした。井上は帰国後、アーウィンに士族の娘武智(たけち)いきとの結婚を斡旋するほど親しい仲になっています。彼は渋沢栄一とも親しく付き合っています。渋沢は井上や三井組と設立した第一国立銀行の頭取などを務めた経済界の大物です。

「明治12年4月16日（1879）、是日栄一アルウィンヲ深川邸ニ招ク。参議井上馨同席ス」（『渋沢栄一伝記資料』第二十五巻、目次詳細）

一八八〇年には、ハワイ王国総領事H・P・リルリブリッジの帰国を受けてその職を襲っています。[*24]

カラカウア国王のワールドツアーが始まったのは一八八一年一月、九ヵ月近い長旅の始まりです。重要な使命を帯びた旅とはいえ、小国ハワイにとっては大きな費用負担でしたから随員はわずかです。侍従チャールズ・ジャッド、国務長官兼移民局長官ウィリアム・アームストロング、それに国王の友人一人の三人でした。一月二十日にサンフランシスコに向かい、そこからは西回りでの世界一周の旅でした。サンフランシスコでは数々の歓迎の宴が催されています。中でもスプレッケルスの主催したパーティーは豪華なものでした。スプレッケルスはサクラメントにある州議会訪問の際も国王に同行しています。[*25] 国王には是が非でも労働者のリクルートに成功してもらわなくてはなりません。スプレッケルスの意気込みが伝わります。国王を乗せた「オーシャニック」号がサンフランシスコを発ったのは二月八日でした。三月四日、四千七百六十四マイル（七千七百キロメートル）の船旅を終えた「オーシャニック」号は無事横浜に現われました。

この日の夜明けに東京湾に入った一行は、一様に富士山の均整のとれた山容に驚嘆しています。ハワイにも十分に高い火山はあるのですが、富士山のように、平原からすくっと立ち上がった落ち着きのある形ではありません。ハワイ国王一行は「オーシャニック」号に乗り合わせた横浜在住の西洋人に、この日の宿を斡旋してくれるよう頼んでいました。ハワイ王国はこの訪問を日本に正式に伝えていなかったのです。[*26] 横浜の港に入ると各国の戦艦が碇泊していました。ロシア七隻、イギリス二隻、フランス一隻、日本二隻。こうした船の存在が、横浜が西洋との海の玄関に変貌したことを象徴していました。

その夜の宿泊先を気にしながら行き交う大小の船を見つめていた四人の耳に、突然砲声が鳴り響きました。驚く一行が数えたその響きは二十一発。これは国家元首を迎えるときの礼砲の数でした。国際儀礼上、礼砲の数はそのランクによって厳密に決められています。[*27] 国家元首、二十一。全権・特命大使、十九。総督、十七。海軍提督、十五。公使、十三。代理公使、十一。総領事、九。領事、七。

四人がまったく予期しなかったことでした。ハワイ国王の横浜訪問を、駐サンフランシスコ日本総領事が電報で本国に知らせていたのです。明治政府はこれを受けて接遇の是非や内容について、アメリカの駐日公使ジョン・ビンガムにアドバイスを仰いでいました。元首クラスの接遇を勧めたのはこのビンガム公使でした。[*28]

「『オーシャニック』号が碇を下ろすと同時に日本海軍の『ミカド』号が接舷した。提督、六人の海軍士官、二人の宮廷からの使者が礼装で乗船してきた」[*29]

埠頭では歓迎の人々が四人の一挙手一投足に好奇の目を向けていました。カラカウア国王はこうした歓迎をまるで予期していたかのように、国家元首らしい威厳に満ちた態度を見せていました。この度胸のよさに同行のアームストロングは呆れています。

桟橋には軍楽隊が出てハワイ国歌「ハワイ・ポノイ（Hawaii Ponoi　偉大なるハワイ）」を演奏し、国王一行を迎えます。カラカウア国王自身が作詩したこの曲の楽譜を手配し、演奏を依頼したのはロバート・アーウィンでした。[*30] 国王を喜ばせる粋な計らいです。しかし軍楽隊は相当に緊張していたに違いありません。彼は明治政府が初めて公式に迎える国家元首だったのです。

この日の宿泊所に用意されていたのは野毛山にある伊勢山離宮でした。わざわざ東京から運んだ特別仕様の馬車に乗せられた国王らを一目見ようと、離宮までのおよそ二キロの沿道を人々が埋め尽くしていました[*31]。

東京での隠密行動

初めての外国からの国家元首を迎えるとはいっても、明治政府は外国要人の接遇に十分な経験を積んでいました。このわずか二年前にはグラント元大統領が訪日し、若い明治天皇と親しく歓談する機会がありました。こうした経験を踏まえ、カラカウア国王を迎える準備は万全でした。夕刻六時半からの伊勢山離宮の夕食会には神奈川県令のほか大蔵、海軍、内務の高官に混じってアーウィンの姿がありました。

「神奈川県のガバナー（知事）の気配りで見事な花火が夕空に上がった。最後の花火が終わり、辺りが暗闇に包まれると、遠くから深みのある、心に沁み入るような仏教寺院の鐘の音が響いてきた[*32]」

船旅ですから現代人のように時差ぼけに苦しむこともなく、国王一行は日本での最初の宵を堪能したはずです。明治政府はその後の日程も丁寧に準備していました[*33]。翌五日には鉄道で新橋に移動し、午後三時からの明治天皇謁見に臨んでいます。東京での宿所には浜離宮にあった延遼館が用意されていました。六日には上野で開かれていた第二回内国勧業博覧会に出席し、その後も連日の歓迎行事と視察の日程が組まれていました。海軍学校（九日）、工部大学（十一日）、三井製紙工場及び王子紅葉山渋沢邸訪問（十二日）、赤坂御所再訪及び晩餐会（十四日）、明治天皇延遼館訪問及び晩餐会（十五日）。国王一行が東伏見宮殿下や井上馨外務卿との昼食会を終え、横浜に向け新橋駅をあとにしたのは十六日午後一時二十分のことでした。

午後四時、国王一行を乗せた東京丸は神戸に向かい出航して行きました。予定されていた礼砲は、この日の二日前に入ったロシア・アレクサンドル二世暗殺の報を受け中止されましたから静かな旅立ちになってしまいました。

カラカウア王が東京滞在中にハワイへの移民の話をどう切り出していたのかについては、帰国後すぐに出版された報告書[*34]にも、一九〇四年に出版されたアームストロング移民局長官の記録[*35]にもありません。おそらく日本から移民を募る案件は、事務方のアーウィンに任せていたのでしょう。ハワイ王国は一八八二年にはジョン・カペナを、一八八四年にはカーチス・ラウキアを団長とした移民促進使節を日本に送り込んでいます[*36]から、この国王の訪問でハワイへの移民計画の地ならしができあがったことは確かなことでした。

国王一行は横浜から神戸に向かうと、清国、シャム（タイ）、シンガポール、ジョホール、エジプト、イタリア、イギリス、ベルギー、ドイツ、オーストリア、フランス、アメリカと周遊し、十月二九日にハワイに戻っています。カラカウア国王の無事の帰国を祝う国民の熱気と軍楽隊の「ホーム・スイート・ホーム」の演奏は、一行の長い旅の疲れをたちまち癒してくれました。

何事もつつがなく終えた旅でしたが、国王に同行したアームストロング長官は、しばらくして国王がとんでもないことをしでかしたことを知るのです。一九〇四年に記された同行記で国王を激しく罵っています。この頃はすでにハワイ王国は消滅していますから、彼の表現には何の遠慮もありません。

「国王は我々付き添いの者に何の断りもなく、皇帝（天皇）の侍従に連れられて延遼館を抜け出した。お付きの我々に対して、ひどくエチケットに反する行為だった。なぜ秘密の行動をとったのかまったく理解に苦しむ。国王は普段は我々に満腔の信頼を置いていたのだ。（中略）しかも国王は皇帝に彼のお忍びの行動を秘密にしてくれるように頼んでいる[*37]」

カラカウアは宿舎の延遼館を密かに抜け出して、皇室に姪のカイウラニ王女との婚姻をもちかけたのです（三月十日夜）。王女はハワイ王国の王位に就く可能性もある王族でした。

「国王はポリネシア人らしい間抜けなおつむで、日本の皇室との婚姻を通じた関係を構築しようと考えたのだ。おそらく彼の脳裏には、ぼんやりとではあるが、近い将来、ハワイ王室はアメリカに飲み込まれてしまうとの恐怖があったのだろう。日本のプリンスとハワイ王女が結婚するようなことがあれば、日本は当然にアメリカのハワイ併合に反対する、と考えたのはよいのだが、侍従や私がそれに反対するのはわかっている。だから一人で隠密に行動したわけだ[*38]」

「もしこんなことが実現したら、ハワイは日本の植民地になっただろう。西洋列強にとって実に不愉快きわまりない事態になるところであった[*39]」

日本の皇室は後日、カラカウア国王の要請を丁重に断っています。しかしハワイ国王のとった行動は、日本の潜在的な軍事力が、白人が築きあげる太平洋覇権確立にとって障害になり得ることを明確に意識させる最初の事件になったのです。

日本人移民への期待

プランテーション経営者にとって、日本からの移民はあくまでも低賃金労働者です。アメリカ本土で問題化している支那人労働者への反発は、いずれハワイ・ビジネスにもネガティブな波及を見せるでしょう。彼らには、日本からの移民はそうした反支那人の空気がハワイに飛び火するのをかわす狙いがありました。ただ、いずれにせよ安い労働力の代替であることに変わりはありません。しかしカラカウア国王やその周辺にいる民族派の高官の中には、日本からの移民をハワイ人国家再興の切り札と考える者が多かったのです。

「ハワイの（民族派の）高官らは日本人をハワイ人にそっくりだと考えていた。（彼らがハワイに）永住してくれれば、ハワイ人の中にうまい具合に溶け込んでくれるだろう。それによって、減少したハワイ人人口の回復が見込めると考えた」[*40]

カラカウア国王訪日の翌年に、移民推進使節全権として東京にやってきたジョン・カペナは井上馨外務卿に、彼らの狙いをはっきりと述べています。

「我々は、日本人とハワイ人は同じ祖先を持つ民族だと考えている。ハワイで育つ日本人の子供たちはハワイ人の中に融合してくれ、それが新しい、より活力のある民族を作り出してくれるに違いない。そして減少したハワイ人の数を増やしてくれるだろう。私たちが苦力のような低賃金労働者を欲しいというだけなら、支那人を連れてくればよい。私たちはハワイ人の人口をもう一度増やしたい。それには秩序ある規範を保ち、働き者で、文化水準が高い日本人が必要だ。日本人は法を守る。そして何よりハワイ人と同族なのだ」（一八八二年十一月二十四日東京にて）[*41]

ハワイの民族派エリート層の中には、ひたひたと迫りくるアメリカのハワイ併呑の勢いを肌で感じている者が多かったのです。彼らは、アメリカの圧力を押しとどめるバランサーとして、日本人移民と台頭する日本の軍事力を利用したいと考えたのです。[*42]

カラカウア国王が王位に就けたのは、アメリカの経済力を背景にした勢力の後押しでした。王自身もスプレッケルスから金銭的恩恵を受けています。南国の島ハワイには、ハワイ人としてのプライドと、アメリカの力なくしては自立できないという二律背反が生む鬱屈や、相反する思惑の輻輳（ふくそう）がありました。

ハワイからの度重なる移民促進の誘いの中で、明治政府は日布両国の国家事業として移民計画を推進することを決めるのです。具体的な条件を明治政府と詰めたのはロバート・アーウィンでした。両国が取り交わした約定書には、ハワイ政府が責任を持って日本人移民の面倒を見ることが明記されていました。*43

第一条　ハワイ政府は渡航者（妻子供二人含む）の横浜からホノルルまでの旅費を負担する。

第二条　ハワイ政府は渡航者に農業労働者としての三年の雇用を提供し、一ヵ月六ドル（妻について四ドル）の食費を支給する。住居および炊事用の薪炭は無料で提供する。

第三条　ハワイ政府は労働報酬として渡航者に一ヵ月九ドル（妻については六ドル）を支払う。

第四条　ハワイ政府は渡航者とその家族を無料で診断する。

第五条　ハワイ政府は一ヵ月の勤務日を二十六日、一日の勤務時間を十時間（工場については十二時間）とする。通勤時間は勤務時間に算入する。
第六条　渡航者とその家族は三年間人頭税を免除する。
第七条　渡航者およびその妻の受け取るべき給料の二割五分はハワイ郵便局に預金しなければならない。その預金は日本領事の承諾がなければ引き出すことはできない。

ハワイへの渡航者は最終的には民間経営のプランテーションに配属されるのですが、日本政府との契約では、ハワイ政府そのものが日本人移民の待遇を保証することが約束されたのです。そのことから、この頃のハワイへの渡航者は「官約移民」と呼ばれることになります。

移民募集の実務はアーウィンに任されています。ハワイ政府はこの事業に五万ドルの予算をつけ、アーウィンには移民一人当たり五ドルの成功報酬が支払われることになりました。アーウィンは海運業者に顔が利きます。ハワイ政府に男五十五ドル、女四十ドルの旅費を請求し、船会社に支払う実費との差額を懐に入れることもできました。[*44]

アーウィンは移民募集の方法について、親しい井上馨や益田孝のアドバイスを仰いでいます。二人は募集活動を山口や広島に集中することを勧めています。この地方の人々の気性が穏やかで遵法精神が高いという理由でした。益田はわざわざ三井物産の社員まで動員し、アーウィンのリクルート活動をサポートしています[*45]。第一回の募集には二万八千人の応募がありました。

一八八五年二月八日日曜日、ホノルルにパシフィック・メール蒸気船会社の「シティー・オブ・トーキョー」号が入港します。日本から最初の「官約移民」がやってきたのです。男六百七十六名、女百五十九名、子供百八名の総勢九百四十三名でした[*46]。山口県からは四百二十人、広島県からは二百二十二人。両県の出身者だけで六割を超えています[*47]。ホノルルの港は、カラカウア国王をはじめとして日本からの入植者を歓迎する人々で埋め尽くされていました。

地元紙『パシフィック・コマーシャル・アドバタイザー』は、島の喜びは米布互恵条約締結時のそれに匹敵するものだと伝えています。この日を待ちかねていたカラカウア国王は移民一人ひとりに一ドルを与え、楽隊の奏でる音楽と酒で「新しいハワイ人」の到着を喜んだのです[*48]。国王は同行していたアーウィンと喜びを分かち合っています。

以後十年、二十六回にわたって三万人弱の移民がハワイに移住することになりました。日本人移民の導入で、砂糖プランテーション経営者は十分に満足できる成果をあげることができました。一八八〇年にはわずか三万二千トンの粗糖輸出が、一八九〇年には十三万トンに急増しています。[*49] 官約移民の期間は、心情的に日本に引き寄せられている国王周辺の民族派と、アメリカ経済に吸い寄せられるプランテーション経営者との相反する心情が、経済的利益を鎹(かすがい)にして、なんとも危うい安定を見せていた時期でした。

群馬県伊香保温泉にアーウィンの別邸が残っています。移民の数から彼の得た利益が容易に推算できます。純和風の木造建築はサンフランシスコのスプレッケルスの豪邸には遠く及ばない規模です。しかし、上品な家具や食器などの調度品から十分な富を感じ取ることができます。ハワイの砂糖ビジネスが生み出した二つの建物は、十九世紀後半の太平洋をまたぐ広範なビジネスの展開を今に伝えています。

大ポリネシア構想の破綻

日本で元首としての接遇を受け、海路西に向かったカラカウア国王は、他の訪問先でも同様の歓迎を受けています。各国の元首や実力者と親しく交わっています。十九世紀を代表する錚々(そうそう)たる顔ぶれです。李鴻章(りこうしょう)（清国）、香港総督ジョン・ヘネシー、シャム（タイ）国王ラーマ五世、シンガポール総督フレデリック・ウェルド、イタリア国王ウンベルト一世、ローマ法皇レオ十三世、イギリスのビクトリア女王、ベルギー国王レオポルド二世、ドイツのヴィルヘルム王子（後のヴィルヘルム二世）、アメリカ大統領チェスター・アーサー。こうした西欧列強の有力政治家や皇族の用意したレセプションは、明治政府の歓迎にひけをとらないものでした。一八八三年の春にはロシアのアレクサンドル三世の戴冠式への招待状も届いています。ハワイ人としての国王のプライドが高揚したのはやむを得ないことでした。

人口が十万にも満たない小国ハワイ。その元首への各国の高い関心は、ハワイの地勢に起因することはわかっていました。しかしそうした鋭い判断力は次第に麻痺していきます。国王は世界歴訪から戻ると、ホノルルの地元紙『パシフィック・コマーシャル・アドバタイザー』の編集長で、王国議会議員でもあったウォルター・ギブソンを首相に任命しています。『アドバタイザー』紙は、国王がハワイに戻るといち早く各国訪問の成功を礼賛する旅行記を出版するなど、ハワイ民族派の旗手的な存在でした。その上、ギブソンはハワイ語を流暢に操りましたから、カラカウア国王にとっては、彼が側近でいることはとても心地よいものでした。ところがこの男は相当にいかがわしい経歴の持ち主でした。

彼の出生は不明な点が多いのですが、両親はおそらくアメリカ人で、一八二二年にスペイン船の上で生まれています。[*50] 米墨戦争では、スコット将軍とともにヴェラクルーズからメキシコシティーまで従軍しています。戦争が終わると、アメリカの駐メキシシコ公使ジェームス・ガズデンから政府所有の小型船「フラート」号を三千五百ドルで譲り受け、スマトラ島に向かっています。一八五一年十二月二十五日、スマトラ島に辿り着いたギブソンは、オランダ支配に反抗的な原住民をまとめ上げ、反オランダ闘争を仕掛けています[*51]。

しかし、その計画はたちまち露見し、オランダ総督軍に逮捕されて「フラート」号は没収されます。ギブソンから外交ルートを通じた救出要請を受け、アメリカ東インド艦隊司令官ジョン・オーリックは帆走戦艦「セントメリー」号をバタビアに送り、オランダに圧力をかけています。アメリカの強硬な姿勢に怯えたオランダは、日本遠征のためにやってくるペリー提督の蒸気船に石炭供給を約束するほど融和的な態度を見せます[*52]。

無事アメリカに帰国できたギブソンは、駐オランダ代理公使オーガスト・ベルモント[*53]を頼って、没収された「フラート」号の賠償を求めています。この案件は米蘭両国間の外交問題となり、戦争にまで発展しかねない一触即発の事態を作り出しました[*54]。アメリカ政府は最終的に、ギブソンの供述の怪しさに気づいて矛(ほこ)を収めています。

このギブソンがホノルルに現われたのは、一八六一年七月四日のことでした。彼が最終的に落ち着いたのはハワイ諸島中央部に位置するラナイ島でした[*55]。ギブソンはハワイ出発前にモルモン教のリーダーであるブリガム・ヤングから資金を調達し、この島にモルモン教徒のコミュニティーを建設することを目指しました。この作業に一息ついたギブソンは、『アドバタイザー』紙に移民問題に関する意見を投稿します。移民の境遇に同情する評論活動を通じて次第に名が知られていきました。一八七八年の王国議会選挙では圧倒的な支持を集めて当選しています。[*56]

「(議員となった) ギブソンは、流暢なハワイ語でカラカウア国王を断固擁護する立場をとり、『ハワイ人の本当の声』(Hawaiian Voice) を代表するのは自分である、というイメージを作り上げていった[*57]」

ギブソンを首相に任命したカラカウア国王が、彼のスマトラでの屈辱の経験を知っていたかどうかは確認できません。しかし国王の耳には、ギブソンが唱える「ハワイは太平洋州の盟主たるべし[*58]」との主張は耳に心地よく響いたに相違ないのです。一八八五年にホノルルに現われた、待ちに待った日本人移民の集団は、カラカウア国王がギブソンと共有する「ハワイ人のハワイ」実現のための一里塚でした。

ワールドツアーから戻ったカラカウア国王は、かなりのぼせ上がっていたようです。ハワイ王国のポリネシア人連帯構想を協議するために、特使をギルバート諸島(現・キリバス共和国)やニューヘブリディーズ諸島(現・バヌアツ)に送っています。何の成果も生みませんでしたが、大ポリネシア構想 (Polynesian Confederation) の魁(さきがけ)となるものでした。

国王の野心はとどまるところを知りません。イギリスから百七十トンの中古の小型蒸気船を二万ドルで購入し、ハワイ海軍の戦艦に改造します。イギリス人艦長と士官、そしてハワイ人船員とで運用される改造船「カイミロア（遠い彼方へ）」号に特使ジョン・ブッシュを乗せ、一八八七年、サモアに大ポリネシア構想を伝えさせました。[*59]ところが規律のとれていない船員の行状で、サモアの国王マリエトア（Malietoa）からは「サモア国民に飲酒の習慣を教えに来るのが目的なら、ここには近づかないでくれ[*60]」と迷惑がられる始末でした。

国王やギブソン首相に代表されるハワイ民族派の動きを、プランテーション経営者に代表される親アメリカ派は苦々しく見つめていました。国王は日本からの移民の呼び寄せには成功しました。それ以外の大ポリネシア構想など絵空事であることは、アメリカの経済力を背景にハワイ経済を担っている彼らにはよくわかっていることでした。一八八七年一月、宣教師の子孫であるローリン・サーストンは秘密結社ハワイ連盟（Hawaii League）を結成します。国王や民族派の跳ね上がった行動が我慢できなかったのです。六月にはホノルル・ライフルズと呼ばれる武装集団を組織し、国王にギブソン首相の解任を迫っています。さらにメンバーが起草した、国王権限を大きく制限する新憲法を施行するよう迫ったのです。国王は銃剣に脅かされながら署名させられたと伝わっています。「銃剣憲法（Bayonet Constitution）」と揶揄（やゆ）される新憲法では、参政権の付与に、年収六百ドル以上あるいは最低三千ドルの財産保有の条件をつけています。こうした条件をクリアすれば、ハワイの市民権のない西洋人にも参政権を認めました。しかしアジア系人種は、こうした条件とは無関係にすべて排除されています。これによって、ハワイ人のおよそ七割とアジア系移民は実質的に政治に関与することができなくなったのです。

民族派の反発は激しく、この新憲法制定でハワイの政局は一気に流動化していきます。一八八七年七月十二日、国庫からの横領を疑われたギブソンは、かろうじてサンフランシスコに逃れることを許されています。ギブソンはこの半年後に肺の病で亡くなりました。体調を崩した国王は一八九一年一月二十日、サンフランシスコの療養先で息を引き取りました。経済力も軍事力も持たないハワイ王国が、ほんの束の間夢見た大ポリネシア構想は、こうして瓦解していったのです。

◉原註

＊1　US. Department of Homeland Security（アメリカ国土安全保障省）のデータ。出典は http://www.geocities.jp/eiji96301045/immigtate.htm による。

＊2　Uwe Spiekermann, Claus Spreckels, *Business and Economic History*, Vol. 8, 2010, p3. http://www.thebhc.org/publications/BEHonline/2010/spiekermann.pdf

＊3　同右、p4.

＊4　Roy A. Ballinger, A History of Sugar Marketing through 1974, *US Department of Agriculture/Agricultural Economic Report*, No. 382, p8.

＊5　Sumner J. La Croix, The Economic History of Hawaii, Dept. of Economics, University of Hawaii Working Paper, January 9, 2002, p6.

＊6　Claus Spreckels, p4.

＊7　金沢宏明「米布互恵条約の締結とハワイ併合」(『明治大学文学研究論集』第30号、二〇〇九年) 一四九頁。

＊8　同右、一四八頁。一八六〇—六七年の統計数字。

＊9　同右、一四九頁。

＊10　*The Story of Hawaii and Its Builders*, Honolulu Star Bulletin, Ltd., Territory of Hawaii, 1925. http://files.usgwarchives.net/hi/statewide/bios/irwin32bs.txt

＊11　Erika Lenkert, *Frommer's Memorable Walks in San Francisco*, John Wiley and Sons, 2006, p94.

＊12　Tin-Yuke Char, A Hawaiian King Visits Hong Kong, 1881, *Journal of the Royal Asiatic Society Hong Kong Branch*, Vol. 16, 1976, p93.

＊13　The Economic History of Hawaii, pp4-5. ハワイと捕鯨の関係については『日本開国』8章及び18章を参照されたい。

＊14　Niklaus R. Schweizer, King Kalakaua, *The Hawaiian Journal of History*, vol 25, 991, p107.

＊15　The Economic History of Hawaii, p6.

＊16　同右、p3.

＊17 『日本開国』七四頁（文庫版八八頁）。
＊18 A Hawaiian King Visits Hong Kong, 1881, p93.
＊19 明治元年の移民のためハワイでは「がんねんもの（元年者）」と称される。佐藤忍「明治期における日本人の労働移民」（『香川大学経済論叢』第72巻第2号、一九九九年）四五二頁。
＊20 「ウィリアム・グリーン蓋棺録」*Hawaiian Gazette*, 1890, Dec. 9.
＊21 A Hawaiian King Visits Hong Kong, 1881, pp95–6.
＊22 同右、p96.
＊23 山田宙子「アーウィン関係文書について」（『外務史料館報』第2号、平成元年三月）八一頁。当該外務省ホームページアドレスは以下。
http://www.mofa.go.jp/mofaj/annai/honsho/shiryo/shozo/senzen_3.html#1
＊24 同右。アーウィンが正式な総領事となるのは一八八一年六月。
＊25 Pacific Commercial Advertiser Company 編集, *King Kalakaua's tour round the world, 1881,* pp25–6.
＊26 William N. Armstrong, *Around the world with a king,* Frederick A. Stokes Co, 1904, p27.
＊27 King Kalakaua, p109.
＊28 *Around the world with a king,* p31.
＊29 同右、p29.
＊30 同右、p32.
＊31 同右、p30.
＊32 同右、p34.
＊33 日程の詳細は Philbert Ono, King Kalakaua in Japan 参照。

＊34 http://216.92.49.17/txt/King_Kalakaua_in_Japan
＊35 *King Kalakaua's tour round the world*, 1881.
＊36 *Around the world with a king*.
＊37 Gary Okihiro, Hole hole bushi, p3.
http://www.esubjects.com/curric/general/multiculturalism/unit_three/pdf/CaneFires_Okihiro.pdf
＊38 *Around the world with a king*, p62.
＊39 同右、p68.
＊40 同右。
＊41 Moon-Kie Jung, Racialization in the Age of Empire, *Critical Sociology*, Vol. 32, Issue2-3, 2006, p411.
＊42 同右。
＊43 同右。
＊44 「明治期における日本人の労働移民」四五三頁。
＊45 Gary Okihiro, *Cane Fires*, Temple University Press, 1992, p24.
＊46 同右。
＊47 Ralph S. Kuykendall, *Hawaiian Kingdom 1874-1893, the Kalakaua Dynastism*, University of Hawaii Press, 1967, p165.
＊48 柏木史楼「ハワイ日系移民の歴史」。
http://www.pacificresorts.com/webkawaraban/nikkei/040603/
Cane Fires, p25.

＊49 The Economic History of Hawaii, p7.

＊50 James Warren Gould, The Filibuster of Walter Murray Gibson, *Hawaiian Historical Society 68th Annual Report*, 1959, p7.

＊51 同右、pp8-9.

＊52 同右、pp12-3.

＊53 August Belmont。ペリー提督の娘婿。詳細は『日本開国』14章「決闘、アメリカの騎士道」を参照されたい。

＊54 The Filibuster of Walter Murray Gibson, p19.

＊55 同右、p25.

＊56 The Honolulu Advertiser 社史。Commemorative Edition, August 27, 2004.

＊57 同右。

＊58 The Filibuster of Walter Murray Gibson, p25.

＊59 Log of the Kaimiloa, Kauai Historical Society. http://www.kauaihistoricalsociety.org/assets/finding_aids/ms_23_log_of_kaimiloa.pdf

＊60 同右。

第11章　グラント将軍の日本訪問

プルイン公使の背信

南北戦争期のアメリカ外交では、イギリスの軍事介入を回避することに最大の力点が置かれていました。リンカーン大統領の指導力とスワード国務長官の老練な外交により、イギリスとそれに与するフランスが内政に干渉する機会をついに与えませんでした。アメリカにとってイギリスは常に警戒すべき潜在敵国でした。

一八六一年十一月、英船「トレント」号を国際法に違反してまで拿捕し、乗船している南部連合の外交使節を逮捕・連行した事件（トレント号事件）で両国関係は緊張し、戦争寸前の事態に陥りました。リンカーン大統領の隠忍自重の方針に基づき、南部連合の外交官を解放することで事態を鎮静化させたものの、アメリカの政治家にとっては、合衆国分断を仕掛けるイギリスのやり方に対する憎しみは簡単に忘れることはできないものでした。イギリスが南部連合にこそこそと売却した「アラバマ」号によって壊滅的な打撃を受けたアメリカ海運業界の憎しみも、反イギリス感情に輪をかけています。

ところがこの時期の極東においては、米英のこうした対立の構造はあまり目立ちません。支那市場のさらなる開放を求めて英仏がイニシアティブをとったアロー号戦争では、英仏両国が軍事力を行使して獲得した条件とほぼ同じ内容の条約を、アメリカは清から引き出しています（天津条約）。支那市場へのアクセスを得ることにおいては、アメリカは宿敵イギリスのやり方に倣（なら）っているのです。

「支那をめぐる外交に米英の互恵関係が認められるとしても、それは両国の反目の歴史の中にあっては稀有な例外にすぎない。この地域以外では両国は市場を奪い合い、激しく争っているのだ。（中略）この二つのパワーの憎しみがはっきりと沈静化するには、第一次世界大戦まで待たなければならなかった」[*1]

米英が例外的な協調外交を見せたのは対清外交だけではありませんでした。スワード国務長官は、ハリスの後任であるプルイン公使に、対日本外交においてはイギリスを中心とするヨーロッパ勢力と協調するよう訓令を出しています。

「合衆国の為に特別の利益を得んとすることなく、日本に於ける西洋文明の進歩の為に、毎事、各国公使と聯合して進退すべし」[*2]

プルイン公使はハリスのような日本への思いやりを見せることなく、スワードの訓令を遵守した行動をとっています。英国公使ハリー・パークスの主導する砲艦外交の片棒を担いでいます。長州を威嚇する攻撃にも躊躇せず参加して巨額な賠償金をせしめ、兵庫開港遅延と引き換えに関税引き下げを卑しく要求するパークスをなんら牽制することはありませんでした。

攘夷のテロが横行し、各国の外交官が身の危険を感じた時代ですから、プルイン公使がヨーロッパ勢力に同調したのも致し方ないことでした。仮にプルイン公使が独自に日本の立場を考慮した外交姿勢を見せたとしても、内戦（南北戦争）のため日本には有効な軍事力を展開できないアメリカの一公使の主張に、ヨーロッパ勢力は耳を貸さなかったでしょう。

プルイン公使時代の対日政策は成り行き上、致し方なかったとはいえ、ワシントンの政治家にとっては、プルインが容認した日本への仕打ちはひどく後味の悪いものでした。アメリカ本土で繰り広げられた戦いは、イギリスの自由貿易帝国主義への挑戦でした。アメリカが掲げるアメリカン・システムは、高関税政策によって国内産業を保護し、関税収入を国家建設のインフラづくりに振り向けることを主眼としています。それにもかかわらず、日本に対してはイギリスの主張する関税率引き下げ交渉に加担してしまったのです。外交史家タイラー・テネットは、関税引き下げを日本に認めさせたことは、アメリカのとるべき政策ではなかったと自戒の念を込めて語っています。[*3]

「十分な関税収入を生み出せなければ、日本の財政運営は苦しいものになり、工業化は阻害される。このことを日本の政治家もアメリカの政治家も認識すべきだった。アメリカは他の列強とは違う。アメリカ外交の主眼は、日本がしっかりした近代国家になるように支えることでなければならなかった」[*4]

プルイン公使にはこうした非アメリカ的外交に加えて、外交官としての資質そのものを疑わせる行為がありました。前任のハリスの結んだ日米修好通商条約の第十条では、アメリカは日本への軍需品の販売を認めています。

「日米修好通商条約　第十条

日本政府、合衆国より軍艦・蒸気船・商船・鯨漁船・大砲・軍用器、並びに兵器の類、その他要需の諸物を買入れ、又は製作をあつらへ、或(あるい)は其国の学者、海陸軍法の士、諸科の職人並びに船夫を雇ふ事、意の儘(まま)たるべし」[*5]

徳川幕府はこの条項に基づいて、ハリスとの間で蒸気戦艦購入の手配を進めていました。プルイン公使は着任すると、一八六二年八月からこの交渉を引き継ぎ、すでに十月の末には蒸気戦艦三隻の大型商談をまとめ上げています。総額八十三万七千ドルにも及ぶ契約です。契約の承認を求めるスワード長官宛の文書には、アメリカ経済への貢献が自慢げに述べられています。[*6]彼はこの取引のエージェントとしてチャールズ・ランシングとサーロウ・ウッドを指名するのですが、この二人はスワード長官の長年の後援者で、その上、ランシングとプルイン公使とは縁戚関係にありました。[*7]

この契約をスワード長官は当然に承認しています。プルイン公使は十月には手付金として二十万ドル、その四ヵ月後には中間金として四十三万七千ドルを受け取っています。残金の二十万ドルは注文の船が江戸に届けられた時点での支払いとなっていました。プルイン公使は合わせて六十三万七千ドルを受け取ったにもかかわらず、建造が始まったのは一隻（後の「富士山」艦）のみでした。プルインはおよそ一年間にわたって六十三万七千ドルを私的に保有していました。彼が何らかの運用をしていれば、当時の低めの利子率三パーセントを適用しても一万九千ドルを得ることができました。彼の年収が七千五百ドルでした[*8]から悪くない金額です。

プルインの公私混同の取引と、その後に起きた建造の遅延や発注のキャンセルなどのごたごたは、アメリカの尊厳をひどく傷つけることになっています。プルイン公使時代のアメリカの対日外交は、とても自慢できるようなものではありませんでした。

下関戦争賠償金の返還

南北戦争が終了すると、知識人の間にプルイン公使時代の失策を反省する機運が盛り上がります。特に火事場泥棒のように徳川幕府から巻き上げた下関戦争賠償金七十八万五千ドルについては良心の呵責を生んでいます。一八六八年にこの件についてまず声を上げたのはスワード国務長官でした。議会に対して善処を要請しています。[*9]

かつて万延の徳川遣米使節団を丁重に迎えるようブキャナン大統領に進言したスミソニアン博物館のジョセフ・ヘンリーは、この不正義な要求でせしめたお金を日本の近代化のために役立てるべきだと主張しています。ヘンリーはプルイン公使が学生の頃に学んだアルバニー・アカデミーの理科学教授でした。[10]奇しくも教え子の不始末の面倒を見ることになってしまいました。彼は一八七二年一月十日、議会に対して次のように提案します。[11]ちょうど岩倉使節団がサンフランシスコに向かっている頃でした。

「私はワシントンの森（代理）公使と意見交換した。公使は東京に国立の教育機関を設立したいと願っている。付属の図書館にはヨーロッパやアメリカの科学、芸術を伝える資料や実験器具を集め、日本の中心的な大学として機能させたい」

「現今の親密なる米日関係、及び（日本から強奪した資金で設置された）賠償金ファンド（Indemnity Fund）成立の経緯を鑑みると、こうした教育機関を日本に設置するためにそれを使うことを議会は承認すべきだ」

「アメリカが日本との交流を求めるのは、ただ単に経済的利益が動機ではないということを示すべきである」

アメリカのリーダーたちの中には、ヘンリーのように、アメリカは後れた文明を啓発する使命があると真摯に考える者がいたのです。不正義で得たお金は日本の発展のために使うべきだ、との主張には、グラント大統領もフィッシュ国務長官も理解を示しています[12]。民間人のヘンリーに上述の提案をさせるよう森代理公使に知恵を貸したのは、フィッシュ長官自身であった可能性も指摘されています[13]。巨額な資金をめぐる提案です。政治的な思惑で返還に横槍が入らないように、誰もが反対しにくい教育機関設置構想をちらつかせたのは、政治家の高等な仕掛けだったのかも知れません。

その後、日本公使館（吉田清成公使）が返還を実現させようと、議会や世論の工作に使ったロビイストの活動が逆に議会の反発を買い、法案の可決は遅れました。それでも一八八三年二月には成立を見ています。日本からの賠償金は国務省がファンドで管理していました。この時点でファンド総額は百八十四万ドルにまで膨れ上がっていましたが、利子分は除き元金のみ七十五万ドルを、使用用途に条件をつけずに返還することが決まっています[14]。日本政府はこれを横浜港の新埠頭建設（現・横浜大桟橋）に充てています。アメリカは、日本政府がアメリカの善意の象徴として後世に残る建造物を作ることを決めたことを素直に喜んでいます[15]。

他の三ヵ国が賠償金を返還することはありませんでした。アメリカに対日本外交の主導権を渡したくないパークス公使は、アメリカのこの善意の行動に強い不快感を示しています[16]。

イギリス嫌いのビンガム公使

台湾遠征問題や岩倉使節団のアメリカ派遣で日本に知恵を貸したデロング公使の後任に指名されたのはジョン・ビンガムでした。南北戦争ではリンカーン大統領の政策を強力に後押しした共和党の下院議員でした。法律家でもあるビンガム議員は、リンカーン大統領暗殺事件の容疑者を裁く三人の特別裁判官の一人に任命されています。「下院のキケロ」とニックネームが付くほどの雄弁家でした。[*17] 一八七二年の選挙で敗れた彼を駐日本公使に政治任命したのはグラント大統領でした。

前任のデロング公使のワシントンの後ろ盾は、グラント大統領の私設秘書オービル・バブコックでした。そのためかフィッシュ国務長官を無視することが重なり、解任されています。新公使ビンガムは大統領だけでなく国務長官の信頼も篤く、しかもワシントンの議員生活が長い大物でした。

ビンガム公使はアイルランド系です。ビンガム家はアメリカ独立戦争でイギリスと戦い、ジョンの父のヒューも第二次米英戦争で活躍しています。[*18] 自らも南北戦争時のイギリスの内政干渉に抵抗したリンカーン政権の幹部です。ビンガムはイギリスの圧政に苦しむアイルランドを知っています。公使は根っからのイギリス嫌いだったのです。アジア外交にはまったく経験のない新公使が横浜に到着したのは、一八七三年九月二十五日のことでした。[*19] 公使は着任した日本で、イギリスを筆頭にヨーロッパの外

米英歴代公使

任期	アメリカ	イギリス
1859～	タウンゼント・ハリス	ラザフォード・オールコック
1861～	ロバート・プルイン	
1865～		ハリー・パークス
1866～	ロバート・ヴォールケンバーグ	
1869～	チャールズ・デロング	
1873～	ジョン・ビンガム	
1884～		フランシス・プランケット
1885～	リチャード・ハバード	
1888～		ヒュー・フレーザー
1889～	ジョン・スウィフト	
1892～	フランク・コームス	
1893～	エドウィン・ダン	
1894～		P・トレンチ
1895～		アーネスト・サトウ
1897～	アルフレッド・バック	
1900～		クロード・マクドナルド
1902～	ロイド・グリスコム	

交官や商人のわがままな振る舞いの数々を目撃することになります。彼のイギリス嫌いの魂にたちまち火がつきます。

横浜開港以来、この港にやってきた西洋人の娯楽は乗馬でした。横浜の居留地を馬に乗って駆けめぐるのです。この時代の居留民の多くがイギリス人でした。

「信じられないかも知れないが、（横浜周辺は）アメリカの西部の町に似た状況を呈していた。（西洋人たちは）馬をギャロップさせながら空に向かってピストルを発砲したり、障害物競走（steeplechase）をしていた。日本人には傍若無人の態度で臨み、観光気分で靴も脱がずに民家に上がり込むこともしばしばだった[20]」

「男たちは上海から猟犬を連れてきて、水田であろうがお構いなしで猪や鹿を追い回していた。彼らが最もご執心だったのは狐狩りだった[21]」

徳川幕府が西洋列強と結んだ通商条約では領事裁判権を認めています。本来、この権利は、異文化間でスムーズな商取引を可能にする貿易振興の方便という性格を持ったものでした。オスマントルコ帝国が強大だった時代に、商売上、必要な異教徒の商人を呼び込むためにトルコが彼らに与えた特権(Capitulation)でした。キリスト教徒がイスラム法体系の国で活動することは危険なことが多かったのです。この不安を除くための方途として、本国からきた領事に裁判権を与えることに同意したのです[22]。外国人が居住地の法律を平気で無視するような行為に及ぶことは想定していないのです。ですから、領事裁判権を得ている外国人とて、日本の法をとりあえずは遵守することが建前なのです。しかし日本に住む西洋人の多くが、この規定をあたかも無法が容認されているかのように都合よく解釈したのです。

好き勝手に狩りに出かける西洋人に悩む明治政府に対して、狩猟ライセンスの発行を勧めたのはビンガム公使でした。ライセンスなしで狩猟したり、ライセンスに記載されている違法行為に及ぶ者は、必ず領事裁判にかけられることを周知させたらどうかと進言したのです。こうした矯正策も遵法精神に欠如する西洋人にはなんら効果は発揮しませんでした。ビンガム公使の日本の立場を理解する言動はさっそく、イギリスの反発を招いています。イギリス人の経営する横浜の地元紙『ジャパン・ウィークリー・メール』は、公使やアメリカを揶揄(やゆ)する記事を掲載しています。[*23] こうした記事は、かえって公使の反イギリス気質を刺激し、日本擁護の立場はいっそう深まっていきます。

日本の法律に縛られたくないという西洋列強の態度が、日本人の多くの生命を奪うことになったのは一八七七年のことでした。この年の夏、支那南部の開港都市厦門(アモイ)でコレラが発生し、千六百人ほどの死者が出ていました。この情報を受けた内務省衛生局長の長与専斎(ながよせんさい)は、水際での防疫体制を敷こうとします。外国船や外国人への検疫が必要ですから、外務卿寺島宗則はパークス英公使らに検疫の実施を打診します。しかしパークスはこれに強く反対したのです。[*24] ビンガム公使は日本の対応に理解を示し、当然の予防措置としてその方針を受け入れようとします。ところがパークスは「イギリス臣民はイギリスの法に従うのみ」として、日本側への協力を拒否します。[*25] 他の列強はイギリスの方針に追随し、検疫は各国領事館の判断に委ねるとの態度をとったのです。

外国人およそ千三百人が住む横浜で見つかった患者は十名。うち四名が死亡しています。全国で一万二千三百五十三人の患者を出し、六千八百十七人が命を失っています。[*26] コレラの「流行地域は汚染がひどく、飲料水の質も悪く、汚物が撒き散らされ、排水も悪く、生活は極めて貧しい地域が多[*27]」いことはわかっていました。ベイヤード・テイラーがかつて見た上海の郊外のような環境は、コレラが最も発生しやすい場所でした。しかし、まだこの病の原因はわかっていませんでした。ドイツ人医師ローベルト・コッホがエジプトやインドでの調査によりコレラ菌を発見するのはまだ先のことです（一八八三年）。明治政府にできることは隔離と消毒だけだったのです。コレラは「虎列刺」と漢字表記されます。人々のコレラへの恐れの一端が窺えます。

コレラは一八七九年にも猛威をふるっています。この年の三月、四国で発生したコレラが次第に大阪、兵庫へ拡大していきました。いっそうの被害の広がりを恐れた政府は「虎列刺病予防仮規則」（太政官布告第二十三号）を公布し、「流行の港から来た、または航海中流行の地方へ立ち寄った船舶は、東京湾に入船する前に、十日間長浦（現・横須賀市）避病港へ滞泊」することを命じたのです。この指示は七月三日に寺島外務卿から各国公使に伝えられています。[*28]

七月十一日、緊迫した中、神戸からドイツの蒸気船「ヘスペリア」号が横浜にやってきます。規則どおり避病港へ留め置かれ、感染者の有無を確認する手はずになっていたのです。これに対してドイツ領事館は同館付きの軍医を派遣し、独自の診察で感染者はいないと早々に結論づけ、同船の隔離を解くように要求しました。日本政府からの回答を待たずにドイツ領事は同船の横浜回航を指示しています。しかもドイツ戦艦「ウルフ」号に横浜までのエスコートを命じました。[*29] ドイツ領事館が了解していない滞泊命令などに従う必要はない、と平然としていました。これに、パークス英国公使も同調するのです。こうしたドイツやイギリスに、文書で抗議するだけに終止した日本政府に対し、アメリカは強く同情しています。

「この頃、グラント元大統領は東京を訪問中だった。この事件を聞いたグラント将軍は、もしこんなことをアメリカでしでかしたら、ドイツの戦艦は一発で撃沈されて海底に沈んだろう、と語ったらしい。この事件は領事裁判権というものがいかに危い概念かを示す好個の事例である。この特権はひどく曖昧に定義されていたから、解釈の仕方でどうにでもなるものだった。日本が弱いのをよいことに、(西洋列強は)この権利をできるだけ拡大解釈しようとしていたのだ[*30]」

この年は一八七七年の流行を大きく上回る被害となりました。罹患者は十六万二千六百三十七人に及び、うち十万五千七百八十六人が死亡しています。[*31]

日米友好第二のピーク

アメリカの第十八代大統領グラントは、一八六九年から二期八年にわたって政権を運営してきました。三選が認められている時代です。続投に意欲を燃やしていましたが、多くのスキャンダルが明るみに出たことから、その夢は叶いませんでした。グラントはリンカーン大統領が推し進めたアメリカン・システムを基本として政権を運営してきました。アメリカン・システムは、中央政府主導で国家のインフラストラクチャーを構築することが主眼です。つまり「大きな政府」を目指した政権だったと言えます。

大きな政府は巨額な政府資金を扱い、政策実行には数々の法律を通さなければなりません。その過程でどうしても避けられないのが賄賂の横行です。民主主義政治の中でスピーディーな政策実行を迫られるとき、時機を失しない政策を遂行するには、賄賂は必然的に生まれてくるようです。たとえばセントラル・パシフィック鉄道のルート選択でも、南部ルートを主張する政治家にはジュダの懐柔工作がありました。それがなければ路線決定は大幅に遅れたことでしょう。グラント大統領は支援者を優遇し、軍人らしく上意下達を好み、人事には政治任用を多用していましたから、スキャンダルの発生しやすい土壌がありました。そんな中で発覚したのがクレジット・モビリエ事件でした。

クレジット・モビリエ社は、大陸横断鉄道を西に向かって建設したユニオン・パシフィック鉄道の下請け子会社でした。ユニオン・パシフィック鉄道の副社長トーマス・デュランらの幹部は工事費を水増し請求させ、利益をこの子会社に移していました。確実に利益の上がるクレジット・モビリエ社の株を政治家に安値で提供し、鉄道建設に必要な政府支援策を立法化させていたのです。わずか五ドルの株が百ドルにもなっています。[*32] 政界工作の中心人物はオークス・アーメス共和党下院議員でした。彼が同僚の政治家に安値でクレジット・モビリエ社株を提供していることが露見したのは一八七二年のことです。この年は大統領選挙がありました。政敵を倒したい勢力が攻撃材料を嗅ぎまわっていたのです。

アーメスが買収していたとされる多くの議員がグラント政権や共和党の幹部でした。買収に応じたとされる議員リストの中には、コルファクス副大統領、ブレイン下院議長らの名前とともにジョン・ビンガム議員の名も含まれていました。[*33] 民主党議員の名前は、ただの一人もありませんでした。[*34] グラントがビンガムを駐日本公使に指名したのは、彼をこのスキャンダルから遠ざけたいという配慮からでした。

グラントは、政権を同じ共和党のヘイズに明け渡してからわずか十週間後に、二十八ヵ月にわたる世界周遊の旅に出ています。グラントの旅はスワード長官の旅とは逆の東回りでした。一八七七年五月十七日、アメリカ海軍蒸気戦艦「インディアナ」号はリバプールに向けてフィラデルフィアを出港していきました。この旅には妻ジュリアと息子のジェシーも加わっています。『ニューヨーク・ヘラルド』紙は若手のジョン・ヤング記者を特派員として同行させ、旅の模様を報告させています。後日、彼がまとめた旅行記[35]で旅の詳細を知ることができます。

グラントが長崎に入ったのは一八七九年六月二十一日のことでした。開港以来、この港の美しさは西洋人の間で噂になっていました。上海を中心とした支那沿海部で働く西洋人商人たちは、喧騒と汚濁に満ちた支那の町からしばらく逃げ出し、この町でのんびりするのを楽しみにしていました。長崎は保養地として高い人気がありました。グラント一行を乗せた「リッチモンド」号が長崎に入ったのはこの日の早朝でした。双眼鏡を通して目にする長崎の丘は緑で覆いつくされ、その緑の中に林立するエキゾチックな建物は、グラントの期待を裏切らない魅惑的なものでした。世界で最も美しい港の一つである、との評判どおりでした。海岸近くの様子に目をやると、波止場ではたくさんの人が彼らの到着を待ちわびていました。

「『リッチモンド』号は日本へ敬意を表す二十一発の礼砲を放った。すると湾内の日本の戦艦や丘の砲台から同じ数の礼砲が返ってきた[36]」

このことは、日本がグラントを国家元首待遇で迎えることを示したものでした。しばらくすると小船に乗って、礼服に身を包んだ天皇の名代伊達宗城(むねなり)伯爵と吉田忠成駐米公使が歓迎の挨拶にやってきます。日本政府はワシントンから、グラント将軍をよく知った吉田を呼び戻し接遇を命じていました。大統領時代のグラントの親日的態度への感謝を表したのです。上陸したグラントを待ち受ける多くの日本の要人に混じって、東京から駆けつけたビンガム公使の姿がありました。二人は互いの無事と健康をことのほか喜びあっています。異国での再会には格別な思いがありました。

グラント一行は六日間にわたる歓迎行事を終えると、六月二十六日午後、驟雨の中を横浜に向けて出港していきました。神戸に寄港予定でしたが、それはかないませんでした。この頃、四国や神戸周辺でコレラが猛威をふるい始めていたのです。ビンガム公使からこの国でのコレラ発生の報告をすでに受けていましたが、残念なことでした。

「吉田公使は港みなとで不吉な病の広がりを気にして電信で情報をとっていた。碇泊中に兵庫（神戸）から最新の情報がもたらされた。兵庫ではこの月の初めから多くの死者が出ていて、コレラの猛威はすでに大阪まで拡大していた。大阪でも相当数の死者が出ているとのことだった。そのためこうした港に入ることはできなくなってしまった[*37]」

落胆するグラント将軍に、吉田は粋なはからいを見せています。七月二日、清水港に入り静岡訪問をアレンジしたのです。この日、清水港では清水次郎長（山本長五郎）が漁師を集め、投網漁を披露して賓客をもてなしています。この港の沖では、十年ほど前（一八六八年十一月）に「咸臨丸」が三隻の新政府軍の新鋭艦に囲まれ拿捕されています。白旗を揚げた幕府軍の乗組員は容赦ない新政府軍に惨殺され、海に放り込まれました。その屍を集め、弔ったのが清水次郎長でした。「咸臨丸」を襲った一隻はプルイン公使が手配した「富士山丸」です。

グラントらが人力車に乗せられて静岡の市街地に入ったのは正午頃でした。

「西洋人の気配のまるでない、純粋な日本の街を見る機会を得たのは幸いだった。通りは狭いが清潔で、行き交う人々は誰もが日本独特の衣服をまとっていた。家々はみなこぎれいで、店にはたくさんの商品が溢れていた。物乞いは一人も見かけなかった。グラントが目にしたのは、暖かい日の光の中で、絶望とか貧困とかといった言葉には縁のない、生活に満ち足りた明るい顔の人々だった[*38]」

「(人力車は)退位させられた大君(徳川慶喜)の暮らす邸の壁に沿って走った。かつては誰もが畏怖した大君も今では年金暮らしで、書斎に引きこもった生活らしい[*39]」

予期せぬ静岡の一日を満喫した一行を乗せた「リッチモンド」号は、この夜は休まずゆっくりと東に進むことを決めています。横浜はもうすぐです。

「リッチモンド」号が随伴の砲艦「アシュロット」号と「モノンガヒラ」号とともに横浜に入港したのは、翌七月三日午前十時半でした。日本への礼砲とそれに応える礼砲。硝煙が港を覆い尽くします。グラントへの礼砲は日本の軍船からだけではなく碇泊中のロシアやフランスの軍船からも続き、港はまるで海戦が始まったかのようでした。「リッチモンド」号にさっそく乗船し、グラント将軍を迎えたのはヴァンビューレン駐日総領事や日本帝国海軍の高官らでした。式典の準備に合わせて、下船は正午ちょうどになると伝えられました。

予定の時刻に艀で桟橋に現われたグラント一行を待ち構えていたのは、岩倉具視（右大臣）、伊藤博文（内務卿）、寺島宗則（外務卿）らでした。不平等条約改正交渉や清国との琉球帰属問題などの外交懸案を抱える明治政府幹部にとって、グラントはすでにその職を辞したとはいえ大事な国賓だったのです。グラントは長崎の前に訪れた清国で、恭親王や李鴻章などの要人と会談しています。元大統領からは貴重な情報とアドバイスが期待できるのです。何よりも岩倉や伊藤にはワシントンでの恩義があります。吉田公使の通訳で歓談が続く港の上空には花火が上がり、街のそこかしこに掲げられた両国の国旗が穏やかな夏の日の中で風に揺れていました。[*40]一行はそのまま鉄道で新橋に移動していきました。

「恐ろしいほどの数の人々が私たちを待ち受けていた。将軍が列車から降りると、接待委員の一人が歓迎の言葉を読み上げた[*41]」

午後二時に新橋ステーションに降り立ったグラントに歓迎の辞を伝えたのは、かつて岩倉使節団のメンバーだった福地源一郎（桜痴。『東京日日新聞』主筆）でした。

「東京府民を代表して閣下の無事な到着を心からお喜び申しあげます。（中略）日米両国は太平洋で数千マイル隔てられていようとも、よき隣人であります。（中略）閣下が大統領であった時代に両国の相互理解は大いに深まりました。我が国の発展は貴国（の政策）を手本とし、その助言に従った賜物と言えます。両国の友好が閣下の訪問を通じていっそう確かなものになることをここに祈念し、皆様の来府を心より歓迎いたします[*42]」

「日本の発展はアメリカ国民にとっても実に喜ばしいことです。この友好が決して壊れることのないよう切に願うものです[*43]」と答えるグラント将軍を、接待委員総代の渋沢栄一が緊張の面持ちで見つめていました。式典を終えた一行はトランペットやドラムの鳴り響く新橋駅を後にして延遼館に向かっています。

翌七月四日はアメリカ独立百三年目の記念日でした。明治政府はこのタイミングに合わせて御所に将軍を招待し、明治天皇との謁見を予定していました。グラント夫妻は午後一時半にビンガム公使や随行艦の三人の艦長らを伴い、迎えの馬車で御所に向かっています。この頃、天皇は赤坂仮御所で執務していました。本来の住まいは江戸城西の丸御殿でしたが六年前に焼失していたのです。

宮廷では儀仗兵が整列し、軍楽隊が「ヘイル・コロンビア（Hail Columbia）」でグラントを迎えます。いくつかの建物を抜けた先にある、ごくありふれた邸の前で岩倉が一行を待っていました。邸内に案内されたグラントはその質素な造りに驚嘆しています。彼のイメージしていた皇帝の住まいはベルサイユ宮殿やタージマハルでした。それでも彼は日本人に似た感性で、日本人の美意識を称えています。

「私たちが迎え入れられた部屋は実に質素（plain room）であった。天井は木製。壁には自然の風景が描かれ、品のよい調度品が少しばかり置かれているだけだった。そこには、どこの宮廷でも感じられる虚栄（no pretence of architectural emotion）のかけらも見出せなかった[*44]」

明治新政府の閣僚が揃った部屋に案内されたグラントは、ベイヤード・テイラーがそうだったように、当時流行の骨相学（physiognomy）の蘊蓄で彼らを観察しています。小柄でほっそりした三條実美首相（太政大臣）は、南部連合副大統領アレキサンダー・スティーブンスそっくりでした。しかし、似ていたのは二十歳の青年にでも見えそうな華奢な体つきだけでした。スティーブンスの顔に刻まれた苦悩の痕跡のようなものはありません。健康な精悍さが輝いていました。

副首相（右大臣）の岩倉は相変わらず、一度見たら忘れることのない印象的な顔つきでした。額に残る傷は、この国でも政治家がテロの危険にさらされていることを示すものでした。グラント一行を御所に運んだ馬車は、前年に大久保利通が旧加賀藩士に襲われ命を落とした紀尾井坂を通っています。グラントは案内の者から大久保暗殺の顛末を聞いていました。彼の脳裏にはリンカーン大統領が命を落とした日の悲しみがよぎっています[*45]。

謁見の準備ができたことを知らされた一行は、ビンガム公使を先頭に天皇が待つ部屋に移動していきました。案内された部屋の奥まったところに両陛下が立ったままグラントの入室を待っています。そこには二人の皇子と二人の皇女が両陛下を守るように並んでいました。天皇の近くに歩み寄りながら、その容貌をグラントはすばやく観察しています。

「皇帝はまだ青年だった。細身ですらっとした身体で、背丈は一般の日本人よりも高かったが、我々の感覚からすれば平均的な背の高さだった。彼の口元はハプスブルク家の血統を感じさせた[*46]」

明治天皇はグラント将軍につかつかと歩み寄ると、将軍の手をしっかりと西洋式に握りしめました。皇帝のこうした出迎えは「日本の歴史上初めての事件[*47]」でした。すぐに定められた位置に戻った皇帝は、次に歩み寄って挨拶をするビンガム公使には、かすかに会釈しただけでした。ヤング記者は皇帝の西洋式の儀礼は少しばかりぎこちなかったが、最善を尽くした所作に感じられた、と書き留めています[*48]。天皇が、将軍の来訪を喜び、かつて岩倉使節団へ向けられた温かい配慮に感謝の意を伝えると、将軍は隣国として両国のよりいっそうの互恵、日本の確固たる独立の実現、そしてその繁栄を祈念する言葉で応えています。こうして世紀のイベントは無事終了しました。

この後も歓迎行事は続きました。渋沢栄一は次のように書き留めています。[*49] これは民間が用意した式典だけを記録したものです。

七月四日　是日東京在住のアメリカ人、同国独立百三回記念夜会を上野精養軒に開き来朝中のグラント将軍夫妻を招請す。

七月八日　是日東京府民主催グラント将軍歓迎夜会、虎ノ門工部大学校に開かる。

七月十六日　是日東京府民主催グラント将軍歓迎観劇会を新富座に催す。

八月一日　是日横浜居留外国人主催グラント将軍招待夜会横浜山手公園に開かる。

八月五日　是日栄一、グラント将軍を飛鳥山邸に講じて午餐会を催す。

八月二十五日　是日、東京府民は上野公園に明治天皇を仰ぎ又グラント将軍を招請す。

八月二十六日　是日栄一、横浜駐在アメリカ総領事トーマス・ヴァン・ビューレン主催の夜会に臨む。グラント将軍も臨席す。

明治天皇と老将軍

グラント将軍はこうした行事日程の合間を縫って日光を訪れています。明治天皇は将軍の帰京を首を長くして待っていました。七月七日の閲兵式に招待した折、ゆっくりと彼と懇談したいと伝えていたのです。八月十日、天皇は東京に戻った将軍を待ちかねたように浜離宮を訪れています。午後二時半に到着した天皇はそのまま汐入り池の畔にある中ノ島茶屋に向かい、グラント将軍を待つことにしました。この日の東京は夏の熱気のひときわ厳しい一日でした。[*50] 水辺の茶屋なら、東京湾からの潮風で幾ばくかの涼をとりながら話が聞けそうでした。

延遼館のベランダで休んでいたグラント将軍を中ノ島茶屋に案内したのは、長崎来航以来、将軍に付き添っている伊達と吉田でした。

「茶屋に入るとまず首相（太政大臣）と内務卿が迎えてくれた。衝立の向こうには皇帝が待っていた。通常の軍服姿でテーブルの前に立っていた。将軍から歩み寄って握手を交わした[*51]」

天皇がまず意見を求めたのは、議会設立と選挙権付与の問題でした。将軍は、政府が国民の代表で構成されたほうが強力で豊かな国になるのは間違いないが、その実現には時間をかけ、慎重に進めるようアドバイスしています。特に選挙権（suffrage）や代議制度下の有権者の権利（representation）の付与については注意を促しています。初期の段階の議会には立法権限を持たせないことを勧めています。ひとたび制度の運用が始まると後戻りはできないからです[*52]。

次の話題は関税自主権の問題でした。天皇はこの件についてはアメリカに感謝しています[*53]。アメリカ政府はビンガム公使の度重なるレポートを検討し、日本が独立国として機能するためには自ら関税率を決定できる国になることが重要だと認めていたのです。

ヘイズ政権の国務長官ウィリアム・エヴァーツは、前任のフィッシュ以上に日本に同情的でした。エヴァーツは関税自主権を認める条約を吉田公使との間でまとめています（吉田・エヴァーツ条約。一八七八年七月二十五日調印）。もちろん、それが有効となるためには日本が他の列強と同様の合意をとりつけることが条件でした。この時代、工業化のためのインフラストラクチャーの構築には、関税収入がどうしても必要であることを理解していたのがアメリカでした。

「ヨーロッパ勢力はこの条約に懐疑的であり反感さえ示していた。イギリスの態度が最もひどいものだった。こうした国の反対で、結局この条約が施行されることはなかった。（それでも条約改正の魁（さきがけ）となる条約をアメリカと真っ先に結ぶことができたのは）ビンガム公使の日本への理解と同情、そして本国政府への彼の強い影響力があったからだ[*54]」

この条約が結ばれたのはグラントの退任後でしたが、日本政府は彼への恩義を十分に感じていました。だからこそ国を挙げて歓迎したのです。関税を上げることができれば、国民の大きな負担となっている地租（land tax）の緩和が可能です。グラントは少なくとも二五パーセントの関税率が必要であると述べています。[*55]

「（関税率を上げることで）地租を緩和できれば農業の発展が期待できる。豊かになれば消費が増え、それが商業的繁栄をもたらす。（中略）アメリカ政府が（それを可能とする）条約を結んだことは実に喜ばしいことだ。他の列強も追随してほしいものだ[*56]」

天皇の憂慮していたもう一つの問題は、琉球の帰属問題でした。清国から仲裁を要請されて以来、グラントはこの問題の経緯を研究しています。琉球は半独立国で、清国の冊封（さくほう）国でした。しかし調べてみると、清国はこの島を実効支配したことはないのです。国王も島民も漢民族ではありません。日本はこの年、琉球を沖縄県として編入しています。グラントは両国が戦えば日本が簡単に勝つことを見抜いていました。[*57]

彼は天皇に対し、戦いそのものよりも、両国のいがみ合いを利用して介入を狙うヨーロッパ勢力を警戒すべきだとしています。可能な限り外交交渉で合意点を見出すことを勧めています。外国からの借款も危険です。ヨーロッパ勢力は常に日本や清国に金を貸したがっており、それによって政治的影響力を行使しようとしていると説いて、グラントはスエズ運河建設のための大きな借款で、外国勢力の介入を招いて苦労しているエジプトを例に出しています[58]。

二人の会談はおよそ二時間続きました。それは会談というよりも、老練な政治家によるプライベート・レッスンのようなものでした。南北戦争は形を変えた米英戦争でした。英仏の軍事介入をかろうじて防ぎ、国家分裂を防いだアメリカ。戦争後の国家再建を順調に進めるアメリカ。その責務を果たした元大統領の講義には十分な説得力がありました。

すべての日程を終えたグラント一行は一八七九年九月三日、パシフィック・メール蒸気船会社所有の「シティー・オブ・トーキョー」号で横浜からサンフランシスコに向けて旅立っていきました。

「十九世紀後半のこの時期は、米日関係が際立って良好な時期であった。(中略)日本は近代化に向けてアメリカに助言を求め、数多くの専門家を招聘した。彼らは西洋の進んだ科学や技術を惜しみなく伝えた。一八七〇年代から八〇年代には、多くの作家がこの国を訪れた。彼らは日本人の知性、倹約の精神、高い勤労意欲に感心し、着々と進む近代化を称賛した。(中略)そうした一人がE・ウォーレン・クラーク[59]だった。彼は、日本人はアジアのアングロ・サクソン人種だと評価している。日本人こそが、アメリカ文明を真っ先に取り入れ、それをアジア諸国に伝えていくだろう、とまで述べている[*60]」

◉原註

＊1 Macabe Keliher, Anglo-American Rivalry and the Origins of U. S. China Policy, *Diplomatic History*, Vol. 31 No. 2, The Society for Historians of American Foreign Relations, 2007, p231.

＊2 『開国大勢史』一〇七三頁。

＊3 *Americans in Eastern Asia*, p404.

＊4 同右。

＊5 『開国大勢史』九一三頁。

＊6 *Spoilsmen in a "Flowery Fairyland"*, p35.

＊7 同右。

＊8 同右、p26.

＊9 *Japan and The United States: 1853-1921*, p111.

＊10 Hudson-Mohawk Genealogical and Family Memoirs: Pruyn. http://www.schenectadyhistory.org/families/hmgfm/pruyn-1.html

＊11 *The Japanese in America*, pp51-2.

＊12 同右。

＊13 同右、p53.

＊14 鵜飼政志「米国の下関賠償金返還――駐米日本公使館のロビー活動」。

http://www.h-web.org/mrugai/private/1998aa.html

＊15 *Japan and The United States: 1853-1921*, p112.

＊16 「米国の下関賠償金返還——駐米日本公使館のロビー活動」。

＊17 *Spoilsmen in a “Flowery Fairyland”*, p106.

＊18 同右、p118.

＊19 同右、pp106-07.

＊20 John W. Dower, Yokohama Boomtown, Chapter 2, MIT 2008, Visualizing Culture.
http://ocw.mit.edu/ans7870/21f/21f.027/yokohama/pdf/yb_essay_02.pdf

＊21 同右。

＊22 一五三五年のフランス国王とトルコ皇帝の間で結ばれた平和通商条約（全十六条）の第三条の規定が嚆矢。伊藤不二男「近世における領事の裁判権」（『九州大学法政研究』一九七二年七月）一五〇頁。

＊23 *Spoilsmen in a “Flowery Fairyland”*, p118.

＊24 新谷桂「明治期の横浜と『伝染病』」。
http://www2.ocn.ne.jp/~bukai-hi/ke-densenbyou.htm

＊25 *Spoilsmen in a “Flowery Fairyland”*, p120.

＊26 溝入茂「明治前期の廃棄物規制と『汚物掃除法』の成立」（博士論文、二〇〇五年）。
http://dspace.wul.waseda.ac.jp/dspace/handle/2065/5265

＊27 青木國雄「予防医学という青い鳥」（『健康文化』42号、二〇〇七年十月）五頁。

＊28 「明治期の横浜と『伝染病』」。

＊29 *Japan and The United States: 1853-1921*, p121.

＊30 同右。

＊31 産業医科大学ホームページ。
http://tenji.med.uoeh-u.ac.jp/history/postm.html

＊32 Thomas J. Dilorenzo, *Hamilton's Curse*, Random House, 2008, p140.

＊33 同右。

＊34 *American Colossus*, p321.

＊35 John Russell Young, *Around the World with General Grant*, The American News Company, 1879.

＊36 同右、p477.

＊37 同右、p509.

＊38 同右、pp517–18.

＊39 同右、p519.

＊40 同右、pp520–22.

＊41 L. T. Remlap, *General U. S. Grants's Tour Around The World*, J. Fairbanks & Co, 1879, p269.

＊42 同右、p270. ＊英文から邦文に戻したもの。日本語原文ではない。

＊43 同右、p271.

＊44 *Around the World with General Grant*, p526.

＊45 同右、p527.

＊46 同右、p528.

＊47 同右、p529.

＊48 同右、p530.

＊49 『渋沢栄一伝記資料』第25巻。

＊50 *Around the World with General Grant*, p542.

＊51 同右。

＊52 同右、p543.

＊53 同右。

＊54 *Spoilsmen in a "Flowery Fairyland"*, p120.

＊55 John Y. Simon, *The Papers of Ulysses S. Grant: October 1, 1878–September 30, 1880*, Southern Illinois University Press, 2008, pp204–05.

＊56 *Around the World with General Grant*, p544.

＊57 Daniel A. Metraux, The Mikado, Guranto Shogun and the Rhapsody of US-Japanese Relations in early Meiji, *Education about Asia*, vol. 11, No. 3, Winter 2006, p40.

＊58 *Around the World with General Grant*, p545.

＊59 Edward Warren Clark　一八四九―一九〇七年。お雇い外国人の一人。静岡学問所では英語、物理、化学を、東京開成学校では化学を教えた。著作に *Life and Adventure in Japan*（1878）がある。

＊60 The Mikado, Guranto Shogun and the Rhapsody of US-Japanese Relations in early Meiji, p43.

第12章　フロンティアの喪失

太平洋沿岸への三つの鉄道

横浜を出港してから十七日後、グラント将軍の一行は無事サンフランシスコに到着しています。シカゴの西方にある彼の第二の故郷とも言えるガリーナの街にしばらく落ち着きますが、まもなくメキシコ、フロリダ、キューバ歴訪の旅に出ています。一八八〇年は大統領選挙の年でした。国家統一の英雄として将軍の人気はいまだ衰えていません。現職のヘイズ大統領が再選を狙わなかったため、グラントが候補者に担がれています。六月の共和党大会では接戦を演じたものの、最終的にジェームズ・ガーフィールド下院議員に指名選挙で敗れています。ガーフィールドはかつての部下でした。この挑戦を機にその後、政界に復帰することはありませんでしたが、グラント将軍はどこに出かけても国家の英雄として人気が衰えることはありませんでした。

一八八三年九月三日午前九時、ミネソタ州セントポールのユニオン駅は多くの人々でごった返していました。駅前には百を超える飾り馬車が並び、市長や州兵が賓客の到着を待っていました。三十分後、煙を吐く機関車が四台の特別車両を牽引して駅に入ってきました。先頭の車両から降り立ったのはノーザン・パシフィック鉄道社長ヘンリー・ヴィラードとその家族でした。ヘンリーはドイツのババリア王国生まれで、アメリカに移住してジャーナリストとなり、さらに鉄道事業への投資を通じて一代で財をなした男です。

　ヴィラードの後からＶＩＰが続きます。待たせていた先頭の馬車に乗り込んだのはヴィラード社長、オブライエン市長、そしてグラント将軍でした。三台目の馬車にはウィリアム・エヴァーツ前国務長官の顔も見えました。後続の馬車にはイギリス公使、ドイツ公使、同代理公使、スウェーデン代理公使などの外国要人の姿も見えています。[*1]ヴィラード社長はこの五日後に予定されていた同鉄道の開通式典にこうした人々を招待していたのです。

　ノーザン・パシフィック鉄道は、かつて岩倉使節団を私邸で歓待したジェイ・クックの夢のプロジェクトでした。一八七三年のクック商会破綻以来、事業主体が転々としたこの鉄道がようやく完成を見たのです。東西から進む線路敷設の連結は、モンタナ州ゴールドクリーク付近になることが決まっていました。クックの破綻からすでに十年の歳月が経っています。五大湖のうち最も西に位置するスペリオル湖の西端の湖岸の町ダルースから、太平洋岸のオレゴン、ワシントン両州までのおよそ二千マイル

（三千二百キロメートル）の鉄道大動脈ができあがったのです。

かつてセントラル・パシフィック鉄道やユニオン・パシフィック鉄道がそうだったように、ノーザン・パシフィック鉄道も連邦政府から驚くほどの支援を得てきました。幹線路線一マイルごとに四十平方マイル（一万ヘクタール強）が無償で払い下げられたのです。[*2]その総計は三千九百万エーカーにのぼります。ジョージア州の大きさに匹敵する土地がノーザン・パシフィック鉄道の所有となったのです。その土地が鉄道債権販売の担保となりました。共和党政権の下で進められた強引な政策です。ヴィラード社長がグラント将軍やエヴァーツ前国務長官を開通式に招待するのは当然のことでした。

九月八日、五台の特別車両が招待客や報道記者をゴールドクリークに運んでいます。訪問客のために、最後の一マイルはまるで運動会のように、東西から作業員が連結ポイントを目指して線路敷設のスピードを競い合うイベントが用意されていました。ドイツ人記者はその模様を次のように伝えています。

「合図と同時に東西の労働者が一斉に動き出した。東からは白人クルーが、西からは支那人クルーが作業を進めた。何かに取り憑かれたように最後の一マイルを仕上げていった。連結予定地にどちらが先に到達するのか。見る見るうちにレールが枕木に打ちつけられ、激しい金属音を上げながら犬釘で固定されるさまは、まるで魔法を見るかのようであった。こうしてたちまち連結作業が終了した。五大湖と太平洋が繋がったのだ。待ちかねたように大喚声が上がった[*3]」

ヴィラード社長の喜びの挨拶、グラント将軍とエヴァーツ前国務長官の祝辞に続いて、控えていた陸軍の兵士が百発の祝砲を放ちました。

ノーザン・パシフィック鉄道の完成で、一八四六年にイギリスとの交渉（オレゴン協定）で獲得したオレゴン、ワシントンの両州が五大湖水運と連結し、太平洋岸北西部の経済発展は確実なものになりました。太平洋岸南部のロサンジェルスは、この二年前にニューメキシコ州デミングでサザン・パシフィック鉄道がサンタフェ鉄道との連結を果たし、カリブ海海運との結合を終えています。一八八三年九月八日のセレモニーは、三つ目の大陸横断鉄道の完成を祝うものでした。これによって、アメリカ大陸の孤島とも言うべき太平洋岸への移動には三つの鉄道ルートが利用できることになりました。かつて日本開国計画を起案したアーロン・パーマーが描いた「太平洋ハイウェイ構想」の結節点となる港はサンフランシスコでした。その構想は一八六九年のセントラル・パシフィック鉄道の完成で実現し、内陸河川水運と連結しました。これに加えて、ロサンジェルスとテキサス州メキシコ湾岸を繋ぐ南ルート、ポートランドを中心とした太平洋岸北西部と五大湖を結ぶ北ルートの二つが完成を見たのです。グラント将軍の祝辞は「太平洋ハイウェイ」の「三車線」化への賛歌でもありました。

インディアンとの戦い

グラント将軍らの祝辞にはもう一つ重要な含意がありました。アメリカ西部開拓の足枷となっていた原住インディアンとの戦い（Indian Wars）の勝利宣言です。先住民族であるインディアンは各地で白人入植者と小競り合いを続けてきたものの、彼らとの折り合いをつけながら共存の道を模索していました。

現在のノースカロライナ、ジョージア、アラバマ、テネシーの四州に暮らしていたチェロキー族は、一七九一年にアメリカ連邦政府と早々に条約（Treaty with the Cherokees）を結び、白人社会との融和を目指しています。キリスト教への改宗、ヨーロッパ人風の衣食住の習慣、西欧的な農業の導入。条約締結以前のアメリカ独立戦争の時代、インディアンはイギリスに加担する敵であると認識されていました。そうした認識を改め、啓蒙活動により白人社会に同化させることが可能だとワシントン大統領を説得したのはヘンリー・ノックス陸軍長官でした。チェロキー族はノックスの考えに沿って西洋文化を積極的に取り入れました。

一八二七年には合衆国憲法に依拠した独自の憲法を制定し、アメリカ国内に自治区を作り上げています。しかし、かえってこの独自憲法が災いになってしまいました。ジョージア州議会が、国家の中にもう一つの国家が作られること（create a state within a state）に対して敵意を剝き出しにしたのです。

チェロキー族の法体系はキリスト教文明のそれとは大きく違っています。一夫多妻が認められ、馬泥棒に言い訳は許されず即刻死刑に処されました。[*4] 二つの異なる法体系が州内に並存することはとても許容できるものではありませんでした。一八二八年、ジョージア州は、州内のインディアン支配下にある土地をすべて州の管理下に置くことを決定しています。他州もこれに続きました。チェロキー族は連邦政府との合意を州が覆すことはできないと最高裁判所に訴え、一八三〇年にはそれが認められていま す。しかしアンドリュー・ジャクソン大統領も州政府も最高裁判決を無視します。

ジャクソン大統領の考えた解決策は、チェロキー族をミシシッピー川西部に移住させることでした。一八三〇年、この方針を議会も支持し法案化しています。[*5] 落とし所を探るチェロキー族とアメリカ政府の交渉は難航しましたが、一八三五年に急展開を見せています。チェロキー族自治区の首都であったニューエコタ（ジョージア州）で、アメリカ政府特使とチェロキー族代表との間で合意が成立するのです（Treaty of Echota）。チェロキー族に五百万ドルを支払い、ミシシッピー川西部に彼らの自治区となる土地を用意するという内容でした。個人の家屋やその他の財産も補償し、移住のコスト、移住後一年間の生活費用を連邦政府が面倒を見るという条件でした。

チェロキー族のほとんどは彼らの代表が結んだこの条約に反対しましたが、初めからアメリカ政府との戦いには分がないと諦めたおよそ六千人は、早々に住み慣れた故郷を去っていきました。移住を頑なに拒否する一万六千人のチェロキー族の強制排除をウィンフィールド・スコット将軍に命じたのは、ジャクソン大統領の後を継いだマーチン・ヴァンビューレン大統領でした。

陸軍の投入でさすがに覚悟を決めたチェロキー族は千人単位のグループを組み、数日間隔で見知らぬ土地への移動を始めています。最初のグループが旅立ったのは一八三八年十月のことでした。およそ一千キロの徒歩の旅です。最後のグループがミシシッピー川を越えたのは翌年三月のことでした。一八三八年は厳冬でした。互いに励まし合いながら、見知らぬ土地を彷徨（さまよ）うように西に向かう彼らを麻疹（はしか）、百日咳、コレラが襲いました。

こうした病でおよそ四分の一が命を落としています。彼らが辿った道程は「涙の道(Trail of Tears)」と呼ばれています。当時、ミシシッピー川以東に居住する原住インディアンの数は十二万九千人[*6]と推計されています。チェロキー族の他にも、連邦政府との約束を守り白人との共存を願って生活してきたクリーク、セミノール、チカソー、チョクトーの四部族も同じように移住を強いられ、ミシシッピー川を越えていきました。

しかし安住を約束された土地での落ち着いた生活は長くは続きませんでした。南北戦争で彼らは南部連合に同情的な態度を見せました。その結果、「連邦政府は五つの部族を南部連合に加担したとして、彼らに与えた土地の半分を強制的に放棄させた」[*7]のです。インディアンの楽園になるはずだった新天地には徐々に白人入植者が増え、一九〇七年、最終的にはオクラホマ州が成立します。インディアン自治州設立の約束は反故（ほご）にされ、わずかとなった居留地に押し込められています。オハイオ州、イリノイ州に居住していたポタワタミス族やミアミス族が移されたのは、現在のカンザス州やネブラスカ州でしたが、彼らもチェロキー族らと同じ運命を辿っています。

　こうしてミシシッピー川以東に住むインディアン問題の処理は終了しました。しかし、ミシシッピー川以西にはまだまだ手強い部族が住んでいました。ジョージア周辺から強制移住させられた五部族は積極的に白人との融合を目指し、農業にもヨーロッパ式の耕作を取り入れていました。「啓蒙された五部族（Five Civilized Tribes）」とまで言われた比較的おとなしい部族でした。しかし西部には狩猟生活を基本とする勇猛な部族が暮らしていたのです。

　ミシシッピー川以西には、ロッキー山脈を源にする豊かな水が流れ、そこには大草原地帯（Great Plains）が広がっています。北はカナダ国境周辺から南はテキサスまで、南北に長く延びた大草原には三千万頭とも言われるバッファローが群れをなしていました。ここに暮らす平原インディアン（Plains Indians）の生活は、草を求めて移動を繰り返すバッファローを追うことで成り立っていました。嗅覚は鋭いけれども視力はすこぶる弱いバッファローは、一頭の雄のリーダーの動きに従って集団移動します。その性質を利用して平原から突然崖地になる地形に群れを追い込んで滑落させ、死んだり傷ついたバッファローを食料にしていました。[*8] そうした地形を利用できない部族は原始的な狩りで個体を追っていましたが、一七〇〇年代以降はスペイン人のもたらした馬を使った狩りに代わっています。

「バッファローはインディアンの生活の糧であった。肉は食用に、皮は衣服になった。彼らのテントもバッファローの皮である。木の生えない草原地帯ではバッファローの糞を乾燥させて燃料とした」[*9]

一八五五年の連邦政府推計では、国内の原住インディアンの人口総計は三十一万五千人でした。ここからミシシッピー川東部に残ることのできた八千五百人と、東部からオクラホマやネブラスカに移動したおよそ十万を引くと、約二十万人の平原インディアンがこうした生活を営んでいたことになります。[*10]

南北戦争終了後はこの平原地帯に白人入植者が殺到しています。白人にとっては、バッファローに肥沃な平原を占領させて必要最小限の食料として利用するインディアンの「原始的な」生活はあまりに非効率でした。大陸横断鉄道を西に向けて建設する者にとっては線路を駆け抜けるバッファローのために転覆事故が絶えず、建設現場ではインディアンとの小競り合いが頻繁に起こり、彼らの存在は頭痛の種でした。南北戦争終了直前の一八六四年にはモンタナ州で金鉱が発見され、殺到する俄か鉱夫たちにとってもインディアンは邪魔でした。

アメリカ政府は、平原インディアンには何としてでもバッファローを追って移動を繰り返す狩りに依存した生活を改めさせ、一定範囲の居留地に定住させることでこの問題の解決を図ろうとします。インディアン部族との間で居留地を協議して境界線を決める作業が続きます。しかし白人入植者の西漸が進むたびに、合意されたテリトリーの境界がやがて不都合なものになり、取り決めを次々に破っていったのは白人の側でした。

一八七一年には最高裁判決で、議会が新しい法律を通せばインディアンとの過去の取り決めを無効化できるとまでしています[*11]。一万年もの長きにわたってバッファローと共生しながら暮らしてきた平原インディアンにとって、狭い居留地に閉じ込められることは文化の破壊であり、容認できるものではありません。定住には農耕のスキルが必要です。彼らにはそうした文化はまったくないのです。それでも、白人との戦いを避けようと妥協してきました。その約束も勝手に破られていきます。各地で騎兵部隊との衝突を繰り返しました。

一八六九年、グラント大統領がこうした小競り合いに対応させるため総司令官に任命したのはウィリアム・シャーマン将軍でした。かつて、一八四八年にカリフォルニア軍政長官メイソン大佐とともにゴールドラッシュの模様を調査した男です。グラントは当初、インディアン部族と平和的な交渉で融和を実現する方針でした。しかし交渉役に指名したエドワード・スミスから、スミスの権限で示したインディアンへの約束は、金採掘や鉄道ビジネスの利権に目のくらむ者にことごとく無視されていることが報告されると、[*12]陸軍主導でインディアン問題の解決に当たらせざるを得なくなっています。

シャーマン式バッファロー絶滅作戦

シャーマン将軍は、南北戦争では南部のジョージア州やサウスカロライナ州の都市に焦土作戦を展開し、非軍事施設をも容赦なく攻撃した男です。目的遂行のためならどんな手段を行使してもかまわないという考えを持っていました。アトランタからサバンナ（ジョージア州）まで、破壊の限りを尽くし、一八六四年、南部貴族文化を消滅させて、「風と共に去」った男です。

シャーマンは南北戦争の経験を通じて、敵の抵抗力の大きさは物理的な軍事力だけでなく「戦闘意志」に依存すると確信し、それを完膚なきまでに叩きのめす作戦に重きを置いた軍人でした。[*13]平原インディアンの一部族であるスー族との戦闘で八十名の部隊を失った事件では、一八六七年に次のように報告しています。

「彼らには徹底的な報復措置をとらねばならない。男も女も子供も容赦すべきでない。殲滅する（even to their extermination）ことも厭わない[*14]」

「兵士が戦闘の最中に立ち止まって、男か女かを確かめることなどできやしない。ましてや年齢を確認することなど無理に決っている」とまで言い切る冷酷なシャーマンでした[*15]。

そうはいっても、平原インディアンに対して国家として戦争をしているわけではありません。ある程度の報復はできても、積極的に抹殺を仕掛けることはできないのです。彼に命じられているのは、あくまでもインディアンを居留地に押し込め、定住させることでした。こうしたジレンマの中で彼が考え出した方法がバッファロー虐殺でした。バッファローが平原を駆けめぐる限りインディアンは食料に困りません。ゲリラ戦も可能でした。インディアンの抵抗意志を砕く最良の方法は糧食を断つことだと結論づけたのです。その一環として、すでに一八六八年五月にはスポーツ・ハンティング構想を考えています。

「この国にバッファローがいる限りインディアンは集まってくる。今秋、イギリスからも国内からもスポーツ・ハンターを呼び込んで大々的にバッファロー・ハンティング大会などを催すのも面白い[*16]」

シャーマンの軍隊は政界や実業界の有力者をバッファロー・ハンティングに招待し

ています。国内だけではありません。外国の要人にも便宜を図っています。一八七二年一月には訪米中のロシア皇帝アレクサンドル二世の第三皇子アレクセイのために五日間にわたるハンティング・ツアーを催しています。猟場となったノースプラット（現・ネブラスカ州）まで特別列車を仕立てたのはユニオン・パシフィック鉄道でした。[*17]

こうしたスポーツ・ハンティングに加え、鉄道建設作業員や軍隊の食肉用にバッファローの殺戮を進めていきました。中でもバッファローの舌肉は最も人気のある部位でした。陸軍高官の要望があれば、兵士はわずか二ポンド（一キログラム弱）の舌肉を切り取り、残りの部位二千ポンド（約九百キログラム）は惜しげもなく捨て去りました。しかし、こうした方策ではバッファローの個体数にほとんど変化が見られませんでした。年間五十万頭程度までの殺戮であれば、群れの総数は自然回復できたのです。[*18]

この均衡は思いもよらないところで破られることになります。一八七一年、バッファローの皮を利用する技術がドイツとイギリスで相次いで開発されたのです。[*19]

バッファローは食用だけでなく毛皮にも利用されていました。ところが毛皮とするためには、体毛が豊かになる冬季の三ヵ月間に仕留めなければならず、この用途での利用は限定的でした。バッファロー皮は牛皮に比べて加工が難しく、ほとんど利用されていませんでした。新しい加工技術は体毛のない部位の皮も利用可能にしたのです。

バッファローの皮を最も必要としたのは製靴業者でした。牛皮に比べて厚く丈夫な

「最後のバッファロー。撃たないでくれ。毛皮はやるから」
トーマス・ナストの諷刺画　1874年

ことから軍靴の製造に適していたのです。おりしも一八七〇年には普仏戦争があり、ヨーロッパでの軍事需要も増加していました。原皮を扱う業者はすぐさま買い付けに走っています。ハンターには、南米から輸入した原皮の劣化を防ぐ薬品を売りつけています。[*20]

ニューヨークの原皮取引価格は一枚四ドル前後。[*21]およそ四〇パーセントから五〇パーセントが買付業者のマージンや輸送費で消えたと推算しても、ハンターたちの手取りはおよそ二ドル。当時の線路工夫の月給が三十ドルから三十五ドルです。わずか二十頭を仕留めるだけで一月分の給与に相当する収入となるのです。限りない欲望で彼らは手当たり次第にバッファローに襲いかかりました。皮革技術の改良でバッファローは「走るゴールド」に化けたのです。

一八七〇年頃には千四百万頭程度は生息していたとされるバッファローは、わずか十年で四十万頭にまで激減しています。このすさまじいまでの大量殺戮の数字は、現代人の感覚ではとうてい理解できません。これだけの濫獲にもかかわらず原皮価格はそれほどの影響は受けていません。三ドル五十セント前後で推移しているのです。高い需要があり価格が高止まっていたことが殺戮に輪をかけたとも言えます。

シャーマン将軍のインディアンの糧食を断つ作戦は、思いもかけない技術革新でその目的を達することになりました。さすがにワシントンの議会もあまりの量の殺戮を憂慮し、バッファロー保護法を成立させています。しかし一八七四年、グラント大統領はこれに拒否権を行使するのです。

「バッファローが平原から消えたとき、私たちは悲しみのどん底に突き落とされた。その悲しみから、我々は二度と立ち上がることはできなかった[*22]」（クロウ族酋長プレンティー・クー）

ノーザン・パシフィック鉄道開通後もインディアンとの抗争が完全にやんだわけではありません。しかし彼らの糧食は断たれ、闘う意志までも削がれてしまいました。彼らが連邦政府の支援を受けながら居留地で生きる道しか残されていませんでした。

「啓蒙される」のはもはや時間の問題でした。

西部観光キャンペーン

一八八三年九月八日のノーザン・パシフィック鉄道開通式は、アメリカが荒れ狂う西部フロンティアをついに支配下に置いたことを示すセレモニーでもありました。アメリカには、いったん征服した対象には突然優しさを見せる性癖があります。インディアン征服のために徹底的な破壊を厭わなかった西部の自然に対して、一転して環境保護の方針を取るのです。それは大手鉄道会社の経営戦略とも密接に関わっていました。

一八七〇年代の鉄道の経営方針は、政治家や投資家を懐柔し建設資金を確保することでした。鉄道の完成で貨物輸送には十分な採算が見込まれました。しかし、さらなる経営の発展のためには旅客輸送ビジネスの拡大が必要でした。インディアンの襲撃やバッファローとの衝突事故のなくなった安全な鉄道の旅をアピールし、旅客を魅了する観光資源の開発が急がれました。幸いなことに、これまで鉄道建設の障害でしかなかったロッキーの山並みが、そうした資源を豊富に抱えていました。

ノーザン・パシフィック鉄道が目をつけたのはイエローストーンでした。火山活動が活発なこの一帯は、一八七二年にグラント政権下で国立公園に指定されています。

しかし、ここを訪れることができるのは役人や探険家、あるいはガイドの雇える富裕層に限られていました。ノーザン・パシフィック鉄道は、この公園のあるワイオミングとモンタナの州境近くに路線を走らせています。この国立公園を利用しない手はありません。

ノーザン・パシフィック鉄道は開通と同時に観光促進キャンペーンを開始しています。客車をまるまる広告塔にしたキャンペーン・カー「フェア・オン・ウィールズ」号を東部諸都市に走らせ、二百万枚のパンフレットを配布しています。キャンペーン・カーを訪れた者は四十万人。このキャンペーンで実際にイエローストーンを訪れた観光客は年間五百人ほどにとどまりましたが、西部観光に高い関心が集まるようになったことは確かでした。[*23]

こうしたキャンペーンを行ったのはノーザン・パシフィック鉄道だけではありません。セントラル・パシフィック鉄道とサザン・パシフィック鉄道はヨセミテとグランドキャニオンを観光名所としてアピールしていったのです。観光名所との有機的な連結を私鉄経営の根幹に据える手法は、日本の私鉄にも受け継がれています。

鉄道会社のキャンペーンは、東部や中西部の住民たちに「ロマン溢れる西部（The Romantic West)」のイメージを植えつけることに成功しています。画家トーマス・モランの描く西部の大自然は、都市部のミドルクラスの好奇心をくすぐっています。

ノーザン・パシフィック鉄道はモランの風景画をふんだんに使ったカレンダーを販売促進の道具に使っていました。

キャンペーンが最高潮に達したのは一八九三年にシカゴで開催されたワールド・コロンビアン博覧会（シカゴ万国博覧会）でした。ノーザン・パシフィック鉄道の路線は、シカゴを訪れた観光客をイエローストーンに運ぶのに好都合でした。「せっかく（シカゴ）万博にやってくるからには、イエローストーンを見ずには帰れない」(When you visit the World Fair, don't fail to see Yellow Stone Park) がキャンペーン・コピーでした。[*24]

シカゴ万博の「鳳凰殿」

ミシガン湖南端に位置するシカゴは、五大湖水運と、内陸に通じる運河やここに集中する鉄道網とが有機的な結合を見せる交通の要衝でした。巨大なターミナルとして発展したアメリカ中西部の商業センターでした。一八七〇年代には三十万人程度の人口でしたが、八〇年代には五十万人、九〇年代には百万人を超えています。一八七一年十月には十万人もの犠牲者を出す大火に見舞われました。岩倉使節団は、この火災の四ヵ月後、一八七二年二月二十七日にこの街を訪れています。再興には最低三年は要するだろうとの説明を受けるほどの荒廃ぶりでした。惨禍を目にした岩倉は五千ドル（現在価値でおよそ九万ドル）の献金を決めています。[*25] この災害以後、木造建築を禁止したシカゴは、石造りの高層ビルが立ち並ぶ近代都市への道を一気に歩んでいます。

「一八九〇年代、シカゴの発展は目覚ましく、人々に注目されていた。毎日シカゴに出入りする列車は八百五十本に達し、三つの大学、四百六十五の教会、千四百の旅館、一つの交響楽団、二十四の新聞社などがあった[*26]」

シカゴ万博はコロンブスの新大陸発見四百周年を記念するもので、フィラデルフィア万博に次いでアメリカで開催された二度目の大規模な世界博覧会でした。開催地には東部のニューヨークやワシントンも立候補しましたが、一八九〇年二月二十四日、数回の投票を経てシカゴに決定しています。大陸横断鉄道で東部と西部を繋ぐ交通の要所に変貌したシカゴは、まさにアメリカ経済発展の心臓部とも言えました。

ミシガン湖畔の会場の大きさは二百八十万平方メートル（東京ドーム六十棟相当）。会場内には湖と繋がる運河や池が掘られ、ヴェニスから輸入されたゴンドラが来訪客の足となっています。フランス、ドイツなどのヨーロッパ諸国やアメリカ各州のパビリオンと、運輸・工業・交通・電気などのテーマ館を合わせて、二百を超えるパビリオンが客を迎えました。

会場へのエネルギーは、列車用エアブレーキ開発で財を成したウェスティングハウスが電力（交流）を供給し、会場の電飾作業はトーマス・エジソンが受注しています。[*27]

夜の会場をライトアップしたのはエジソンの白熱電球九万個でした。白熱電球は、エジソンが京都岩清水八幡宮境内の竹をフィラメントに使って研究開発したものでした。

大型テーマ館の一つ、交通館のデザインでは、アドラー・サリヴァン設計事務所の若きスター、フランク・ロイド・ライト（一八六七―一九五九年）が活躍しています。[*28] ロイドは後日、帝国ホテル本館などを設計し、日本でも有名な建築家に育っています。

アメリカは、シカゴでの開催が決まるとすぐに日本政府に参加を要請しています。日本にとってアメリカはすでに最大の輸出国になっていましたから、出展はすんなり決まっています。出展準備事務局の実質的責任者には九鬼隆一（事務局副総裁）が任命されています。九鬼は、ワシントンから帰任した森有礼が結成した明六社[*29]のメンバーで、アメリカ型の文明開化を主導した一人でした。政府は思い切った予算を計上し、宇治平等院鳳凰殿を模した日本館の建設を決めています。フェニックスホールと名づけられた日本館は、会場の特等地であったウッデッド・アイランドに六十五万ドルの巨費を投入して建設されています。施工には大倉財閥が手配した宮大工があたりました。[*30]

一八九三年五月一日の開会式にはクリーブランド（民主党）大統領が訪れ、イリノイ州知事ジョン・オルトゲルドが祝辞を述べています。来賓の中には、万博事務局が探し出した二人のコロンブスの直系子孫と、コロンブスを送り出したスペインを代表

宇治平等院鳳凰殿を模した日本館。東京大学総合図書館所蔵

してエウラリア王女の顔もありました。初日の来場者は五十万人。会期終了の十月三十日までの入場者は二千七百五十万人に及んでいます。

万国博会場は夏の到来とともにますます入場者を増やしています。パビリオンではエジソンが、映写機の原型となるキネトスコープや長距離電話の実演を行っています。会場内ではリグレーがチューインガムを、ケロッグ兄弟がコーンフレークス（シリアル）を来場者に試食させ、生まれたばかりの不思議な味の食品が好評を博していました。

万博会場とワシントンパークを結んで東西に走る一・五キロメートルのミッドウェイ・プレザンス街路には巨大観覧車が設置され、乗客に二十六階建てのビルディングと同じ高さから見るシカゴ市街やミシガン湖の景観を提供していました。地上ではスポーツ・イベントやマジックショーに歓声が沸いていました。中でもインディアン戦争に動員された陸軍と契約し、仕留めたバッファロー肉を大量に軍に提供したビル・コーディーの企画は人気でした。ワイルドウェスト・ショーと名づけられた西部開拓（征服）のシーンをアレンジしたスタントショーでした。万博会場は日曜日も多くの家族連れで賑わっています。キリスト教会は日曜日にはゲートを閉じるよう要請しましたが、事務局はその反対を押し切って日曜の開催を決めています。[*31]

さらなる辺境（フロンティア）を求めて

一八九三年七月十二日水曜日、万博会場はいつもどおりの喚声と喧騒が渦巻いていました。しかし、この日この街で開催されたアメリカ歴史学会の会場では、若手学者の講演を多くの学者が耳をそばだてて聞き入っていました。演壇に上っていたのはウィスコンシン大学教授フレデリック・ターナー、三十二歳の気鋭の歴史学者です。

彼の講演は、この頃の政治家や軍人を含む多くのアメリカ知識人が漠然と抱いていた不安感を明快に言葉にしたものでした。アメリカ統計局はこの三年前に、もはやアメリカには辺境と呼べる土地がなくなったことを宣言していました。この頃のアメリカは四十五の州に七千五百万の人口を擁し、ロシア、カナダに次ぐ国土面積を持つ大国に成長していました。この広大な国土に、開拓者魂を発揮する土地が消えたのです。「新大陸発見から四百年、憲法制定から百年。ついにアメリカからフロンティア（辺境）が消えた。その消滅とともにアメリカの歴史の一幕が降ろされた[*32]」

「アメリカの歴史における辺境の重要性（The Significance of the frontier in American History)」と題された講演の中でターナーは、アメリカ人気質は常に西の辺境に向かい合ってきたからこそ形作られたと主張します。未開の文化を啓蒙しながらのたゆまぬ西漸運動こそが、停滞を嫌うアメリカ文化形成（perennial rebirth）のエンジンだったと分析してみせたのです[*33]。辺境こそがアメリカ人の独立の気概と、男らしさの源であった。だからこそアメリカ人は、現状維持に満足するヨーロッパ貴族や地主階級とは違うのだ。しかし「辺境の消えたアメリカには、もはや抵抗する原住インディアンはなく、そこには啓蒙すべき野蛮な文化は残っていない[*34]」。そうした現状を淡々と述べたのです。

ターナーは、辺境に広がっていた「凶悪な」自然と「野蛮な」インディアンの存在が、高邁な自立心と実績のみを価値基準とする倫理規範を育み、その過程でアメリカ的な民主主義が形成されてきたと説きました。その対象が消えた今、我々はアメリカ人たり得るのか。ターナーの講演は、アメリカ知識人の誰もが感じていた、言いようのない不安をいっそう刺激するものでした。消えた辺境の代替をどこかに求めなければならない、このままではアメリカ人魂が喪失してしまう、と深く憂慮したのです。

アメリカ統計局が辺境喪失を宣言したのはターナーの講演の三年前のことでした。この年、海軍大学の戦略史家アルフレッド・マハンが『海上権力史論』(*The Influence of Sea Power upon History, 1660–1783*)を発表し、アメリカの継続的な発展には海軍力増強が欠かせないと主張していました。喪失した辺境の代替をさらなる外縁に求めようとする動きに先鞭をつける著作でした。マハンは一九〇二年に、ターナーは一九一〇年に、アメリカ歴史学会会長に選出されています。二人ともアメリカ知識人のリーダーとなる存在でした。

十九世紀最大の不況の到来

シカゴ万博の閉幕を二日後に控えた一八九三年十月二十八日土曜日、シカゴ市長カーター・ハリソンは、午前中は博覧会の成功を祝うスピーチをこなし、午後は閉幕間近のパビリオンを見学して過ごしました。ハリソンは六十八歳。市長を五期務めるほど市民に人気の高い政治家でした。[*35] アッシュランド街二百三十一番地の自宅に戻ったのが五時。七時四十五分には、子供たちとの夕食が終わり、ダイニングでのんびりしていました。

八時頃、一人の男が訪ねてきました。市長は自宅を訪れる市民と面会することを信条にしていましたから、メイドは何の警戒もなくその男を邸内に案内しています。ダイニングから応接間に現われた市長を見るや否や、男は三十八口径のピストルを市長に向けました。四発の弾丸を腹部や右胸に受けた市長が息を引き取ったのは八時二十七分のことでした。男は逃亡することなく警察に出頭しています。

犯人は一八六八年生まれのアイルランド人移民パトリック・ペンダーガーストでした。かつて市長が職の斡旋をすると約束していたにもかかわらず、それを実行してくれなかったという怪しげな理由が犯行の動機でした[*36]。慕われていた市長の不条理な暗殺は、祭り（万博）の終幕を目前に控えた市民に、言いようもない不安を感じさせました。この頃のアメリカ経済はすでに大きく綻びを見せていました。万博という宴は市長の暗殺とともに終了しました。それにシンクロするかのように、アメリカ経済は長い不況のトンネルに入っていくのです。

「パニック・オブ・93」と呼ばれる不況は、それまでのアメリカが経験したことのない、長い長い不況でした。失業率は一八九三年から九八年の六年間にわたって一〇パーセントを大きく超え、九四年には一八パーセントに達しています[*37]。

シカゴ万博の準備が急ピッチで進んでいた一八九三年の初めから、ワシントン財務省は兌換を約束した証券を金（きん）に換える要求が増加していることに気づいていました。ヨーロッパの投資家がアメリカに投資した資本を金に換え、引き上げ始めたのです。

アメリカドルの信用は、当時どの国でもそうであったように、いつでも貴金属である金または銀に兌換できることで担保されていました。アメリカ財務省はそうした兌換の要求に備えて、最低でも一億ドル分の金を保有していました。シカゴ万博開幕九日前の四月二十二日、その最低限確保しておきたい一億ドル分を下回るレベルにまで低下してしまいます。[*38]

何か得体の知れない力がアメリカから金を吸い上げていたのです。鉄道に代表されるインフラストラクチャーの整備に必要な、巨額な資金の供給はイギリス資本が担っていました。反イギリス・ムードが強いアメリカ政界ですが、資本は経済の論理に従って動きます。利益を得られそうなアメリカ経済に、世界の工場として君臨し豊富となったイギリスの資本が還流していたのです。その資金がアメリカから逃げ始めました。

アメリカ財務省の持つ金の保有量の減少は、アメリカの銀行システム全体の金保有量の減少を意味します。この頃のアメリカには中央銀行は存在しません。国法によって認可された民間銀行が、金または銀との引き換えを保証した兌換銀行券を発行していました。金の保有量が減少すると、それに伴って民間銀行が発行できる銀行券の量は減らざるを得なくなります。信用収縮が起こり始めていたのです。これはアメリカ国内の銀行券（通貨）の量が減っていることを意味しています。

経済活動の規模と流通貨幣量との間には、次の単純な式で示される関係が存在します。

流通貨幣量：M
一年間に貨幣が何回使われるかの貨幣流通速度：V
一年間に生産された物やサービスの平均価格：P
一年間の国民経済活動の総額：M×V＝P×Q

アメリカから金が逃避すると、アメリカ経済の中で流通する（できる）貨幣量は当然ながら減少していきます。貨幣の流通速度の計測は難しいのですが、大きな社会異変が起きるほどの事態がなければそれほどの変動は見せません。生産量Qもすぐに変わることはありません。こうした条件の中でM（流通貨幣量）が減るのですから、この公式「MV＝PQ」が成り立つためには物やサービスの価格Pが下がらなければなりません。つまりデフレにならざるを得ないのです。

デフレの影響をまともに受けるのは資金調達を借金に頼っている会社です。生産財の価格の低下で借金の実質負担が増加してしまいます。一八九三年二月二十六日、最初に倒産の憂き目を見たのはフィラデルフィア・リーディング鉄道でした。シカゴ万博の開幕したその週の五月五日にはナショナル索具会社が倒産しています。ナショナル索具会社は全国の索具（帆綱など、綱で作った船具）の八割のシェアを持ち、株式市場でも活発に取引されていた会社です。フィラデルフィア・リーディング鉄道の倒産以来、ナーバスになっていた市場心理が一気にパニックに陥っていきました。株価の暴落に伴い、預金者が我先に預金を引き出そうと銀行の窓口に押し寄せました。

「銀行の取付騒ぎの拡大でパニックは広がった。ニューヨークの銀行間取引の短期金利は急上昇した。七四パーセントにまで上がったにもかかわらず、それでも資金の融通はできなくなった。一八九三年末までに多くの会社が倒産の憂き目にあった。（中略）およそ一万五千社と五百の銀行が倒産した[*39]」

銀行は発行する銀行券に見合う兌換用の貴金属を一〇〇パーセント保有しているわけではありません。一定の準備率で決められた金か銀しかないのです。信用創造によって貴金属の価値以上の貨幣が流通しています。銀行の取付騒ぎは起こらないという不確実な前提で金融システムは構築されているのです。倒産した鉄道の中には、この十年前に華々しく開通のセレモニーを挙行したノーザン・パシフィック鉄道の名前もありました。それにしても、いったいなぜアメリカから金が逃げていったのでしょうか。

人類は古来から交易活動に貴金属を使っていました。中でも金や銀は変質しません。腐ったり錆びたりして時とともに失われることがないのです。ナイフで切り取っても量が変わるだけで、質そのものが変わることはありません。その上、その物量は世界的に希少でしたから、突然、途方もない量の金や銀がどこかから溢れ出て価値が減価する恐れが少ないものでした。

交易活動が可能になるためには、経済活動（労働）の結果として蓄えられた富を保存し、移動することができなくてはなりません。それを可能にするのが金や銀の貴金属でした。経済の成長とともに交易活動は活発化します。そのためには経済活動の大きさに見合った量の貨幣が必要になります。貨幣は、人間の体で言えば血液のようなものです。十九世紀は、この血液に金を使う（金本位制）か、銀を使う（銀本位制）か、あるいはどちらも使えるようにする（複本位制）のかで、アメリカやヨーロッパ各国が激しいつばぜり合いをしていた時期にあたるのです。

アメリカもヨーロッパも、基本的にはどちらの金属も貨幣として通用させる複本位制をとっていました。交換の比率は金一に対して銀十五から十六で推移していました。この金銀の交換比率は需給バランスで変動する危険性を常に孕(はら)んでいますから、本来ならどちらかに統一するのが好ましいのです。ヨーロッパでは、金を選好するイギリス、銀を選好するプロシアを中心としたヨーロッパ大陸諸国、金銀比価を一対十五・

五に固定して複本位制度をとるフランスと、異なるシステムが鼎立していました。こうした中で、一八六七年には第一回の国際通貨会議がパリで開催されています。ここでは「金を将来の通貨基準とすることを決議し[*40]」ています。

金が銀よりベターという確認をしただけの会議でした。この時点で金本位制をとっていたのはイギリス本国とポルトガルの二国のみ。イギリスは本国では金本位制ですが植民地化したインドや取引量の多額な清国が銀本位制を続け、銀ベースの通貨の流通量は膨大でした。世界の通貨ベースを金に統一することは難しいことだったのです。このバランスを崩したのはプロシアでした。一八七〇年に勃発した普仏戦争に勝利したプロシアは、翌七一年五月十日のフランクフルト条約でフランスからの賠償金五十億フラン（十億ドル）を得ることになるのですが、この支払いを金で要求しました。プロシアはこの賠償金をベースにして金本位制に移行することを決断します[*41]。プロシアの動きにフランス、ベルギー、スイスが追随したのは一八七九年のことでした[*42]。ヨーロッパの大勢は金本位制に向かって動き始めたのです。

アメリカも一八七三年に鋳貨法（The Coinage Act）により、ひとたび金本位制に移行しました。銀が貨幣でなくなると、経済に必要な貨幣の絶対量が減少します。それが、岩倉をもてなしたクックの銀行破綻の一因になりました。こうした苦い記憶もあり、アメリカ国内には銀を選好するグループが根強く存在していたのです。

一九〇〇年に出版された『オズの魔法使い』の物語で風刺されているように、アメリカを金本位制に無理やり引きずり込んだのは、イギリスの銀行家に丸め込まれたニューヨークの銀行資本家や政治家だと罵る声は絶えませんでした。そうした声が強かったのは中西部でした。『オズの魔法使い』の主人公の少女ドロシーは西部州のカンザス出身です。そして、オズのＯＺは貴金属単位のオンス（ＯＺ）を暗示するものです。銀も貨幣として使い続けるべきだと主張するそうした中西部の勢力と妥協して成立したのが、一八九〇年のシャーマン銀買い上げ法（Sherman Silver Purchase Act）でした。この法律でアメリカ政府は一定量の銀（年間一千万ドル相当）の買い付けを約束しました。この法律で銀をベースにした通貨の量も増えることが見込まれました。『オズの魔法使い』に出てくるブリキの樵（すなわち失業者）が、ドロシーの差したオイル（すなわち通貨量の増加）で生き返ったエピソードは、この法律の施行で期待された効果を暗示しているのです。

この法律はヨーロッパの投資家の間に大きな不安を生み出しました。アメリカは本当に金本位制にコミットメントするのかどうかという疑念です。コミットしないのであれば、アメリカは銀の価値を維持するために意図的に銀に有利な金銀交換レートを設定するに違いないのです。つまりアメリカでは金の価値が下がることを意味します。これを恐れたヨーロッパ資本家はアメリカから金の引き上げを始めたのです。折しもこの年にはアルゼンチンで政情不安となり、この国に過剰投資していたロンドンのベアリング商会が資金不足に陥っています。アメリカに投資した資金を回収せざるを得ない状況にありました[*43]。

すでに一八九〇年から始まっていたアメリカからの金の逃避が、九三年に顕著になったのです。金（をベースにした通貨）は経済の血液です。血液不足は貧血を生みます。一八九三年にはそれが虚血症にまで悪化し、アメリカという巨人が倒れかけるほどになりました。アメリカの産業技術の発展に世界中が眼を見張ったシカゴ万博、それと同時に起こった未曾有の不況。歴史は大いなる皮肉に満ちています。

過激化する労働争議

アメリカ政府は経済の血液である金の海外流出（失血）を止めようとやっきになっています。一八九四年二月、財務長官ジョン・カーライルは自らニューヨークに説得に出向き、銀行に政府証券を無理やりに購入させています。五千九百万ドル相当の金が国庫に入りました。しかし失血は続き、この年の十月には五千二百万ドル、翌年一月には四千万ドルにまで落ち込んでいきます[*44]。

血液の回らないアメリカ経済の中で企業倒産が続き、失業者はますます増えていきました。アメリカの労働運動はこの九三年不況（「パニック・オブ・93」）以前から組織化が進み、先鋭的なグループが出現していました。シカゴ万博の始まる六年前の五月四日、湖岸の万博会場となった場所から程近いヘイマーケット広場で、二千人ほどの労働者が集会を開いていました。それを解散させようとした警官隊にパイプ爆弾が投げ込まれ、七人が死亡、六十人以上の負傷者を出す事件が発生しています。応戦した警官隊の銃で四人のストライキ参加者が死んでいます。

この集会はマコーミック農業機械製造会社のストライキを支援するものでした。この会社ではアイルランド人労働者が中心となって組織されたストライキが続いていました。労働時間短縮（八時間労働）を求めていたのです。爆弾を使用した警官殺傷事件は、アメリカ市民や政治家に、この国が大きく変わりつつあることをはっきりと意識させるものでした。

九三年不況に入ると、またしてもシカゴで大きなストライキが発生しています。シカゴ市の南にあるプルマン市は、アメリカ鉄道文化そのものを象徴する高級客車や食堂車や寝台車を製造するプルマン・パレス・カー製造会社の企業城下町でした。贅沢なつくりのプルマン社製の列車に乗って、開拓された西部を快適に旅することはアメリカの上流階級のステータスであり、中流階級の憧れでした。鉄道ブームとともに急成長したプルマン社は、所在地の町そのものに近代的なインフラストラクチャーを整え、従業員の居住環境を快適なものに変えてきた優良企業でした。レンガ造りの集合住宅にはガスが引かれ、下水道設備も完成していました。[*45] この町は来たるべき二十世紀を先取りした、誰もが羨む近代都市でした。

九三年不況では、中小の鉄道だけでなく鉄道関連の大手企業も苦境に立たされ、次々に倒産していきました。プルマン社への発注はぱたりと止んでいます。従業員の厚生に重きを置いた家父長的な経営（paternalist）を進めてきたジョージ・プルマンですが、三千人の解雇と労賃半減を決断せざるを得ませんでした。従業員がストライキに突入したのは一八九四年五月十一日のことでした。およそ一ヵ月にわたる労使の睨み合いが大きな変化を見せたのは六月に入ってからでした。アメリカ鉄道組合（American Railway Union＝ARU）がプルマン争議に介入を決めたのです。

ARU委員長のユージン・デブスの支援戦術は、これまでになかった強引なやり方でした。デブスは、職種にかかわらず、鉄道業に携わる者すべての結束を訴えていた男です。彼は鉄道各社の組合員に、稼動しているプルマン車両そのものの取り扱いを拒否するよう指令を出しました。[*46] この瞬間から、わずか一社の労働争議がアメリカの鉄道システム全体を麻痺させる規模に拡大しました。「プルマン争議が、強力な労働運動組織と全鉄道資本との闘い」となったのです。[*47]

クリーブランド政権の司法長官リチャード・オルニーは長年、鉄道資本を顧客としていた法律家でした。シャーマン反トラスト法（Sherman Antitrust Act of 1890）を根拠に、ＡＲＵの戦術を不法行為として裁判所に認めさせることに成功しています。この法律は元来、ロックフェラーによるスタンダード石油の独占的価格形成を規制しようとしたものでした。資本家に適用するはずだった法律が労働運動の抑制に使われるというアイロニーです。

クリーブランド大統領はストライキ鎮圧に強い意志を見せています。一向に衰える気配のないストライキへの対応に軍隊の投入を決めています。七月四日は独立記念日でした。シカゴ・ユニオン・ストック駅に一万を超える労働者が集まってきました。彼らには独立を祝う気分は一かけらもありませんでした。警備の軍隊との衝突を繰り返し、放火した火がまだ一部残っていたシカゴ万博の施設を焼きました。

このシカゴの事件は、アメリカ全土で労働運動とは何の関連もない単純な暴動を次々に引き起こしています。それは中西部から西部の都市に伝播していきました。六つの州の知事から軍隊派遣要請がクリーブランド大統領のもとに寄せられています。総計一万六千の兵士の投入とデブスの逮捕でやっと鎮静化させました。[*48] この事件以来、過激化の一途を辿る労働運動をいかにコントロールしていくかが、政治家の大きな課題となっていきます。

優しかったアメリカの豹変

シカゴ万博には清国は参加していませんでした。一八八二年の支那人排斥法は十年目を迎えた一八九二年に更新されています。この法律の第六条では、アメリカ国内に居住できる支那人についても法律成立後一年以内に居住証明書を取得することが定められました。不法に入国していた者を退去させるための施策でした。一八八八年にはアメリカに居住資格のある者でも、一時帰国すればその資格を失い、再入国を認めないことも決めています（スコット法）。アメリカは国家の意思として支那人を排除することを露わにしているのです。これに反発した清国は万博参加要請を拒否しています。

それでもシカゴ万博の世界各国の民族を描いたパンフレットには支那人の姿が描かれています。その理由は、民間が出展するバザールには支那からの参加があったからです。政府は会場を賑やかに盛り上げるバザール出展者に限って、支那人排斥法適用を除外する便宜を図っています。ところが、この会社の雇用証明を持って入国した支那人が、シカゴに現われず行方をくらます事件が発生します。このバザールを企画したのは、シカゴのワー・ミー・エキスポジション（Wah Mee Exposition）社でした。

およそ五百人がこの会社の雇用証明を提示して入国しています。しかし、そのうちの多くが偽造書類でした。ワー・ミー・エキスポジション社はこの件で訴えられています。[*49] シカゴは西海岸に比べて反支那人感情が希薄でした。しかし、この事件は『シカゴ・トリビューン』紙（一八九三年四月十六日付）や『ニューヨーク・タイムズ』紙で報じられ、[*50]中西部や東部の人々に、支那人はこずるくて危険な人種だとの意識を植えつけていきました。

一八八二年の支那人排斥法成立後、しばらくは反支那人感情は沈静化していました。ノーザン・パシフィック鉄道の工事が続いていましたから、セントラル・パシフィック鉄道建設の経験のある支那人労働者は重宝されていたのです。ところがこの鉄道が完成すると、白人労働者にとって目障りな存在に戻ってしまいます。反支那人活動が改めて活発化するのは一八八五年のことでした。ワイオミング州ロックスプリングスの町で起こった暴動は激しいものでした。ユニオン・パシフィック鉄道が所有する炭鉱で働く支那人労働者が白人労働者に襲撃されたのです。

この鉱山ではストライキが多発していました。経営者側はかつてボストンのモデル・シュー会社が行ったように、ストライキのたびに支那人労働者を代替労働力にしていました。このままでは一向に労働条件は改善されません。業を煮やした男たちの職場に、過激な運動を指導する組織「ナイト・オブ・レイバー（Knight of Labor）」がオルグ活動に入りました。九月二日早朝、六番鉱区で働いていた支那人鉱夫二名が襲われました。暴徒化した白人労働者はこれに飽き足らず、ロックスプリングスの町にあるチャイナタウンに繰り出し、支那人を見かけると手当たり次第に叩きのめしていきました。商店も焼き尽くされました。軍隊の出動で鎮圧されましたが、支那人二十八人が殺され、建物や商品の被害は十五万ドルに及んでいます。逮捕者は出ていません。

「ロックスプリングスの虐殺（Rock Springs Massacre）」と呼ばれるこの事件を引き金に、ワシントン州シアトルやその近郊の町タコマでも似たような排斥運動が活発化していきました。ノーザン・パシフィック鉄道の開通で、ワシントン州やオレゴン州に支那人が数多く移住してきていたのです。支那人排斥の動きは燎原の野火のように広がっていきました。こうした排斥運動の対象は支那人だけでなく、次第に日本人移民にも向けられるようになっていきます。白人労働者にとっては二つの人種の違いなどわかりません。どちらもアジアから来た背の低い黄色人種でした。白人の職場を脅かす人種であることに変わりはありません。アメリカ市民になることのできない「劣った」人種なのです。

この頃のアメリカ西海岸に住む日本人はそれほど多くはありません。一八九〇年にはオレゴン州に二十五人、ワシントン州に三百六十人、カリフォルニア州におよそ千五百人という数字が残っています。[*51] 数は少なくても白人の敵には違いありません。日本人もまた白人の敵だとして、アメリカから排斥しようとする運動に火がつくのは時間の問題でした。その火をつけたのは、またしてもサンフランシスコのアイルランド人デニス・キアニーでした。

「ワーキングメンズ党のデニス・キアニーは、一八七〇年代の反支那人運動をリードしていた男だ。彼は支那人も日本人も同類と考えた。一八九二年、サクラメントの記者が彼のそうした主張を記録している。『我々がせっかく支那人を追い出したと思ったら、金儲けに目がくらんだ連中（foreign Shylocks）は、またぞろ新しいアジア人奴隷労働者を連れてきやがった。そいつらの名はジャップ（Japs）だ。奴らはぞろぞろとこの地にやってきて、我々白人の職場を脅かし始めた』。彼はお決まりのように、ジャップを叩き出せ（The Japs must go !）と言って演説を締めくくった。少し前までは、支那人を叩き出せ、だったが、それが日本人に代わっただけだった」[*52]

一八九二年のサンフランシスコの新聞各紙、『モーニング・コール』、『サンフランシスコ・イグザミナー』、『サンフランシスコ・ブリテン』もキアニーの論調に合わせた反日記事を連載しています[*53]。市民はこうした論調に流されていきます。一八九三年六月十日、サンフランシスコ市教育委員会は日本人児童を支那人の学ぶ学校へ編入させ、隔離する条例を決議します。

この条例の成立は日本人に大きな衝撃を与えています。日本人はアジアのリーダーのはずでした。アメリカの教えを忠実に守り、彼らの指導による「啓蒙」の道を歩んできたはずでした。折しもシカゴで開催されている万国博では、そのセンターステージで鳳凰館が日本の高度な伝統文化を伝え、その建築技術はフランク・ロイド・ライトに強烈なインパクトを与えていた時期なのです。対照的に、支那人の母国、清国はパビリオンさえ出していません。偽の書類で密入国をはかり、アメリカ政府と揉めています。

二つの民族はまったく違うと認識されていたはずでした。ベイヤード・テイラーもそれをアメリカに伝えていました。しかしサンフランシスコの白人たちは、日本人をアジアからやってきた黄色人種として一括りにして、さっさと排斥を開始したのです。かつて徳川の遣米使節や岩倉使節団の訪問にあれほどの歓迎を見せたサンフランシスコですが、もはやその面影はどこにも残っていませんでした。

この時期、サンフランシスコ領事に赴任していたのは珍田捨巳（ちんだすてみ）です。珍田の抗議で、市教育委員会はこの条例を撤回しています。珍田は新聞の論調からこうした事件がいずれ起こるだろうと危惧していました。ついにそれが現実のものとなったのです。この事件をきっかけにして、日本の政治家や知識人は、アメリカへの畏敬に溢れていた心の片隅に、小さな疑念を持ち始めることになります。優しかったアメリカの背信を敏感に感じとった瞬間でした。

珍田はその後、外務省で出世を重ね、外務次官や侍従長にまで上りつめていきました。

◉原註

＊1 Grand Opening of the Northern Pacific Railway, The City of St. Paul, Brown & Treacy, 1883, p26.

＊2 Railroads Link Montana to the Nation, p174.
http://mhs.mt.gov/education/textbook/Chapter9/Chapter9.pdf

＊3 同右、p175.

＊4 *Habits of Empire,* p227.

＊5 インディアン移住法（Indian Removal Act)。

＊6 *Habits of Empire,* p229.

＊7 John Haywood, *The Great Migration,* Quercus London, 2008, p211.

＊8 バッファローの個体数についての推計はばらつきが多い。三千万頭の数字は下記論文によった。M. Scott Taylor, Buffalo Hunt, 2008 Watson Institute Conference Paper, p6.
http://www.watsoninstitute.org/rhodes/conference/papers/taylor.pdf
カナダ、アルバータ州南部のヘッド＝スマッシュド＝イン・バッファロー・ジャンプ（Head-Smashed-in Buffalo Jump）では、崖下でバッファローを処理した際に廃棄された骨や石器でできた十メートルにもなる堆積層が発見されている。ユネスコにより世界遺産として登録されている。

＊9 The Conquest of the West, p437.
http://online.ctcd.edu/instructordocs/hist1302/Carnes_0205568106_ch16.pdf

＊10 *Habits of Empire*, p229の数字から推算。
＊11 *Rebirth of a Nation*, p33.
＊12 同右、p38.
＊13 David D. Smits, The Frontier Army and The Destruction of The Buffalo: 1865–1883, *Western Historical Quarterly*, Autumn 1994, p314.
＊14 *Rebirth of a Nation*, p34.
＊15 James Bradley, *Imperial Cruise*, Little Brown, 2009, p67.
＊16 The Frontier Army and The Destruction of The Buffalo, p314.
＊17 同右、p315.
＊18 同右、p8.
＊19 同右、p10.
＊20 同右。
＊21 同右、p28.
＊22 同右、p338.
＊23 The Parks in Railroad Advertising: 1885–1900.
http://xroads.virginia.edu/~MA96/RAILROAD/adverts2.html
＊24 同右。
＊25 *Japan Rising*, p49.
＊26 呉敏「万博にまつわる逸話　Expo 1893 シカゴ万国博覧会」。
http://www.stv-japan.jp/shibozazhi/201003-79-86.pdf
＊27 *American Colossus*, p458.

＊28 同右。

＊29 明六社は明治六年、アメリカから帰国した森有礼が創設した啓蒙団体。米国流に学者が集まり学社を結成し世論の啓蒙を目指した。発足時の会員は十名で福沢諭吉や西周などがいた。九鬼隆一は後に加わったメンバーの一人である。明治十二年に東京学士会院の発足でその役割を終えた。

＊30 ルーシー・バーミンガム「フランク・ロイド・ライトと日本」『ウォールストリート・ジャーナル』日本版、二〇一一年二月十七日付。

＊31 *American Colossus*, p459.

＊32 *The Imperial Cruise*, p67.

＊33 *Rebirth of a Nation*, pp40-1.

＊34 同右、p41.

＊35 Michael Hannon, Prendergast Case (1894), University of Minnesota Law Library, p2. http://darrow.law.umn.edu/trialpdfs/Prendergast_Case.pdf

＊36 同右、p5.

＊37 David O. Whitten, The Depression of 1893, Auburn University. http://eh.net/encyclopedia/article/whitten.panic.1893

＊38 *American Colossus*, p460.

＊39 Peter L. Bernstein, *The Power of Gold*, John Wiley & Sons, 2000, p270.

＊40 野口建彦「19世紀国際通貨会議の歴史的意義」（『経済科学研究所紀要』第36号、二〇〇六年）六五頁。

＊41 同右、pp66-7.

＊42　同右、p68.

＊43　*The Power of Gold*, pp253-54.

＊44　同右、p272.

＊45　*American Colossus*, p465.

＊46　同右、pp466-67.

＊47　同右、p467.

＊48　同右、p470.

＊49　大井由紀「移民政策と国民国家形成」(『一橋論叢』第135巻第2号、二〇〇六年)二二四頁。

＊50　同右。

＊51　Kristofer Allerfeldt, Race and Restriction, *History*, Volume 88, Issue 289, January 2003, p55.

＊52　Erika Lee, The Chinese Exclusion Example, *Journal of American Ethnic History*, Spring 2002, pp44-5.

＊53　2009 National Japanese American Memorial Foundation のホームページ。http://njamf.com/index.php/discrimination

第13章　ハワイ攻防戦

プランテーション経営者の危機感

シカゴ万博が開催された一八九三年のアメリカ大統領は、民主党のスティーブン・クリーブランドでした。一八九二年の大統領選挙で現職のベンジャミン・ハリソン大統領を破って当選しています。別掲の表からもわかるように、期をまたいでの二度目の大統領職でした。アメリカ歴代大統領の中で唯一、期をまたいでの再選を果たしています。しかも民主党の大統領です。南北戦争以降、南部に支持基盤をおいていた民主党が大統領を出すことは至難でした。戦後二十年目にしてようやく政権の座を取り戻したのです。アンドリュー・ジョンソンはリンカーン政権下の副大統領で、リンカーン暗殺を受けて大統領になりました。彼は民主党員ですが南部との融和をはかるために共和党政権に迎え入れられた特殊なケースです。クリーブランドは民主党の劣勢を覆せるほど人気の高い政治家でした。彼の連続再選を阻止したハリソン大統領ですが、一般投票数ではクリーブランドに負けるほどの危うい勝利でした。

アメリカ大統領一覧（リンカーン大統領以降）

代	大統領	党	期	任期
16	アブラハム・リンカーン	共和党	19	1861年3月4日—1865年3月4日
			20	1865年3月4日—1865年4月15日
17	アンドリュー・ジョンソン	民主党	20	1865年4月15日—1869年3月4日
18	ユリシーズ・グラント	共和党	21	1869年3月4日—1873年3月4日
			22	1873年3月4日—1877年3月4日
19	ラザフォード・ヘイズ	共和党	23	1877年3月4日—1881年3月4日
20	ジェームス・ガーフィールド	共和党	24	1881年3月4日—1881年9月19日
21	チェスター・アーサー	共和党	24	1881年9月19日—1885年3月4日
22	スティーブン・クリーブランド	民主党	25	1885年3月4日—1889年3月4日
23	ベンジャミン・ハリソン	共和党	26	1889年3月4日—1893年3月4日
24	スティーブン・クリーブランド	民主党	27	1893年3月4日—1897年3月4日
25	ウィリアム・マッキンレー	共和党	28	1897年3月4日—1901年3月4日
			29	1901年3月4日—1901年9月14日
26	セオドア・ルーズベルト	共和党	29	1901年9月14日—1905年3月4日
			30	1905年3月4日—1909年3月4日

民主党から奪い返した政権を安定的なものにするためにハリソン大統領がとった方針は、共和党らしさを前面に打ち出すことでした。党が推進してきたアメリカン・システムをもう一度高らかに宣言することでした。アメリカン・システムの根幹は、高関税政策による国内産業の保護・育成と公共投資でした。公共投資については、交通インフラ整備が一段落していましたから、その代替とも言えるシカゴ万博を企画したのです。巨額な資金を必要とする国家プロジェクトでした。万博では歴代共和党政権が推し進めてきたアメリカン・システムの正しさを内外に示すことが期待されていました。再選されていれば、一八九三年五月一日の万博会場には、誇らしげに開会を宣言する

ハリソン大統領の姿があったはずです。

ハリソンのとったもう一つの施策である高関税政策は、マッキンレー関税法（一八九〇年）として有名です。この法律で輸入品の関税率は平均で四八パーセントを超えました。関税の引き上げは輸入品の物価を押し上げます。選挙民の反発を抑える仕組みを同時に考慮しなくてはなりません。一般消費者が最も敏感になるのは食料品の価格です。ハリソン大統領は食品産業のエンジンである砂糖（粗糖）を無関税にします。国内生産者の不満を抑えるためにポンド当たり二セントの補償金も用意されました。

この関税政策の変更に驚いたのはハワイの砂糖プランテーション経営者でした。これでは米布互恵条約で獲得した無関税特権が台無しになってしまいます。キューバやブラジルの砂糖が無関税で入ってくるのですから、たまったものではありません。その上、アメリカ国内の生産者には政府からの援助が出るのです。市場環境が一気に悪化し、輸出が大きく落ち込みました。一八九〇年に千三百万ドルあった輸出は、翌年には一千万ドルに、九二年には八百万ドルにまで急減しています。[*1] ハワイの輸出額の九割以上が粗糖でした。

一八九一年のハワイの輸出総額は千十万七千三百十六ドル。うち上位三品目は、[*2] 粗糖が九百五十五万五百三十八ドルで九四パーセント、ライスが二十五万三千四百四十五ドルで三パーセント、バナナが十七万九千五百一ドルで二パーセントです。

「マッキンレー関税法はプランテーション経営者の富の基盤を揺るがした。それはハワイ王国の政治そのものを大きく変える動きとなっていった」[*3]

この頃のハワイの砂糖プランテーション産業の総資産は三千三百万ドル。およそ二万人を雇用する基幹産業でした。[*4] アメリカ系資本がそのうちの七四パーセントを占めていました。[*5] プランテーション経営者は危機感を強めます。

リリウオカラニ女王退位

プランテーション経営者にとって、マッキンレー関税法の成立した一八九〇年にはもう一つ気がかりなことがありました。この年、日本人移民の数と原住ハワイ人の合計が五割を超えているのです。砂糖プランテーションには低賃金労働力が不可欠です。支那人労働力の代替として求めた日本人労働者は、ロバート・アーウィンの日本の政財界への食い込みがあって順調に増えていきました。

ハワイが国策として推進する日本人移民の受け入れでしたが、日本人の数と原住ハワイ人の合計がついに過半数を超えたのです。銃剣憲法の強制で日本人には選挙権を与えないことになってはいるものの、彼らの人口増加は不安の種でした。カラカウア国王にはハワイ人の人口減を日本人との混血で補おうとした過去があります。日本人は支那人労働者とは違うのです。一八九〇年には原住ハワイ人と日本人人口の合計が

ハワイの人種別人口と選挙権者数 (*6)

	1884年	1890年	うち選挙権を有する者
原住ハワイ人	40,014	34,436 (38%)	8,777 (65%)
混血ハワイ人	4,218	6,186 (7%)	777 (6%)
ハワイ生まれの西洋人	2,040	7,495 (8%)	146 (1%)
アメリカ人	2,066	1,928 (2%)	637 (5%)
イギリス人	1,282	1,344 (1%)	505 (4%)
ドイツ人	1,600	1,034 (1%)	382 (3%)
フランス人	192	70	22
ポルトガル人	9,377	8,602 (10%)	2,091 (15%)
ノルウェー人	362	227	78
支那人	17,937	15,301 (17%)	0
日本人	116	12,360 (14%)	0
ポリネシア人	956	588	42
その他	416	419	136 (1%)
人口総計	80,576	89,990	13,593

五二パーセントに達し、その数はこれからも増え続けるのです。

この年の統計では、選挙権を持つ者は一万三千五百九十三人。うちアメリカ人は六百三十七人で、わずか五パーセントでした。銃剣憲法による財産規制でハワイ人の政治力を削いだものの、それでも彼らは八千七百七十七人が選挙権を有しています。これだけでも軽く過半数を上回る六五パーセントに当たります。ハワイ経済を牛耳るアメリカ人プランテーション経営者にとって、このアンバランスは気がかりでした。アメリカの関税政策の変更と日本人の人口増。この二つの不安要素をさらに刺激する事件が起こります。

一八九一年一月二十日、「ハワイ人

のための ハワイ」を目指したカラカウア国王がサンフランシスコで息を引き取り、妹のリリウオカラニ（Lili'uokalani）王女が王位を継いだのです。「（銃剣憲法を押しつけられてから）四年後、カラカウア国王は腎臓病が悪化して亡くなった。王位を継承したのは、カラカウア王同様にハワイの王族にふさわしい気品があり、洗練したマナーを身につけたリリウオカラニ王女であった。彼女はハワイ人の間で人気が高かった。彼女はハワイ人にすこぶる評判の悪い銃剣憲法を停止し、王権の強化とハワイ人の復権を図った。同時にアメリカ人の政治力を弱体化させることも狙っていた」[*7]

一八九三年一月十四日土曜日、王位継承以来この計画を練っていた女王は、銃剣憲法の破棄とハワイ人復権のための新憲法制定の計画を内閣のメンバーに打ち明けました。この情報はすぐにリークされました。ミッショナリー党のローリン・ターストンは、すぐさまプランテーション経営者十三人からなる「安全委員会（The Committee of Safety）」を立ち上げています。彼らはこの委員会の合議の中で明確に、ハワイはアメリカに併合されるべきだと標榜しました。[*8]この方法によってしか砂糖プランテーション経営者の利権は守れず、急増する日本人移民の政治力を抑制する方法はないと確信していたのです。

激しく反発するアメリカ人勢力の動きに危険を感じた女王は、週明けの十六日、新憲法制定は現行憲法の決める手続きに従って実施されるとの妥協案を示しました。しかしプランテーション経営者は、あらかじめシナリオが準備されていたかのように素早く行動を起こしています。駐ホノルル米公使ジョン・スティーブンスに武力行使を要請したのです。安全委員会がスティーブンスに宛てた要請書の内容は次のようなものでした。

「（ホノルルでは）治安が悪化し、民間人の生命と財産が脅かされている。我々だけの力では如何ともできず。アメリカ軍の出動を乞う」[*9]

この要請書を受けたスティーブンス公使は躊躇することなく、ホノルル碇泊中の米巡洋艦「ボストン」号（三千百八十トン）に海兵隊の出動を要請しています。公使が「ボストン」号に乗船し、艦長と打ち合わせたのが十六日午後三時。「そのわずか一時間後には重武装の海兵隊員百六十二名が平穏なホノルルの町に入って行ったのです」[*10]（傍点筆者）。海兵隊はイオラニ（Iolani）王宮を占領すると、リリウオカラニ女王を退位させています。何の抵抗もありませんでした。スティーブンス公使がアメリカ人スタンフォード・ドールを首班とした暫定政府を承認したのはその翌日のことでした。

これがハワイ革命と呼ばれる事件でした。革命と呼ぶにはあまりにも呆気なく、物理的な抵抗に欠けるものでした。この手際のよさは、入念に計算されたプランが存在したことを窺わせます。

「アメリカ市民の財産を守るためと主張している割には、海兵隊が侵入した場所はそうした財産のある場所からは遠過ぎ、逆にハワイ政庁の建物に近過ぎる。このやり口の巧妙さには何か裏がありそうだと疑われても仕方がない[*11]」

出来レースだったハワイ革命

アルフレッド・マハンの『海上権力史論』は、覇権確立のためには海軍力の充実が重要であることを歴史的に論証したものでした。彼が俎上に載せて論じたのは十七世紀から十八世紀後半の帆船時代でした。帆船から蒸気船への転換で、高度化した艦船は石炭補給や修理機能のある港湾施設なしには遠洋への展開は不可能でした。商船も軍船もそうした港なしでは機能しません。宿敵イギリスが世界の覇権を握ったのは、世界に展開するイギリス商船の安全な航行を担保する海軍力と、その後ろ盾になる兵站（へいたん）を充実させた結果でした。

イギリス海軍が世界を自由に遊弋（ゆうよく）できたのは、シンガポール、ジブラルタル、マルタ、ボンベイ、トリンコマリー、モーリシャス、アデン、香港、シドニー、バルパライソ、ブエノスアイレス、リオデジャネイロ、ジャマイカ、アンティグア、バミューダ、ハリファックスといった軍港を世界各地に確保していたからです。こうした港の存在がイギリスの生命線であるシーレーンを確固たるものにしていたのです。イギリスのシーレーンが最も脆弱であった地域が北太平洋地域でした。ハワイ諸島は北太平洋海運の心臓部です。ですからイギリスは繰り返しハワイ王国に圧力をかけていました。一八四二年には併合も試みました。しかしその野望はアメリカのタイラー政権によって阻止されています。[*12]

イギリスが北太平洋のシーレーン確保を無理に進めなかったのには理由がありました。イギリスにとっては北太平洋海運の重要性が相対的に低かったためです。アメリカ大陸西海岸にはイギリスの守るべき明確な権益が生まれていなかったのです。一八八三年九月八日、アメリカがグラント将軍を迎え、鉄道と太平洋海運の「三車線化」を祝うセレモニーを済ませた時期にあっても、英領カナダはいまだに「一車線」も作り上げていませんでした。

しかし一八八五年十一月七日、念願のカナダ版大陸横断鉄道が完成します。最後の犬釘がブリティッシュ・コロンビア州の山間の町クライゲラヒーで打ち込まれたのは、この日の早朝九時二十分のことでした。スワード国務長官によるアラスカ買収でワシントン州とアラスカに挟まれてしまったブリティッシュ・コロンビアですが、その住民がカナダ連邦に加盟することを承諾したのは、カナダ連邦政府が大陸横断鉄道を建設することを約束したからでした。それから十四年。やっとその契約が果たされたのです。アメリカに倣(なら)って大量に採用した支那人労働者の数は一万五千人。それが十年の建設計画を五年で終えることができた原動力でした。その工事でおよそ六百人が命を落としています。

カナダ版大陸横断鉄道はカナディアン・パシフィック鉄道（Canadian Pacific Railway＝CPR）と呼ばれます。CPRの完成でカナダ東部諸都市と北米西海岸最良の港の一つであるバンクーバーとが連結したのです。開通に併せて設立されたカナダ太平洋汽船（Canadian Pacific Steamships＝CPS）は、一八八七年にはオーストラリアを結ぶ航路に就航し、一八九一年にはイギリス本土と香港を結ぶ郵船業務請負を開始しています。イギリスがついに本格的に北太平洋航路を築き上げたのです。

このイギリス版「太平洋ハイウェイ」の完成が、アメリカの北太平洋の覇権確立に大きな障害になるのは確実でした。香港とバンクーバーを結ぶ航路は、イギリスの富創造のエンジンである支那市場とイギリス本国との距離を大幅に短縮しています。宿敵イギリスが北太平洋方面のシーレーン強化を狙い、ハワイに触手を伸ばすのは間違いありません。アメリカはその前に行動を起こさねばならなかったのです。

ハリソン政権の国務長官ジェイムズ・ブレインは、ハワイの軍事的重要性をはっきりと意識していた政治家でした。一八八九年六月に、かつてのビジネスパートナーであり、思いを同じくする盟友ジョン・スティーブンスをハワイ公使に就けたのはブレインでした。[*13]ブレインは大統領に宛ててハワイ併合の行動が近いことを伝えています。「私はハワイ、キューバ及びプエルトリコは併合する価値があると考えています。この三ヵ所は（領土拡張は北米大陸内に留めるというアメリカの伝統には外れた）大陸の外にある島です。しかし大変重要な地域なのです。キューバとプエルトルコについては急ぐ必要はなく、次の世代に任せればよいと考えますが、ハワイはそういうわけにはいきません。ハワイを併合するという意思決定がいつ必要になってもおかしくない状況です。そういう決断を下すための十分な手はずを整えておくべきです[*14]」（一八九一年八月十日付）

アメリカは明らかにハワイ併合のチャンスを窺っていました。ハワイのプランテーション経営者も、アメリカ国内の砂糖産業の反発を抑える根回しを終えていました。ハワイがアメリカ領土となれば、ハワイの砂糖業者にもポンド当たり二セントの補助金が回ってきます。プランテーション経営者は、本土の砂糖業者の結成する組合（トラスト）にその補助金の半分を戻すという密約を結んでいました。彼らの併合反対の芽をあらかじめ摘んでいたのです[*15]。

動かぬイギリス

イギリスの駐ハワイ弁務官（British Commissioner）、ジョン・ウォードハウスはプランテーション経営者らによる革命のさまを注意深く観察し、イギリス本国に報告していました。彼がホノルルにやってきたのは一八七四年一月のことでした。デヴィッド・カラカウアが国王に選出されるひと月ほど前のことです。「(ハワイ着任) 以来二十年近くにわたり、イギリスの国益を守るために尽力した」[*16]外交官でした。

カラカウア国王が信頼したギブソン首相政権下で増え続ける対外負債や、政府高官の腐敗を憂慮し、ハワイ人の白人不信を煽るギブソンの政治手法に眉をひそめていました。しかしウォードハウスは、ハワイ王室がハワイ人勢力とアメリカ人資本家を中心とした白人勢力とのバランスをうまく取りながら政治を遂行することを望んでいました。彼の役割はそれをサポートすることだと考えていました。

強制された「銃剣憲法」に反発するグループの叛乱計画を耳にすると、国王に対してそれを抑え込むようにアドバイスしています。こうした政情不安は必ず外国からの軍事介入を招くと心配したのです。[*17]一八八九年七月三十日に起きたロバート・ウィルコックスによる王宮占拠事件はただちに鎮圧されたため、ウォードハウスが危惧した外国勢力の介入は避けられました。しかしハワイの政情は落ち着かないままでした。

一八九三年一月十六日にアメリカ海兵隊の力を背景にして成立した暫定政府に対して、ウォードハウスは強硬に抗議し、海兵隊の撤収を要求しています。暫定首相ドールの返事は、市民の生命と財産を守るためには当分の間、海兵隊の力を借りざるを得ないという素っ気ないものでした。一月三十一日、ウォードハウスは暫定政府を、実質的に (de facto) 政権を奪取したものとして承認せざるを得ませんでした。本国にその承認の追認と、威嚇のための軍艦派遣を要請しましたが、本国は軍艦派遣を認めませんでした。[*18] イギリスはこの時期にアメリカとの間に緊張関係を誘引するような軍事行動は避けたのです。

「イギリスがアメリカに抗議しようと考えていたのは誰の目にも明らかだった。しかし行動を起こさなかったのはなぜだろうか。おそらくイギリスは、強い抗議をする方が併合の動きをむしろ加速させると考えたのかもしれない。（中略）イギリスが抑制した行動をとることで、（ハワイをイギリスなどの外国が狙っているというロジックを使ってきた）アメリカ国内の併合強行派の裏をかくという戦術だったとも言えよう。もしこの推測が正しければ、（その後の経緯を鑑みると）ハワイ王室に肩入れせず、ハワイ革命に介入しなかったのは賢いやり方だった[*19]」

軍事力を期待できないウォードハウスが仕掛けたのは、反アメリカ人意識が強いリリウオカラニ女王を廃し、姪のカイウラニ（Kaʻiulani）王女を王位に就けることでした。十七歳の王女はリリウオカラニ女王の妹ミリアム・リケリケ（Miriam Likelike）とスコットランド人アーチボルト・クレッグホーンの間に生まれた子供でした。一八九一年には彼女は、子供のないリリウオカラニ女王の後継となることが決められていました。かつて、女王の兄カラカウア国王が日本の皇室との婚姻を打診したのが彼女でした。

カイウラニ王女擁立の計画を立案したのは、イギリス系砂糖プランテーション経営者の大物テオフィリス・デーヴィスです。王女の容貌は白人に近く、教育もイギリスでほどこされています。ウォードハウスの理解を得たデーヴィスは本国の外務省にこの考えを伝えています。カイウラニ王女は王位継承がすでに決まっていることから、その正統性に問題はありません。彼女の擁立が成功すればハワイに親英政権が生まれると同時に、アメリカ併合派の勢いを止めることが期待できるのです。

ウォードハウスやデーヴィスの強いサポートを感じたリリウオカラニは、ビクトリア女王宛の親書をしたため、ハワイ王朝再興に向けてイギリスの支援を願っています。一月三十一日、ウォードハウスにその親書は手交されています。しかしイギリスは動きませんでした。[20]

革命政権はカイウラニ王女擁立の案に乗り気ではありませんでした。イギリスの息のかかった王女であることも彼女を嫌った理由ですが、革命派の中にはハワイ王室に振り回されるのはこりごりだという気分に満ちていたのです。

「革命を画策したアメリカ人はハワイ王室に辟易(へきえき)していた。この王室はもうおしまいにしたい。この王室が存続する限りごたごたは続く。それをきっぱりと終わりにするためにはアメリカに併合してもらうのが一番の方策なのだ[21]」

ハワイ共和国建国

何もかも併合派の計画どおりに事態は推移していました。一八九三年一月二十七日、「拡張主義のいけいけのジム[22]（Jingo Jim）」とあだ名され、いつも甲高い声でしゃべり、そのいささか行き過ぎた態度をしばしば同僚に戒められていたブレイン国務長官が体調を崩して亡くなりました。しかし、後任のフォスター国務長官がブレインの考えどおりにハワイ併合計画を進めていました。ワシントンにやってきたハワイ暫定政府（革命政権）代表と都合七回の交渉を終えると、この「白いハワイアン」らとの間でハワイ併合条約が調印されました。革命からまだひと月にもならない二月十四日のことでした[23]。

翌日にはハリソン大統領が上院に条約批准を求めるというスピーディーさでした。上院外交委員会がすぐさま併合条約を承認すると、残るは二月十七日の上院本会議の決議だけでした[24]。ハリソン大統領には条約批准を急ぐ理由がありました。三月には民主党のクリーブランドに政権を明け渡さなければならなかったのです。亡くなったブレイン前国務長官の悲願でもあったハワイ併合を、何としてでも任期終了前に終えたかったのです。

すべてがハリソンの思惑どおりに動いていたハワイ併合案件に、思わぬ横槍が入ったのは本会議での決議を予定していた二月十七日のことでした。リリウオカラニ女王の私的法律顧問であるポール・ニューマンがハワイ王室の特使としてワシントンに現われ、先の革命の胡散臭さを訴えたのです。女王が廃位された経緯を詳細に説明し、スティーブンス公使の軍事力行使がいかに不当なものであったかをワシントンの上院議員に訴えました。

ハワイ国民の心は女王にあり、革命政権を支持していないことを切々と伝えました。ニューマン特使の訴えはインパクトがありました。上院議員の多くが併合に慎重な姿勢を見せ始めます。議員の中には、併合後に手に入ることになる補償金を狙った、ハワイの砂糖プランテーション経営者の手の込んだ芝居ではないかと疑う者まで出てきました。[*25]

ニューマンの登場で「待った」がかかった併合条約批准の動きは、クリーブランドが大統領職に就くと同時に止まってしまいます。[*26]大統領は条約案を上院から引っ込めると、新国務長官ウォルター・グレシャムに事実調査を命じています。三月十七日、グレシャム長官の指名により、ホノルルに調査に向かったのはジェームズ・ブラウント前下院外交委員長でした。

ブラウントはホノルルに到着すると、関係者とのインタビューを通じて事実関係の究明に努めています。スティーブンス公使の行動がハワイ王国への不法な内政干渉であり、公使の軍事力行使は明らかに違法性があることを確かめると、ハワイ政庁に掲げられた星条旗を降ろすよう命令しています。その上で、ブラウントはハワイ併合にはっきりと否定的な意見を述べるのです（一八九三年七月十七日付、グレシャム長官宛て報告書）。

「私が収集した情報を勘案すれば、仮に併合案件をハワイ住民の一般選挙で問うとなれば、どう贔屓目(ひいきめ)に見ても、反対派が圧倒的（およそ二対一の比率）であろう[*27]（ハワイ人には支持されないだろう）」

この報告を受けたクリーブランド大統領はハワイに王政を戻すことを決意します。しかし、これには暫定政府のメンバーが激しく抵抗します。リリウオカラニ女王は復讐心をたぎらせ、革命派の処刑とその財産の没収まで公言しています。王政を回復させるにはアメリカの軍事介入が不可避であり、仮にリリウオカラニ女王を復権させたとしても内戦は避けられない状態でした。対応に苦慮した大統領は議会に対ハワイ外交の下駄を預けています。賛否の拮抗する議会からの回答は現状維持、つまり何のアクションもとらないというものでした[*28]。

ハワイ暫定政権は一八九四年七月四日、新憲法を成立させハワイ共和国を建国しています。わざわざアメリカ独立記念日に合わせた建国宣言は、併合派のアメリカへのラブコールでした。クリーブランド大統領は翌月にはハワイ共和国を承認しています。政権内部の、特に海軍を中心とした併合積極派の存在を前にしての決断でした。

ハワイ革命暫定政府首相ドールは、七月四日のハワイ共和国建国に向けて精力的に動いてきました。革命政権に不快感を示しているクリーブランド大統領の下では併合がかなわなくなったことは残念でした。しかし、大統領が王政復活のために軍事力を使いそうもないことは幸運でした。革命から一年以上が過ぎた一八九四年二月七日、米下院はスティーブンス公使の行為を批難する決議を百七十七対七十八で可決しています。しかし、これもうわべだけの批難だとドールは見破っていました。

クリーブランド政権の弱腰を見て取ったドールは、アメリカによる併合から、ハワイ共和国建設に目標を切り替えました。そのための最重要課題は共和国憲法の制定でした。新憲法には、白人プランテーション経営者層が長期的に、そして安定的に政治権力を保持できるメカニズムを盛り込まなければなりません。革命政権に反感を持つ原住ハワイ民族や急増するアジア系移民、特に気がかりな日本人移民には政治的な力を持たせない仕組みを憲法の中に仕掛けておかなければならないのです。

ドールが新憲法制定に向けてアドバイスを求めたのはコロンビア大学教授ジョン・バーゲスでした。バーゲス教授に白羽の矢を立てたのには理由がありました。教授は、人種や民族には明白な優劣が存在し、政体のあり方は民族の資質に大きく依存すると主張するアメリカ政治学の大家でした。ドイツのゲッチンゲンでカント、ヘーゲル、トライチケらに学んでいます。コロンビア大学で講義を始めた一八八〇年以来、ヨーロッパ民族をギリシャ、ラテン、ケルト、ゲルマン、スラブの五種族に分類し、それらの民族の辿った歴史を根拠として、ゲルマン民族の政治的才能を称え、その優秀性を訴えてきました。

ギリシャ民族やスラブ民族は政治運営能力（political skill）に乏しく、統治できるのは限られた地域だけである。スラブ民族は生来的に自己統制力がなく、ローマ帝国や教会の勢力下でしか生きられなかった。ケルト民族（アイルランド人）はさらにレベルが低く、飽くことのない民族内権力闘争と腐敗の中で暮らしている。それに比べて、ゲルマン民族の政治能力の高さは際立っている。ドイツの森からイギリスへ、そしてアメリカへやってきたゲルマン民族の血を正統的に受け継いだ国がアメリカであると、バーゲス教授は結論づけていました。アメリカの直面する労働問題は、権力闘争好きのアイルランド人（ケルト人）移民がもたらした厄災だとも主張しています[*29]。

ドールが、ハワイ暫定政府の抱える人種問題を伝え、それを解決するための憲法のあるべき姿をバーゲス教授に問うたのは、一八九四年三月三十一日のことでした。教授はドールの悩みを素早く理解しています。

「あなたの手紙から、私はハワイの抱える問題を次のように理解する。ハワイの人口はおよそ十万。そのうちゲルマン系のアメリカ人、イギリス人、ドイツ人、スカンジナビア人はわずか五千。これに対し、九千のポルトガル人と三万の支那人と日本人がいる。残りは原住民ということだ。あなたはこうした状況の中で、ゲルマン民族がどうしたら政権を維持できるかに悩んでいるというわけだ[*30]」

ドールはその後も数回にわたってバーゲス教授からアドバイスを得ています。アメリカ知識人に強い影響力を持つ教授の理解と支援があったことは、ハワイの革命派を勇気づけました。彼らは、政治に関与する権限が徹底してゲルマン民族に有利となるようなメカニズムを新憲法に組み込むことに成功します。首相を選出できるハワイ上院議員の選挙権及び被選挙権資格付与には、きわめて厳格な財産条件が満たされなければならないこと。選挙権を持つには英語の読み書き及び会話能力が十分であることを証明し、かつ新憲法への忠誠を誓わなければならないこと。選挙権を得るには市民権が必要なこと[*31]。こうした厳しい条件を満たすことができるのは、ゲルマン民族とエリート教育を受けた少数の原住ハワイ人以外にはないのです。ハワイ共和国憲法下でアジア人が政治に関与することは絶望的になりました。

アメリカ国内には、クリーブランド政権がハワイ併合に躊躇したこと自体を詰る勢力が台頭していました。すべて計画どおりに進んでいた併合プランを放棄したクリーブランドの外交を激しく批難した人物に、セオドア・ルーズベルトがいます。ハーバード大学に学びましたが、バーゲス教授の講義に強く感銘を受けていた青年でした。一八九四年当時、ハリソン前大統領の指名を受け、行政委員会委員（Civil Service

Commission）を務めていた共和党の政治家でした。

「（クリーブランド大統領が）ハワイに揚がった星条旗を降ろさせたことにはまったく承服がいかない。私はアメリカの『明白なる宿命』を信奉している。強力な海軍がアメリカには必要だと考えている。（中略）いったん揚げた星条旗を降ろさせるなど、もってのほかだ[*32]」

「浪速」「金剛」のホノルル入り

特使ブラウントの報告は、リリウオカラニ女王に同情を寄せるクリーブランド大統領の意向に沿ったものでした。しかし上院は、この報告に記述された証言が宣誓の手続きを経ておらず、反対尋問も許されていない状況下で聴取されたことを問題視していました。ブラウント報告に納得がいかない勢力によって、上院外交委員会で改めて調査が行われています。一八九四年二月二十六日、それはモルガン報告書（Morgan Report）としてまとめられています。

ブラウントに厳しく糾弾されたスティーブンス前駐ホノルル公使は、モルガン委員会（ジョン・モルガン委員長）の尋問で、自身の行動の正当性を声高に主張します。彼は、「ボストン」号に海兵隊の派遣を要請したのは、日本の軍事行動を阻止することが目的であったと言います。スティーブンスは、革命が起こる少し前に日本の公使が彼を訪ねてきて、ハワイの日本人移民にヨーロッパ人と同様の政治参加の権限を持たせたいと伝えてきた、と述べています。[*33] 日本にはハワイの政治に干渉する動機があったと言い、次々に当時の日本の「怪しい行動」をあげました。それらはすべて伝聞でした。

曰く。陸軍で訓練を受けたおよそ八百人の日本人のプランテーション労働者が反革命運動に加わろうとしていた。王権派からの協力への見返りは参政権の付与だった。日本海軍が軍艦を送り込んでくると聞いていた。革命直後に相当数の日本人労働者が集まり、手に手にサトウキビ伐採用の大鎌を持って政府関係の建物を襲撃しようとしていた……。

スティーブンスの証言は宣誓の下で行われています。虚偽の証言は罰せられます。しかし噂（伝聞）としてしゃべる限り問題はありません。伝聞証言は一般的には証拠採用されず重みはないのですが、しゃべってしまえば聞く者への印象操作が可能です。そうしたことを知り尽くした上でスティーブンスは大袈裟に、ハワイに忍び寄る日本の軍事力の恐怖を議員たちに訴えたのです。彼の主張が説得力を持ったのは、一八九三年二月二十三日、日本帝国海軍の新鋭巡洋艦「浪速」（艦長東郷平八郎）が、革命後しばらくしてホノルル港に入っていたからです。さらに少し遅れて巡洋艦「金剛」が続いています。この時点でハワイには、移民を含めた日本人居留民の数は二万人を超えていましたから、日本政府が軍艦を派遣して邦人の安全確保にあたらせた行為[*34]には十分に正当性がありました。しかし、イギリスでさえ控えていた、軍艦を派遣したという事実は残りました。その後アメリカ国内の併合賛成派が日本の軍事的脅威を煽ってみせる格好の事例になっていきました。

「女王の周辺に集まった冒険主義的な群集への恐怖。日本の軍事力が使われるかもしれないという恐怖。二隻の軍艦を動かしている日本領事の圧力。しかもそのうちの一隻は『ボストン』号よりも大型であった。イギリスの弁務官もイギリス艦船の到着を待っていた。これが、私がホノルルにアメリカ国旗を掲げさせたときの状況である。（中略）暫定政府が外国勢力からの干渉を受けないようにすることが、アメリカ国旗掲揚の唯一の目的であった。干渉する外国勢力とはイギリスと日本である。もちろん、より危険なのは日本である。何千人という日本人移民に選挙権を持たせたいというはっきりとした意思があった。私たちは（こうした恐怖に）過敏に反応してしまったのかもしれない。しかし、ホノルルの暫定政府がこうした外国の干渉を警戒していたことは確かなことだ。これが私の置かれていた状況であった[*35]」

日本がハワイに触手を伸ばしている、だからこそハワイはアメリカに併合されるべきだというスティーブンスの主張は、その後のハワイ併合推進派が用いる中心的なロジックになっていきました。ハワイがハリソン大統領の狙いどおり、革命後スムーズに併合されてしまっていれば、日本をアメリカの安全保障上の敵として必要以上に「悪玉」化する必要はなかったでしょう。

クリーブランド大統領は、ハワイ革命におけるスティーブンス公使の行動は道義に反することと理解していました。しかし、併合を望む勢力を前にしてハワイ共和国を速やかに承認しています。クリーブランド政権はもう一つ重要な政策変更で、ハワイのプランテーション経営を支援します。一八九四年八月、輸入粗糖に再度関税をかけることにしたのです（ウィルソン＝ゴーマン関税法）。これによってハワイ産粗糖だけは互恵条約の継続で無税のままですが、キューバやブラジルからの粗糖には改めて四〇パーセントの関税がかけられることになりました。ハワイ革命の引き金となった粗糖の輸入関税撤廃政策を、ハワイに有利となるように元に戻したのです。これによってハワイ経済は回復しました。ハワイ砂糖関連株の配当は増え、株価は急騰し、ハワイの地価は跳ね上がっています。[*36] 一八九四年から一九〇〇年にかけて粗糖生産量は倍増しています。

「（この関税政策の変更で）ハワイ経済とアメリカ経済との密接な関係を再構築することができた。ハワイは結局、一八九八年にアメリカに併合されるのだが、ハワイのプランテーション経営者は、両国の経済的結びつきを考えれば、それが当然の帰結であると考えた[*37]」

「旅順虐殺」捏造報道

ハワイ併合賛成派の主張には、道義的な裏づけはないものの、外国勢力に蹂躙される前にアメリカはハワイを領土化すべきだという安全保障上の視点からの訴えは、十分なインパクトを持つものでした。スティーブンス前公使が強く示唆したように、ハワイにあるアメリカの権益を脅かす可能性がある外国とは日本でした。イギリスは思いのほか自制していたのです。ハワイ共和国の指導者は、引き続きアメリカに併合されることを目指しています。その目的を実現するために、日本の軍事的脅威を煽ることは理にかなった行動でした。

こうした心理状態にあるハワイ併合派に、支那から思いもよらない援護射撃がもたらされます。一八九四年も押し詰まった十二月十一日、『ニューヨーク・ワールド』紙が、清国との交戦状態に入った日本の軍隊による民間人虐殺を報じたのです。フリーのアメリカ人ジャーナリスト、ジェームズ・クリールマンの記事でした。彼はこの年の八月から勃発した日清戦争の模様を伝えてきたのです。

「十一月下旬、旅順に入った日本軍による虐殺があった。日本軍は目にするものを手当たり次第に殺していった。ひざまずき命乞いする丸腰の民間人を容赦なく撃ち殺したり、銃剣で刺し殺したり、あるいは首を刎(は)ねていった。町の隅から隅まで日本軍の略奪が続いた[*38]」

これに驚いたアメリカ政府は、駐日公使のエドウィン・ダンに調査を命じています。当時アメリカは日本政府からの招待もあり、戦場に東京の公使館付武官マイケル・オブライエンを派遣していました。ダン公使はオブライエンや、フランス、ロシアの武官らの証言を総合し、クリールマンの記事がきわめて扇動的で誇張に満ちていることを確認すると、その旨を本国に回答しています。[*39]

クリールマンは初めこの記事を『ニューヨーク・トリビューン』紙に持ち込んでいました。かつてベイヤード・テイラーを日本に特派した新聞です。『トリビューン』紙は、クリールマンの記事はいい加減で、扇情的（sensational in the extreme）で、真相には程遠い内容（a gross exaggeration）だとして掲載を断っていました。クリールマンは強烈な自己顕示欲を持った男でした。この時代の新聞記事には署名記事はほとんどありません。[*40]そんな中で、センセーショナルな記事によって売名を図ったのです。

クリールマンはテイラーとはまったく異なるタイプのジャーナリストでした。テイラーと似ているのは世界中を旅することだけでした。クリールマンの記事は常に誇張され、読者の関心を引くことだけに主眼が置かれていました。[*41]

クリールマンのこの記事は、日本人を称賛したテイラーの記事とは対照的なものでした。しかし日本の危険性を訴えたいハワイ共和国政権や、ワシントン政界の併合賛成派や海軍高官にとっては都合のよい記事でした。アメリカ西海岸で日本人排斥を狙う労働運動のリーダーにも役立ちそうでした。

「殖民論」と駐日公使の危惧

ハワイ経済はアメリカ関税政策の変更を受けて活気を取り戻します。粗糖の需要増加により、プランテーションで働く低賃金労働者がこれまで以上に必要になりました。労働力を供給するのは相変わらず日本でした。急増する日本人を警戒してアメリカ併合を目指したはずのハワイ革命ですが、それが逆に、ハワイにますます日本人を引き寄せることになるという皮肉を生んでしまったのです。

一八八九年三月から始まったハリソン政権では、ハワイにおける日本人移民急増問題を早い時期から問題視していたことを窺わせる人事がありました。支那人移民問題に詳しい老練な政治家を駐日公使として送り込んでいるのです。一八八九年三月十二日付で、ハリソン大統領、ブレイン国務長官のコンビが対日外交責任者に任命[*42]したのは、ジョン・スウィフトでした。すでに五十九歳の老齢の政治家でした。

ミズーリ州生まれのスウィフトは、一八五〇年にゴールドラッシュに沸くサンフランシスコにやってきました。ロッキーやシエラネバダの山脈を縫っていくという険しい陸路をとってやってきた男です。先見の明があったのか、自らは金を探さずに、俄か鉱夫相手に野菜を売って小金を貯めています。独学で法律を学び、一八五七年に弁護士資格を取得しました。一八六三年にはカリフォルニア州議会議員に選出され、政治の世界に身を投じています。[*43]

リンカーン政権でサンフランシスコ公有地委員会（Land Office）委員に任命され、一八六八年の大統領選ではグラント大統領を応援した、根っからの共和党支持の政治家でした。カリフォルニアの政治家らしく、支那人移民問題には早くから強い関心を寄せていました。同州への支那人移民増加を抑制するために清国に向かったジェームズ・エンジェル外交団（スワード・バーリンゲーム条約改定交渉）の重要なメンバーの一人でした。支那人排斥法の違憲性が最高裁で争われたときにはカリフォルニア住民の代表として意見を述べ、合憲の判断を引き出した立役者でした。[*44]

駐日公使にカリフォルニア州の政治家が任命されるのはスウィフトが初めてでした。ハワイ併合を画策するハリソン政権が、アジア人移民排斥意識の強い人物を東京に派遣したのは、とても偶然には思えません。

「カリフォルニアでは支那人のような奴だと言われるのは、黒んぼ野郎（nigger）と貶（けな）される以上の侮辱である」[*45]と言い切っていたスウィフトが東京に着任したのは、一八八九年五月半ばのことでした。アジア人を嫌うスウィフトでしたが、やはり日本人は支那人とは違う人種だと見抜いています。「確かに日本人は礼儀正しく（courteous)、親切で（friendly）、上品である（gracious）」と観察していますが、日本人移民が将来、大きな問題をアメリカ社会にもたらすだろうとの懸念が消えることはありませんでした。

「日本人はアメリカに低賃金労働者となって入り込み、アメリカ社会に摩擦（friction）を生み、それが人々の間に大きな不満の渦を巻き起こすに違いない。（中略）これまで長期にわたって支那が苦力（クーリー）労働の供給基地だった。しかし、アメリカと日本を結ぶ交通の便がよくなった現在、日本人移民がアメリカに雪崩を打って押し寄せるだろう」[*46][*47]

不思議なことに、スウィフトが日本人移民をこれだけ警戒しているにもかかわらず、この当時、アメリカ本土には日本人移民はほとんどいなかったのです。一八五九年から八九年の三十年間で、八百七十人の日本人移民が記録されているにすぎません。[*48]一八九二年にはポートランドの人材派遣業者が、ユニオン・パシフィック鉄道の支線建設の現場に日本人労働者を送り込んでいますが、それもわずか四百人でした。[*49]こうした事実から、スウィフト公使はかなり早い段階から、ハワイのアメリカ併合によって始まるであろう日本人移民の米国本土への移住の蓋然性を意識していたことが窺われます。スウィフトは、ホノルルに向かう官約移民の船が横浜を出るたびに、その数を本国に報告していました。

スウィフト公使のこうした危惧は、決して根拠のないものではありませんでした。当時、日本の言論界では日本人移民を海外に送り出し、彼らのネットワークを利用した国際貿易によって通商立国を目指そうとする殖民論が活発でした。相手政府の肝煎りで大量の移民を送り出しているハワイは、そうした殖民論者が最も重要視していた殖民先でした。黒田清隆らが開拓を進めた北海道は「国内」における殖民の土地でした。しかし明治の世に代わって二十年も経つこの時期にあって、日本の知識人の中には世界の情勢を詳(つまび)らかにする者が増えていました。

そうした人物の一人が杉浦重剛(じゅうごう)でした。一八五五年生まれの杉浦は、一八七六年から八〇年までイギリスに留学した化学者でした。外の世界をつぶさに見てきています。一八八七年に発表した『進取論』では、明治政府に対して「殖民省を立て北海道、小笠原諸島等の管轄より布哇(ハワイ)国の移住民に至るまで、之を監督し漸次他の殖民地を起すべき方法を調査し、民間にて此等の事業を起さんと欲するものあるときには相当の保護を与え、以て之を奨励」[*50]すべしと主張しています。杉浦と同様に殖民論者であった志賀重昂(しげたか)も一八八七年刊行の『南洋時事』で次のように述べています。

「布哇ハ我東隣ノ独立国ニシテ亦(また)南洋ノ一群島ナリ。近時我同胞二千余人ハ這般(しゃはん)群島ニ散在移住シテ各其業務ニ服セリ。故ニ此国ノ安危治乱ハ直接ニ我同胞ニ関係スル者〔ママ〕ナリ。且(かつ)本年ヨリ我国ト布哇ノ間ニ直接ノ汽船航路ヲ開クノ計画アリト。是レ亦我国ノ貿易家ガ注意ヲ忽セニス可カラザル処ナリ」[*51]

西欧列強の海外膨張の歴史を学んだ明治知識人の目には、ハワイは貿易を通じた富国の道へのスプリングボードと映ったのです。ましてやこの時代はハワイ王国が日本に強い親近感を寄せていました。アメリカはハワイと米布互恵条約を結び、真珠湾の排他的利用を得ています。ハワイ貿易の九〇パーセント以上を占める貿易パートナーであり、関税政策でハワイ経済の生殺与奪の力を握っています。「ハワイはアメリカの一部」との意識がアメリカ政界に充満する中にあって、日本は、「ハワイへの進出」が「アメリカへの挑戦」であることに気づかなかったのかもしれません。

スウィフト公使が日本に不快の念を持ったのは、移民問題だけではありませんでした。日本外務省がアメリカに冷たい態度を見せ始めたのです。

日本外務省の変心

一八八四年三月二十八日付の『ニューヨーク・タイムズ』紙は、ある大物経済人の葬儀の模様を報じています。亡くなったのは極東貿易で巨富を築いたウィリアム・フォッグです。ボストンの北およそ百三十キロメートルにある小都市バーウィック出身のフォッグは、一八四四年の望厦条約により対清貿易への本格的参入が可能になるや、支那から茶や絹製品を輸入し、[*52] さらにペンシルバニアで石油が発見されると、支那市場に灯油を輸出しています。ビジネスの成長でニューヨークに進出し、金融界や政界とも強いコネクションを築き上げていました。

その交遊範囲の広さは葬儀に参列した者の顔ぶれで察しがつきます。ニューヨーク金融界の大物ジョン・ピアポント・モルガン。南北戦争ではグラントの盟友で、一八八八年の大統領選に立候補したクリントン・フィスク将軍。ウィリアム・エヴァーツ前国務長官。アスピンウォールとともに動物愛護協会を創設したトーマス・アクトン前財務次官補。ティファニー宝石店の創業者チャールズ・ティファニー。ルーズベルト家の投資銀行ルーズベルト・アンド・サンズのオーナー、ジェイムス・A・ルーズベルト。エヴァーツ前国務長官はフォッグの棺を担ぐ（pall bearer）ほどに親しい関係でした。

このアメリカ東部の大物経済人フォッグが設立した貿易会社、チャイナ・アンド・ジャパン貿易（C&J）が日本との貿易に進出したのは開国後まもなくの頃でした。一八六九年十月には早くも長崎に事務所を開いています。その後、神戸、大阪に進出し、サンフランシスコや上海の事務所と連係したネットワークを築き、日本での商売も活発になっています。[*53]

C&Jが日本市場に肝油の売り込みを開始したのは、スウィフトが東京に着任する少し前の一八八九年一月でした。肝油はタラの肝臓から抽出した液体（cod liver oil）

の栄養補助食品でした。「スコット・エマルジョン」ブランドで販売を開始したC&Jに、日本政府から横槍が入ります。スコット・エマルジョンを薬品と見なし、販売にはライセンスが必要だというのです。当初、栄養食品として扱われると理解していたC&Jには驚きでした。さらに、この商品の販売には一〇パーセントの販売税が課せられているのです。日本政府の扱いに反発したC&Jは、アメリカ公使館に不満をぶつけています。抗議するスウィフト公使への外務省の返事はつれないものでした。「C&Jは、彼らの窮状に理解を示したスウィフト公使を通じてこの問題を解決しようとした。公使は日本のやり方はアメリカの商売への大きな打撃となり、米国商社にとっても破滅的な結果を招くと外務省に訴えた。しかし青木（周蔵）は、薬品販売ライセンスの規制も販売税を課すことも条約上、何の問題もないとして突っぱねた。公使は青木の解釈は間違いだと断固とした態度で反駁した[*54]（adamantly disagreed）」

抗議が続いている間に、日本製の類似品が市場に出回っているとの情報がスウィフト公使に寄せられています。公使の抱える対日貿易問題はこれだけではありませんでした。ニューヨークの大手出版社A・S・バーンズは、日本向けの売り上げの激減が著作権を無視した海賊版の横行であると言い、善処させるよう公使に求めています。トーマス・エジソンも早い時期から、アメリカ公使館に日本が彼の特許権を侵していると苦情を寄せていました[*55]。

アメリカの対日貿易バランスは一貫して赤字でした。しかも、その赤字額は一桁違うほど大幅なものでした。すなわち、一八八六年の日本の対米輸出額は千九百九十八万八千二百十六円。一方アメリカの対日輸出額は三百三十五万八千九百八十六円。同じく一八八七年は対米輸出が二千百五十二万九千二百六十六円、アメリカの対日輸出は三百二十八万三千九十六円です（数字は *Spoilsmen in a "Flowery Fairyland"*, p151 より転載）。

こうした貿易アンバランスを抱えているにもかかわらず、外務省が冷たい対応を見せたことにスウィフト公使は立腹するのです。公使は、外務大臣青木周蔵にはドイツ留学経験があり、ドイツ贔屓（びいき）であることを知っていました。それだけではありません。青木はアメリカが嫌いだとまで公言しているのです。[*56]

スウィフト公使は青木の前任の大隈重信外務大臣を高く評価していました。大隈はアメリカが、条約改正に向けた日本の努力を常に後押ししてきた外交姿勢に感謝していました。イギリスやドイツが、日本に対するアメリカの好意的な態度に常に反感を持ち、アメリカの動きを牽制してきた経緯を知っていたのです。一八八九年二月、大隈はスウィフトの前任のハバード公使との間で不平等条約改正の調印を済ませていました。ハバードは二月二十日の日記に「ようやく日本を対等の国として扱う条約が成立した。少し遅すぎたくらいだ」と書き留めています。「日本は必ずや自由で独立した（アジアの）大国に成長していくに違いない」と喜んでいたのです。[57]

大隈はこの年に発布される大日本帝国憲法による日本の法体系の整備を武器に、「独・米・仏・露・伊の順序で国別に交渉を行い、その同意を得ること」[58]に成功していました。秘密裏の各国別交渉に成功し、最も強硬な反対が予想されたイギリスとの交渉は意図的に最後に行うと決めてありました。その交渉が始まった一八八九年四月に、改正案の内容がイギリスの『ロンドン・タイムズ』紙にリークされます。イギリスは列国の協調的な態度を前にして、条約締結に前向きに対応せざるを得ない状況にありました。ところが、このリークをきっかけに、日本国内で大隈の示した条約改正案に対する強硬な反対論が持ち上がりました。

大隈案による「改正が実現すれば、国家財政はいうまでもなく、国民の日常生活も向上し、また豊かになるという現実的利益[59]」が期待できたのです。大隈案では、諸外国の日本の法体系への危惧を払拭するために、外国人判事の任用を認めていました。その部分のみを問題視して大隈を批難する勢力が台頭したのです。明治政府の悲願であった不平等条約改正が達成される直前になって、薩長閥でない佐賀出身でかつ立憲改進党党首の大隈の名声が上がることを面白くないと思う勢力があったのです。明治期の高名な文人であり評論家でもあった依田学海はこの事件を次のように語っています。

「殊に大同団結派・保守中正派等の党員等、首としてその説を非とし、終に外務が所為を売国の罪ありと罵詈するに及び、又在朝の顕官も従てこれを論ずるに至れり。その論ずる所の大旨は、外人を用いて裁判官とするは憲法に載する所と戻れり（「もとれり」の意か）、（中略）大隈重信は国憲を汚すものなり、国体を損ずるものなり、我国に不利を貽すものなりと大声疾呼するに及べり」[*60]

大隈がダイナマイトを投げつけられ、右足を失う重傷を負ったのはこの年の十月のことでした。犯人である玄洋社の構成員である来島恒喜は外務省近くの現場で自らの首を突いて果てています。玄洋社は殖民論を唱えている杉浦重剛にも近い政治結社でした。重傷を負った大隈の後を襲ったのが青木周蔵でした。この事件のため、ほぼ勝ち得ていた条約改正は頓挫してしまったのです。

スウィフト公使は「大隈の政治家（statesman）としての資質を見抜き、称賛を惜しまなかった[*61]」のです。大隈の条約改正が実現すれば、日本の関税収入は増え、過剰労働力を吸収できる工業の発展が加速するはずでした。そうなれば移民の海外流出の内的圧力も減少すると見込まれたのです。この頃の国税収入は相変わらず法定地価の三パーセントを課す地租が六割を超える一方で、関税収入の割合はわずか八パーセントにも満たないものでした[*62]（一八九二年資料）。

スウィフト公使は、アメリカに対する日本の態度が確実に悪化していると見ていました。大隈の暗殺未遂は、この年の二月に起こった森有礼の暗殺に続くテロ事件でした。森は岩倉使節団受け入れの時代からアメリカをよく知る人物であり、明六社を組織してアメリカをモデルとした文明開化をリードした人物でした。こうした事件を前にして、スウィフトはアメリカは日本を甘やかしすぎたのかもしれないと後悔しています。

「日本は過去三十年間にわたって、世界の中でもアメリカのお気に入りの国だった(our international pet)。日本ほど興味深い文化を持つ民族はほかにないことはよくわかっている。しかしこの国を甘やかし過ぎたこと(overpetting)で、逆に我々が危うくなっている」[*63]

日本のアメリカからの離反の動きを警戒し、本国に注意を促していたスウィフト公使が心臓疾患で亡くなったのは一八九一年三月十一日夜七時のことでした。[*64]在職中に異国の地日本で命を落とした初めてのアメリカ公使でした。彼の亡骸はサンフランシスコに運ばれ、同市の北、オークランド市のマウンテンビュー墓地に埋葬されています。

スウィフトの後任もカリフォルニア州議会の大物フランク・コームスでした。三十九歳の若い政治家でしたが、カリフォルニア州議会では一八九一年に議長を務めています。彼を推したのは上院議員に選出されていたセントラル・パシフィック鉄道のルランド・スタンフォードと、同じく同州出身の下院議員ウィリアムス・モローでした。[*65] カリフォルニア政界の日本への関心の高さを示しています。

◉原註

*1 The Economic History of Hawaii, p8.

*2 Thos G. Thrum, *Hawaiian Almanac and Annual for 1893*, Press Publishing Co., 1892, p27.

*3 The Economic History of Hawaii, p8.

*4 同右、p7.

*5 Richard A. Hawkins, The Impact of Sugar Cane Cultivation on the Economy and Society of Hawaii 1835-1900, *Illes i Imperis*, 9 desembre 2006, p72.

*6 *Hawaiian Almanac and Annual for 1893* のデータより。

*7 Elizabeth Abbot, *Sugar*, Penguin Canada, 2008, pp337-38.

*8 *The Imperial Cruise*, p155.

*9 同右、p156.

*10 同右、p157.

*11 同右、及びアメリカ特使ジェームズ・ブラントの報告書（Report of U. S. Special Commissioner James H. Blount to U. S. Secretary of State Walter Q. Gresham Concerning the Hawaiian Kingdom Investigation. Honolulu, H. I., July 17, 1893）。

*12 この時期のハワイをめぐる米英の確執については『日本開国』18章「ハワイ王国」の項（一

○九―一一二頁、文庫版一一四―一六頁）を参照されたい。

＊13 「ジョン・スティーブンス蓋棺録」『ニューヨーク・タイムズ』一八九五年二月九日付。

＊14 *The Imperial Cruise,* pp154-55, 353.

＊15 *American Colossus,* p509.

＊16 Ernest Andrade Jr, Great Britain and the Hawaiian Revolution and republic, 1893-1898, *The Hawaiian Journal of History,* vol. 24, 1990, p92.

＊17 同右、p93.

＊18 同右、p96.

＊19 同右、p98.

＊20 同右、p97.

＊21 同右、p96.

＊22 *From Colony to Superpower,* p293.

＊23 *The Imperial Cruise,* p159.

＊24 同右、p159.

＊25 同右。

＊26 同右、p150.

＊27 Report of U. S. Special Commissioner James H. Blount.

＊28 *From Colony to Superpower,* p306.

＊29 Alfred L. Castle, Advice for Hawaii: The Dole-Burgess Letters, *The Hawaiian Journal of History,* vol. 15, 1981, pp25-6.

＊30 *The Imperial Cruise,* p161.

＊31　Advice for Hawaii, pp28-9.
＊32　Daniel Ruddy, *Theodore Roosevelt's History of the United States*, Harper Collins, 2010, p216.
＊33　Morgan Report, p913.
＊34　外交資料Q&A「明治期」。外務省ホームページ。
http://www.mofa.go.jp/mofaj/annai/honsho/shiryo/qa/meiji_01.html
＊35　同右、p914.
＊36　The Impact of Sugar Cane Cultivation on the Economy and Society of Hawaii 1835-1900, pp73-4.
＊37　Alfred L. Castle, U. S. Commercial Policy and Hawaii 1890-1894, *The Hawaiian Journal of History*, vol. 33, 1999, p80.
＊38　*Spoilsmen in a "Flowery Fairyland"*, p196.
＊39　同右、p196.
＊40　I'll Furnish the War, p22.
http://www.ucpress.edu/content/chapters/11067.ch01.pdf
＊41　同右、p21.
＊42　「ジョン・スウィフト蓋棺録」『ニューヨーク・タイムズ』一八九一年三月十一日付。
＊43　*Spoilsmen in a "Flowery Fairyland"*, p159.
＊44　同右、p160.
＊45　同右。
＊46　同右、p161.
＊47　同右。

*48 同右、p162.

*49 Race and Restriction, p62.

*50 広瀬玲子『国粋主義者の国際認識と国家構想』（芙蓉書房出版、二〇〇四年）三四―五頁。ページ数は左記のネット発表の論文による。
http://dspace.wul.waseda.ac.jp/dspace/bitstream/2065/335/3/Honbun-3438.pdf

*51 同右、三五頁。

*52 望厦条約調印の経緯については『日本開国』16章「ヒッチハイキング帝国主義」を参照されたい。

*53 Nagasaki Foreign Settlement Research Group、Nagasaki People, Places and Scenes of the Nagasaki Foreign Settlement, Oura Articles の章、長崎総合科学大学運営サイト。
http://www.nfs.nias.ac.jp/page020.html

*54 *Spoilsmen in a "Flowery Fairyland"*, p167.

*55 同右、p152.

*56 同右、p166.

*57 同右、p154.

*58 木村時夫「日本における条約改正の経緯」（『早稲田人文自然科學研究』一九八一年三月）四頁。
http://dspace.wul.waseda.ac.jp/dspace/bitstream/2065/10153/1/43111_19.pdf?sess = 9504ee49ae26bbe228aac2409abe2eb4

*59 同右、一〇頁。

*60 依田学海『学海余滴』（笠間書院、二〇〇六年）六五頁。

＊61　*Spoilsmen in a "Flowery Fairyland"*, p166.

＊62　「日本の租税制度・税収構造の長期的変遷と主たる税制改革」。財務省ホームページ。http://www.mof.go.jp/jouhou/kokkin/tyousa/1808zeisei_09.pdf

＊63　*Spoilsmen in a "Flowery Fairyland"*, p167.

＊64　「ジョン・スウィフト蓋棺録」。

＊65　*Spoilsmen in a "Flowery Fairyland"*, p183.

第14章　米西戦争

東部エリートたちの狩猟クラブ

シカゴ万博の日本館鳳凰殿は、人工島であるウッデッドアイランド（森の島）の北端に建てられました。万博会場の造園計画を委ねられたのはフレデリック・オルムステッドです。彼は南北戦争後、ニューヨークのセントラルパークの設計で名を馳せています。オルムステッドは会場の中に、ミシガン湖畔の沼沢と砂洲を埋め立て十六エーカー（およそ二万坪）の木々で覆われた人工島を築き上げました。

オルムステッドはこの島を、先端科学を展示するパビリオンの人混みやストリート芸人の喧騒に飽いた人々がひと時でもアメリカの自然を満喫できるようにと、多くの木々に囲まれ、そしてまた、たくさんの水鳥の集まる保護区に仕上げたのです。鳳凰殿がこの保護区に建設を認められたことは、日本の木造建築が自然との調和を目指した構造物であることを、オルムステッドら造園家が早い時期から理解していたことを示しています。

鳳凰殿の反対側、つまり森の島の南の端には粗末な丸太小屋（ログキャビン）も建てられています（左の写真）。樹皮を剝いだ丸太を、斧と鋸（のこぎり）で削りながら積み重ねて壁組みし、その上に屋根を載せただけの質素な作りです。内壁は一つですから、間取りは漢字の「日」の字状です。内側に石材を張りつめた排煙口のある暖炉で薪を焚いて暖をとりますが、床はなく粘土質の地肌が剝き出しでした。六十五万ドルの建築費と、釘を使わない木組み加工という宮大工の高度な技術を駆使して建てられた鳳凰殿とは好対照をなしていました。

セオドア・ルーズベルトらの建てた丸太小屋。シカゴ万博、1893 年

ハンターズ・キャビン（猟師小屋）と命名されたこの丸太小屋は、ブーン・アンド・クロケットクラブ（Boone and Crockett Club = B&Cクラブ）と称する狩猟家の親睦組織が、アメリカ西部開拓時代の様子を再現するために建てたものでした。クラブ命名の元となったダニエル・ブーンもデビー・クロケットも、アメリカ建国期の西部開拓の英雄です。ブーンはインディアンと戦いながら建国期初期のケンタッキーを探検し、クロケットはテキサス独立戦争でアラモ砦を守備しました

が、最後はメキシコ軍の攻撃に散っていきました。

小屋の内部はおよそ四十年ほど前の西部開拓時代の生活を偲ばせる展示品で飾られていました。粗末なベッドには大型動物の鞣革(なめしがわ)が敷かれ、カバーにはそうした動物の暖かそうな毛皮が使われていました。椅子は丸太を短く切っただけのもの。料理道具は簡単なナイフとフォーク、それにブリキ製の薄い皿や鍋があるだけでした。明かりは蠟燭だけです。森の島の木々の間に建つこの丸太小屋の内部は、フランス・パビリオンに展示されているマリー・アントワネットの寝室の豪華さを見た者には、ひどくお粗末に見えました。

この丸太小屋展示を主催したB&Cクラブは、一八八八年、セオドア・ルーズベルトが中心となって創立したものです。創立メンバーは彼を含む十人の東部エリートたちでした。その設立趣旨として次のようなものが掲げられています[*1]。

一、ライフルを使った男らしいスポーツとしての狩猟の促進。
二、未開拓の自然の残る土地の探検や旅行の勧奨。
三、野生動物、特に大型動物を保護する活動とそのための法整備の推進。
四、野生動物の調査及び観察活動。
五、狩猟された動物の博物館への提供。

メンバーの先祖はみな、十七世紀にイギリスなどからアメリカに渡ってきたプロテスタントに繋がる家系でした。政界や財界あるいは学界に強い影響力を持つ者ばかりでした。それぞれがハーバード大学やエール大学などの東部エスタブリッシュメントを代表する大学の卒業生でした。メンバー・リストはこの時期のアメリカを代表する人物で輝いています。B&Cの有力メンバーと出身大学は以下のとおりです。[*2]

セオドア・ルーズベルト（一八五八―一九一九年）、政治家、ハーバード大学。

ジョージ・グリンネル（一八四九―一九三八年）、動物学者、エール大学。

ウィリアム・T・シャーマン（一八二〇―九一年）、陸軍将軍。

フィリップ・シェリダン（一八三一―八八年）、陸軍将軍。

ギフォード・ピンチョ（一八六五―一九四六年）、林政学者、エール大学。

マジソン・グラント（一八六五―一九三七年）、優生学者、エール及びコロンビア大学。

アーノルド・ヘイグ（一八四〇―一九一七年）、地質学者、エール大学。

エリフ・ルート（一八四五―一九三七年）、陸軍長官・国務長官、ニューヨーク大学。

ヘンリー・ロッジ（一八五〇―一九二四年）、上院議員、ハーバード大学。


リストはまだまだ続きます。B&Cクラブはアメリカの動物や自然保護を訴える団体の魁（さきがけ）とされ、現在でも活動を続けています。しかし、設立の初期に、動物愛護や自然保護の主張が多くの有力者を集めるほどの訴求力を持っていたと考えるのは何か不自然です。ましてやメンバーの中には、一千万頭を超えるバッファロー殺戮の中心人物であるシャーマン将軍が含まれているのです。設立の中心人物であるルーズベルトも、ライフルで仕留めた熊や鹿などの大型動物の前で誇らしげにポーズをとる多くの写真を残しています。現代の私たちが理解する動物愛護の感性や精神とは違う何かがありそうです。

優生学者マジソン・グラントの危惧

マジソン・グラントがB&Cクラブのメンバーに迎えられたのは、シカゴ万博の開催された一八九三年のことでした。彼は一八六五年十一月十九日にニューヨーク市に生まれています。父のガブリエルは高名な外科医で、南北戦争では北軍の軍医として従軍しています。父も母もその家系を辿ると、十七世紀初めにアメリカ北東部に殖民を開始した清教徒の祖先に繋がる名門でした。幼年期、少年期に徹底的な個人教授を受け、ドイツの工業都市ドレスデンでも四年間暮らしています。

一八八四年にエール大学に入学し、卒業後はコロンビア大学で法律を学びました。弁護士資格は一八九〇年に取得しています。当時のエール大学は入学試験に数学、ドイツ語、フランス語、ギリシャ語、ラテン語を課していました。現代の若者の中に一八八四年当時のエール大学に入学できる学力を持つ者は一人もいないだろう[*3]と言われるほど、当時のエリートには高い教育レベルが要求されていました。この超エリートが、富裕層の貴族趣味的な雰囲気を残したB&Cクラブを、絶滅に瀕したアメリカの野生動物や植物の保護を訴える強力な政治団体に変貌させていったのです。彼を支えたのは同じクラブのメンバーだった動物学者のジョージ・グリンネルらでした。

グラントの最初の仕事はイエローストーン国立公園を開発業者の手から守ることでした。イエローストーンは一八七二年に国立公園に指定されたものの、一八九三年、この公園の北東部六百二十二平方マイル（およそ十六万ヘクタール）の開発を許可する法律が上院で可決されました。こうした法律が成立して、イエローストーンになし崩し的に開発の波が押し寄せることを恐れたグラントは、B&Cクラブの持つ政界へのネットワークを駆使し、下院での否決を目指して活発に活動します。開発認可法案の廃案に成功したグラントは、翌年にはこうした開発の動きに先手を打ってストップをかけられる「公園保護法」を成立させています。「イエローストーンをめぐる攻防でB&Cクラブは、全国的レベルで自然保護運動を主導する最初の民間組織となった」のです。[*4]

グラントの活動は遠隔地の公園保護だけにとどまりませんでした。都市部に住む一般の人々の啓蒙を目指し、動物園の概念をも一変させました。一八九〇年後半には彼が中心となって設立したニューヨーク動物学協会が中核となり、ニューヨーク市近郊のブロンクスに大型動物園を開園しています。三百エーカー（およそ三十七万坪）の敷地は、当時最大規模の動物園の五倍の広さでした。グラントは動物を檻で囲い見世物として扱う発想を大きく転換し、「可能な限り広い生息環境を提供しながら、入園者が観察できる程度にコンパクトな大きさの」[*5]動物園の創設を目指したのでした。さらに一九〇五年には、大統領になっていたルーズベルトの尽力もあり、アメリカバイソン（バッファロー）協会を設立し、ブロンクス動物園で繁殖させたバッファローを保護区に戻し再繁殖に成功しています。

グラントの活動は動物だけでなく森林の保護にも及んでいます。時代は少し下がって第一次世界大戦中になりますが、アメリカの原生林はほとんど民間会社の所有となり、伐採を待つばかりになっていました。一九一七年、まだ多くの自然林の残された北部カリフォルニアにキャンプしたグラントはセコイア（カリフォルニア・レッドウッド）の原生林を救うセコイア救済連盟を設立しています。彼の運動の成果は、それからおよそ半世紀経った一九六八年に、この地域が国立公園に指定されることで現実のものになっています。

レッドウッド国立公園は、「カリフォルニア州最北端の海岸沿いにある国立公園。五百二十六平方キロメートル（東京ドームの一万千二百倍）の広大な公園内には、セコイアの一種であるレッドウッドの巨木が集まった鬱蒼とした森が広がっています。その巨木は、樹齢千年以上、高さは百メートルに達するものもあり、まるで自分が小人になったような錯覚に陥ってしまいます。この静かな森の中をのんびりと進めば、エルクやハゲタカなどの野生動物たちにも出会えるかもしれません」[*6]

グラントが野生動物や原生林の保護にかけた情熱とその成果の大きさを鑑みると、彼の名前はもう少し知られていてもおかしくはないのです。しかし今日では彼の功績を語る者はほとんどいません。功績と名声の極端なまでのアンバランス。それは彼が、絶滅に瀕した動物や植物の保護運動を「ホモサピエンス（人間）の絶滅種」にまで拡大したことに起因します。

「ホモサピエンス（人間）の絶滅種」とは、バーゲス教授の分類に従えば、ゲルマン民族ということになります。グラントが活発な活動を開始した時期にあたる一八九四年のニューヨーク市の人口はおよそ百八十万人でした。うち百四十万人は移民か、両親のうちのどちらかが外国生まれでした。マンハッタン島の東には馬の死骸が方々にころがり、動物や魚の内臓がところかまわず捨てられてひどい悪臭を放っていました。[*7]

こうした都市の荒廃に加え、グラントのような、エリート教育を受けた東部エスタブリッシュメントにとって最も驚く出来事は、選挙権を得た移民たちが何の自責の念もなく賄賂で票を売っていたことでした。

そうした票を買い漁っていたのはタマニー・ホールと呼ばれる政治組織でした。タマニー・ホールは、買収した票を後ろ盾にして作り上げた強力な政治力を利用してニューヨーク市政を牛耳っていたのです。当然のことながら市政は腐敗し、賄賂が横行していきました。この組織は民主党を支持していました。

アイルランドからもドイツからも大量の移民を受け入れたアメリカは、ゲルマン人（アングロサクソン人種）の優秀性を固く信じていました。アメリカ人の多くは伝統的にアングロサクソン主義とアメリカン・ナショナリズムの二つを強く信奉していて、移民に対して楽観的な考えを持つ者が多かったのです。アングロサクソン人種の優勢な種の力は劣勢な異種を同化する能力があるし、その過程で他種の価値ある性質のみを吸収し、さらに進化できるほどの能力がある、という強い自信を持っていました。[*8]

一八九〇年代中頃は、こうした自信が揺らぎ始めた時期でした。現実のものとなった都市の汚染と政治の腐敗。西部の辺境は失われ、もはや新しい移民を吸収する新天地のなくなったアメリカ。アングロサクソン種の東部エスタブリッシュメントは、もしかしたら自分たちこそが、これから救済されなければならない絶滅種そのものかもしれないという漠然とした恐怖を感じ始めたのです。グラントはまだこの時期には、アングロサクソン人種保護のために適用する理論武装はできていませんでした。彼がその理論を発表したのは少し時代が下がった一九一六年のことでした。発表は二十世紀に入ってからだとしても、彼の理論の原型は一八九〇年代に徐々に構想が進んでいたはずです。ですから、一九一六年の彼の著作にある主張のエッセンスを確認しておくことは十分に意味がありそうです。

『最優秀種の後世への保存[*9]（*The Passing of the Great Race*）』は、一八四六年創業のニューヨークの老舗出版社チャールズ・スクリブナーズ・サンズ社から発行されています。その後、ヘミングウェイやスコット・フィッツジェラルドの著作なども出版した権威ある出版社でした。

グラントはこの本の序章で、ホモサピエンスの分類作業に徹底的に科学的な態度で臨んだと述べています。また、アメリカ独立宣言に高らかに謳われた「すべての人間は平等である（All men were created equal）」の文言が、黒人奴隷を所有し、原住インディアンを人間として認めず激しく嫌悪（dispise）していた者たちによって書かれたという「欺瞞」をはっきりと指摘しています。その上で彼は、自らの分析がそうした博愛主義的な信条（philanthropy）や崇高な理念（noble purpose）をあえて排除した上でなされたものであることを強調しています。もちろん宗教に基づいた啓蒙主義とも無縁の、冷徹な考察であるという態度を示すことも忘れていません。彼はホモサピエンスを「科学者の眼」で分析する態度をとると表明しています。

彼の「科学的分析」の中心となった数字は、頭部インデックス（Cephalic Index）と呼ばれるものでした。これは人間の頭部の形状を数字化したものです。耳から耳までの幅を、耳から上の前頭部から後頭部の長さで割った数字に百を掛けたものです。七十五以下が長頭、八十以上が丸頭、その中間が中頭と分類されています。この他にも身長や髪や眼の色などをも細かく分析し、彼自身の属する「最優性種としての」北方ゲルマン民族の身体的特徴を描き出しています。

「眼の色は種の分類上重要な要素である。碧、グレー、グリーンの瞳は北ヨーロッパ人種（北方ゲルマン種）に特徴的である。薄い色の瞳はこの地域以外の人種では見ることができない。従って、瞳の色による人種の分類は非常に有効である。これに反して、濃い瞳の色は野生哺乳類に見られる一般的特徴であって、人間に最も近いとされる霊長類にも完璧にあてはまる。従って、原始的な人類が濃い色の瞳を持っていたことは疑いのないことである[*10]」

「鼻の形も人種分類にきわめて重要である。言うまでもないことだが、人類は初期の発達段階では鼻はぺしゃんこで鼻筋というものはできていなかった。（中略）鼻筋がなく、外に広がった大きな鼻腔は人間の原初形態の特徴であり、現在でも世界中にこうした特徴を持つ種が存在している[*11]」

グラントのこうした「科学的な」人種の外形分類で浮かび上がってくるのは、彼の属する北方ゲルマン人種（アングロサクソン種）が最高に進化した種であるという分析結果なのです。かつてグラントの父親やそれ以前の世代には、この最高に進化した種が他の種と交われば他の種のよい部分のみを継承し、さらに高級な種への発展が期待できるとの強烈な自信がありました。歴史家アンドリュー・スタインメッツが『日本及び日本人』で主張したような、「交配により日本人の優秀さが取り入れられる」といった考えは、もはや時代遅れになってしまったのです。

移民の洪水の中で、グラントの観察のように、移民に対する考え方はネガティブとなり、自らの属する優性種をいかに保存するかに関心が移っていったのです。グラントにとって「劣性人種」との交配は危険であり、そうした行為はもはや「種の自殺行為（race suicide）」にほかなりませんでした。

「認めたくないかもしれないが、二つの異なる種を交配すれば、結局は古い形質に、つまり低級な種に先祖返りしてしまう。白人とインディアンの混血はインディアンであり、白人と黒人の混血は黒人であり、白人とヒンズーとの混血はヒンズーであり、ヨーロッパ人とユダヤ人の混血はユダヤ人である。（中略）こうした現実は事実の観察に基づくものであり、自然の法則である。民主主義的理念とか宗教的信条といったものとは無縁のものである」[*12]

現代人の感覚すれば受け入れ難いグラントの主張ですが、十九世紀末から二十世紀初頭に彼らの属する種の置かれた環境や心情を推察すると、それは決して荒唐無稽な主張ではなかったのです。グラントの極端な主張は学界では危険視されましたが、彼の狙いはアメリカ国内に流入し続ける移民を抑制する政治運動を活発化させることにありました。学術書の体裁をとってはいますが、政治プロパガンダの色彩の濃い著作であることをグラント自身が十分に承知していました。

彼がこの著書を発表した当時の大統領は、B&Cクラブの仲間であるセオドア・ルーズベルトでした。彼はこの書を絶賛しています。[*13] グラントの狙いは確実に実を結んだのです。一九二〇年代に入ると、グラントの主張に沿った移民規制の法案がアメリカ議会で次々に成立していきました。[*14]

この当時、アメリカに入ってくる移民の主流は、東欧のスラブ系やロシアの虐待から逃れてきたユダヤ人たちでした。ハワイを経由して流入する日本人移民が問題視されていた時期でもありました。現代のアメリカでは、グラントはユダヤ人を中心とする少数民族から無視される存在になっています。グラントの自然保護や絶滅種保存の貢献がほとんど語られない理由はここにあるのです。

政治家セオドア・ルーズベルトの危惧——徴兵拒否を恥じた父

B&Cクラブのメンバーの中でも、セオドア・ルーズベルトはイギリス系ではありませんでした。それでも五代遡った父方の祖であるニコラス・ルーズベルト（一六五八—一七四二年）は、オランダからやってきた新教徒を父に持ち、ニューヨークに生まれていますから、早い時期にアメリカ大陸に渡ってきた由緒ある家系です。十七世紀半ばのニューヨークはオランダの支配下にあり、オランダの国策会社である西インド会社がこの地域を管轄していました。

第二次英蘭戦争を終結させた一六六七年のブレダ条約により、ニューアムステルダムと呼ばれていた現在のニューヨーク市はイギリスに割譲されています。オランダがその交換に獲得したのは、南米のスリナムとインドネシアの小さな島ラン島でした。オランダはマンハッタンを、ナツメグを産する小さな島と黒人奴隷労働力で支えられた砂糖プランテーションがあるだけの熱帯の地と引き換えてしまったのです。[*15] マンハッタン島の南の端にあるウォール街は、かつて西インド会社がイギリスの攻撃に備えて築いた城壁があったところです。

このウォール街から北北東にブロードウェイをおよそ四キロメートル進むと、ユニオンスクエアが見えてきます。ロワー・マンハッタンと呼ばれるマンハッタン島南部にはビジネス街が広がっています。この中心に臍（へそ）のように位置する広場です。一八六五年四月二十五日、このユニオンスクエアを悲しみに打ちひしがれた市民が、故郷イリノイに向かうリンカーンの棺を見つめていました。棺を引いてゆっくりと進む葬列を、広場に面した屋敷の二階の窓から不安げに見つめる二人の少年がいました。

少し体の大きい少年は六歳半のセオドア・ルーズベルト。もう一人は五歳の弟エリオットでした。広場に集まった人々の悲しみは幼い二人にも十分に伝わってきました。この日遊びにきていた幼友達のエディス・キャロウは、棺の後に続いた復員兵の部隊を見ると泣き出してしまい、奥の部屋に隠れています。この部隊「The Invalid Brigate」の隊員は南北戦争で傷つき、いずれも片足を失った者ばかりでした。不自由な義足を引きずりながらの悲しい行進でした。小さな部屋に閉じこもって震えるキャロウの肩をセオドアは優しく抱きしめています。キャロウは後に彼の二人目の妻になる女性でした。[*16] 三人はこの日ニューヨークでも指折りの富豪であったルーズベルトの祖父、コーネリウスの屋敷に来ていたのです。

国家分裂の危機にあった南北戦争の終結で、国家再建のスタートを切る間もなく暗殺された大統領。一八六五年は日本では慶応元年にあたります。幕末の混乱期の真っ只中にあり、たびたび改元が繰り返されていた時期でした。国家存立の基盤が不安定化するときには社会のエリート層や知識人の心が大きく揺らぐのはアメリカでも同様でした。

戦争と暗殺という二つの事件を通じて、セオドアと同名の父（シニア）もその人生観を大きく変えた一人でした。当時二十九歳だったシニアは、南北戦争の開戦で実施された徴兵を三百ドルの支払いで免れていました。[*17] 富裕層の子弟がこうした方法で懲役を免れることはよくあることでした。

しかし戦後になると、父は自らの行為をひどく恥じるようになりました。これを消すことのできない汚点と感じたシニアは、自責の念を少しでも軽くしようと、多くの慈善事業に奉仕を続けました。極貧の子供たちを預かる児童救済協会を設立し、日曜日の夜ともなるとその宿泊施設に必ず足を運んでいます。病院や博物館への寄付も欠かしていません。友人のジョン・ピアポント・モルガンと協力してメトロポリタン美術館を後援しています。[*18]

セオドアにとって父は憧れの対象でした。それだけに、父が徴兵を避けたことを彼自身の責任であるかのように恥じ続けます。「敬愛する父からどうしても消せない汚点。セオドアはおそらく心の奥底で、この汚点を彼自身が雪がなければならないと感じていたはずだ」と彼をよく知る親族が語っています。[*19]

セオドアは父の関わる多くの慈善活動を通じて、献身的な働きを見せている若い未亡人ジョセフィーヌ・ローウェルを知ります。ボストンの名門で富裕なショー家に生まれた彼女は夫を戦争で失っていました。開戦に際してのショー家の態度は、父が見せたそれとはまったく逆でした。ショー家の自慢の息子ロバートが徴兵されたことを両親はとても喜び、それを誇りにしたのです。ショー家にとって奴隷解放という崇高な理念の実現のために戦うことは、アメリカ人魂そのものの発露でした。ロバートも、ジョセフィーヌの夫チャールズも、戦場から生きて帰ってきませんでした。[*20]

セオドアは、黒い服に身を包み父の活動を助けるジョセフィーヌの姿に、強く勇敢に生きるアメリカン・エリートの妻の理想の姿を見ました。そして、自らも理想的アメリカン・エリートとして生きる決意を静かに固めていきました。そうすることで敬愛する父の人生に残る傷をいつか癒すことができるかもしれないのです。

セオドアの母マーサは、ジョージア州のブロック家の出身でした。セオドアの父と母の親族は敵対する状況に陥っています。ブロック家はフランスからやってきた新教徒（ユグノー）やスコットランド清教徒の血を引く南部の名門でした。同州ローズウェル市には、今でも彼女の父ジェームズの建てた生家「Bulloch Hall」が広大な敷地の中に残っています。母の兄弟は父シニアとは異なり、戦うことを忌避しませんでした。南部連合の戦いに命をかけています。セオドアが描く理想のアメリカン・エリートとして戦争に参加しています。

一八六四年六月十九日、シェルブールの沖で沈みゆく「アラバマ」号から脱出し、イギリスの「ディアハウンド」号に救助された十四人の士官の中に、航海士アーヴィン・ブロックがいました。母マーサの弟でした。一命をとりとめたアーヴィンはここで戦いをやめていません。ただちに戦艦「シェナンドー」号に乗り組み、戦いを続けたのです。[*21] アーヴィンは戦争が終わってもアメリカに戻りませんでした。綿花の仲買い人としてリバプールに残りました。

母の兄（伯父）ジェームズは兵士としてではなく、南部連合の武器調達エージェントとしてイギリスで外交戦争を戦っています。南北戦争の開戦と同時にリンカーンは南部の港を封鎖しています。南部連合には戦艦を建造する能力はありません。ジェームズは、封鎖をかいくぐって物資を届ける高速艇や、封鎖している北軍の船を攻撃できる新鋭戦艦を求めてイギリスに赴任していたのです。

開戦とほぼ同時に中立を宣言したイギリスは、アメリカとの間に結ばれていた条約[*22]により、アメリカの交戦相手である南部連合に武器の販売ができなくなっていました。ジェームズはその条文の抜け穴を探し出し、一切の武器を装備していない船体をアゾレス諸島テルセイラ島に回送し、別便で手配した砲を装着させて新鋭の戦艦に仕立てます。ジェームズの外交的手腕がなければ、「アラバマ」号が南部連合海軍に届けられることはなかったのです[*23]。

彼が手配したのは「アラバマ」号だけではありません。リンカーン政権のリバプール領事トーマス・ダッドリーが、外交ルートや裁判を通じて度々行った妨害にもかかわらず、一八六二年から六四年の間にジェームズが南部連合に届けた軍船の数は百を超えています。新造船の調達だけでなく、イギリス人乗組員の雇用にも成功したのはイギリス政界の南部連合への同情が味方していました。この伯父ジェームズも戦後はアメリカに帰らず、一九〇一年にリバプールで一生を終えています。彼は甥のセオドアに三万ドルの遺産を遺していきました。[*24]

セオドア・ルーズベルトの体には、いわば相反するような生き方を示した父方と母方の血が流れていました。敵方で戦った伯父と叔父でしたが、彼らが見せたアメリカ人魂はセオドアの誇りでした。父シニアは徴兵忌避を悔やみ続けました。それでも慈善事業を継続するかたわら政治の世界に身を置き、彼なりの新たな戦いを続けたのです。

政治家セオドア・ルーズベルトの危惧——移民と都市の劣化

父セオドアシニアの危篤の報が、ハーバード大学二年生となっていたセオドアのもとに届いたのは一八七八年の冬のことでした。死因は大腸癌でした。しかしセオドアは父は病に倒れたとは考えてはいませんでした。当時のニューヨークは共和党、民主党の党派の別なく政治腐敗にまみれていました。父はヘイズ大統領の任命によって、ニューヨーク税関の腐敗一掃に努めていました。買収した票や不正で得た資金の力を背景にした有力政治家はシニアを毛嫌いし、その活動を妨害し続けました。

「父の死因は腸にできた転移性の癌であった。しかし息子のセオドアは、父は生き馬の目を抜くような政治の世界での戦いに傷つき、そして死んでいったのだと確信していた」[*25]

ハーバード大学のあるボストンから急いでニューヨークに駆けつけましたが、父の死に目には会えませんでした。わずか四十六歳で父は逝ってしまったのです。徴兵忌避を恥として生きた父も、最後は伯父たちとは違う形で命を国に捧げて亡くなりました。セオドアにとっては十分すぎるほどにアメリカン・エリートの生き方を教示してくれたのでした。

セオドアは大学で徹底的に自らの肉体を鍛えています。セオドアにとって頑強な肉体はアメリカン・エリートとして生きるための最低条件でした。乗馬、フェンシング、そしてボクシング。肉体を痛めつけています。彼は幼い頃から喘息に悩まされていました。十九世紀後半のニューヨークなどの都市では、石炭の煤や乾いた馬の排泄物が空気を汚し、喘息は時代の病でした。この頃、喘息の治療には酒とコーヒーが効くと信じられていました。アルコールの嫌いなセオドアは一日四リットルの濃いコーヒーを飲んで喘息の克服に取り組んでいます。[*26]

大学では闘うスポーツに打ち込んだだけでなく学業にも励んでいます。ルーズベルトはハーバード大学の伝統ある学生親睦組織ポーセリアン・クラブに加入を認められ、若きアメリカン・エリートとの交友の輪を広げています。ポーセリアン・クラブはエール大学の類似の組織、スカル・アンド・ボーンズに匹敵する排他的な学生組織でした。[*27]アメリカの将来を担う、上流階級の子弟だけがメンバーとなることが許されるポーセリアン・クラブで、ルーズベルトは生涯の友であり、政治の世界でのよき理解者であり、かつ支援者となるヘンリー・ロッジと知り合っています。ロッジはルーズベルトの九歳年長で、すでにハーバードを卒業し、一八七五年には弁護士資格を得ていましたが、歴史を学ぶために学究生活に戻っていたのです。

一八七六年から七九年まで、ロッジがアメリカ史を専門に学び、大学教授を目指していた時期に二人は意気投合します。ロッジは一八七七年には母方の曾祖父ジョージ・キャボットの伝記を書きあげています。キャボット家はイギリス植民地時代からのボストンの名門であり、同じ名門のパーキンス家とともに、造船やアジア貿易で大きな富を築きました。ボストン周辺の名家は、アジア貿易で稼ぎ出した利益を惜しみなく高等教育機関に拠出しています。ハーバード、エール、プリンストン。こうした有名な大学には支那貿易で得た巨富の一部が注ぎ込まれました。その利益のほとんどがアヘン密売から得られたものです。[*28]

こうしたボストン周辺の名門家系の一族は「ボストン・ブラーミン」と呼ばれていました。ニューヨーク周辺のオランダ系の名門は同じように「ニューヨーク・ニッカーボッカー」と呼ばれています。ブラーミンのロッジとニッカーボッカーのルーズベルトはたちまち意気投合したのです。二人が気が合ったのは、同じ名門出身というだけではありません。ルーズベルトもロッジに劣らず、アメリカの歴史を真剣に学んででいたのです。ルーズベルトは一八八二年に第二次米英戦争を扱った『一八一二年海の戦い（*The Naval War of 1812*）』を上梓しています。その後も数多くの歴史書を著しています。二人とも歴史家としての才能を見せています。歴史への深い興味が二人の友情の絆でした。

もう一つ、二人が思いを共有したのは深い憂国の情でした。アメリカが大量の移民の受け入れで確実に変質していることに、ともに強い危機感を抱いていたのです。ニューヨークはヨーロッパからの移民受け入れの窓口であっただけに、ルーズベルトが町の劣化に気づくのは容易でした。その結果、腐敗したニューヨーク市政や政府組織との戦いに父シニアは敗れました。ロッジもルーズベルトに劣らぬほど故郷ボストンの劣化を見ていました。

ロッジ家のあったビーコンヒルはボストン・ブラーミンの名家が集まる高級住宅街でした。ボストンにも多くのアイルランド移民が押し寄せていました。ロッジが生まれた一八五〇年には人口十三万六千のうち三万五千がアイルランド人でした。[*29] 彼らはみな貧しい農民の出身です。町の人口の四分の一がそうした移民で占められたのですから、町の性格が大きく変わってしまっただろうことは想像に難くありません。その上、ボストンには黒人も流入していました。こうした貧しい層の人々はさすがにビーコンヒルのような高級住宅地に住むことはありませんでしたが、ビーコンヒルの南に広がる公園ボストン・コモンには、そうした家庭の子供たちがやってきて遊び場にしていました。

「凍てつく冬には、コモン広場に北や南のはずれのスラム街から悪ぶった格好をしたアイルランド人や黒んぼの少年が集まってきた。ビーコンヒルの子供たちは、ウールのマフラーと白い幅広の襟（イートンカラー）をつけたおしゃれな格好で、貧乏人の子供に雪玉を投げつけて戦いを挑んだ。彼らは、薄っぺらな上着を身につけた、喧嘩の強そうな、大柄な子供たちと激しく罵りあった[*30]」

最もアメリカらしい町、アメリカの伝統そのものを体現していた町、ボストンの変質は、東部エスタブリッシュメントの子弟教育の総本山であるハーバード大学やエール大学に学ぶ学生の心理を暗く歪めていったのです。

政治家セオドア・ルーズベルトの危惧――WASPの「人種自殺」

移民の急増によって必然的に引き起こされた異文化との接触は、アメリカの若いエリートの心に「アメリカ人とは何か」の問いを否応なしに突きつけることになりました。ロッジやルーズベルトが母国の歴史に強い興味を持ち、北方ゲルマン民族が築いてきた先祖の生き方を学べば学ぶほど、優秀であるはずのゲルマン民族が劣性民族であるはずのケルト人（アイルランド人）やアフリカ人種（黒人）に圧倒される現実に悩まされることになりました。この悩みは二人だけのものではなく大学全体を覆っていました。

こうした中にあって、学生たちの心を惹きつけたのはチャールズ・ダーウィンの進化論から発展した社会進化論（Social Darwinism）であり、さらにそれを進めた優生学でした。アメリカに渡ったホワイト・アングロ・サクソン・プロテスタント（ＷＡＳＰ）は、その優秀な民族の血を正統に継いでいるはずでした。マジソン・グラントが学んだエール大学同様、ハーバード大学もＷＡＳＰが人類最高の人種であることを説く優生学のメッカとなりました[*31]。

優生学を学ぶアメリカン・エリートの若者が最も恐れたのは「人種の自殺行為（race suicide）」と言われる概念でした。劣性人種の移民を受け入れたのはＷＡＳＰの判断でした。リンカーンの黒人奴隷解放宣言を支持したのもＷＡＳＰです。小金で買った移民の票を利用して政治腐敗の原因を作ったのも、元はと言えば彼ら自身なのです。ボストンに貧しい者が溢れているのもＷＡＳＰ人種の行動の結果としてもたらされたものでした。ＷＡＳＰの若者は自らの属する種が「人種の自殺行為」に向かっているのではないかと危惧し始めたのです。

移民の出生率はＷＡＳＰのそれをはるかに上回っていました。やまない移民の波と高い出生率、腐敗する政治と環境悪化を続ける都市。これに歯止めをかけ、「人種の自殺行為」を防ぐ方法として移民を抑制すべきだ、と多くの学者や学生が考えるのは自然な流れでした。その代表格がマジソン・グラントだったのです。ロッジもまた、移民は抑制すべきだとの立場を鮮明にしています。

ルーズベルトも同様に移民は規制されなければならないと考えていますが、それだけでは問題は解決しないのではないかとの疑念を持っていました。歴史をひもとけばWASP民族の優秀性は明白なことでした。ダーウィン主義的社会進化論が正しければ、適者は力強く生き残る（survival of the fittest）はずでした。そうであるなら、アメリカで最も洗練され、最高の教育を受けている彼らが無力感に打ちのめされている理由をはっきりさせなければならないとルーズベルトは考えています。アメリカン・エリートから何かが失われたことにルーズベルトは気づいたのです。しかし、それが何であるかはまだはっきりと示すことはできませんでした。[*32]

政治家セオドア・ルーズベルトの危惧――アイルランド系議員の腐敗

ロッジはハーバードでの学究生活を断念すると、一八八〇年、マサチューセッツ州議会議員となり政治家としての道に進むことを決意しています。ルーズベルトもハーバードからさらにコロンビア大学に進み法学を学ぶと、一八八二年、ロッジの後を追うかのようにニューヨーク州議会議員となっています。彼はコロンビア大学では、ジョン・バーゲス教授から法学を学んでいます。[*33] ハワイ共和国大統領ドールに、アジア人排斥の仕掛けを盛り込んだ憲法の立案をアドバイスした気鋭の学者です。

この頃、政治に身を投ずることをアメリカン・エスタブリッシュメントの若者は嫌いました。南北戦争後の政治の世界は腐敗に満ち、その傾向は特に地方政治に顕著だったのです。わずか二十三歳で州議会に乗り込んだルーズベルトに、古手の政治家は嘲りを見せました。パープル色のサテンのベストを颯爽と着込んで議会に乗り込んだルーズベルトは、自らの出自の良さを見せつけるかのように、少し甲高いけれどもゆっくりとした上品な口調で議場に立ち、語りました。[*34] ニューヨークの州都アルバニーはハドソン河の上流に位置し、マンハッタンの北百五十マイル（二百四十キロメートル）にある小さな町でした。しかし州議会の内部では、法律や公務員人事で事を有利に図ろうとする思惑が渦巻き、激しいパワーゲームが繰り広げられていました。お坊ちゃん育ちが誰の眼にも明らかな新人議員ルーズベルトを、ベテラン議員が苦々しく見つめていました。政治団体タマニー・ホールと縁の深いジョン・マクナスもその一人でした。

マクナスは、ニューヨークに移り住んだアイルランド人の利権拡大を進める大物です。元ヘビー級のボクサーでした。議会三階の一室で取り巻きの議員らと、ルーズベルトを手荒く歓迎することを相談していました。毛布で簀巻きにして階段から転がし落としてやろうと企んでいました。議会内で二度と気取った態度をとらせまいとの魂胆です。生意気な演説をしたり、彼らの利権を邪魔する活動をさせてはならないのです。これに気づいたルーズベルトはマクナスの巨軀に怖気づくことなく、彼と直接対峙し機先を制しています。

ルーズベルトの身長は一七三センチメートル。それほど大柄ではありません。マクナスは彼よりも頭ひとつ大きく、体重差もおそらく五十キロほどはありました。誰もが怯える大男のマクナスを前にして「俺にちょっとでも手出しをしようものなら、貴様にどんな仕返しをするかわからんぞ」と凄んでみせたのです。[35]この度胸のよさに、マクナスやその取り巻きはルーズベルトに一目置いています。この頃のニューヨーク州議会の議員数は百二十八。共和党六十一、民主党六十七。民主党議員のうち二十五人がアイルランド系で、その中の八人は明らかに政治組織タマニー・ホールの意のままに動く連中でした。

「議会にいる二十五人のアイルランド系議員連中のレベルの低さにはへどが出る。ボーッとした間抜け面のくせに悪巧みには長けている。頭は悪いし、倫理観などひとかけらもない連中ばかりだ[36]」

ルーズベルトは腐った議会の改革法案を次々と提出していきました。州のトップクラスの人事権を握る組織からその権限を剥奪し、選挙で選ばれる市長に人事権を戻す法案。酒場の営業税を引き上げる法案。こうした法案を矢継ぎ早に上程したのです。アイルランド系議員のほとんどは、情実人事の謝礼やら酒場経営者からの賄賂といった小金で動く連中でした。しかしアメリカの政治腐敗はもっと深いところまで浸透していました。ビッグビジネスにも腐敗は進んでいたのです。その典型的なケースがマンハッタン高架鉄道払い下げ事件でした。

マンハッタン高架鉄道が簿価の五パーセントという異常に安い価格で払い下げられていることに気づいたルーズベルトは、それを認可した州司法長官や判事に賄賂が渡っているらしいと疑いました。彼の調査はその疑いを確かに裏づけていました。彼は疑惑の濃い高官や裁判官を弾劾する議案を通すために奔走しました。弾劾法案通過は確実視されていましたが、最後の段階で賄賂が動いて阻止されています。その額は一票二千五百ドルでした。[*37] 現在価値ではおよそ五万ドルに相当します。

不当に安い価格で払い下げを受けたと批難されたビジネスマンとはジェイ・グールドでした。グールドはグラント大統領時代にもグラントの親族との関係を利用して金価格を操作した大物の政商でした。彼は当然のように新米議員の不正追及の動きを止めようとしています。当時のルーズベルトは、学生時代に知り合ったアリスと一八八〇年十月に結婚したばかりでしたが、単身で州都アルバニーに暮らしていました。グールドは新進の改革派という彼の評判を色仕掛けで貶めようとします。

「ルーズベルトが道を歩いていると、魅惑的な若い女が突然、道端に倒れ込んだ。助け起こして流していた馬車に乗せると、彼女は家まで送ってほしいと頼んだ。おかしいと感じたルーズベルトは車賃だけを渡して退散した。そのとき女が口にした住所を探偵を使って探らせると、そこはそうとうにいかがわしい連中がたむろする建物だった」[*38]

こうした経験の中で、ルーズベルトは父シニアが戦って敗れた相手の正体を知るのです。政治とビジネスの、眼を覆いたくなるほどの癒着。票の売買で民主主義をないがしろにする移民の群れ。こうした社会現象は、リンカーンやグラントら共和党指導者が進めたアメリカン・システムの影の部分とも言えます。アメリカが、世界経済を支配するイギリスに対抗するためには国内産業を徹底的に保護し、政府の資金でインフラ基盤を急いで作り上げなければならず、投入した巨額の公的資金の周りに怪しい政治家やビジネスマンが集まるのは仕方のないことでした。

一八八一年、ルーズベルトが孤独な戦いを始めようとしていた頃、日本でも北海道開拓事業払い下げをめぐって似たような事件が起きています。政府の資金で進めてきた各種開拓事業を民間に払い下げることを決定した開拓使長官黒田清隆に対して、払い下げ価格や払い下げ先の決定に情実に基づく不正義があると批難が集中した事件です。北海道開拓は明治政府がアメリカン・システムに倣(なら)って進めてきた典型的な事業でした。黒田が腐敗していたと決めつけることはできません。しかし、アメリカと日本で時期を同じくして似たような事件が起きていたことは決して偶然ではありませんでした。

アルバニーで孤高の戦いを続けるルーズベルトのもとに嬉しい知らせが届いたのは一八八四年二月十三日のことでした。妻アリスが二月十二日午後八時半に女の子を産んだという電報が議場にいたルーズベルトにもたらされたのです。喜びも束の間、二通目の電報が届けられました。そこには妻の産後の容態がひどく悪いと述べられていたのです。妻だけではありません。母も身体の調子が悪いというのです。母はチフスに感染していました。

急いでニューヨークに戻りましたが、到着はその日の深夜になっていました。病に苦しんだ母が最後の息を引き取ったのはその数時間後、午前三時のことでした。母を失った悲しみに浸る間もなく、その日の午後二時、妻アリスは彼の腕の中で亡くなりました。[*39] 腎臓炎で弱っていた身体が出産に耐えられなかったのです。愛する二人の女性が、赤ん坊一人を残して逝ってしまいました。悲しみに満ちたバレンタインデーとなりました。二千人が最後の別れを告げた合同葬儀を終えた四日後、ルーズベルトはニューヨークから逃げるようにアルバニーの職場に戻っています。[*40] 妻と同じ名をつけた娘アリスは、三歳年下の妹アンナに託しました。ルーズベルトの人生から、優しく穏やかに彼を包み込んでいた二つの光が一瞬にして消えてしまったのです。[*41] たった一つ残された、今にも消え入りそうな弱々しい光。それが赤ん坊のアリスでした。

アルバニーの議場は何事もなかったかのように、いつもどおりの欲にまみれた権謀術策が渦巻いていました。ルーズベルトにとって、むしろそれは救いでした。議会での戦いだけが二人を失った悲しみを忘れさせてくれたのです。

「三月のある日のことだが、ルーズベルトは二十一本もの法律案を提出している。その日はそれでも足りないとばかりに二十二本目の法律案を徹夜で修正していた[*42]」

一八八四年の夏には、ルーズベルトの悲しみを忘れさせる大きなイベントがありました。この年は大統領選の年だったのです。共和党候補の座を争ったのは現職のチェスター・アーサー大統領とジェームズ・ブレインでした。ブレインは十二年前に岩倉使節団を議会代表として歓迎した大物で、現職の国務長官でした。この年の六月、シカゴで開かれた共和党大会には、マサチューセッツの共和党からルーズベルトの盟友ロッジがやってきました。ロッジが中心となって推薦したのは、党内改革派と期待されたジョージ・エドムンド上院議員（バーモント州）です。ロッジやルーズベルトは、共和党の現職大統領と国務長官はともに利権政治の権化のような人物だと見ていました。

共和党候補に選出されたのはブレイン国務長官でした。ブレインは大統領選挙で民主党のクリーブランドに敗北することになります。エドムンド議員を支援した代償は高くつきました。最終的には党内融和を優先し、ブレイン支持に回らざるを得ませんでしたが、ロッジはそのことで改革派のイメージを大きく傷つけ、改革派の若手から距離を置かれます。ルーズベルトは実力者に反抗したことで逆恨みを買い、共和党内での出世の道が閉ざされることになりました。ロッジはこの年の秋、下院議員選挙に破れ、ルーズベルトは政治家としての将来性に大きな不安を抱えたまま州議会議員の職を辞しています。彼はダコタにある牧場の経営と歴史書の執筆に専念することになります。

一八八三年五月に妻アリスの妊娠を知らされたルーズベルトは、九月にダコタ・テリトリー（現・ノースダコタ州）に牧場を購入していました。将来に向けての投資でした。一八八四年のシカゴの共和党大会から八六年の後半までの二年余りの間、あわせて十五ヵ月をこの牧場で過ごしています。ニューヨークからの往復はプルマン・パレス・カー製造会社製の豪華な客車（プルマン・カー）に乗ったのんびりとした旅でした。[*43]しかし、いったん牧場に入ると自然との闘いが待っていました。

当時の牧場は柵で囲われていません。他人の牧場に所有する牛が迷い込むことも、またその逆に他所の牛がやってくることもありました。牛泥棒は茶飯事でした。生息数の管理を誤ると牧草の不足で群れが餓死してしまいます。嵐の夜は雷に怯える牛の群れを一ヵ所にまとめておかなければなりません。そうした非常時には徹夜の作業は当たり前でした。ルーズベルトは四十時間休まずに牛の群れの面倒を見ることもありました。そのようなときは馬を何度も換えなければなりません[*44]。

西部の開拓地には司法の力は及びません。ですから牧場主やカウボーイたちは独自の掟を持っていました。焼印のない放れ牛は、それが発見された土地の所有者が所有権を持てる決まりでした。知り合いの放牧地を通過する際に無印の放れ牛を見つけた部下が、ルーズベルトの所有を示す焼き鏝を当てようとするのを激しく叱責していまず。「俺のために盗みをする奴は、いつか必ず俺からも何か盗もうとするはずだ」とその場で解雇しています[*45]。

こうした荒っぽい西部の暮らしで忌み嫌われるのは窃盗行為でした。一八八六年四月初め、彼の河船が盗まれています。すぐに犯人の三人の悪党を捕まえると、彼は三十六時間一睡もせずディキンソンの町の保安官まで届けています[*46]。西部の掟では窃盗犯はその場で殺しても構わなかったのです。しかし、ルーズベルトはその仕置きを司直に委ねたのです。それが彼の倫理でした。

ルーズベルトはダコタの荒野でも時間さえあれば歴史書に目を通し、執筆活動を継続しています。それはニューヨークに戻っても変わりませんでした。アメリカ最先端の都市ニューヨークでの生活と、死と隣り合わせの自然との闘いが日々続くダコタでのカウボーイ生活。二つの相反する世界を行き来する中で、祖国アメリカ建国の歴史をひもとくルーズベルトの心の中に、アメリカン・エリートが失ってしまった何かが、ぼんやりとその形を現わし始めます。

政治家セオドア・ルーズベルトの危惧――薄れゆく「闘う精神」

ダコタでの荒々しい生活は、亡妻と愛娘の二人のアリスを思う気持ちの余裕を与えませんでした。ニューヨークでも新しい女性を探すことはしていません。それがビクトリア期のアメリカン・エリートのモラルでした。ルーズベルトが妹アンナの邸でエディス・キャロウとばったり顔を合わせたのは一八八五年のことでした。彼女とずっと仲のよかった妹が、この偶然の出会いを演出したらしいのです。[*47] リンカーンの葬列を見て泣き出したエディスは、優しく肩を抱いてくれたルーズベルトをずっと慕っていました。ハーバードに学ぶ彼がアリスと婚約したことに一番驚き悲しんだのは彼女でした。それでも彼女のルーズベルトへの敬愛の念は萎えませんでした。仲睦まじい二人を誘って大勢でカナダ旅行に出かけたり、結婚式を終えた二人に祝福のパーティーまで開いていました。[*48]

二人は「偶然の再会」から二ヵ月後に婚約し、一八八六年十二月二日、イギリスで結婚式を挙げています。そのままヨーロッパを回るハネムーンを続け、ニューヨークに戻ったのは翌年の三月でした。[49] 旅行の最中にルーズベルトは一人の重要な人物と会っています。リバプールに暮らしていた伯父のジェームズ・ブロックです。彼はアメリカを捨てましたが、祖国への愛情を失ったわけではありませんでした。

「(ルーズベルトは) ハネムーンを利用してリバプールまで足を延ばし、伯父のジェームズ・ブロックに会っている。海軍力について彼の考えを聞きたかったのだ。ジェームズは、南部連合が開戦前に海軍力の準備を十分にできなかったことをひどく悔やんでいた。(南部連合のような負け戦を繰り返さないためには) アメリカは海軍力をしっかりと充実させることが肝要だ。その上で (将来必ず建設される) パナマ運河を、イギリスやフランスに支配させるようなことがあってはならないとジェームズはルーズベルトに諭している[50]」

ルーズベルトがハネムーンに出た一八八六年は記録的な厳冬で、アメリカ中西部も大吹雪に見舞われました。ダコタの牧場の牛の多くが冬を越すことができませんでした。ルーズベルトの一八八七年の納税記録から、およそ六割の牛が死んだことがわかっています。[51] ルーズベルトの牧場ビジネスはこれをきっかけにして潰えました。この事業の失敗で遺産の半分を失っています。しかしダコタでの経験を通して、若きアメリカン・リーダーに欠けていたものは、猛々しい自然に立ち向かい、アウトローやインディアンと死をも恐れず闘う精神（ファイティングスピリッツ）だとはっきりと気づいたのです。

新しい妻エディスは、アリスを自分の子供として育てることを約束してくれました。ニューヨーク郊外ロングアイランドのサガモアヒルには、新しい家族を育む新居が完成しています。祖国を再び活力ある国に蘇らせる戦いの準備ができました。彼には共和党の古株政治家の寵愛はありません。ビジネス界や労働組合などの政治組織の支援もありません。彼にあるのは、アメリカ再生を目指すアングロサクソン・エリートとしての理想だけでした。長い戦いになることは覚悟していました。しかし彼には恐れるものは何もありませんでした。

ルーズベルトの最初の戦いの場は、政治の世界ではありませんでした。それまでに蓄積した祖国の歴史と先人たちの記録を綴り、それを世に問うたのです。同時にアメリカ人をアメリカ人たらしめた西部開拓の荒々しい生活の模様と、自然の中で生きる智恵を都会人に紹介していったのです。ヨーロッパ旅行から帰り、最初に出版したのは『トーマス・ハート・ベントンの一生[*52]（*Life of Thomas Hart Benton*）』でした。五年前に出した『一八一二年海の戦い』の評判が高く、版を重ねていましたから、出版社は喜んで彼の著作を引き受けています。

ベントンは、一八四六年のオレゴン・テリトリー（現・オレゴン州、ワシントン州、ブリティッシュ・コロンビア州、アイダホ州。英国との共同領有地だった）領有紛争に際して、生ぬるい外交交渉などやめて、戦争でこの土地をイギリスから奪取すべきだとの過激な主張を繰り返したミズーリ州上院議員です。[*53] 彼の娘はカリフォルニア開拓の英雄ジョン・フレモントに嫁いでいます。アメリカの西部拡張を声高に唱えた政治家でした。

翌年の一八八八年には一気に三つの著作を上梓しています。『ガバヌーア・モリスの一生[*54]（*Life of Gouverneur Morris*）』では、強い政治結合体としての連邦政府建設を目指したアレキサンダー・ハミルトンを支えた政治家ガバヌーア・モリスを取り上げています。『牧場生活と猟場[*55]（*Ranch Life and the Hunting Trail*）』では、西部開拓地での男たちの雄々しい生活ぶりを紹介しています。さらに『現実政治小論[*56]（*Essays on Practical Politics*）』では、金やコネで動く政治家から政治を奪い返し、能力のある者に政（まつりごと）を任せられるシステムに変革すべきことを主張しました。

「この国には、これから進めなければならない改革の作業が目白押しである。もしそれが実現できれば、アメリカは素晴らしい国になる。こうした改革を推し進めるためには、我々自身が健康なる精神を取り戻さなければならない。政治システムのあり方を改革しなければならない。猟官政治（Spoil System）をやめ、実力に基づく役人の任官（Merit System）を進めなければならない。郡、州、連邦政府のすべての階層でこれが実現できれば、我が国の公共サービスの質は劇的に改善する。貧富に関係なく公のために尽くし、正直に生きようとする者の活動が、金に卑しい連中に邪魔されるようなことが決してあってはならないのだ[*57]」

海軍次官セオドア・ルーズベルト

一年に三冊もの著作を出すことはそう簡単なことではありません。ですから新婚旅行から帰った一八八七年の春以降、ルーズベルトが執筆に費やしたエネルギーは大変な量であったに違いないのです。それでも西部への旅を欠かしませんでした。牧場ビジネスは諦めたものの、大物の獲物を追うスポーツ・ハンティングでほとばしるアドレナリンは、他に代替することはできません。この年の十月もハンティングの旅に出ています。ところが、狙う大型動物がまったく消えていることに気がつきます。

一八八七年十二月八日、危機感を覚えたルーズベルトは、ニューヨークに戻ると友人を集め野生動物の消えた西部の状況を伝えています。その席に集まった各界の有力者が設立した組織がB&Cクラブでした。ルーズベルトは一八九四年まで会長を務めています。野生動物の保護の必要性を議論した者たちが、死に絶えていく大型動物の姿に、古き良きアメリカの伝統の滅亡を投影させただろうことは想像に難くありません。絶滅危惧動物を守ることは、すなわち自らの種を絶滅から守ることでもありました。「WASPの人種自殺」を何としても回避しなくてはならないのです。一八九三年のシカゴ万博会場に建てた丸太小屋で、メンバーがどんな会話を交わしたか。これもまた想像に難くありません。

ルーズベルトの執筆活動の成果が表われた一八八八年は大統領選挙の年でした。共和党の候補者はベンジャミン・ハリソンでした。民主党の現職クリーブランドから大統領の座を奪い返す懸命の努力がなされていました。共和党の幹部はハリソンの能力を買っていましたが、彼には大きな欠点がありました。あまりに口が悪いのです。共和党の支援者でさえ、彼の刺激の強い言葉に接すると気分を害してしまうほどでした。負けられない選挙です。共和党のとった戦術は、支援者拡大の活動からハリソンを遠ざけ、世論にアピールできる若手を選挙戦に引っ張り出すことでした。ルーズベルトにも白羽の矢が立ちました。[*58]

十月の選挙戦ではミシガン州、ミネソタ州の票田を十二日間にわたって回り、応援演説を精力的にこなしています。ルーズベルトには彼なりの思惑がありました。ハリソン当選後を睨んだ政治任用を期待していたのです。当選したハリソンにルーズベルトの登用を働きかけたのは親友のロッジでした。ロッジは一八八七年三月から下院議員としてワシントンで活動していたのです。ロッジがルーズベルトのために要求したポストは国務次官でした。この要求はハリソンが任命した国務長官ジェームズ・ブレインに拒否されます。八四年の党の候補者選びにあたって自分に盾突いたルーズベルトを部下にすることなど、とてもできません。

妥協の中で用意されたのは行政委員会委員（Civil Service Commissioner）のポストでした。[*59] 年収わずか三千五百ドル（現在価値でおよそ八万ドル）。公務員のモラルを監視する職ですから、職務に忠実であればあるほど煙たがられ、出世が期待できなくなるという割の合わない役職でした。それでも政治の世界に復帰できるチャンスでしたから、ルーズベルトはこのポストを引き受けています。

一八九二年の選挙戦は四年前の選挙の再現になりました。現職のハリソンに前大統領クリーブランドが戦いを挑んだのです。勝利を収めたのはクリーブランドでした。行政委員会委員の定員は三名です。うち一人は野党から選任することが法律で決まっていました。共和党員でありながら真面目に仕事をこなしてきたルーズベルトですが、その結果、自党の古いタイプの政治家の評判を落とすことになりました。民主党のクリーブランド大統領は、そういう共和党員をそのまま現職に留めることに何の躊躇もありませんでした。[*60]

クリーブランド政権は任期半ばになるとその人気に翳りが見えます。ルーズベルトは適当な時期に民主党政権の高官の立場から離れ、距離を置きたいと考えるようになっていました。そんな折、ニューヨーク市長ウィリアム・ストロングから、警察組織を管轄する市公安委員長（President of the Board of Police Commissioners of New

York City）就任の要請がありました。ストロング市長は共和党員でしたが改革派でした。情実人事の一掃や、公共工事の手配をめぐって裏金の蠢く怪しげなプロセスを改善しようと意気込んでいたのです。一八九五年五月六日、ルーズベルトはこのオファーを受けています。職場はニューヨーク市ですから新居サガモアヒルに近く、年収も六千ドル（現在価値十六万ドル）に上がります。

当時のニューヨーク市警のトップはトーマス・バーンズでした。彼の資産は百五十万ドル（現在価値四千万ドル）を超えていました。調査を進めると、かつてルーズベルトを貶めようとした政商ジェイ・グールドのアドバイスに従って投資した結果、儲かったお金だとバーンズは平然と答えています。腐ったニューヨーク市の役人の典型でした。こうしたインサイダー取引には、何らかの見返りがあったに違いありません。現場の警察官たちは、違法な売春や酒類の無免許販売に目をつぶって賄賂をもらっていました。警察は上も下も腐っていました。ルーズベルトは改革派市長の下で次々に不正と対峙し、実績を上げていきました。

市公安委員長の業務は多忙をきわめています。それでもルーズベルトは歴史やアメリカ人のモラルを説く執筆活動を疎かにしていません。『アメリカの理想とアメリカ社会及び政治についてのエッセイ[*61]（*American Ideals and Other Essays Social and Political*）』を一八九七年に出版しています。この中で彼は次のように述べています。

「もし我々アメリカ人が男らしさというものを見失い、アメリカ人としての誇りを捨て、金儲けがすべてだと考えるようになれば、私たちは（ローマのような）古代文明が衰退したよりも早いスピードで退廃してしまうだろう」[*62]

すぐに一八九六年の大統領選挙がやってきました。この年の戦いは共和党のウィリアム・マッキンレーと民主党のウィリアム・ブライアンの対決となりました。彼は中西部の農民や銀鉱山オーナーの支援を受け、銀の法定貨幣化を改めて主張しています。銀をも法定貨幣にしようとしたためにアメリカから金が持ち出され、パニック・オブ・93が起きたばかりです。

ブライアンが大統領になれば、再び金が海外に逃げ出し、通貨不足に陥ることは目に見えています。そうなったら、アメリカ経済は不況の長いトンネルからとうてい抜け出すことはできません。ニューヨーク金融界にはルーズベルトの多くの友人や親族が働いています。経済界はブライアンを潰すことに全力を傾けています。

ブライアンを絶対に当選させない。ニューヨーク・ビジネス界の強い意志を受け、ルーズベルトはマッキンレーの応援に奔走しました。圧倒的な票差で勝利したマッキンレーがルーズベルトに用意したポストは海軍次官でした。ワシントンで国政に再び関与できるチャンスがめぐってきたのです。友人ロッジがこの職の獲得に一役買っています。[*63]ルーズベルトがこれまで学んできた海軍戦史が生かせるポストでした。

前哨基地ハワイ――『海上権力史論』と日本海軍

海軍大学の戦略史家アルフレッド・マハンが、『海上権力史論』を世に問うたのは一八九〇年のことでした。ボストンの老舗リトル・ブラウン・アンド・カンパニーから出版されています。国家の盛衰は海軍力にかかっていることを論証したものでした。ルーズベルトがワシントンで行政委員会委員を務めていた頃でした。アメリカではまだ人々の関心は海ではなく陸の戦いにありました。

インディアン部族との戦いは最終局面を迎えていました。この年の十二月にはスー族を大量に虐殺する事件（ウンデット・ニーの虐殺）が起きています。アメリカの軍事的関心は国内の治安に向けられていました。鳥瞰図を見るようにアメリカの外交を捉える機運はまだ高まっていません。

ルーズベルトは早い時代から海軍の重要性に気づいていた歴史家でもありました。ですからマハンの著作はまさに我が意を得たりの思いでした。自らの頭の中に浮かんでは消えていた思想を、はっきりと文字に表わした書物と出合うことで受ける小気味よい快感を覚えたのです。

「アメリカ海軍は伝統的にアメリカの国境を防衛することに主眼を置いて設計され、運用されてきた。マハンはむしろ海軍を積極的に展開（offensive mission）し、戦略的要港を（世界各地に）確保すべきだと主張した。そうした港が世界の交易を繋げる上では欠かすことのできない結節点になっているからだ。イギリスが展開してきたように、そうした場所に海軍力を投入する。そうすればアメリカによる海の支配が実現でき、（利益の大きい）アジア貿易の主導権を握ることができる。（そうするためには）太平洋に海軍を早急に展開し、要港を確保し、（パナマ地峡に）運河を建設し、太平洋とカリブ海を連結しなければならない。カリブ海をアメリカの湖にしてしまうことが重要だ。マハンはこう訴えたのだった[*64]」

ルーズベルトはさっそく、月刊誌『アトランティック・マガジン』に称賛の書評を寄せています[*65]。ルーズベルトは『海上権力史論』により、ハワイの地政学的重要性が広く知られることに大きな意義があると感じていました。ハリソン政権がハワイ革命に乗じてハワイ併合を積極的に仕掛けたのは、マハンの考えを理解する政治家が増えたからでした。しかしクリーブランド大統領は、せっかくホノルルに揚がった星条旗を降ろさせてしまいました。ルーズベルトはクリーブランド大統領を口汚く罵っています。

「民主党は伝統的に、併合によるアメリカ領土拡大に積極的な党だった。その党がハワイ併合に躊躇するとはいったいどういうことだ[*66]」（一八九七年）

「クリーブランドがハワイ併合を進めなかったのは、国家に対する重大な犯罪である。もし彼の間違いを修正しようともせずにこの政権を支持するようなことをすれば、

我々も同罪である[*67]」（一八九七年）

「ハワイは絶対に併合しなければならない。ハワイの戦略的重要度はキューバの比ではない。ハワイが他の列強の手に落ちれば、もはや永遠に併合のチャンスは来ない。翻ってキューバについてだが、仮にいま併合できなくても大したことはない。衰退している国（スペインのこと）の手にあるだけだから、いつでも併合できる。しかしハワイはそうはいかない。いまハワイをとらなかったら大きな悔いを残すことになる。ハワイをアメリカ防衛の前哨基地（outpost）とするのか。逆に、アメリカに敵対するであろう国のアメリカ本土攻撃の前線基地にさせてしまうのか。我々はいま重要な決断を迫られている[*68]」（一八九七年）

ルーズベルトがここで警戒している外国とは日本のことでした。日本に対しては早い時期から強い警戒感を示していました。日本を強く意識した発言もしています。交友を深めていたマハンに宛てた私信[*69]（一八九七年五月五日付）の中に、それがはっきりと表われています。

「もし私に何らかの手立てがあるなら、明日にでもハワイを併合したい。もし併合ができなければ、とりあえず保護国化するだけでも構わない。また、ニカラグアにすぐにでも運河を建設し、新型の戦艦を一ダース（十二隻）ほど建造すべきである。その半分は太平洋方面へ配備させる必要がある。新型戦艦は石炭積載量を増やし、その行動半径を広げなければならない。私は日本の危険性をしっかりと認識している。私は日本がアメリカに好意を持っていることをよく知っているが、そうした気持ちを斟酌せず、ただちに行動を起こす（ドライな）心構えが必要だ。つまり、できるだけ早く戦艦をハワイに送り、星条旗を掲げなければだめだ。戦艦『オレゴン』、必要なら『モンテレイ』まで投入すべきだ。併合の理由づけは後でどうにでもなる」[*70]

マッキンレーに政権が移った一八九七年三月から、ワシントンがルーズベルトの勤務地でした。海軍省のビルの近くにあるメトロポリタン・クラブが彼の息抜きの場でした。この会員制社交クラブは、ホワイトハウスにも近く、現在でも政治家やロビイストらがメンバーとなっています。一八六三年に創立された伝統あるクラブです。ルーズベルトは親友のロッジ議員と頻繁に夕食を共にしています。そこにはマハンが度々同席していました。[*71]アメリカ海軍の将来とアメリカ外交について熱い議論が交わされていたのです。

ルーズベルトが日本を強く意識したのには理由がありました。マハンの著作が発表されると、ルーズベルトはハーバードの学友金子堅太郎にマハンを紹介しています。[*72]金子はルーズベルトとハーバード大学の同窓でした（一八七八年卒業）。金子は岩倉使節団の一員である黒田長知（ながとも）の随員でした。福岡黒田藩十二代藩主から維新後に藩知事となっていた長知は、一八七一年、財政難の中で太政官札の贋札づくりに手を染めた

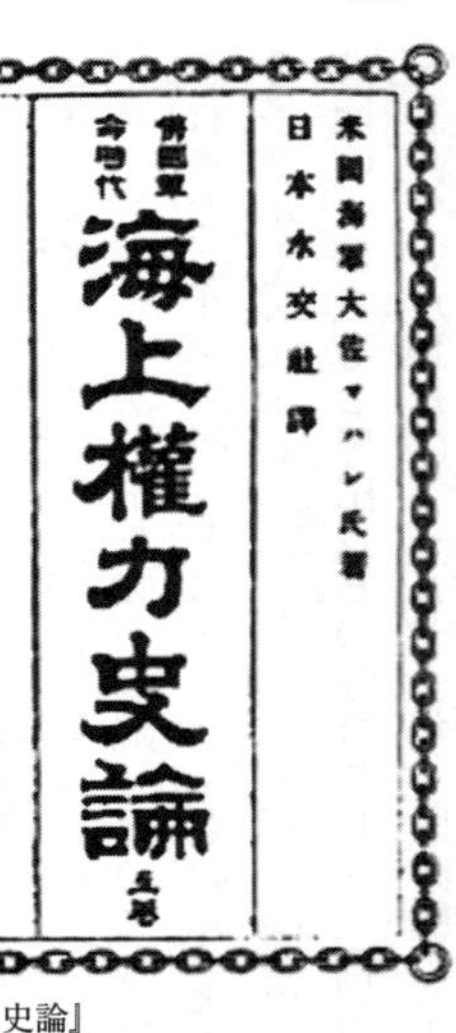

『海上権力史論』
（東邦協会、1896 年刊）

ことからその職を罷免されました。かつての藩の家老クラスであった大参事ら五人が斬罪となる大きな事件でした。岩倉使節団の一行にもぐり込み、外国で事件のほとぼりが冷めるのを待とうという意図が見え隠れする旅に、[*73]俊英の評判の高い下級武士だった金子が同行を命じられていたのです。

その後、金子はハーバード大学法学部で学び、帰国後は明治政府の要職を歴任し、一八八〇年代後半には、大日本帝国憲法制定を急ぐ伊藤博文を支えていました。金子が欧米を歴訪したのは一八八九年から九〇年にかけてのことでした。金子はルーズベルトと同様に、あるいはそれ以上に『海上権力史論』に示された理論に大きな衝撃を受けています。帰国するとすぐさま翻訳にかかり、その抄訳を海軍大臣であった西郷従道に贈っています。さらに海軍関係者の親睦組織水交社の機関紙『水交社記事』の一八九三年七月号に「我社員ニ必読ノ書」として紹介し、十月号から十二月号にかけて第一編全文を連載しています。[*74]一八九六年には東邦協会が『海上権力史論』として全訳を出版しています。[*75]

東邦協会は一八九一年に設立された汎アジア主義の団体です。発起人は陸軍軍人小沢豁郎。副会頭に副島種臣。評議員には杉浦重剛や志賀重昂の名も見えています。会員には「板垣退助・中江兆民らの自由党系、犬養毅・尾崎行雄らの改進党系、伊東巳代治らの官僚系、谷干城・三浦梧楼らの貴族院、中野二郎・岸田吟香らの大陸浪人系、それに鈴木力（天眼）・佃信夫（斗南）・北村三郎らの『活世界』系」などが連なり[*76]幅広い層の人物が参加する政治組織でした。設立の趣旨はこう述べられています。

「東洋の先進を以て自任する日本帝国は近隣諸邦の近状を詳らかにして実力を外部に張り、以て泰西諸邦と均衡を東洋に保つの計を講ぜざる可らず。未開の地は以て導くべく、不幸の国は以て扶くべし。徒らに自ら貧弱なるを怖れて袖手傍観するは、是れ所謂る坐して亡を待つ類にあらずや[*77]」

マハンの主張をいち早く理解したのは、アメリカよりもむしろ日本であったのかもしれません。マハンの理論を敷衍すれば、日本の政治家や軍人の引き出す結論はルーズベルトの考えと同じになることは必定でした。マハンの思想が示す制海権の概念は、必然的に太平洋におけるハワイの重要性を気づかせるはずでした。

ルーズベルトはハワイ併合を急がなければならなかったのです。当時のアメリカにとって日本の軍事力はすでに侮れないものになっていました。マハンの『海上権力史

明治 23 年（1890 年）春の海陸合同演習の模様を描いた錦絵。マスプロ美術館所蔵

論』が発表された一八九〇年の春、三月三十一日、日本で初めての海陸合同演習が知多半島の武豊港（現・衣浦港）で実施されています。明治天皇がこれを統監されています。この年の二月に帝国憲法の発布を終えた明治政府が国威を示し、不平等条約改正への布石とすることを狙った大演習でした。西洋諸国の外交官らも招かれ、その演習の模様を見つめていました。そこには日本を警戒し始めていたジョン・スウィフト米公使の姿もありました。

「（スウィフトは）仲間たちと名古屋に向かい、そこに六日間滞在した。日本陸軍と海軍の合同演習視察が目的だった。（中略）陸上の演習では二万八千人の兵士が動員されていた。この演習は日本政府の富国強兵政策の成功を示すものであった。二万八千という数字はアメリカの全陸軍の兵士の数を上回る数である。使われていた火薬は普通の黒色火薬であったが、日本はすでに無煙火薬を保持しているとスウィフトは推察している。アメリカ政府の考えも同じであった。日本はその製法をしっかりとガードして明かさないようにしていたのだ[*78]」

日本は海軍力の増強に意欲的でした。一八九四年、明治政府はイギリスに最新鋭戦艦二隻を発注しています。この時代の戦艦設計思想は、大型口径の巨砲を搭載可能な、一万トンを超える大型艦を重視し始めていました。イギリスは一八八九年に海軍防衛法（Naval Defense Act）を成立させています。世界二位と三位の海軍力を合わせた以上の力を保持することで、他の国を圧倒する政策（two-power standard）でした。この法律に沿って十隻の新型戦艦の建造が決められ、その型式はロイヤル・ソブリン級と呼ばれていました。明治政府はそのイギリスに二隻の最新鋭戦艦を発注していたのです。

朝鮮の宗主国であるとの立場を崩さない清国との対立が深刻化する中で、清国の保有するドイツ製大型戦艦「定遠」、「鎮遠」（ともに排水量七千トン強）に対抗する必要がありました。帝国議会が建造費予算承認を渋る中、宮廷費の一部及び官吏俸禄の一割を建造費に充てるとの明治天皇の決断で発注が決まったいわくつきの二隻でした。

日清戦争には間に合わなかったものの、二隻の戦艦は「富士」と「八島」と名づけられ、どちらも一八九六年に進水が終わっていました。両艦とも一万二千トンを超える巨艦です。この頃のアメリカの海軍に対する考え方は、いまだ沿岸防衛ができればいいという発想から抜け出ていませんでした。当時のアメリカの新鋭艦はインディアナ級の「インディアナ」、「マサチューセッツ」及び「オレゴン」の三隻で、一八九一年に起工されたものでした。排水量は一万トン強で主砲は十三インチ。ロイヤル・ソブリン級の十三・五インチ砲にはっきりと見劣りしています。[*79]ルーズベルトが日本海軍の二隻の新型戦艦を警戒したのは当然でした。

「ルーズベルトはハワイ併合案件に早急に片をつけたかった。日本にイギリスから二隻の新型戦艦が届けられる前に決着をつけておきたかった」[*80]

マハンの思想をいち早く取り入れ、その実現を急ぐ日本。新鋭艦の建造を一向に進めようとしないアメリカ。ルーズベルトは焦っていたのです。

前哨基地ハワイ――日本人移民の増加

大統領選に勝利したマッキンレーがその職に就いたのは一八九七年三月のことです。マッキンレーの共和党政権はルーズベルトの危機感を大筋で共有していました。就任後まもない六月十六日、大統領はハワイ併合案にサインし、それを議会にはかっています。[*81]この動きに対して原住ハワイアンは激しい抗議活動を始めています。九月までに併合に反対する三万八千人の署名を集めています。これはハワイアンの九〇パーセントにあたる圧倒的な数字でした。[*82]

こうした原住民側の抵抗に、合併を望む白人支配層は黙っていませんでした。ハワイに官約移民を送り出したハワイの駐日本領事ロバート・アーウィンの前任者H・P・リルリブリッジの意見を『ニューヨーク・タイムズ』紙が報道しています。ハワイ支配層の意見を集約したような内容です（一八九七年七月十九日付）。

「日本のハワイ征服計画：ハワイの元駐日代表がその危険性を語る。七月十八日、コロラドスプリングス（コロラド州）発。カラカウア国王時代のハワイ駐日領事だったH・P・リルリブリッジ氏はハンナ上院議員に対して次のような書簡を送り、日本のハワイ征服の危険性を訴えている。〈私の考えは『ジャパン・ヘラルド』紙の論説と同じであることをマッキンレー大統領とシャーマン議員に伝えていただきたい。日本は一八七五年に琉球を占領してから、征服欲の塊になっている。朝鮮・支那方面での成功と、台湾を領有したという事実はしっかり頭に入れておく必要がある。逆にアメリカ政府は（ハワイ併合問題における）原住民の意向を配慮しすぎた（submissive）、弱々しく（weak）、少しみっともない（undignified）態度は、日本に、そしてスペインにも、時期を失せず行動を起こせばハワイは簡単に奪取できると思わせてしまっている。星亨（とおる）駐米公使は（こうした可能性を）否定しているようだが信用できない〉」

民主党員でありながらハワイ併合に積極的だったジョン・モーガン上院議員は、九月十四日、現地の声を直接聞こうとハワイに入っています。反対する声をはっきり聞いたはずでしたが、逆に、併合によって彼らは必ず幸福になると結論づけるありさまでした。業を煮やしたハワイアンの代表がワシントンに乗り込み、併合反対派の議員への働きかけを行っています。翌年の二月十七日まで、凍てつくワシントンに居座り、反対活動を続けたのです。上院の票決は賛成五十八、反対四十六でした。併合案可決に必要な三分の二の賛成票が集まるのをかろうじて防ぐことができました[*83]。併合を強く願うルーズベルトやロッジ議員らにとっては痛恨の結果でした。

ハワイには革命後も日本人移民の数が増え続けていました。一八九四年、ハワイ共和国になって以来、官約移民事業は終了し、その事業は民間会社に委ねられています。ロバート・アーウィンが伊香保に立派な邸を建てたことからもわかるように、移民を募りハワイに送り出す仕事は利益の大きな事業でした。海外移民同志会、日本明治移民会社、吉佐移民合名会社、海外渡航株式会社、横浜移民合資会社等々、一八九八年頃までには二十五社が乱立しています[*84]。移民の面倒を見ることは人材斡旋業にほかなりません。大きなお金が動いていることが想像できます。

こうした移民会社の中に、星亨駐米公使が深く関与する星系三社と呼ばれる会社がありました。海外渡航株式会社、森岡商会、熊本移民合資会社です。これに東京移民合資会社と日本移民合資会社を加えた五社が「ハワイ移民の取り扱いと送出を独占していた」のです。[*85] 星は明治七年一月から七月、横浜税関長（第四代）時代に傲慢なパークス英公使と「Ｑｕｅｅｎ」の訳語で対立し、自説を譲らず職を辞した豪傑でした。「女皇」と訳すべしと要求するパークスに、「女王」でよいと突っぱねたのです（女王事件）。その後、イギリスに渡り法律を学ぶと弁護士資格をとっています。明治二十五年（一八九二年）には衆院議長、明治二十九年（一八九六年）からは駐米公使を務めていました。[*86]

移民事業への民間移行（私約移民）の実務に星は深く関わっていました。星は当時の外務大臣陸奥宗光との密接な関係を利用します。移民事業の収入源は雇用主からの謝礼、船会社からの旅客運賃マージン（バックマージン含む）の他に、移民への当座資金の貸付やハワイからの日本への送金業務もありました。星系三社は京浜銀行を設立するとハワイに支店を開設し、そうした業務をも独占していきました。ハワイに向かう移民への貸付は国内に保証人をとっていましたから、貸し倒れの少ない旨みのある事業でした。[*87]

ハワイへの移民の波は、それを「プッシュ」するベクトル（殖民思想と移民産業）と、「プル」するベクトル（粗糖生産量増加による労働力不足）が合成した大波になっていったのです。ハワイ税関は、私約移民一年目にあたる一八九五年から九六年の一年間に九千百九十五人がホノルルに到着したと記録しています。[*88]

ドール大統領をはじめとしたハワイの白人支配層にとって、日本人人口の増加は経済的にはプラス、政治的にはマイナスという厄介なしろものでした。政治的な脅威になることはわかっていましたから、ドールは共和国憲法に、アジア人には絶対に参政権を与えないセーフガードを組み込んでありました。それでもときおり、思い出したかのように日本人移民への嫌がらせとも思える政策をとることがありました。彼らの不安の表われでした。

たとえば、雇用主（プランテーション）が決まっていない自由移民に対しては、所持金が不足しているとして上陸を拒否したり、アジアで疫病が流行（はや）っているとのニュースがあると、日本からの郵便や物資の荷揚げを拒否したり、日本酒に差別的な高関税をかけたりと、白人支配層のジレンマが滲み出た一貫性のないものでした。

ハワイに新天地を求めた人々は、この島のなんとも居心地の悪い政治環境にすぐに気づいていています。一八九五年十月に現地で発刊された『ヤマト新聞（*The Yamato Shimbun*）』はそうした日本人移民の憤懣を伝えています。

「我々は黄色人種対白人種の戦いのリングの中に放り込まれた。過激な物言いかもしれないが、白人種との共存共栄は不可能である。日本人二万五千人はそのわずか六分の一に過ぎない白人連中に足蹴にされているようなものだ。全力で（白人との）戦いに勝利しなくてはならない。そうでなければ（我々日本人も）アメリカ本土から放逐

された支那人と同じ運命を辿ることになる」[*89]（十月二十三日付）

ハワイの白人支配層がその権力を維持するための唯一のメカニズムは、アジア人を政治から排斥することを定めた憲法でした。それさえも、かつて彼らがハワイ王国から権力を武力で奪取したように、軍事力の前には風前の灯なのです。押し寄せる日本移民、充実の一途を見せる日本海軍、移民事業を推進する駐米公使、敵意を持ち続けるハワイ原住民。何もかもがハワイの白人支配層を不安にさせていたのです。

「戦争を売る」ジャーナリズム――ハーストとピューリツァー

一八五〇年、ゴールドラッシュに沸くサッター砦近くまでやってきた男たちの中に、ジョージ・ハーストという男がいました。一八二〇年、ミズーリ州生まれ。ミズーリから陸路でやってきました。ゴールドラッシュで巨富をなした者は、自らは金を掘らなかったという原則は彼にも当てはまります。彼は他の男たちとは違い、故郷のフランクリン鉱山専門学校「Franklin County Mining School」を卒業した鉱山ビジネスのプロでした。採掘権を法的に確保することの重要性を早くから理解していました。一八六〇年、ネバダで大きな銀鉱発見、のニュースを受けてパトリック・マクローリンという人物から三千ドルで購入したネバタの鉱区が大当たりでした。サンフランシスコのシルバー・キングが当てた銀山と同じ鉱脈でした。

この成功をきっかけに、次々に有望な鉱区に投資し成功を収めています。ホームステイク金鉱（サウスダコタ州）、アナコンダ銅鉱（モンタナ州）などがハーストの富を増殖させています。政界に進出し、民主党の上院議員となっていたジョージがワシントンで亡くなったのは一八九一年のことでした。彼の財産を相続した未亡人フォーべが、その一部であるアナコンダ鉱山の権利を売却して得た金額は七百二十九万ドルにのぼりました。この金額は現在の日本円に換算すると二百億円（消費者物価指数換算）の巨額です。一八九五年にフォーベはこのうちの七分の一を一人息子のウィリアムに贈与しています。[*90] 彼女はアイルランド系移民の娘でした。

一八六三年生まれのウィリアムは、八二年にハーバード大学に入学しましたから、ルーズベルトの後輩にあたります。ウィリアムはルーズベルトとは違い、学究肌ではありませんでした。入会を望んだポーセリアン・クラブには加入が認められず、卒業もできませんでした。学生の身でありながら有り余るお金で愛人を囲い、劇場では悪友と一緒になってコーラスガールにパイを投げつける悪ふざけを楽しみ、教授たちに変な渾名をつけてからかっていました。二十六歳の頃には年に四万ドル（現在価値で一億円）を遊興費に使うほどでしたから、[*91] その遊蕩ぶりが尋常でないことがわかります。

この典型的なゴールドラッシュ時代の成金放蕩息子ウィリアムが、一風変わった才能を見せたのはジャーナリズムの世界でした。一八八七年、学業に集中しない息子に父ジョージが、所有するサンフランシスコの地元紙『イグザミナー』の編集と経営を任せます。ハーバードを退学になってから二年後のことでした。この頃、新聞は口コミを除けば人々が情報を得る唯一の情報メディアでした。誰もが貪るように新聞を読んだ時代でした。それだけに競争の激しいビジネスでした。赤字だった『イグザミナー』の拡販のためにウィリアムが採用したのは、セックスと暴力にまつわる事件を派手に扱う編集方針でした。こうした事件にセンセーショナルな見出しをつけ、読者のあまり高級でない好奇心を煽ったのです。

彼が特異だったのは、記事の材料がなければ記事にできる事件を作りだしても構わないという歪んだ倫理観を持っていたことでした。ハースト流の「行動する」メディアでした。たとえば、サンフランシスコ市内の往来の忙しい通りで、女性記者に気を失ったふりをさせ、警察官や病院の対応をレポートさせました。倒れていた女性記者に近づいてきた警察官の息は酒臭く、病院では必要もない嘔吐剤を無理やり飲まされたと書いた「信憑性のある」記事で、担当の医師が一時その職をはずされています。[*92]こうした編集方針で『イグザミナー』紙の経営を軌道に乗せると、ハーストはニューヨークに殴り込みをかけるのです。その資金は母から贈与された父の遺産でした。

ニューヨークの地元紙『モーニング・ジャーナル』を買収し『ニューヨーク・ジャーナル』とするとその編集方針を一新します。ニューヨークにはすでに彼が『イグザ

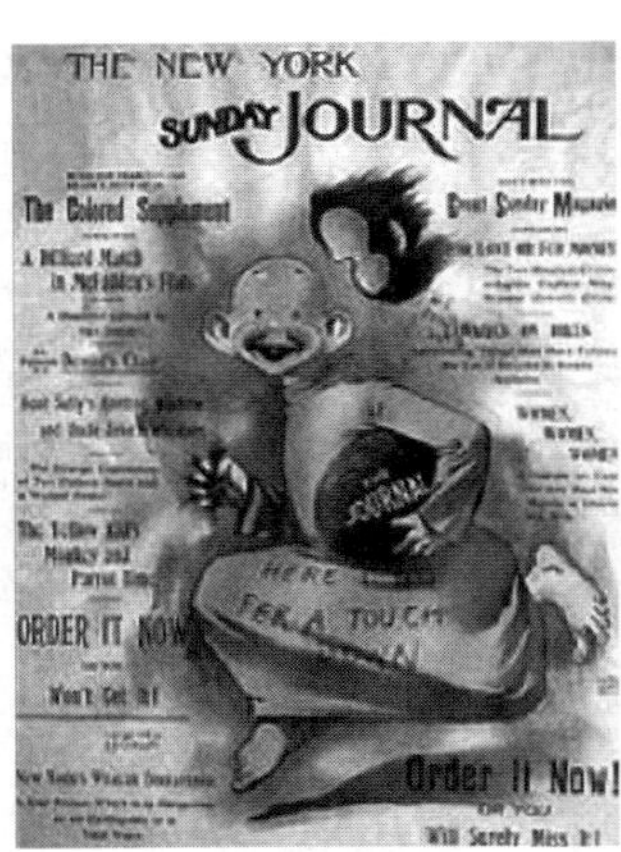

『ニューヨーク・ジャーナル』紙

ミナー』紙で成功させた手法と同じやり口で発行部数を大きく伸ばしている『ワールド』紙がありました。『ワールド』紙は、一八九四年十二月にクリールマンの日本軍「旅順虐殺」事件の捏造(ねつぞう)記事を載せた新聞です。ハーストは豊富な資金をバックに、この『ワールド』紙に挑戦します。

『ワールド』紙を編集していたのはジョーゼフ・ピューリツァーというユダヤ系の移民でした。一八四七年にルーマニアとの国境に近いハンガリーの町マコーに生まれています。一八六四年にニューヨークにやってくると、すぐに南北戦争に従軍（北軍）し、八ヵ月間戦っています。その後、セントルイスに移住してドイツ系新聞の記者となり、三十三歳で『セントルイス・ポスト・ディスパッチ』紙を創刊しています。ピューリツァーが政商グールドから『ワールド』紙を譲り受けたのは一八八三年のことでした。[*93] 徹底的にセンセーショナルな記事づくりで、わずか五年で一万五千部からその十倍の十五万部にまで購読数を増やしています。[*94] 一八八八年にはニューヨークで最大の部数を誇るまでになりました。その編集方針からはとても高級紙を目指しているとは思えないピューリツァーでしたが、買収当初から理想は高く掲げていました。「(『ワールド』紙の理念は)社会の前進と改革にある。わが社はデマゴギー、不正義、腐敗に屈することなく、どの政党にも与しない。特権階級や公金を掠めている連中に戦いを挑み、貧しい人々への同情を忘れない。独立の立場を決して崩さない。そうすることで公共の福祉に貢献する。特権をかさにきて、あるいは逆に弱者であることを利用して(公金を)食い物にする悪党と戦うことを決して恐れない」[*95](一八八三年五月十日)

ピューリツァーも、ルーズベルト親子や当時のアメリカ知識人が憂慮した社会の腐敗に辟易(へきえき)していたのです。富める者もそうでない者もコネを使ったり、徒党(組合や圧力団体)を組んで公金を貪ったり、法律を有利に誘導したり、正義の消えかかった社会がアメリカの多くの都市に生まれていました。『ワールド』紙は高邁な理念は掲げたものの、紙面構成では徹底的に大衆にアピールする大胆な工夫を凝らしています。まずは読者を増やすことです。

短くセンセーショナルな見出し、大型活字印刷の採用、イラストの多用、無教養な者でも読めるやさしい文章、スポーツ欄や女性欄などに特化したページ、漫画の採用。次々と新企画を打ち出しました。狙った読者層はインテリ層ではありません。増え続けている移民、肉体労働者、そして女性たちでした。こうした方針の中で、見出しはよりセンセーショナルに、そして記事は著しく単純化されていったのです。

ハーストはピューリツァーの『ワールド』紙にはっきりと照準を合わせた編集方針を打ち出します。その方法は潤沢な資金を持つだけに強引でした。『ワールド』紙がその看板にしていた日曜版の編集スタッフをごっそりと引き抜きます。ハーストがヘッド・ハンティングした『ワールド』紙の編集担当はモリル・ゴダードという男でした。犯罪、女と下着、そしてエセ科学。これを記事に仕立てあげれば売り上げは上がると豪語していました。人体解剖を記事にした際には、わざわざガーターベルトを着けた女性の足のイラストを使いました。[*96] ゴダードは一八八五年八月八日にニューヨークで行われたグラント将軍の葬儀の際には、真っ黒な喪服で葬儀社の職員を装い、未亡人の乗る葬列の馬車にすましまして乗り込んでスクープ記事を飛ばしたこともある「やり手ジャーナリスト」でもありました。ハーストは『ジャーナル』紙の発行部数をわずか一年で二万部から十五万部に増やしています。[*97]

この二紙はその後もまったく同じような編集方針を続け、活字に飢えたニューヨーク市民の購買意欲を刺激し続けました。定期購読という新聞の購買パターンを崩し、スタンド売りを主流にしていきました。価格を一セント（現在価値は二十五セント程度）まで下げ、発行部数をできるだけ増やすことで、広告収入を狙う経営戦略にシフトさせていったのもこの二紙でした。一八九八年には、それぞれ八十万部にまで販売数を激増させています。[*98] この驚異的な部数の伸びは、さすがに「犯罪、女と下着、そしてエセ科学」だけで実現できるものではありません。これを可能にしたのは戦争でした。

「戦争を売る」ジャーナリズム——キューバ人女性を救出せよ

新聞編集者の最大の悩みは、売れる記事を作れる事件をどう仕入れるかにありました。性的な事件、暴力事件、あるいは汚職といった売れるネタが毎日起こるはずもありません。ハーストやピューリツァーが眼をつけたのはキューバでした。当時のキューバでは、スペインからの独立を求める反乱軍が激しいゲリラ戦を展開していました。スペイン軍はゲリラからの攻撃だけでなく、慣れない熱帯の気候と黄熱病などの風土病に苦しみ、キューバの治安は悪化の一途を辿っていました。

スペイン軍は、ヨーロッパ本土での戦いのように敵の正規軍との戦いは勝手がわかっていましたが、ゲリラ戦の経験がありません。サトウキビ農園で働く労働者の中にゲリラが紛れ込んでいるため、戦う相手が見分けられないのです。ゲリラは隙を見ては砂糖プランテーションを襲い、放火を続けていました。

「スペインの軍隊は若い兵士が多かった。（キューバのような土地での）戦いには何の準備もできていなかった。照りつける熱帯の空気と風土病。ゲリラ攻撃。毎年三万五千人の兵士が命を落としたと推定される[*99]」

ゲリラのリーダーはこうした戦術を焦土作戦(victory through scorched earth policy)と呼び、キューバをなんの利益もあげられない焼け野原にしてスペインを撤退させようと考えていました。[*100] 一八九六年二月十日、業を煮やしたスペイン政府がキューバ総督に送り込んだのはヴァレリアーノ・ウェイレル将軍でした。スペインの数少なくなった植民地の一つ、フィリピンで反政府軍鎮圧に功績のあった男です。後日ブッチャー(屠殺人)と渾名されるだけあって、ウェイレルのゲリラ対策は乱暴なものでした。

民間人なのかゲリラ兵なのかまったく見分けがつかない以上、農民に絶対に武器を持たせない方針を立てたのです。そのためすべての農民を管理区域に囲い込みました(reconcentrado)。ゲリラ攻撃に備えて砦化された地域に農民たちを強制的に移住させ、その管理区域の外で暮らす者はすべてゲリラ兵と見なす作戦でした。性急に採用された戦術でしたから、囲い込まれたエリアには最低限の衣食住を保障するインフラ設備などありません。九万五千人が病気や飢えで死んでいきました。[*101] その多くが女と子供でした。

ハーストにとって、こうしたキューバの内戦は「売れる」事件の宝庫でした。フロリダ最南端の港町キーウェストからキューバまではわずか九十マイル(およそ百四十キロメートル)。反スペインのキューバ人がフロリダに逃げてきています。ニューヨークにもそうした人々が多く移住していましたから、スペイン軍の「残虐」行為を伝える情報源はどこにでもあったのです。ハーストの「行動する」ジャーナリズム魂に火がつきます。

ハーストは敏腕記者と表現力に優れた画家のペアをハバナに送りこみます。一八九七年一月九日、二人はハバナに到着しています。記者の名はリチャード・デーヴィス。一八六四年生まれのデーヴィスは学生時代から、新聞記者の父と作家の母から受け継いだ文才を発揮していました。ワシントンの名門ジョン・ホプキンス大学で学び、ハーストがニューヨークに進出した頃には有力週刊誌『ハーパーズ・ウィークリー』の編集長でした。ハーストが豊富な資金でヘッド・ハンティングした優秀な編集人であり、そしてまた行動する記者でもありました。その上、デーヴィスはハンサムでした。彼は髯を好まず、いつもきれいに剃っていました。インテリで美男子のすっきりしたデーヴィスの顔立ちを見たアメリカの若者の多くが髯を剃るようになったと言われています。[*102]

一方の画家の名はフレデリック・レミントン。彼はこの時代のアメリカを代表する数多くの絵画や彫刻の作品を残しています。ニューヨークのメトロポリタン美術館やシカゴ美術館にもその作品が所蔵されています。ハーストがハバナに送り込んだペアのレベルの高さが想像できます。

この二人はハバナに到着するとすぐに、ウェイレル将軍へのインタビューを敢行しています。予想どおりの悪意に満ちた記事となっています。ピューリツァーの『ワールド』も負けずに記者を送り込んで将軍の「悪行」を暴いています。収容所の外にいる農民をスペイン兵が無差別に撃ち殺していると報告するのです。*103『ジャーナル』の名コンビがハーストの期待に見事に応えたのは二月十二日付の記事でした。「アメリカはいたいけな女性を守れるのか？（Does Our Flag Shield Women?)」と題されたレポートは、ニューヨークの読者には刺激的でした。その内容は、ハバナに寄港していた米蒸気船「オリヴェッティ」号の女性乗客がスパイ容疑をかけられ、船内でスペイン官憲に裸にされて調べられたというものでした。米国船籍の蒸気船でそうした捜索が行われたことだけでもニューヨークの読者の怒りを誘うのですが、この記事には読者の想像力を逞しくさせるレミントンのイラストが添えられていました。

疑いをかけられた女性の名はクレメンシア・アランゴ。彼女の兄がゲリラのリーダー格でしたから、官憲は彼女がゲリラとアメリカにいる支援者との連絡役になっているのではないかと疑ったのです。この事件は実際に起こっていますが、その経緯はデーヴィスの伝える記事の内容とは大きく違っていました。裸にされ調べられたのは事実でしたが、小さな部屋の中で女性官憲一人が立ち会って行われており、そこに男は一人もいなかったのです。

クレメンシアから証言をとり、『ジャーナル』紙を攻撃したのはライバルの『ワールド』紙でした（二月十五日付）。レミントンのイラストも、彼が想像で描いたことがばれてしまっています。[*104] それでも、いやらしい目つきの（leering）スペイン官憲が裸の女性を取り囲んでいる光景は、多くの読者の眼に焼きつきました。性と暴力が新聞の売り上げの秘訣という『ジャーナル』紙の狙いどおりの記事でした。

味をしめた『ジャーナル』紙は再び同じような企画を立てています。今度もストーリーの主役は若い女性でした。エヴァンジェリナ・シスネロスがハバナの監獄に放り込まれていることを知った同紙は、救出キャンペーンを企画するのです。後日、解放された彼女の美貌と十八歳という年齢から、おそらく『ジャーナル』紙は彼女が読者の憐憫の情を買うに足るニュース素材になることを事前に摑んでいたと推測できます。

一八九六年七月、彼女はプペントゥド島にある自宅にスペイン軍の高官ベリッツ大佐を誘い込み、暗殺を企てたとしてハバナの監獄に投獄されていました。「彼女は自宅にいたところをベリッツに襲われた。それを友人の助けで何とか逃れ、大佐を縛り上げたところで、近くを通りかかった兵士に踏み込まれて逮捕された。現在はハバナの薄汚ない牢に放り込まれている」。これが『ジャーナル』紙の報道でした。

この報道に続いて、社を挙げてエヴァンジェリナ嬢救出嘆願運動を始めるのです。

エヴァンジェリナ・シスネロス。

スペイン官憲の捜査を報じるレミントンのスケッチ。『ニューヨーク・ジャーナル紙』

無実の彼女が二十五年の刑を受け、アフリカ北部スペイン領セウタに流されることになっているというストーリーは、多くの読者の憐憫の情を刺激しました。女性読者の多い『ジャーナル』紙でしたから、大きな反響を呼んでいます。心を動かされた女性の中には、詩人ジュリア・ウォード・ハウ、デーヴィス元南部連合大統領夫人、現職のマッキンレー大統領の母親などがいました。こうした女性たちはスペイン女王に減刑嘆願書まで出しています。スペインの駐米公使はこの件はまだ裁判も始まっておらず、裁判は必ずフェアに行われるので冷静になってほしい旨を回答しています。[*105]

ハーストはキャンペーンだけでこの事件を終わりにはしませんでした。記者を送り込み、彼女を脱獄させるのです。ハバナに送られたのはカール・デッカー。『ジャーナル』紙のワシントン支局の記者でした。十月七日早朝、彼女の脱獄を成功させると二日間身を隠した後、米蒸気船「セネカ」号に密かに乗船させています。男装させて潜り込ませました。彼女がニューヨーク港に到着したのは十月十三日のことでした。別便で帰国したデッカー記者を交え、マジソンスクエアで行われた歓迎式典は、南北戦争の終了を喜ぶ人々の波に匹敵するほどの盛況だったと『ジャーナル』紙は誇らしげに伝えています。*106

このセンセーショナルな救出劇もハーストによって企画されたメロドラマだったと後日、『ジャーナル』紙の関係者が暴露しています。看守や港湾関係者を買収しただけのことだったのですが、それをドラマチックな救出劇に仕立てあげたのでした。*107

「戦争を売る」ジャーナリズム——戦艦「メイン」号の〝爆沈〟

アメリカの対スペイン感情は、ハーストやピューリツァーの「行動する」ジャーナリズムの渦の中で悪化の一途を辿りました。母親までがそうした新聞記事に影響されていたマッキンレー大統領ですが、それでもマッキンレー政権は世論に冷静に向き合っていました。当時のアメリカの対キューバ投資額は五千万ドル、貿易額は一億ドルと推計されています。このうち対米輸出は一八五九年には四二パーセントだったものが、一八九七年には八七パーセントにまで増加しています。軍事力の行使を訴える世論が高まっていましたが、キューバへの投資は砂糖プランテーション、鉱山、牧畜と多岐にわたっていましたから、マッキンレー政権はスペインに対する軍事行使は考えていませんでした[*108]。

「マッキンレーは（国内世論の圧力をかわしながら）スペインに対して外交圧力を強めていった。ウェイレル将軍を解任させ、戦火を交えずにスペインのキューバからの撤退を実現させようとしていた。実際にこの外交は功を奏していた。スペインはウェイレルを本国に呼び戻し、キューバには自治を約束していた[*109]」

マッキンレーの交渉で障害になったのは、キューバのゲリラ勢力でした。自治権の獲得だけで満足する状況ではありませんでした。完全な独立。ゲリラ側はこれが実現できない限り戦い続ける固い意思を表明していたのです。この頃のキューバのインフラストラクチャーは、アメリカやイギリスの資本が早い時期から投入されていたため、本国スペインよりむしろ進んでいました。たとえばペリー提督の娘婿となったオーガスト・ベルモントも、イギリス・ロスチャイルド家のキューバにおける砂糖ビジネスをマネージメントするために、一八三七年にハバナに送られることになっていた人物です[*110]。

紅茶需要の高まりで、キューバは砂糖供給基地として欠かせない土地となりました。早くから鉄道が敷設されています。最初の鉄道は一八三七年に開通しています。日本

ス
よりも三十五年も早いのです。電話回線のテストも本国より早く、一八七七年にテストされ、トーマス・エジソンはスペイン・バスク地方の投資家ホセ・フランシスコ・ナヴァロとの合弁で、一八八一年にエジソン・スペイン殖民電燈会社を立ち上げています。[*111] 粗糖生産や精製の新技術を速やかに導入するために、そうした発明者を保護する特許法の整備は本国よりも進んでいるほどでした。

マッキンレーの外交交渉がデッドロックに乗り上げていた一八九八年初め、二つの大きな事件が起きています。どちらもハーストやピューリツァーの餌食になっています。この年の二月、スペインの駐ワシントン公使エンリケ・デロームの私信がピューリツァーの『ワールド』紙に暴かれてしまうのです。そこにはマッキンレー大統領を蔑む言葉がちりばめられていました。弱虫、大衆迎合。その上、スペイン本国の外交的妥協を情けないと言って皮肉っていたのです。デローム公使がキューバの友人に宛てたものでした。[*112] 内容を知った世論は国家に対する侮辱だと、新聞の論調に呼応してスペインへの敵意をさらに高めます。二月九日付の『ジャーナル』紙も「歴史上最大の侮辱」と書いて読者を煽っています。[*113]

もう一つの事件はより大きなインパクトをもたらしました。私信が漏洩されてから一週間も経たない二月十五日、アメリカの権益および同国人保護のため一月二十五日にハバナ港に入港していた米海軍戦艦「メイン」号が轟音を上げて爆沈したのです。

夜九時四十分のことでした。ほとんどの乗組員が就寝していた時間です。乗組員三百五十四名のうち二百五十二名が即死しています。近くに碇泊していた米蒸気船「シティー・オブ・ワシントン」号とスペイン海軍巡洋艦「アルフォンソⅫ」号が生存者を懸命に救助しています。救出されたうち八名は後日亡くなっています。

「メイン」号艦長チャールズ・シグスビーは海軍省に対して、今後の調査で原因が究明されるまで国内世論が激高しないよう配慮することを要請しています。[*114] しかしこの事件を絶好の「ネタ」ととらえたハーストは、自ら手配したヨットなど三隻で取材チームをハバナに送り込むのです。

「ハーストは可能な限りの方法でこの事件を利用しようと考えた。二月十七日から特集を組むと、この事件を扱う紙面は日々八ページ半にものぼった。記事、論説、イラストがその紙面を飾った。（中略）ハーストが送り込んだ取材チームは、特派記者にはホートーン、デッカー、クリールマン、ルイス、ブライソンを、画家にはレミントン、ベンゴウを起用した。その上、この爆発の犯人に結びつく情報の提供に五万ドルの賞金を懸けている。二月十七日の『ジャーナル』紙の見出しは『戦艦メイン号、敵の魔手（secret infernal machine）にかかり、真っ二つに』という派手なものだった[*115]」

記者の一人クリールマンは「旅順虐殺」を捏造した男です。ハーストにスカウトされていたのです。現在の史家の多くが、「メイン」号爆沈は粉塵爆発が原因の事故と考えています。[*116] しかし、事件直後に設置された海軍の調査委員会は、調査手法も未熟でまだ確実な科学的データに欠けるにもかかわらず、三月二十八日、機雷接触が爆沈の原因と性急に結論づけてしまいました。これで、対スペインへの軍事行動なしには激高した世論が収まらないことが決定的になりました。「リメンバー・メイン!」。スペインへの敵意がたちまちアメリカ全土に広がっていきました。

対スペイン戦のシミュレーション

キューバはカリブ海のほぼ真ん中に浮かぶ大きな島です。面積は十一万平方キロメートル。本州のおよそ半分の面積を持っています。一四九四年五月、二度目の航海でこの島を訪れたコロンブスは、この熱帯の島がジパング（日本）であると確信していました。[*117] コロンブスの期待どおりこの島でも金が発見され、最盛期（一五一七―一九年）の三年間におよそ三千人のスペイン人が金を探しに入っています。[*118] しかしその埋蔵量は思いのほか少なく、スペインの興味はその後南米大陸で発見された金銀の鉱脈に移っていきました。キューバの産業は砂糖と煙草になったのです。

一八九八年頃にはおよそ百六十万人がこの島に暮らし、スペイン系白人は百万人でした。もちろん宗教はカソリックです。マッキンレー政権はこの島の地政学的価値をじっくりと研究しています。彼らは冷徹な眼で、この島の軍事的な重要性が比較的低いことを見破っています。カリブ海の地図を見ても明らかなように、ヨーロッパの仮想敵国がアメリカ・メキシコ湾岸に侵入する際、最初に遭遇する比較的大型の島はキューバではありません。スペイン領プエルトリコです。従って、アメリカが南部の港湾を防衛するための最初の前線基地がプエルトリコになることは、アメリカの防衛戦略を練る者にとっては常識でした。そのことの正しさは、後日ドイツ帝国海軍が対アメリカ戦を想定した戦争計画「オペレーションⅢ」で、同海軍の攻略目標がプエルトリコ及びその東方三十キロメートルのクレブラ島であったことからも窺えます[*119]。

さらに、パナマ地峡に向かう船舶にとってもプエルトリコは重要です。プエルトリコの面積はおよそ九千平方キロメートル。鹿児島県とほぼ同じ広さの島で、北部にあるサンファン港は十分な水深がある良港です。スペインから艦隊を派遣する場合、当時の戦艦は石炭を満載して十ノット（およそ時速十九キロメートル）で航行した場合、二週間で燃料が尽きてしまいます[*120]。大西洋を越えたスペイン艦隊がカリブ海で戦うためには、いったん石炭の補給が必要になるのです。

アメリカ海軍は政府の外交交渉を横目に見ながら、スペインとの戦いに備えて一八九四年の段階から海軍大学で議論を重ねています。同大学のチャールズ・トレインはこの年に報告書をまとめています。開戦となればスペインは必ず本土の軍港カディスから大西洋艦隊を送り込んでくる、米海軍はそれに備えキューバ北東部の港ナイプ湾

カリブ海の島々

バージン諸島
リーワード諸島
アングィラ島
アンティグア・バーブーダ
クレブラ島
グアドループ島
ドミニカ連邦
マルティニク島
小アンティル諸島
セントルシア
セント・ビンセント島
バルバドス
セントビンセント・
クレナディーン諸島
グレナダ
0
200km
トリニダード・トバゴ
フロリダ半島
マイアミ
バハマ
バハマ諸島
キーウェスト
大西洋
シエンフエゴス港
ハバナ
キューバ
ユカタン半島
西インド諸島
大アンティル諸島
サンチアゴ
サンチアゴ・デ・クーバ
サンファン
ケイマン諸島
サント・ドミンゴ
プエルトリコ
ベリーズ
ジャマイカ
ハイチ
ドミニカ共和国
大アンティル諸島
ホンジュラス
カリブ海
キュラソー島
ニカラグア
エルサルバドル
コロン
(アスピンウォール)
チャグレス
コスタリカ
パナマ
パナマ
ベネズエラ
ガイアナ
コロンビア
0
400km
エクアドル

を占領し、そこを米海軍の石炭補給基地に変えなければならない、ナイプ湾を拠点にプエルトリコに補給に現われるスペイン艦船を叩くべし、というものでした。

一八九五年には卒業生全員に、対スペイン戦をテーマに論文を課しています。一八九六年一月に海軍省に提出された報告書には、緒戦の段階でフロリダのタンパから正規軍三万をハバナに送り込む、その二週間後に志願兵で構成される増援部隊二万五千を送る、キーウェストをベースにした艦隊が、キューバ支援に向かうスペイン艦船を迎え撃つ、ということが記されています。

一八九六年のウィリアム・キンボールの報告では、キューバを封鎖し、スペインからの艦隊を迎え撃つだけではスペインを交渉のテーブルにつかせることが難しいとして、スペイン領フィリピンのマニラ湾攻撃、さらにスペイン本土沿岸への攻撃が必要だと述べられています。キンボールの報告書を受けた学長ヘンリー・テイラーは、米アジア艦隊によるマニラ湾攻撃のアイデアは了承しましたが、スペイン本土攻撃はヨーロッパの他国の干渉を招くとして採用しませんでした。[*121]

マッキンレー政権の誕生で海軍長官に任命されたのはジョン・ロングでした。ルーズベルトの直属上司になります。一八九七年六月、ロングは就任後ただちに北大西洋艦隊司令官モンゴメリー・シカードを長とする対スペイン戦争計画会議（War Planning Board）を設置しています。「一八九八年二月十五日の『メイン』号爆沈を受け、アメリカの対スペイン戦が避けられなくなった時点で、アメリカ海軍の指導者の手元にはすでに四年にもわたる研究の成果があった[*122]」のです。

アジア艦隊の充実

海軍次官となったルーズベルトが、キューバをめぐるスペインとの確執を、彼の最も憂慮するハワイ併合問題の処理に利用しようと考えるのは自然な成り行きでした。次官に就任して間もない一八九七年五月二十八日、ルーズベルトは海軍大学学長フレデリック・グッドリッチに秘密指令を出しています。

「海軍大学への秘密研究課題：日本はハワイ諸島を狙っている。我が国はこの動きを牽制する。牽制を効果あるものにするための兵力とその展開の方法について研究せよ。研究にあたっては大西洋方面での外国勢力とキューバをめぐる問題が引き起こす諸問題を勘案すること[*123]」

ルーズベルトは高まる国内の反スペイン感情を注意深く見守っていました。「メイン」号の爆沈事件で開戦は不可避と確信したルーズベルトは、二月二十五日、アジア艦隊司令官ジョージ・デューイに、艦隊を香港に集結させ、戦闘準備を進めるよう指示しています。むろんこの指示は大統領も承認していました[*124]。スペイン領フィリピンのマニラ湾をベースにするスペイン艦隊が攻撃目標でした。

OUTLINE MAP SHOWING THE TERRITORY OF GREATER AMERICA.

米西戦争後のアメリカ領土（*Exciting Experiences in Our Wars with Spain and the Philipinos,* Chicago Book Publisher Union, 1899, p395）

デューイの家系も九代前、一六三三年にイギリスのサンドウィッチからマサチューセッツに渡ってきた新教徒です。[*125] 典型的なWASPの子孫でした。アナポリスの海軍兵学校を一八五八年に五番の成績で卒業しています。学生時代には南部出身の学生との決闘に臨んでいます。上官がこの果たし合いを事前に察知してやめさせていますが、死を恐れることを恥とする騎士道魂を強く持った軍人でした。南北戦争ではかつてペリー提督を日本に運んだ「ミシシッピー」号に乗り組み、南部港湾封鎖作戦に参加しているベテランでした。[*126]

アメリカ海軍の軍人の中でも身だしなみがよく、白い髯をきちんと整えていたダンディーでした。同じように身だしなみには気を使っていたルーズベルトがデューイと気が合ったのもよく理解できます。ルーズベルトはそうとうに早い段階から対スペイン戦争を念頭に置き、アジア艦隊司令官に自らの意向に沿う人物の登用を考えていたようです。一八九七年春にはアジア艦隊司令官の交代人事があることがわかっていました。ルーズベルトはこの年の春から夏にかけて、ワシントンのメロトポリタン・クラブでデューイと頻繁に昼食を共にしています。そこにはロッジ議員やマハンが度々同席していました。[*127]デューイはこの頃、海軍艦船の装備充実をはかる事務方の長でした（The Board of Inspection and Survey）。一八九七年十月二十一日、ルーズベルトはロッジやレッドフィールド・プロクター上院議員らの影響力を使って、デューイをアジア艦隊司令官に就けることに成功しています。[*128]

ルーズベルトの指令を受けたデューイ提督は素早く準備を始めています。提督の指揮下にあった艦船は防護巡洋艦「オリンピア」「ボストン」「ラーレイ」に小型砲艦の「コンコルド」と「ペトレル」でした。この中で最も大きい艦船は「オリンピア」でしたが、それでもわずか五千五百八十六トン。主砲口径は八インチでしたから、ルーズベルトが日本の新型戦艦をどれほど警戒していたかが窺い知れます。デューイ提督の最大の悩みは石炭の確保でした。スペインとの戦争が始まれば、中立を宣言する国からの供給は期待できません。香港（イギリス）からも日本からも補給できなくなる可能性に備えなければなりません。デューイは急いで英国の蒸気船「ナンシャン」号と「ザフィーロ」号を購入し、石炭や軍事物資の確保に当たらせています。[*129]

キューバは不要、ハワイは併合

対スペイン戦の準備を進めるマッキンレー政権には、衰退する国スペインとの戦いに勝利する十分な自信がありました。表向きの開戦理由となっているのは、キューバのスペインからの解放です。しかし冷酷な分析に基づけば、キューバを併合するメリットはほとんどありません。反乱軍は独立の機運が強く、スペイン系白人はカソリック教徒。彼らは白人ですが「劣った」種族のラテン系です。新たに百六十万人もの異種の血を国内に抱え込むのは危険なことでした。WASPにとって、これ以上の異質な移民を大量に領土内に受け入れることは避けたいのです。それだけに解放後のキューバの扱いには十分な注意が必要でした。盛り上がった世論はキューバ併合を叫び出すかもしれません。実際にロッジ議員は、キューバもプエルトリコもハワイもフィリピンも何もかも取ってしまえという強硬論を唱えていました。[*130]

この問題については、コロラド州上院議員ヘンリー・テラーが提出した法案が役立ちました。この修正法案（Teller Amendment）は、四月十一日、マッキンレー大統領が議会に対スペイン戦争開戦の承認を諮った際に、承認の条件として議会に提出されたものでした。第四条にはアメリカはキューバを併合しないこと、治安が戻り次第、キューバ国民の手に主権を委ねることが明記されています。コロラド州の甜菜砂糖業者がテラー議員に圧力をかけ、キューバ産の砂糖が国内産となることを阻止したのです。大統領はこの修正案が議会の承認を得たことで、好ましくないキューバ併合の芽を摘むことができました。こうして、準備の整ったマッキンレー大統領は四月二十一日、キューバの海上封鎖を宣言しました。

アメリカの動きはスペイン国民の反米感情を高めています。キューバはスペインにとって神から贈られたエメラルド・アイランドです。イベリア半島からイスラム教徒を一掃したレコンキスタ（reconquista）のご褒美でした。「Viva España！Muerte a los Yanquis！（スペイン万歳！　ヤンキーに死を！）」と叫ぶ世論を背景に、スペインがアメリカに宣戦布告したのは四月二十三日のことでした。その二日後にはアメリカも宣戦を布告しています。

開戦を待ちかねていたのはハワイ共和国のリーダーたちでした。彼らは念願のアメリカによる併合を達成するためには、安全保障上の観点からハワイの重要性をアピールすることが最も有効であると確信していました。冷静な議論などしていてはハワイ国内の圧倒的な反併合の声に負けてしまうことは、これまでの経験からわかっています。すでにアメリカの併合推進派の政治家は、ハワイの軍事的価値を強く議会でアピールしていました。ハワイはアメリカ防衛の要（かなめ）であり、ここを押さえることは国家安全保障上の保険（National Insurance）のようなものである（フランシス・ニューランド下院議員、ネバダ州）。アメリカとスペインの開戦で、ハワイはこの主張の正しさを自ずから証明するチャンスに恵まれたのです。ワシントンのハワイ併合派政治家を支援する絶好の機会でした。

ハワイ共和国の指導者の頭には、中立を宣言するようなオプションはまったくありませんでした。共和国成立以来ずっと外交を担ってきたフランシス・ハッチは、ハワイが全面的にアメリカに協力することを素早く明言しています。ハワイ船籍の蒸気船「チャイナ」号の提供、ハワイにあるすべての石炭のアメリカによる買い上げ提案、必要であればハワイ国家警備隊のキューバ派遣。[*131] 万が一スペインが勝利した場合を危ぶむ声には一切耳を貸さない強引な外交攻勢でした。

「ハワイ共和国は、できることはすべて協力するという態度を示してくれた。この明確な態度表明はデューイ提督のマニラ湾海戦（五月一日）での圧倒的勝利が伝えられる前に行われた。議員の多くがこのハワイ共和国の外交姿勢に心を動かされた。テキサス共和国の併合（一八四五年）の経緯を彷彿（ほうふつ）とさせたのだ[*132]」

五月四日、ニューランド議員は機は熟したと確信し、ハワイ併合法案を外交問題委員会に上程しています。五月十二日に委員会で可決されると、ただちに本会議に送られています。議会で参考人として証言したのはマハンでした。彼はこの機会を待ちかねたように次のように述べるのです。

「私の意見を集約すれば、つまりこういうことです。我が国はより強力な海軍力を必要としています。一度戦争が（太平洋方面で）起こるような事態になれば、（今の海軍力では）太平洋岸の領土を防衛することはできません。それだけではありません。ハワイ諸島を他国が占領することを阻止することさえもできません。しかし我が国がこの島を先に占領し、要塞化しておきさえすれば、（我が国よりも強力な艦隊を所有する国でさえも）アメリカ太平洋岸を侵略することは難しくなります。ハワイに海軍基地を保有せずして我が国を攻撃することはまず不可能なのです[*133]」

下院では二百九対九十一（六月十五日）、上院では四十二対二十一、棄権二十六（七月六日）、いずれも可決されました。委員会上程から議会可決までふた月にも満たないスピードでハワイ併合が決まったのです。

おそらくこれこそが、メトロポリタン・クラブでルーズベルトやマハンらが熱心に議論していたシナリオだったに違いありません。ハワイの戦略的（地政学的）重要性を示すには、ハワイより西方で戦いが発生しなければなりません。スペイン領フィリピンを戦場にすることはまさにルーズベルトらが描く理想のシナリオだったのです。ですから、開戦と同時にマニラ湾を戦場にしたのです。

デューイ提督は五月一日にマニラ湾海戦でモントホ提督率いるスペイン艦隊を壊滅させています。その勝利を受けて、フィリピンに向かう陸軍部隊が次々とハワイにやってきています。輸送にはパシフィック・メール蒸気船会社の「シティー・オブ・ペキン」号や「シティー・オブ・シドニー」号などの民間蒸気客船が活躍しています。こうした民間蒸気船の軍事利用こそが、かつてリンカーン政権がパシフィック・メール蒸気船会社の太平洋航路開設を政府資金で支援した理由でした。

六月一日、最初の兵士二千五百名余りがホノルルに到着すると、共和国政府はハワイ王朝の宮殿だった政庁前の広場で派手な歓迎式典を催しています。ワイキキ浜辺のボートハウス、学校あるいは博物館の建物には食事や酒がふんだんに用意されました。すべて無料でした。[*134]その後も続々とやってくる部隊で、キャンプ地となったカピオラニ公園は白いキャンバス地の仮設テントで埋め尽くされました。[*135]

八月十二日、アメリカのハワイ併合記念式典は旧イオラニ宮殿で行われています。笑顔を見せる共和国幹部やアメリカ政府高官、そして軍将校たち。しかしここにはハワイ王室関係者は一人も現われませんでした。

「式典には原住ハワイアンはほとんど参加しなかった。集まったのは、アメリカの軍事プレゼンスでハワイ政治の安定が確保されたと安堵する少数の白人支配者ばかりだった[*136]」

1897年のハワイ人種構成 (*137)

人種	男	女	計
原住ハワイアン	16,399	14,620	31,019
混血ハワイアン	4,249	4,236	8,485
アメリカ	1,975	1,111	3,086
英国	1,406	844	2,250
ドイツ	866	566	1,432
フランス	56	45	101
ノルウェー	216	162	378
ポルトガル	8,202	6,989	15,191
日本	19,212	5,195	24,407
支那	19,167	2,449	21,616
南洋諸島	321	134	455
その他	448	152	600
合計	72,517	36,503	109,020

アメリカ政府は日本がハワイ併合に最も敏感に、そしてネガティブに反応することを予期していました。併合の障害になる日本からの横槍を防ぐための布石を打つことも忘れていません。ハワイ政府に日本政府との間で懸案になっていた自由移民上陸拒否に伴う補償問題を、併合前に解決するよう迫っていたのです。ハワイ共和国は、ハワイ革命後に「東洋丸」でやってきた自由移民の上陸を拒否して以来、合わせて千百人もの上陸を拒んできました。

移民会社の苦情を受けた日本政府は、ハワイ政府にその損害賠償を要求していたのです。この解決に帝国海軍巡洋艦「浪速」が再度ハワイに派遣されています。アメリカの圧力を受けたハワイ政府は併合セレモニー直前の一八九八年七月、七万五千ドルの支払いを決め、この問題を決着させています。[*138] 仮想敵国日本とは可能な限り余計な揉め事を起こさない。それがアメリカの外交方針でした。

「東京とワシントンの関係はきわめて良好のようだ（excellent）。おそらくアメリカ政府がハワイ政府に対して圧力をかけ、補償問題にけりをつけさせたことが功を奏したものであろう」[*139]（一八九八年八月十八日付、アーネスト・サトウ英国駐日公使よりソールズベリー侯宛の書簡）

アメリカ人魂回復の戦い――サンチアゴ・デ・クーバ港封鎖

一八九八年三月、ルーズベルトを中心にして海軍はいち早く統合本部を組織しています。ジョン・ロング長官をヘッドに、議長はシカード前北大西洋艦隊司令官。メンバーにはマハンも選ばれています。十分な事前計画に沿って着々と準備を進める海軍に比べて陸軍の動きはひどくのんびりとしたものでした。陸軍の常備兵力はわずか二万八千。アメリカ本土に上陸する敵への防衛を想定しての運用しか考えていませんでした。

海外派遣はまったく想定していません。あまりに少ない常備兵力です。これではキューバでの陸上戦は戦えません。アメリカ議会は四月二十二日、各州ごとに人口に比例した数の志願兵を募ることを決定し、翌日には大統領令でその総数を十二万五千とすることが決められています。四月二十六日には常備兵力を六万四千七百十九に増員することを決めています。マッキンレー大統領は陸軍の準備不足とその鈍い対応を見て、陸軍長官ラッセル・アルガーやその補佐役である総司令官ネルソン・マイルズへの信頼を失っています。そのため、五月二日、陸海合同の統合本部をホワイトハウスの中に設置するという異例の措置をとっています。[*140]

志願兵部隊の編制、武器や軍服の手配、訓練。何もかもが混乱の中で進みましたが、五月末には第一陣一万七千名の部隊の準備が整い、フロリダ州タンパに集結しています。それでも敵船の遊弋（ゆうよく）を警戒する輸送船の準備が遅れ、出港は六月十四日まで待たなくてはなりませんでした。民間徴用船も含まれる輸送船団はゆっくりとしたスピードでしか航行できません。この船団に従軍したリチャード・デーヴィス記者は、時速七マイル（約十一キロメートル）ほどだったと記録しています。[*141]

船団がキューバ南部の港サンチアゴ・デ・クーバ沖までやってきたのは六月二十日のことでした。この港にはセルベラ提督率いるスペイン艦隊が入っていました。防護巡洋艦四隻、駆逐艦二隻からなるスペイン艦隊は、四月二十九日に大西洋にあるケープ・ヴェルデ諸島を出てカリブ海に向かいました。本来なら補給のために向かうべきプエルトリコには舵をとっていません。アメリカ艦船が迎撃態勢に入っていることを警戒したのです。プエルトリコの東南に位置するフランス領マルティニクを目指しています。ここでアメリカ海軍の動静を探ると同時に石炭を補給しようとしたのです。[*142]

危惧したとおり、サンファン港にアメリカが先回りしているとの情報はとれましたが、肝心の石炭を手に入れることはできませんでした。マルティニク総督は、フランスが中立の立場である以上、石炭供給はできないと拒否したのです。しかたなくオランダ領キュラソー島に回航しましたが、そこでもわずか六百トンの石炭が補給できたにすぎませんでした。燃料不足では海戦は難しいと判断したセルベラ提督は、五月十九日、アメリカ艦船の眼をかいくぐって駆け込むようにサンチアゴ・デ・クーバ港に入っています。

アメリカ海軍はスペイン艦隊の動向を摑むのに苦労しています。スペイン艦隊はハバナにより近いシエンフエゴス港に入るのではないかと、この周辺海域を中心に警戒していました。しかし、ハバナ総督邸内にある通信施設の電信員にスパイとして潜り込ませていたドミンゴ・ヴィラヴェルデがスペイン艦隊はサンチアゴ・デ・クーバ港に入ったことを知らせてきます。[*143] スペイン艦隊が入港した当日に早くも情報が伝えられているのです。しかしせっかくの情報も艦隊への情報伝達が遅れ、アメリカ艦隊がサンチアゴ・デ・クーバ港沖に到着したのは五月二十九日になっていました。幸いにもスペイン艦隊はこの港から出ていないことを確認するとすぐさま湾口を封鎖しています。シュレイ提督およびサンプソン提督率いるアメリカ艦隊は戦艦四、巡洋艦四、小型砲艦三の陣容でした。湾内に入る水路は瓶の首のようにくびれて隘路となり、そこにはスペイン側によって電気信管式の機雷も三十機敷設されていました。[*144] この機雷により湾内に安全に入れる航路の幅はわずか艦船一隻分しかありませんでした。湾口の東西の丘には砲台が築かれ、湾内への侵入はあまりに危険でした。サンチアゴ・デ・クーバ攻略のためには港の背面を狙う陸上戦が不可避でした。十一隻の艦隊は湾口を睨むように扇状に陣形をとりながら海上封鎖を続け陸軍部隊の到着を待ちました。

密かに上陸させた米海軍の斥候部隊がキューバ反乱軍と連絡をとり、米海軍の揚陸地点を守備兵の少ないダイキリの浜辺と決定していました。ダイキリは今でも人気のあるカクテルにその名を残す浜辺の町です。サンチアゴ・デ・クーバから東に十八マイル（二十九キロメートル）。鉄工所があり鉄道も通っていました。ダイキリ上陸作戦は六月二十二日朝から始まっています。その模様を陸軍騎馬隊の副指揮官が記録しています。

「小型船がダイキリ周辺を機銃掃射した。潜んでいるかもしれないスペイン兵を掃討するためだ。波が高く上陸は困難をきわめた。兵士一人ひとりに三日分の弾薬と食料を持たせた。我々の部隊には新式のコルト自動連射砲二門、ダイナマイト砲一門が装備されていた。コルト砲はニューヨークの仲間から贈られたものだった。どちらも揚陸には苦労させせられた[*145]」

「上陸を敢行している中、他の輸送船から我々の馬の揚陸が始まった。やり方は単純だった。浜辺近くで海に放り出すのだ。あとは自力で浜まで泳ぎきるのを待つしかなかった。ウッド大佐の馬は二頭とも泳ぎきったが私の馬の一頭は溺れてしまった。しかしもう一頭のテキサス号は無事浜辺まで泳ぎきってくれた。（中略）午後遅くになったが全員が上陸を完了した。担げる弾薬や食料はすべて揚陸できた。こうして戦いの準備は整った[*146]」

アメリカ人魂回復の戦い――志願兵部隊「ラフ・ライダーズ」

ダイキリの浜辺の上陸作戦を含め、それに続くサンチアゴ・デ・クーバ攻略戦の模様を詳細に記録していたのは、合衆国第一義勇騎兵隊副隊長セオドア・ルーズベルト中佐です。ルーズベルトは五月一日のマニラ湾開戦の圧倒的勝利の報を受け、祝福の電報をデューイ提督に打っています[*147]。

「一八九八年五月二日　ワシントン

親愛なるデューイ提督殿

貴殿の勝利を心から祝福します。この勝利は国家、海軍そしてあなた自身の威信を大きく高めました。私もあなたを派遣したことでこの勝利に貢献できたことを誇りに思います。同時に貴殿がその役目を見事に果たしてくれたことを大いに喜ぶものであります。

セオドア・ルーズベルト　海軍省次官」

海軍の展開は、ルーズベルトやマハンや海軍大学のプロが想定したとおりの進捗を見せていました。マニラ湾の戦いでは、湾内のスペイン艦隊七隻すべてが海に沈み三百八十一名が戦死している一方で、アメリカ軍は艦船を一隻も失うことなく負傷者はわずか七名でした。人選も、時宜を得た出動命令も、ルーズベルトの判断の正しかったことを示しています。マニラ湾の敵艦隊の処理はできましたが、スペイン本国からやってきたスペイン大西洋艦隊とのカリブ海での海戦はこれからでした。海軍次官として指揮しなければならない業務は山のようにありました。しかしルーズベルトは、デューイ提督に祝福の電報を打ったわずか八日後の五月十日に海軍次官を辞任します。

ルーズベルトは早い段階から、自ら前線で戦うことを決意していました。それも担当する海軍ではなく陸軍の兵士としての参戦を考えていました。この考えは大統領にもロング長官にもあらかじめ伝えてありました。二人とも彼の前線行きには難色を示しましたが、ルーズベルトの意思の固いことを確認すると協力を約束してくれていたのです[*148]。ルーズベルトはキューバ解放の戦争になれば常備軍では間に合わず、必ずや志願兵で構成される義勇軍が組織されることはわかっていました。

ルーズベルトは、アメリカ社会のリーダーたるべき最優秀人種WASP衰退の原因は、戦いの心、死を恐れない勇気を喪失したことにあると考えていました。戦いの場は、凶暴な自然がどこまでも広がり、「野蛮な」インディアンが跋扈（ばっこ）する西部が提供していました。しかしフレデリック・ターナーが指摘したように、その西部は一八九〇年に喪失しています。もはやアメリカ人魂の発露を要求される舞台は国内から消えてしまったのです。だからこそ、アメリカン・エリートは劣等な移民たちのもたらした腐敗に染まってしまったのです。

失われた魂の回復。これが果たせない限り、アメリカの再生はないとの思いを強くしていたのです。典型的な東部エスタブリッシュメントの一員であるルーズベルト自身がＷＡＳＰの模範を示すこと。このことが、海軍力増強と同じように、あるいはそれ以上に重要なことでした。この目標実現のために、ルーズベルトは戦いの始まる前年、一八九七年の冬から入念な準備を進めていました。

ルーズベルトが目をつけたのはサミュエル・Ｂ・Ｍ・ヤング大佐でした。一八四〇年にペンシルバニア州ピッツバーグに生まれたヤングは、南北戦争では志願兵として従軍しています。グラント将軍の部隊の一員として、リー将軍を追いつめたアポマトックスの戦いにも参加しているベテランです。南北戦争後は対インディアン戦争に従事し、順調に出世を重ねてきたプロの軍人でした。一八九七年六月には大佐に昇進し、第三騎兵隊の指揮をとっていました。[*149] 彼の部隊は密猟の絶えないイエローストーン公園にある砦に陣取り、大型野生動物と公園の保護にあたっていました。

ヤング大佐はその任務上、B&Cクラブ幹部としてのルーズベルトと打ち合わせに何度かワシントンを訪れていました。二人の打ち合わせの場所はメトロポリタン・クラブでした。[*150]そこにはマッキンレー大統領お気に入りの陸軍医官、レオナード・ウッド大尉がいつも同席していました。ウッド大尉は、本来の陸軍長官の健康管理に加え、大統領夫妻の健康アドバイザーを兼ねていました。ウッド大尉もアパッチ族酋長ジェロニモとの戦い（一八五五―五六年）で活躍した、根っからの陸軍軍人でした。その上、ハーバード大学医学部を卒業したインテリでもありました。[*151]三人ともに、荒くれる西部でそれぞれの戦いを続けてきた男たちでした。

ルーズベルトもウッドも、対スペイン戦争になれば前線に向かう意思があることをヤング大佐に告げていました。二人はヤングに対して、彼らが編制することになるであろう志願兵部隊に前線で戦う機会を作ってほしいと要請しました。ルーズベルトも、そしてウッドも、アメリカ人魂を燃やす必要性を認識した東部エスタブリッシュメントです。兵士として参加しても前線での戦いに恵まれなければ目標は達成できません。間違いなく指揮官の一人となるヤング大佐にあらかじめその意思を伝え、彼の部隊に編入され、前線に出られるよう工作していたのです。

職を辞したルーズベルトは大統領やアルガー長官の了承を得ると、ウッド大尉を隊長とする志願兵の部隊編制を急いでいます。彼らの編制する部隊は、馬やライフルの扱いに慣れた西部諸州の志願兵による騎馬部隊でした。合衆国第一義勇騎兵隊と命名された部隊の定員は千二百。この部隊への入隊を望む者は二万三千人にものぼっています。[*152]『ワールド』紙や『ジャーナル』紙の「行動する」ジャーナリズムの報道によって、アメリカの若者は反スペイン感情を滾らせていました。この編制に伴い、ウッド大尉は大佐に昇任され指揮官となり、ルーズベルトは中佐として副隊長となっています。

志願する若者の中には、多くの東部エスタブリッシュメントの学生が含まれていました。ルーズベルトが望んでいたように、アメリカン・エリートにも死を恐れずに戦う心が確実に生まれていたのです。東部の有名大学の学生も積極的に採用されたのです。

「ハーバードは私の母校だけあって多くの学生の応募が殺到した。そうした応募者の一割も採用できなかったほどだった。ハーバードからだけでなく、エール大学からもプリンストン大学からもたくさんの志願があったことは喜ばしいことだった[*153]」

ルーズベルトに採用された学生の中には、テニスの全国チャンピオン、ハーバード・フットボールチームのスター選手、障害馬術の名手などのアスリートも数多く混じっていました。後日、合衆国第一義勇騎兵隊はラフ・ライダーズ（荒くれ騎馬隊）

と呼ばれることになります。ダイキリの浜辺からサンチアゴ・デ・クーバ攻略への最初の戦い（ラス・グアシマスの戦い、六月二十四日）で戦死したハミルトン・フィッシュ・ジュニア軍曹もそうした若者の典型でした。父親のニコラスは銀行家であり外交官。祖父のハミルトン・フィッシュは岩倉使節団をワシントンに迎えた第二十六代国務長官でした。この年にコロンビア大学を卒業したばかりの若きエリートでした。

アメリカ人魂回復の戦い――サンファン高地占領

「人間の価値は自らの信条や理想に応える生き方ができるか否かにかかっている。私はこれまで何年にもわたって、軍国主義で頭がいかれていると批難されてきた。私のように考える者に対する悪口に『肘掛け椅子に座った軍国主義者（armchair jingoes）』というのがあった。弾の飛んでこない安全な場所で軍事を語り、事があれば戦場には行かず他者に戦ってもらう卑怯者だと私を批難した。（中略）キューバの戦いに向かうとき、妻も息子のテディーも重篤の病で床に臥していた。私は家族が死ぬようなことがあっても、そのことで私の戦闘心が鈍ることがあってはならないと心に決めていた[*154]」

戦いの精神を忘れたアメリカン・リーダーや知識人に対しては、自らが率先垂範して戦地に赴き、アメリカン魂の発露を見せつけると決めていたたルーズベルトでしたが、彼の組織したラフ・ライダーズの戦いぶりがアメリカ国内で報道されなくては意味のないことでした。ルーズベルトはフリーのジャーナリストとなっていたリチャード・デーヴィス記者を従軍させることに成功しています。デーヴィス記者はルーズベルトの私的報道官のようなものでした。デーヴィスにとっても正規兵の戦いよりも義勇兵の活躍を、それもハーバード大学やエール大学で学んだエリートの戦いを報じる方が、配信する記事の価値が上がるという旨みがありました。

こうして、一流の記者がアメリカン・エリートが多数参加している義勇軍の活躍を全米に報道する舞台は整ったのです。すでに写真技術が報道に利用される時代でした。デーヴィス記者がルーズベルトにインタビューする写真が鮮明に残っています。その写真の中のルーズベルトが身に着けている軍服は軍から支給されたものではありません。ニューヨークの老舗紳士服店ブルックスブラザーズに仕立てさせたものでした。

ダイキリに上陸した兵力は一万五千。ウィリアム・シャフター少将が指揮しています。サンチアゴ・デ・クーバ攻略に向けて西に出発した部隊は進軍の途中、密林から頻繁に狙撃兵に狙われています。彼らは無煙火薬を使用していましたから敵の姿がまったく見えず、反撃に苦労したことをルーズベルトは記録しています。シャフター少将が目指したのはサンチアゴ・デ・クーバの市街から見て北東にあるエル・カニー砦と、その南に位置する小高い丘サンファン高地でした。特に、サンファン高地は市街から東にわずか三キロメートル強のところに位置し、ここを攻略すれば港に逃げ込んでいるスペイン艦隊を湾外に押し出すことが可能になります。燃料のないスペイン艦隊が湾口を塞ぐアメリカ艦隊の餌食になるのは確実でした。

この高地はスペイン側が死守せざるを得ない要所でしたから、厚い防衛線が築かれていました。アメリカ軍はこの高地の攻略に、第一歩兵師団及び第一騎兵師団併せて八千の兵力をあてています。第一騎兵師団に配属されていたラフ・ライダーズの指揮は、この時点でルーズベルトに委ねられています。ウッド大佐は師団長が病に倒れたため、玉突き人事で副師団長として准将に昇格し、ラフ・ライダーズの指揮から外れたのです。ルーズベルトは大佐となり隊長となっていました。

サンファン高地攻略戦の火蓋が切られたのは七月一日の朝のことでした。この高地を守るスペイン軍の守備隊は地の利は活かせるものの兵力はわずか七百六十でしたから、時間の経過とともに圧倒的なアメリカ軍の前に次第に劣勢となっていきました。ラフ・ライダーズが目指したのはサンファン高地の中でも、もう一段高みとなっているケトルヒルでした。ルーズベルトの記録によると、テキサス号に騎乗したまま隊の先頭に立って攻撃をリードしています。高台から連射される敵弾を前にしての危険な指揮ぶりでした。それでも人馬とも被弾することなく、張りめぐらされた鉄条網まで辿りついています。ついに馬が被弾して倒れると、すぐさま馬を捨て丘の上の敵陣をとでした。

目指しています。ケトルヒルをラフ・ライダーズが占領したのは午後一時十五分のことでした。

ルーズベルトがこの戦いを実際のところどう戦ったのかはよくわかっていません。それでも兵士から彼への批判がないことから、戦火の中で十分なリーダーシップを発揮したことは間違いないことです。ケトルヒルに一番乗りしたのがラフ・ライダーズだったのかどうか。それも確認はできていません。しかし従軍のデーヴィス記者が、十分すぎるほどにラフ・ライダーズの活躍を本国に伝えてくれたのです。

「ルーズベルトは自らの行動を通じて、図太い度胸を示した。ダーウィン主義の考えでいけば、文明の発展に伴って不可避的に社会に蔓延した（アメリカン・エリートの）無気力な性癖を（戦いを通じて）叩き直したということになる。生来持っていた人間の残虐な面を（戦いの中で）解き放ったのだ[*155]」

この戦いでラフ・ライダーズは十五人が戦死し、七十二人が負傷しています[*156]。ルーズベルト本人やデーヴィス記者の語る戦いの物語をベースに、レミントンはその場面を描いています。ルーズベルトは一躍、時の人になったのです。

サンチアゴ・デ・クーバ防衛の拠点サンファン高地を奪取されたスペイン軍が街を守ることは不可能でした。湾内のスペイン艦隊にとっても、もはや降伏しかとるべき道は残っていませんでした。しかし、ハバナに陣取るキューバ総督から届けられた指

サンファン高地の突撃。フレデリック・レミントン画

令は非情なものでした。アメリカ艦隊と一戦を交えよとの命令だったのです。高貴なるスペイン艦隊が戦わずして降伏すれば、スペイン人の誇りが大きく傷つきます。死を覚悟して戦うことを命じたのです。

七月三日早朝、旗艦「インファンタ・マリア・テレサ」(Infanta MariaTeresa) から「ビバ、スペイン(スペイン万歳)」の合図とともに艦隊は碇を上げました。「インファンタ・マリア・テレサ」を先頭に、十分間隔で艦隊は死地に赴いて行ったのです。湾口で待ち受けていたアメリカ艦隊の集中砲火で、スペイン艦隊の反撃が完全に沈黙したのは午後一時頃でした。スペイン艦隊の損失は六隻すべてが沈没または大破、戦死者三百二十三、重傷百五十一という甚大なものでした。アメリカ艦隊の被害は戦死者わずか一という完全なワンサイドゲームでした[*157]。サンチアゴ・デ・クーバ攻略戦の模様を、ヨーロッパの武官がじっくり観戦していました。そうした中に、マハンの教えを請いにアメリカにやってきていた日本海軍大尉秋山真之（さねゆき）の姿もありました。

戦いの二日後の午後五時、一隻のヨットが、船体を傾けながらいまだくすぶり続ける巡洋艦「ビズカーヤ」（Vizcaya）に近づいていきました。『ジャーナル』紙のオーナー、ハーストのヨット「シルビア」号でした。自らの紙面で煽り続けた戦争の帰趨を自分の目で確かめたいと、サンチアゴ・デ・クーバ沖の海戦を観戦にやってきていたのです。横付けして乗り移った「ビズカーヤ」号の船内にはいたるところに焼死体が転がっていました。目を背けながら船内の探索を終えたハーストは、溶けた金属の破片をヨットに持ち帰っています。その小さな塊は、ニューヨークの彼のオフィスのペーパーウエイトになりました。[*158] ハーストの「行動するメディア」が作り出した戦争の、ささやかな記念品でした。

◉原註

＊1 Hal Salwasser and Stephen P. Mealey, Building the Framework of American Conservation, November 2010, pp7-8.

http://www.cof.orst.edu/cof/admin/deans_presentations/FrameworkofConservationinAmerica111610sansimages(2).pdf

＊2 Jack Ward Thomas, Fair Chase, Boone and Crockett Club, Fall 1999.

＊3 Nelson Rosit, Prescient Patrician, *The Occidental Quarterly*, Summer 2007, p2.

＊4 同右、p3.

＊5 同右。

＊6 Visit California ホームページ。http://www.visitcalifornia.jp/theme/park/redwood/

＊7 F. Roger Devlin, Madison Grant and The Preservation of Buffaloes, Redwoods, and American's European Heritage, *The Social Contract*, Spring 2009, p57.

＊8 Lee D. Baker, *From Savage to Negro: Anthoropology and the Construction of Race, 1896–1954*, University of California Press, 1998, Chapter 4.

＊9 Madison Grant, *The Passing of the Great Race: Or, the Racial Basis of European History*, Charles Scribner's Sons, 1916.

＊10 同右（一九二三年版）p61.

＊11 同右、p30.

＊12 同右、p18.

＊13 Prescient Patrician, p6.

＊14 同右。

＊15 *Merchant Kings*, pp100–01.

＊16 Evan Thomas, *The War Lovers*, Little Brown and Co., 2010, pp20–1.

＊17　同右、p22.

＊18　同右、p23.

＊19　同右、p22.

＊20　同右、p25.

＊21　CSS Shenandoah ホームページ。http://home.gci.net/~css-shenandoah-1820/Shenandoah%20History.pdf

＊22　Foreign Enlistment Act 1819.

＊23　William M. Butler, Confederate Shipbuilding in England and the Foreign Enlistment Act. *Psi Sigma Journal*, Special Edition, 2010, June. http://history.unlv.edu/pat/Journal/Entries/2010/6/11_2010_Psi_Sigma_Journal_Special_Edition_files/Butler.pdf

＊24　同右。

＊25　*The War Lovers*, p26.

＊26　C. Michael Torres, Theodore Roosevelt: A Teacher's Guide, Center for History Teaching and Learning, 2009, p3.

＊27　スカル・アンド・ボーンズについては『日本開国』33章「センチメンタルチャイナ」を参照されたい。

＊28　ボストン周辺の貿易商人のアジア貿易及びアヘン密売への関わりについては『日本開国』16章「ヒッチハイキング帝国主義」を参照されたい。

＊29　ボストンの移民人口。

http://www.pbs.org/wgbh/amex/murder/peopleevents/p_immigrants.html

＊30 *The War Lovers*, p17.

＊31 *The War Lovers*, p43.

＊32 同右、pp54-5.

＊33 *Imperial Cruise*, p47.

＊34 *The War Lovers*, p30.

＊35 Paul Grondahl, *I Rose Like a Rocket: The Political Education of Theodore Roosevelt*, Free Press, 2004.
http://www.paulgrondahl.com/i_rose_like_a_rocket__the_political_education_of_theodore_roosevelt_50744.htm

＊36 Theodore Roosevelt: Man of Action, Chapter 3: Assemblyman Roosevelt.
http://www.oocities.org/beberius/bio/TR/TRchap3.html

＊37 同右。

＊38 *American Colossus*, pp353-54.

＊39 *The War Lovers*, p32.

＊40 Stacy A. Cordery, *Alice*, Viking, 2007, p16.

＊41 *The War Lovers*, p32

＊42 *Alice*, p16.

＊43 *Imperial Cruise*, pp52-3.

＊44 The Man of Action, Dude Goes West.
http://www.oocities.org/beberius/bio/TR/TRchap4.html

＊45　同右。
＊46　同右。
＊47　*The War Lovers*, p47.
＊48　*Alice*, p21.
＊49　同右、p22.
＊50　Kathleen Dalton, *Theodore Roosevelt: A Strenuous Life*, Random House of Canada, 2004, p84.
＊51　Theodore Roosevelt and the Dakota Badland: The Winter of 1886-87. アメリカ合衆国国立公園局（NPS）ホームページ。
http://www.cr.nps.gov/history/online_books/hh/thro/throlh.htm
＊52　Theodore Roosevelt, *Life of Thomas Hart Benton*, Houghton Mifflin and Company, 1887.
＊53　オレゴン・テリトリーをめぐる米英確執の経緯については『日本開国』21章「『アメリカ』の誕生」を参照されたい。
＊54　Theodore Roosevelt, *Life of Gouverneur Morris*, Houghton Mifflin and Company, 1888.
＊55　Theodore Roosevelt, *Ranch Life and the Hunting Trail*, The Century Company, 1888.
＊56　Theodore Roosevelt, *Essays on Practical Politics*, G. P. Putnam's & Sons, 1888.
＊57　*Essays on Practical Politics*, p2.
＊58　Assemblyman Roosevelt.
＊59　同右。
＊60　同右。
＊61　Theodore Roosevelt, *American Ideals and Other Essays Social and Political*, G. P. Putnam's & Sons, 1897.

＊62　同右、p184.

＊63　*Imperial Cruise*, p72.

＊64　*Imperial Cruise*, p70.

＊65　同右。

＊66　*Theodore Roosevelt's History of the United States*, p216.

＊67　同右。

＊68　同右。

＊69　同右、p388.

＊70　同右、pp216-17.

＊71　*The War Lovers*, p170.

＊72　同右、p171.

＊73　石瀧豊美「ボストンの侍（金子もアメリカ留学へ）」『西日本新聞』二〇〇三年三月十五日付、夕刊。

＊74　「マハンが日本海軍に与えた影響」平間洋一ブログ。http://www3.ocn.ne.jp/~y.hirama/yh_j_top.html

＊75　同右。

＊76　狭間直樹「初期アジア主義についての史的考察：第四章・東邦協会について」（『東亜』二〇〇一年十二月号）六六―七頁。

＊77　同右、六七頁。

＊78　*Spoilsmen in a "Flowery Fairyland"*, p170.

＊79　Stanley Sandler, *Battleships*, ABC-CLIO Inc., 2004, p76.

＊80 *The War Lovers*, p169.

＊81 *Habits of Empire*, p263.

＊82 同右。

＊83 同右。

＊84 『大陸殖民合資会社』一〇四―〇五頁。
http://members.jcom.home.ne.jp/0374771401/sarigatashi_pdf/03.pdf

＊85 同右、一〇五頁。

＊86 「歴史を飾った税関長」横浜税関ホームページ。
http://www.customs.go.jp/yokohama/history/rekidai.htm

＊87 『大陸殖民合資会社』一〇八―一六頁。

＊88 Katsuhiro Jinzaki, Selected Translations from The Yamato Shimbun in 1896, 『長崎大学教養部紀要』1964, p3.

＊89 同右、pp5-6.

＊90 Kenneth Whyte, *The Uncrowned King*, Random House Canada, 2008, p41.

＊91 *The War Lovers*, p96.

＊92 同右、pp96-7.

＊93 John L. Heaton, *The Story of A Page*, Harper & Brothers Publishers, 1913, p8.

＊94 George Juergens, *Joseph Pulitzer and the New York World*, Princeton, Princeton University Press, 1966, pp332-34.
http://www.onlineconcepts.com/pulitzer/endnote.htm#end5

＊95 *The Story of A Page*. 表紙裏ページ。

＊96　*The War Lovers*, p97.

＊97　同右、p99.

＊98　War Dissent/Cartoons and Conquest, p1.
http://www.presidio.gov/NR/rdonlyres/3AD099E7-4401-420B-A6D1-A3E004012999/0/pt_wd_gallery7.pdf

＊99　*From Colony to Superpower*, p310.

＊100　同右。

＊101　同右。

＊102　Ray Cresswell, Richard Harding Davis.
http://www.spanamwar.com/davis.htm

＊103　Sandra C. Sipes, I need a Hero: A Study of The Power of The Myth and The Yellow Journalism Newspaper Coverage of the Events Prior to Spanish-American War, Master Thesis for Wichita State Univ., 2006, pp41-2.

＊104　W. Joseph Campbell, 1897 American journalism's exceptional year, *Journalism History* 29, (4) Winter 2004.
http://academic2.american.edu/~wjc/exceptyear7.htm

＊105　Senorita Cisneros's Case, NewYork Times, 1897, Aug. 26.

＊106　W. Joseph Campbell, Not a hoax: New Evidence in the New York Journal's rescue of Evangelina Cisneros, *American Journalism*, 19, (4) Fall 2002.
http://academic2.american.edu/~wjc/nothoax.htm

＊107　同右。

*108 *From Colony to Superpower*, p310.

*109 同右、p312.

*110 オーガスト・ベルモントとロスチャイルド家の関係については『日本開国』11章「不況はチャンス」を参照されたい。

*111 Nadia Fernandez de Pinedo and David Pretel, Colonial Innovation System, Sub-Imperial Institutions and The Creole Elite in Nineteenth-Century Cuba, Working paper in Economic History, Universidad Autonoma de Madrid, 2011, p6.

*112 *From Colony to Superpower*, p312.

*113 *The War Lovers*, p204.

*114 Kennedy Hickman, Spanish-American War: USS Maine Explodes ! http://militaryhistory.about.com/b/2008/02/15/spanish-american-war-uss-maine-explodes.htm

*115 I need a Hero, p49.

*116 一九七六年の米海軍再調査では、石炭粉塵の爆発が原因とされているが反論も出され、最終的な結論は出ていない（Kennedy Hickman, Spanish-American War: USS Maine Explodes !）。

*117 Howard J. Erlichman, *Conquest Tribute and Trade*, Prometheus Books, 2010, p82.

*118 同右、p84.

*119 Fumio Takahashi, NIDS Security Studies, March 2004, p75.

*120 Mark L. Hayes, War Plans and Preparations and Their Impact on U. S. Naval Operations in the Spanish-American War, Early History Branch, Naval Historical Center Paper presented at Congreso Internacional Ejército y Armada en El 98: Cuba, Puerto Rico y Filipinas on 23

March 1998.
http://www.history.navy.mil/wars/spanam.htm

＊121　同右。

＊122　同右。

＊123　*The War Lovers*, p171.

＊124　*Habits of Empire*, p265.

＊125　Marshall Everett, *Exciting Experiences in Our Wars with Spain and the Philipinos*, Chicago Book Publisher Union, 1899, pp396-400.

＊126　十九世紀アメリカの決闘については『日本開国』14章「決闘、アメリカの騎士道」を参照されたい。

＊127　*The War Lovers*, p178.

＊128　Brian Miller, The Life of Admiral George Dewey.
http://www.spanamwar.com/dewey.htm

＊129　War Plans and Preparations and Their Impact on U. S. Naval Operations in the Spanish-American War.

＊130　*The War Lovers*, p275.

＊131　Robert W. Brockway, Hawaii: America's Ally.
http://www.spanamwar.com/Hawaii.htm

＊132　*Habits of Empire*, p263. なおテキサス独立の経緯については『日本開国』21章「『アメリカ』の誕生」二二七―二二九頁（文庫版二四二―二五二頁）を参照されたい。

＊133　David Keanu Sat, The American Occupation of The Hawaiian Kingdom, 2008 December（ハ

ワイ大学博士論文), p135.
http://www2.hawaii.edu/~anu/pdf/Dissertation(Sai).pdf

＊134 Mehmed Ali, Remembering Annexation One Hundred Years Ago, *The Hawaiian Journal of History*, vol. 32, 1998, p144.

＊135 同右、p147.

＊136 同右、p144.

＊137 *Exciting Experiences in Our Wars with Spain and the Philipinos*, p333.

＊138 イアン・ラクストン「アーネスト・サトウの研究：その日記と手紙から」（『九州工業大学リポジトリ』二〇〇七年四月）八八頁。

＊139 同右、一三三—一三四頁。

＊140 Jonas Goldstein, Cuba Libre! Army-Navy Cooperation in 1898, *JFQ*, Summer 2000, p118.

＊141 同右、pp118-120.

＊142 War Plans and Preparations and Their Impact on U. S. Naval Operations in the Spanish-American War. P10

＊143 同右、p11.

＊144 How Schley Found Cervera.『ニューヨーク・タイムズ』一八九八年六月三日付。

＊145 Theodore Roosevelt, *The Rough Riders*, Charles Scribner's Sons, 1899, p70.

＊146 同右、pp71-2.

＊147 *The War Lovers*, p260.

＊148 *The Rough Riders*, p9.

＊149 Samuel Baldwin Marks Young.

＊150 http://www.history.army.mil/books/cg&csa/Young-SBM.htm

＊151 *The Rough Riders*, p73.

Biographical Sketches of Distinguished Officers of the Army and Navy, L. R. Hamersly, 1905, p202.

＊152 同右、p206.

＊153 *The Rough Riders*, p14.

＊154 *Theodore Roosevelt's History of the United States*, p239.

＊155 *The War Lovers*, p327.

＊156 Spencer C. Tucker, The encyclopedia of the Spanish-American and Philippine-American wars: a political, social, and military history, Volume 1, *ABC-CLIO*, 2009, p557.

＊157 *The War Lovers*, p343.

＊158 同右、pp344-45.

第15章　白い艦隊（ホワイト・フリート）

太平洋の覇者

スペイン艦隊がサンチアゴ・デ・クーバ沖で壊滅した十二日後の七月十五日、市内を守るスペイン守備隊が降伏しています。この三日後にスペイン政府は停戦を求め、戦いを終わらせる条約交渉に入ることを申し出ています。八月十二日には講和条件の仮調印が終わり、実質的な停戦が実現します。アメリカ陸軍はこの調印とほぼ同時に、フィリピンでもマニラ占領を完了しています。最終的な講和条約（パリ条約）は十二月十日、パリで調印されました。

この条約により、スペインはキューバにおけるすべての権利を放棄し、プエルトリコを含むスペイン領西インド諸島及びグアムをアメリカに割譲します。さらにフィリピンを二千万ドルで金銭譲渡することに応じました。ハワイ併合と併せてグアム、フィリピンを領有したことにより、太平洋は「スペインの湖」から「アメリカの湖」へと完全に変貌を遂げたのです。

ルーズベルトがラフ・ライダーズの部下たちと、ロングアイランド東端に近い港町モントークに戻ったのは八月十五日のことでした。この日、輸送船「マイアミ」で母国に帰ったラフ・ライダーズは総勢六百八十名でした。その模様を『ニューヨーク・タイムズ』紙が伝えています（八月十六日付）。他の部隊に比べてラフ・ライダーズの兵士が最も疲れの色を見せていたこと、伝染病（黄熱病）対策のため、しばらく隔離されることになる兵舎までの三キロ余りの道を足を引きずり、その歩くさまはいかにも哀れみを誘ったこと、まったく歩けない者には馬車が用意されたこと。

疲労困憊した兵士とは対照的に、ルーズベルトは健康そのものでした。体重はわずか一ポンド（約四百五十グラム）ほど減らしただけの精悍（せいかん）な体軀で、桟橋に集まった人々の歓呼に応えたのです。「不名誉なほどに健康で帰ってきた」と、少しばかりはにかむかのようなルーズベルトは、報道陣に対して、ラフ・ライダーズの勇敢な戦いぶりを滔々（とうとう）と語っています。彼の名もラフ・ライダーズの部隊名も全国に知られる存在になっていました。

ルーズベルトはそれを記者の反応からはっきりと感じたに違いありません。冷静な記事を提供する『ニューヨーク・タイムズ』紙も翌日の紙面では「『ラフ・ライダーズ』モントーク港に帰還」と大きな見出しをつけて報じています。さらに、ルーズベルトが語ったラフ・ライダーズ活躍の物語を詳細に伝えています。[*1]

ルーズベルトはこうした場面では意識して、部隊に参加していた黒人やカウボーイやかつて南軍の兵士だった者の活躍ぶりを礼賛しています。ラフ・ライダーズをアメリカ社会の縮図と見立て、その勇敢な戦いぶりを幅広い層の読者に印象づけようとしています。しかし彼の真の狙いは、WASPたちでした。アメリカン・エリートのあるべき姿を見せつけ、戦う心を鼓舞し、そうすることで「滅びゆく優性種の再生」を願ったのです。輸送船での船旅で彼も疲れていたはずです。しかしそれは決して表に出さない。ルーズベルトの「種の戦い」は本国でも続いていたのです。

ニューヨークに戻ったルーズベルトを待ち構えていたのは、ニューヨーク政界の権力闘争の嵐でした。この年の秋に予定されていたニューヨーク州知事選挙に、共和党候補として担ぎ出されることになるのです。ニューヨーク州の共和党の実力者トーマス・プラット上院議員が勝てる候補を探していました。現職のブラック知事はエリー運河浚渫工事に伴う大幅な予算超過が明るみに出、無責任かつ放漫な管理が問題視されていました。「運河スキャンダル」[*2]と言われた醜聞に晒(さら)され、再選の可能性はなかったのです。ルーズベルトは政治腐敗とは無縁な、戦場から帰ったばかりのヒーローです。共和党にとってルーズベルトは「勝てる」候補者でした。

ニューヨーク州共和党の幹部は、ルーズベルトが海軍省次官時代に居住地をワシントンに移していたことから、知事選への立候補資格があるかどうか疑わしいことを知っていました。プラット議員は、そうした法律上の問題で名を汚したくないと渋るルーズベルトを、「サンファン高地の英雄が怖気づくとは情けない」と尻を叩いて立候補に踏み切らせています。[*3] 立候補資格をめぐる法律問題は、ニューヨークのやり手法律家エリフ・ルートが巧妙に処理してくれました。

民主党が負けを覚悟して擁立した候補は、同州の最高裁判事オーガスタス・ヴァン・ウィックでしたが、彼もニューヨーク・ニッカーボッカーでした。十七世紀にニューヨークにやってきたオランダ系の名門でした。二人のニッカーボッカーの戦いは接戦になっています。六十六万千七百七票対六十四万三千九百二十一票。ルーズベルトは共和党幹部の期待に応えました（十一月八日投票）。ラフ・ライダーズのかつての部下も応援に駆けつけました。こうしてサンファン高地の攻防戦からわずか四ヵ月で、ルーズベルトはニューヨーク州知事まで上りつめたのです。

一八九九年四月十日、知事就任後初めての春、ルーズベルトはシカゴで講演しています。[*4] 熱心な共和党支持の有力者が集まる社交クラブ、ハミルトン・クラブで、アメリカ人エリートのあるべき姿を熱っぽく語りました。ハミルトン・クラブはアポマトックスでのリー将軍の降伏から二十五周年となる一八九〇年に、南北戦争勝利を記念してこの街のリーダー層が結成した男だけの社交クラブでした。聴衆は同じ優性種の仲間です。遠慮ない物言いでアメリカン・エリートのあるべき生き様を訴えていました。

「我々は、祖先たちのインディアンとの激しい戦いの歴史とその精神を決して忘れてはならない。戦う心を失えば、他の種族が我々に取って代わり、我々の（手にした）地位を奪っていくだろう。ダーウィンの理論からすれば、そうした競争に勝ち抜いた種こそが支配種族として君臨するのだから、それが当然の帰結である」[*5]

ルーズベルトは彼がひどく軽蔑する（despise）支那人種を例に出して、戦う心の大切さを訴えています。

「もし我々が、世界で最も退廃し、男らしさの欠片もない支那人（the most decadent and unmanly of races）のように振る舞うようなことにでもなれば、戦う心を保持し続ける人種との争いに必ずや敗れるであろう。不屈の精神をもって外国との戦争をも恐れない。そうした心構えなくしては我が種族の衰退（decay）は免れ得ない」[*6]

わずか六年前には、シカゴ万博会場の小さな丸太小屋で、同志たちと種の衰退を憂えていたルーズベルトです。しかし彼は瞬く間に全国に名を知られる政治家に変身したのです。サンファン高地の戦いをジェスチャーを交えて活写する彼の講演は、聴衆の心をしっかりと摑んでいきました。

ルーズベルトの中央政界デビュー

ルーズベルトのニューヨーク州知事選挙はニッカーボッカー同士の戦いで、どちらも清廉な候補者でしたから接戦になりました。ルーズベルトは日に十六回の演説をこなしています。過激なスケジュールの連続で強い頭痛に苦しみました。一万七千票差の接戦を制し、一八九九年一月一日、州都アルバニーでの就任演説に臨んでいます。その場にいた妻エディスは感動のあまり、夫の顔をまともに見ることができなかったし、その演説を聞く余裕もなかったと回想しています。

ワシントンの友人ロッジ上院議員は、ルーズベルトの勝利をことのほか喜んでいます。知事選は共和党の戦いというよりも「ルーズベルトの戦い」であり、彼の個性で勝つことができたのだと絶賛しています。[*7] ルーズベルトも、自らの努力で摑みとった知事の椅子であると自負していました。しかし彼を知事に引っ張りだし、ビッグビジネスを中心に党への巨額な献金を集め、選挙戦を支えたプラット議員にとっては、ルーズベルトはあくまでも党が当選させた人間です。彼の意向は顧みず、党の推薦する人物を州政府の要職に就けようとします。

公共事業長官（Public Works Commissioner）の椅子は特に重要なポストでした。ルーズベルトはこのポストに自ら選んだ人物を充てます。州議員時代から主張していた、能力重視の人事を遠慮なく、そして強引に進めました。従来どおりの政治的コネクションによる人事や公共工事の配分を手がけたいプラット議員やニューヨーク州共和党主流派との間にたちまち溝ができました。ルーズベルトはビッグビジネスの嫌う減税法案の成立にも積極的でした。知事としての強大な権力を持ったルーズベルトを何とかしたいと考えるニューヨーク共和党幹部は、早くも一九〇〇年の大統領選挙を利用してニューヨークからの厄介払いを画策します。

「私は、行政は能力ある人間で執行されるべきだと信じている。（中略）私のバックには強力な支持者も集票組織もない。有力者とはそれなりにうまくやってきているが、いつ寝首をかかれるか知れたものではない。プラット議員が私を副大統領候補に担ぎ出したい理由はよくわかっている。（中略）選挙資金を出してきた連中が、私をどうしても州の政治から排除したいと考えているのだ」*8

一九〇〇年の大統領選挙に、民主党はまたしてもウィリアム・ブライアンを担ぎ出してきました。彼は前回と同じように、銀も通貨と認めるべきだとの主張（フリー・シルバー政策）を繰り返していました。ルーズベルトを副大統領候補にしてニューヨークから追い出したい意向の州共和党幹部に、金融関係者が同調します。ブライアンが当選でもしようものなら、国内から金が再び流出し、九三年不況が再来してしまうという、共和党幹部たちとは少し違う動機でした。しかしルーズベルトを副大統領候補に担ぎたいという思いは同様でした。

国民的人気の高いルーズベルトを副大統領候補とすることで、マッキンレー大統領の再選を確かなものにし、同時にルーズベルトを体よくニューヨークから厄介払いできる妙案でした。副大統領には実権はほとんどありません。共和党支持母体の嫌う政策を副大統領では推し進めることはできないのです。

ルーズベルトは副大統領の職にほとんど魅力を感じていませんでした。それでも最終的に候補となることを了承したのは、絶対にブライアンを当選させてはならないという固い決意があったのです。ブライアンの主張するような銀貨鋳造を認めることは、国内貨幣流通量が増加することを意味します。いわゆるインフレ政策なのです。「一ドルの借金を実質五十セント返せばちゃらになるような（インフレ）政策は不正義」[*9]なのです。その上、金銀複本位制にアメリカ経済システムを戻すことで、社会がどれだけ混乱するのか想像もつきません。アメリカをアナーキーの世界に突き落とす可能性が高いと危惧したのです。[*10]

ルーズベルトにはもう一つ、ブライアンの当選をどうしても阻止したい理由がありました。ブライアン候補は対スペイン戦争を支持していました。しかも自ら義勇兵として参加志願までしていました。しかし戦後、フィリピン併合に反対する反帝国主義者連盟（Anti Imperialist League）の推薦を受けると、フィリピン併合に強く反対するのです。ブライアンは信用できない政治家でした。ルーズベルトにとってフィリピンは、ハワイ併合を正当化する重要な新領土でした。太平洋の「アメリカの湖」化には欠かせない西の橋頭堡でした。ロッジ議員やマハンらとじっくり練り上げた海軍拡張と領土拡大のプラン。そのキーとなるフィリピン領有を否定するブライアンは、何としても潰さなければなりませんでした。

「ブライアンなど死んでしまえばいい[11]（I hope Bryan is dead）」と、まるで子供のような表現で嫌悪感を見せるだけあって、ルーズベルトの選挙戦にかけるエネルギーはすさまじいものがありました。九週間余りの選挙戦で国内二万八千マイル（およそ二万九千キロメートル）を移動し、遊説の回数は六百八十一回に及んでいます[12]。おそらくブライアンの主張がルーズベルトのプライドをひどく傷つけたのでしょう。十一月六日の選挙は、現職マッキンレー大統領がブライアン候補に百万票近い差をつけての圧勝でした。

一九〇一年五月二十日、カナダ国境に懸かるナイアガラの滝に近い町バッファローに、副大統領ルーズベルトと上院議員ヘンリー・ロッジの姿がありました。三月に発足したマッキンレー、ルーズベルトの新コンビの誕生を祝うかのように、五月一日からこの町で汎アメリカン博覧会（The Pan-American Exhibition）が開催されていたのです。南北両アメリカ大陸とカリブ海の諸国が参加しています。新たにアメリカ領土になるプエルトリコの出展もありました。キューバからスペインを駆逐したカリブ海は「アメリカの池」になったのです。この日、特別ゲストとして招待されたルーズベルト一行と市の有力者の乗った百四台の馬車が会場までの四マイル（六キロメートル）の道をゆっくりとパレードしました。[*13]

副大統領に続いて、マッキンレー大統領がこの博覧会にやってきたのは九月五日のことでした。この日は会期中最大の入場者十一万六千六百六十人を記録しています。大統領の演説を五万人が聞き入りました。翌六日午後四時、ナイアガラ観光を終えた大統領は、この訪問最後の公式行事出席のために会場に戻っています。場内の「音楽の殿堂ホール」では簡単なスピーチが予定され、その後できるだけ多くの聴衆と握手する計画でした。毎分四十五人と握手する計算をしていたのです。スピーチを終え、精力的に聴衆の握手の求めに応じる大統領が握手を終えた一人の少女の頭を軽くなでて送り出すと、次に握手を求めたのは右手にハンカチを巻いた若い男でした。男は大統領の差し出す手を握りもせず、突然体を押しつけると、ハンカチの下に隠し持っていた拳銃で大統領の腹部に二発の弾丸を撃ち込みました。[*14] 大統領は八日後、九月十四日に息を引き取りました。犯人はレオン・チョルゴシュという名の、二十八歳のポーランド系カソリックの若者でした。彼はマッキンレーの死から四十五日後に電気椅子で処刑されています。

この暗殺事件でルーズベルトは大統領に昇格します。わずか三年前にはワシントン政府の中堅官僚に過ぎなかった男が、たちまちにして大統領の座を射止めたのです。

歴史上、最も若い四十三歳のアメリカ大統領の誕生でした。

「下品な」人種差別――ペストと反日本人運動

人種差別に「上品な」とか「下品な」とかの形容詞はふさわしくないかもしれません。しかしルーズベルトが抱いたような、自らの属する種の滅亡への恐れから導かれたアジア人蔑視に「上品な」という表現をあえて使うなら、サンフランシスコで吹き荒れた反アジア人の嵐はひどく「下品な」ものでした。

サンフランシスコで日本人児童の隔離が叫ばれた一八九三年以来、カリフォルニアへの日本人移民は年間一千人程度で推移していました。ところがハワイ併合をきっかけにその数が大きく増加するのです。一九〇〇年にカリフォルニアにやってきた日本人はおよそ一万二千と推定されています。[*15] これによってしばらく鳴りをひそめていた反日本人の政治活動がたちまち活発化していきます。カリフォルニアの白人種にとって、支那人移民問題は一八八二年に排斥法の成立で解決済みでした。しかし日本人問題はまったく手付かずなのです。

沈静化していたアジア人問題が再燃するきっかけは、一八九九年六月二十七日に起きた出来事でした。この日、夜明けとともにゴールデンゲートを抜けてサンフランシスコ湾に細長の優美な蒸気船が姿を現わしました。その美しさを「太平洋の白鳥」と称賛された東洋汽船の最新鋭客船「日本丸」が入港してきたのです。六千百六十八トンのクリッパー型の船型。十七ノットでホノルルを経由して太平洋を越えてきました。一八九八年に竣工した「日本丸」は、渋沢栄一らの支援を受けた浅野総一郎が社運を賭けてイギリスに発注し、パシフィック・メール蒸気船会社と対抗するために太平洋航路に投入した日本海運業の切り札でした。

この日の「日本丸」は黄色い旗を掲げていました。これは船内に伝染病患者が発生していることを示す検疫旗でした。[*16] ペストの症状が出て、ホノルルで上陸を拒否された若い日本女性が乗船していたのです。おそらく写真だけで結婚を決め、ハワイの日本人男性のもとに嫁ぐ写真花嫁（ピクチャーブライド）だったのでしょう。[*17]「日本丸」で伝染病患者が発生したことは電信でサンフランシスコ港に伝えられていました。キューバでアメリカ兵の命を奪ったのは、スペイン兵の弾丸よりも黄熱病だったことはすでによく知られた事実でした。検疫官は緊張を高めていました。慎重な検疫プロセスが取られています。

こうした対応にもかかわらず、市内でペストによる死亡者が出たのは翌年の三月六日のことでした。市内のチャイナタウンの支那人男性がペスト症状で死亡したのです。「日本丸」の患者とチャイナタウンの病との関連性は不明です。しかし日本の船が、日本人移民とともに伝染病患者まで運んできたことは事実でした。サンフランシスコ市長ジェームス・フェランはすぐに行動を起こしています。日本人と支那人を市内の決められた地域に隔離しようとしたのです。フェラン市長もアイルランド移民の子供でした。検疫意識が高かったというよりも、市内の白人たちの反アジア人意識の昂揚を利用したポピュリズム政策の一環でした。

蚤（のみ）などを媒介にして広がるペストですから、当時のサンフランシスコの白人たちはペストを、不潔なアジア人が拡散するアジア人の流行り病（はやりやまい）（asiatic desease）と信じていました。その考えがいかにも正しそうであることが、チャイナタウンで死者が出たことで示されてしまったのです。その後新たな患者が、チャイナタウンの非衛生のシンボルとなっていたグローブホテルで見つかります。グローブホテルは五十年前のゴールドラッシュ時代に建てられた薄汚い安宿でした。[*18]

サンフランシスコの白人の感じている、言いようのない不安を市長が先取りしたのです。しかしこの隔離政策は、富裕層には評判はよくありませんでした。この政策が実行されてしまうと、支那人のハウスメイドやハウスボーイを取られてしまいます。洗濯機も掃除機もない時代です。支那人家政婦（夫）は大きな邸で快適な生活を送るためには欠かせない労働力です。それを失うわけにはいきません。新聞各紙は市長の政策を批難しました。ところが一紙だけは違いました。あのハーストが育てた『サンフランシスコ・イグザミナー』紙です。同紙は伝染病発生を一大事件としてセンセーショナルに扱いました。ニューヨークの姉妹紙『ジャーナル』も、サンフランシスコのこのローカルな事件を全国的事件に仕立て上げます。[*19]

こうして反アジア人意識に再び怪しい火がついてしまいます。この危険な火が襲う先は日本人でした。反アジア人といっても、市内に居住するのは支那人と日本人だけです。支那人への法的排斥はすでに一八八二年に終わっています。彼らの人口が増えることはもはやありません。従って、反アジア人とは実質的に反日本人を意味しました。一九〇〇年のサンフランシスコ市の人口統計[*20]では日本人はわずか千七百八十一人。減少したとはいえ一万三千九百五十四人もいる支那人に比べて圧倒的に少数でした。白人の人口が三十二万五千三百七十八人ですから、日本人の存在は実質的にはほとんど気にならない数字のはずでした。普通に生活していれば日本人に遭遇することはほとんどありません。市の人口の〇・五パーセントに過ぎないのです。それにもかかわらず反日本人の運動が瞬く間に燃え上がってしまったのです。

最初の大規模な反日本人集会が開かれたのは一九〇〇年五月七日のことでした。組織したのはサンフランシスコ労働評議会（San Francisco Labor Council）でした。この大会のゲスト・スピーカーとして招待されたエドワード・ロスはスタンフォード大学の社会学教授です。社会学者というよりもむしろ優生学者に近い人物でした。ロス教授は支那人排斥の時代に使い古されたロジックを再び持ち出して反日本人感情を煽っています。[*21]

一、日本人はアメリカ社会に同化できない民族である。
二、日本人は低賃金で喜んで働き、白人労働者の労働条件を脅かす。
三、日本人は低い生活水準に満足する。
四、日本人はアメリカの民主主義的制度を理解しない。

この翌日の『サンフランシスコ・コール』紙は、ロス教授のさらに過激なコメントを伝えています。[*22]

「(日本人がサンフランシスコに上陸するのを阻止するためには)いざとなったら我々は銃を取って、日本人を乗せてやってくるすべての船を追い払う覚悟が必要だ」

こうした反日本人の過激な動きは日本人のプライドを大きく傷つけるものでした。しかしロシアとの緊張が高まっている中で、アメリカとの関係は良好に保たなければなりません。日本政府は七月から年季奉公(契約労働者)でアメリカ本土に渡ろうとする者へのパスポート発給を止めています(第一回自主規制)。この結果、一九〇一年の日本人の移住者の数は半分に減っています。[*23]

「下品な」人種差別——サンフランシスコの労働組合

カリフォルニアの労働運動を指導してきたワーキングメンズ党は一八九〇年代には衰退していましたが、二十世紀に入ると新たな労働運動の動きが活発化しています。

ハワイ併合と、それと時を同じくして始まったアラスカのゴールドラッシュ（一八九九年に発見）で、カリフォルニア経済が活発化したことが原因でした。[*24] 一九〇一年一月には、カリフォルニア州労働連盟（the State Federation of Labor）が結成され、早くも七月にはサンフランシスコの陸運と水運をばったりと止めてしまう大規模なストライキを打つほどの力をつけています。

このストライキのきっかけは、運転手組合第八十五番支部が運送業経営者協会と結んでいた協定をめぐる小競り合いでした。この協定は前年の十月に結ばれたもので、最低日給、十二時間労働制、午後六時以降の超過勤務手当や祝日労働手当などを定めたものでした。第八十五番支部はマイケル・ケーシーとジョン・マクローリンという二人の過激な活動家に率いられた組合です。ケーシーは「ブラッディー・マイク」と渾名される血の気の多いアイルランド移民でした。

当時としてはあまりに労働者に有利となった取り決めに耐えられなくなった運送業経営者協会は、より強力な経営者団体である雇用者製造業者協会に駆け込みます。雇用者製造業者協会はこの過激な第八十五番支部の弱体化を企てます。二十五万ドルの予算を準備して、運送業経営者協会に第八十五番支部と対決させるのです。非組合員に仕事を流す決断をした運送業経営者協会に激しく反発したケーシーは、他の支部のメンバー二千五百人を動員してストライキに入っています。七月三十日、これに続いて船員、消防士、沖仲仕の組合が同情ストライキに入りました。ストライキに参加した労働者の数は一万から一万六千にのぼっています。[*25]サンフランシスコ経済を麻痺させるゼネラルストライキです。業を煮やした州知事ヘンリー・ゲージが介入を決めたのは十月二日のことでした。知事がどのような条件でストライキを収束させたのか公にはされませんでした。この事件は労働組合のパワーがもはやコントロール不可能なほどに巨大化したことを内外に示すものでした。[*26]自信を深めた組合活動家は、新政党として組合労働党（Union Labor Party）を結成します。

組合労働党が市長選に担ぎ出したのは音楽家組合のリーダー、ユージーン・シュミッツでした。アイルランド人の母とドイツ人の父を持つバスーン奏者でした。首尾よく当選したシュミッツの市長就任は一九〇二年一月のことです。労働組合が政権を握ると公金の扱いが甘くなるのは避けられないことでした。サンフランシスコ市政はたちまち腐敗していきました。その腐敗ぶりは、ルーズベルトが戦ったニューヨーク市の腐敗がまるで「ままごとに見える」[*27]ほどひどいものでした。シュミッツは一九〇六年には汚職の罪で起訴されています。

こうした腐敗から市民の目を逸らそうとするのは政治家としての本能でした。シュミッツや彼を支持するグループが狙いをつけたのは日本人問題でした。日本人は数は少ないものの低賃金を厭わず喜んで真面目に働く「労働者の敵」でした。日本人問題はサンフランシスコの政治家にとっていつでも利用できるカードになっていたのです。一八九四年の日米通商航海条約（1894 U. S.-Japanese Treaty on Commerce and Navigation）で、アメリカに合法的に移民できることになったとはいえ、日本人移民は市民権を持てません。政治的に何の抵抗もできない都合のよいスケープゴートでした。

その上、一九〇二年に日本がイギリスと結んだ日英同盟は、サンフランシスコの政治を牛耳っているアイルランド系移民にとっては気分の悪いニュースでした。同胞百五十万人を飢えで殺した憎きイギリスと日本は手を組んだのです。「アイルランド人移民は東部では相変わらず苛（いじ）められていた。彼らからしてみれば、西海岸で東洋人を攻撃することは、その同胞の恨みを帳消しにするような感覚だった。その上、日本がイギリスと結んだ同盟は、日本人移民反対を正当化する格好の材料になった[*28]」

差別される者は差別する者を探し出してでも差別する側に回る。どこにでもある、ありふれた人間の性（さが）でした。サンフランシスコにはその性が渦巻いていたのです。

フィリピン併合の失敗――アギナルド将軍の独立闘争

ルーズベルトの狙いどおりハワイ併合は完了しました。アメリカ海軍は、今でも「太平洋のジブラルタル」[*29]とハワイを表現しています。地中海への通り道ジブラルタル海峡の喉元に位置する英領ジブラルタル。ハワイは太平洋海域において、この港に匹敵する重要性を持っているのです。マッキンレー政権は、ハワイ併合に不快感を持つ日本をうまく押さえ込みました。しかし白人人口が極端に少ないという事実に変わりはありません。ルーズベルトもその後の大統領も、この島の白人人口を増やす政策を取り続けています。

ワシントンの歴代政権は、この人口構成が白人に有利な比率に安定しない限りハワイを州に昇格させませんでした。ハワイが星条旗の五十番目の星となったのは一九五九年のことです。併合から六十年以上が経っています。州に昇格しない限り、知事は大統領の指名人事、議員は選挙で選ばれるもののワシントン議会で投票権を持てません。ハワイをワシントンの政治に参加させることはあまりに危険だったのです。ハワイにおける日本人の数の多さを、いかに警戒していたかが理解できます。

アメリカ政府にとっては、それでもハワイ統治は気楽なものだったといってよいかもしれません。原住ハワイアンの抵抗は併合前のハワイ共和国時代に片がついていました。最も人口の多いアジア系もハワイは祖国ではありません。支那人の母国清国は、国を出た一般労働者への関心などもとよりありません。アメリカが最も危惧した日本も不快の念を示した程度でした。日本人移民が物理的な叛乱を起こす危険はほとんどありませんでした。しかし、フィリピンは違いました。フィリピン併合に反対した人々が警告したとおりの混沌の世界が現出してしまったのです。

アメリカ人の多くはデューイ提督のマニラ湾海戦の勝利で「フィリピンの制圧は確実なものになった[*30]」と理解していました。しかし実態は「アメリカ海軍がマニラ湾を押さえただけ[*31]」のことです。マニラ周辺ではスペイン軍とマニラ征圧を目指す民族独立派の激しい戦闘が繰り広げられていました。アメリカ軍がフィリピンを制圧したと理解するアメリカ国内のイメージとはまったく異なる情勢だったのです。

この状況を打開するためにデューイ提督が目をつけたのは、フィリピン独立闘争を続けていたエミリオ・アギナルド将軍でした。一八六九年生まれの独立派の青年リーダーでした。アギナルドはフィリピン革命軍を率いてスペインからの独立の戦いを早くから続けていました。一進一退の戦いで、スペイン側は民主的改革の実施を約束しています。しかしそれはリーダーのアギナルドがいったん国を出ることが条件でした（一八九七年十二月十四日調印）。アギナルドは香港に出国し、憲法草案（共和国臨時憲法）を準備し、独立に備えていました。この憲法はアメリカ合衆国憲法の影響を強く受けたものでした。

デューイ提督はこのアギナルドを香港から連れ戻し、アメリカ軍と連携させスペイン軍との戦いを有利に進めようとします。一八九八年五月十六日夜半、暗闇の中を香港にやってきたアメリカ密輸取締船「マッカロック」号に乗り込むアギナルドの姿がありました。「マッカロック」号はデューイ艦隊に動員されていた千四百三十二トンの小型蒸気船です。三日後、マニラ湾に到着したアギナルドにデューイ提督は耳に心地よい言葉を囁（ささや）いています[32]。

「アメリカは人道的な国（a humanitarian country）であって、フィリピン人がスペインからの独立を勝ち取るための支援に艦隊を送り込んできたのである」

アギナルドは念のために、アメリカの狙いはフィリピン独立支援だけであることを文書に残すよう要求していますが、デューイ提督は自らの権限を越えた発言を書面にするようなことはしていません。「アメリカ人の名誉にかけて、私が約束したことは単なる文書よりも重い意味を持つ」と、とぼけています[33]。

アギナルドはアメリカ海兵隊員に見送られ、上陸しました。合衆国憲法を学んだアギナルドにとって、アメリカが祖国フィリピンを植民地化することなど考えられませんでした。デューイ艦隊がマニラ湾に陣取る限り、スペインからの支援は来ないのです。アギナルドにとっては「艦隊が高くたなびかせる星条旗はフィリピン独立の救世主[34]」のシンボルでした。

マニラ旧市街の城壁に星条旗を掲げるアメリカ軍。
1898年8月13日。

アギナルドがフィリピン独立を宣言したのは一八九八年六月十二日のことでした。この四日後、アメリカ駐マニラ領事オスカー・ウィリアムスは、アギナルドが大統領となり、彼はスペイン軍との戦いも有利に進め、人心を掌握している、と本国に報告しています[*35]。

ハワイを経由してやってきたアメリカ陸軍部隊が、マニラの旧市街に追いつめられたスペイン軍を攻略したのは八月十三日のことでした。マニラ攻防戦が八月十三日になったのには理由がありました。この日、ワシントンではスペインとの休戦仮条約が結ばれていたのです（アメリカ時間八月十二日）。マニラ攻略を狙うウェズレイ・メリット将軍は、休戦になる前に、どうしてもアメリカ軍の手でマニラ攻略を成し遂げたかったのです。すでに八月七日にはスペイン軍のジョーデネス総督はメリット将軍に降伏を打診しています。ただし見せかけだけの戦闘はすること、事前にマドリードに降伏許可を求めたいことが仄めかされていました。[*36] 電信網をコントロールしているメリット将軍は、スペイン本国との交信を認めていません。ジョーデネス総督に、ワシントンで進行している休戦交渉を知られてはまずいのです。

十三日早朝、デューイ艦隊の艦砲射撃で始まった攻撃は正午にはやんでいます。この戦いはほとんどやらせに近いものでした。メリット将軍はジョーデネス総督との交渉から、攻撃が始まればスペイン軍はすぐにでも白旗を上げることはわかっていました。戦わずして降伏する不名誉を避けるための戦いであることは、はっきりしていました。暗黙の了解の中でこの戦いは始まったのです。アメリカ軍の手で、休戦協定調印前にマニラを陥落させる。メリット将軍の狙いどおりに事は進んだのです。アギナルドらフィリピン共和国リーダーにとって、この戦いがほとんどお芝居だったなど、思いもよらないことでした。[*37]

フィリピン併合の失敗——「二千万ドルで併合」の代償

八月十四日、アメリカ軍のマニラ攻略の翌日、市内のサン・オーガスティン教会で降伏のセレモニーが催されました。アギナルドら民族独立派はこの式典への参加が拒否されています。アギナルドは、マニラ市外の北にある修道院で独自にスペイン支配からの独立を祝いました。アギナルドはこの時点から、アメリカの底意を感じ取ったに違いありません。

アメリカ、スペイン両国の終戦交渉がパリで開始されたのは十月一日のことでした。妥協点を見出せない代表団に、ジョン・ヘイ国務長官から、引き続き完全なるフィリピン譲渡を要求すること、その確保のために二千万ドルの予算をつけたことが知らされました。十一月半ばのことでした。この月の八日に行われた下院選挙で共和党が過半数を制したことから、思い切った条件提示が可能になったのです。スペイン側にとっても、二千万ドルでの金銭譲渡は戦争で敗れて領土を失うのではないという面子(メンツ)の立つ、渡りに船の条件提示でした。現在価値（消費者物価指数）で五億四千万ドルに相当する巨額な買収金額でした。

十二月十日、金銭譲渡とすることで交渉は一気に合意に至っています。マッキンレー政権には、もう一つの難関が待ち受けていました。上院での三分の二の批准がなければ条約として発効しないのです。アメリカ国内にはマッキンレー政権の膨張政策に批判的な勢力が増えていました。一八九八年六月、米西戦争の開始とほぼ同時に、海外領土の獲得に反発する者たちの集会がボストンで開かれ、パリでの交渉が続いていた十一月には反帝国主義者同盟が結成されています。[*38]

フィリピン併合に強く反対していた鉄鋼王カーネギーは、自らの個人資産から二千万ドルを出してフィリピンを買い上げ、それをフィリピンの人々に譲渡するとまで主張しています。[*39]「新たな領土拡張によって大きな軍隊が必要になり、その維持のためにいっそうの税金が必要になる。（フィリピンを併合すれば）アメリカは極東や太平洋地域の紛争に巻き込まれざるを得なくなる」というカーネギーの主張は、世論に十分にアピールできるものでした。[*40]

上院での議決は一八九九年二月六日に予定されていました。投票前の政権幹部の賛否の読みでは批准賛成票が二票どうしても足りないことがわかっています。ちょうどこの頃、二月四日に、マニラのアメリカ軍管理区域の境界線で、米兵とフィリピン独立派の兵士とのいざこざが起きます。米軍支配地域に通ずるサンファン橋。この橋を命令を無視して渡ってきたフィリピン兵士に向けて、警備にあたっていた米軍兵士が発砲したのです。フィリピン兵士は「止まれ（Halt!）」の命令が理解できなかったのかもしれません。これが引き金となって激しい銃撃戦が始まり、米兵五十九人、フィリピン人三千人が死亡しました。[*41] この事件はすぐにワシントンに伝えられ、復讐心で感情的になった二人の民主党議員が批准賛成に回ります。[*42] これによってようやく条約（パリ条約）批准が成ったのです。

アメリカの歴史では、外交案件で議会の賛否が拮抗すると、必ずといっていいほどアメリカ兵が死亡する事件が起きています。米墨戦争の開戦でも、斥候に出たトーントン隊長の騎兵部隊がメキシコ軍に襲撃され、十六名が死亡する事件（トーントン事件）[*43]が起こり、それがきっかけとなり、議会はメキシコへの宣戦布告に同意しています。アメリカの歴史の中でたびたび目にする典型的なパターンです。

仮にこの事件が何らかの意図を持ってアメリカ側が仕掛けたとするならば、その代償はひどく高いものにつきました。この事件を契機に、アメリカ軍とフィリピン独立派とが完全に敵対することになるのです。これからわずか二ヵ月の間に五百人の米兵が戦死または重傷を負っています。八月にはデューイ提督が本国に六万人の増派を要請せざるを得なくなります。圧倒的な米軍の兵力を前に、アギナルド将軍はゲリラ戦で反撃しています[*44]。昼間は民間人になりすまし、夜になるとアメリカ兵を襲うゲリラ戦法は、アメリカ兵にこれまで経験したことのない恐怖を与え、フィリピン人に対する憎しみを生んでいます。

かつてキューバで革命軍の同じ戦法に苦しんだウェイレル将軍は、民間人を強制的に一定地域に囲い込んでゲリラと民間人を峻別しようと試み、その結果、多数の民間人が飢えと病で死んでいきました。当時それを激しく批難したのはアメリカのメディアでした。アメリカ軍がフィリピンでとったゲリラへの対抗策は、それ以上に過酷な水攻めの拷問でした。仰向けに押さえ込み、捕虜の口を無理やり広げさせると、そこに汚水を流し込みました。こうした拷問でゲリラに関する情報をとろうとしたのです。

一八九九年二月四日から、ルーズベルト大統領が終戦宣言する一九〇二年七月四日までに動員されたアメリカ兵は十二万六千にのぼっています。戦死四千二百三十四、負傷二千八百。さらに数千人が病に倒れました。フィリピン独立派の戦死者はおよそ二万。民間人も飢えや病で二十万人が死んだと推定されています。[*45] 米国の戦費は総額で六億ドルにのぼっています。[*46] カーネギーらが危惧したとおりの、併合がもたらした惨禍でした。

フィリピン併合の失敗——原住民を啓蒙できるのか

一九〇四年四月一日、ミズーリ州セントルイス市でセントルイス万国博が開催されています。バッファロー市での「汎アメリカン博覧会」からまだ三年しか経っていません。アメリカが、当時ルイジアナと呼ばれていたミシシッピー川流域の土地をフランスから買収したのが一八〇三年。その百周年を記念して開催されたものでした。ナポレオンが大陸での戦費を賄うために、フランス領だった二百万平方キロメートルという、とてつもなく広大な領土をアメリカに千五百万ドルで譲ったのです。本来なら一九〇三年の開催を予定していたのが、博覧会の規模の拡大で一年ずれ込んでしまいました。

日本はこの博覧会にも出展しています。シカゴ万博に続いて、ここでは金閣寺に模した日本建築をパビリオンにしています。この博覧会は日露戦争中（二月八日開戦）の開催ですから日本人には見逃されがちです。それでも東京恵比寿南にある、山手線を跨ぐ「アメリカ橋」が、この万博会場で使われた鉄橋を東京に移築したものであることを知っていると、幾ばくかの馴染みが湧くかもしれません。

セントルイス万博にはアメリカ国内の各州のほかに、二十二の国が参加しています。アジアからは日本、清国、セイロンに加えフィリピンも出展しています。フィリピンは新たにアメリカ領土になった土地ですから、外国の展示とは言えないかもしれません。それにしてもこの博覧会のフィリピン展示は一風変わったものでした。総面積千二百七十二エーカー（五百十七ヘクタール）の会場の一部四十七エーカー（十九ヘクタール）に、百余りの小屋を建て、フィリピン原住民の村落を作り上げました。そこにフィリピンから呼び寄せた千百人の原住民を住まわせて、フィリピン人保護区（Philippine Reservation）を作り上げたのです。彼らの生活を会場内に再現するという大掛かりなプロジェクトでした。

八月十三日はフィリピン・デーでした。六年前のマニラ陥落の記念日にあたります。連日十万人の入場者で賑わう博覧会場にこの日やってきたのはウィリアム・タフト陸軍長官でした。この年の二月、ルーズベルト大統領から陸軍長官に任命されたばかりの新任です。フィリピン民政長官（任期：一九〇一年七月—〇四年二月）からの昇格人事でした。本来、フィリピン併合には否定的だった法律家のタフトをマニラに民政長官として送り込んだのはマッキンレー大統領でした。

タフトがマニラに赴任した頃のフィリピンは、アーサー・マッカーサー少将が軍政長官を務めていました。ダグラス・マッカーサーの父親です。ゲリラ戦に悩まされてきたマッカーサーは、フィリピン独立派に対しては厳しい態度で臨んでいました。タフトはこうしたやり方に批判的でしたから、二人はことごとく対立しています。マッカーサー少将をフィリピンの任務から排除したタフト長官がとった政策は、徹底的な教育制度の改革とその充実による啓蒙政策でした。

タフトの家系もルーズベルト家と同じように、アメリカ建国の時代にやってきた伝統を持つ名家でした。ウィリアムはイギリスから十七世紀半ばにボストンに移住してきたロバート・タフトから数えて七代目になります。[*47] 父親のアルフォンソはグラント政権でしばらく陸軍長官を務めています。エール大学で学んだアルフォンソは、アメリカ最大のアヘン密売で巨利を得たラッセル商会のウィリアム・ラッセルとともに、エール大学のエリート学生の秘密親睦組織スカル・アンド・ボーンズ[*48]を創設しています。ブッシュ大統領親子もメンバーであるスカル・アンド・ボーンズのメンバーは現代のアメリカでも大きな影響力を持っています。ですから、ウィリアム・タフト長官

セントルイス万国博の絵葉書。フィリピン人保護区、イゴロット族の村。1904 年。イゴロット族には首狩りの文化があった。

はルーズベルトの家系にまったく遜色のないアメリカン・エリートでした。タフト自身もエール大学で法律を学んでいます。

タフトはダーウィン社会進化論の強い影響を受けて、アングロサクソン人種が優性種であることを信じています。しかし劣性種も教育による改善が可能であるという考えを持っていました。獲得形質の遺伝を主張した遺伝学者ラマルクに近い考え方でした[*49]。

タフトが赴任先のマニラで見たのは、スペイン統治に都合のよいエリートのみに教育が提供されていたという事実でした。スペイン語を自由に操れるのはカソリック教会の神父とフィリピン人の一部エリート層だけでした。一般の人人はタガログ語を主として使っていますが、その他の多種の言語が混在し、文化の共有はほとんど不可能でした。

タフトは、英語を普及させることで一般人の知識レベルは向上すると信じました。そうなれば、フィリピン人の手による工業化は可能で、貿易も発展すると見込んでいました。[*50] 結果としてフィリピンは自治が可能になるはずです。一九〇一年一月から〇二年九月までにフィリピンに渡った英語教師は千七十四人にのぼっています。[*51] 六歳から十二歳までの子供には義務教育をほどこしたい。それがタフトの希望でした。英語教育が普及すれば、アメリカ本国との交流も活発化するに違いないのです。

タフトはカソリック教会の所有する膨大な土地も問題だと考えていました。四百年にもなろうとするスペインの植民地支配と密接に関わってきたカソリック教会は、四十一万エーカー（百六十六万ヘクタール）もの土地を持つ大地主でした。タフトはこれを買い上げてフィリピン人の手に戻したいと考えたのです。売却を渋るバチカン当局に対して粘り強い交渉を重ね、大幅なプレミアムをつけた価格での購入に成功しています。一八九三年の評価がわずか百五十万ドルであったものを七百二十三万九千ドルで買い取ったのです。[*52] 買い上げた土地は低金利でフィリピン人農民に売却しています。[*53]

タフト民政長官のこうした一連の政策は、人心惹きつけ政策（Policy of Attraction）と称されています。この政策はタフトの狙いどおり、フィリピンの人々の心を惹きつけることに成功しています。マッカーサー少将ら軍部の、拷問を伴う圧政ではなしえなかった人心掌握を実現したのです。これを示すかのように、アメリカの支配に抵抗していたグループの多くがライフルなどの武器を民政当局に引き渡しています。[*54]

人心惹きつけ政策に続いて、タフト長官はワシントンに対して二つの重要な提案をしています。その第一は、フィリピン産品に対するアメリカの輸入関税を撤廃し、フィリピンの産業振興に弾みをつけることでした。ハワイがそうであったように、高い輸入関税に守られたアメリカの消費者市場に無関税でフィリピン製品を販売できることになれば、フィリピンの産業振興に弾みがつき、さらにアメリカ企業の投資が期待できるのです。

もう一つの重要な提案は、支那人排斥法をフィリピンに適用しないでほしいというものでした。フィリピン人は支那人を嫌っていました。その感情はアメリカ人が支那人移民に感じていた感情に似ていました。[*55]支那人の低賃金労働を厭わない性格は、フィリピンにおいても変わりはありません。それでもタフトは、こうした支那人労働力が鉄道や港湾や通信網の整備に欠かせないと考えたのです。[*56]しかし無関税特例も支那人排斥法除外特例も、アメリカ本国は認めませんでした。フィリピン産の砂糖や麻に関税をかけないことには、アメリカ国内の競合会社からの反対がありました。支那人移民への反感も根強いものがあったのです。

タフトは産業振興を成し遂げた暁には、フィリピンをイギリス帝国におけるカナダのような存在にしたいと考えていました[*57]。この二つの特例が認められなかったことに落胆しています。彼はその原因はアメリカ人がフィリピンを知らなさすぎることにあると考えます。

新領土となったフィリピンに対する理解が深まれば、産業振興に不可欠な特例が認められることになるかもしれないのです。セントルイス万博でのフィリピン保護区展示は、タフトのこうした思いを実現したものでした。陸軍長官に職務は移っていますが、ルーズベルト大統領からは引き続きフィリピン問題に関与することの了解を得ています。一九〇四年八月十三日のフィリピン・デーで、タフトは次のようにスピーチしています。

「今日、四十エーカー余りの広いスペースを割いて、保護領フィリピンの展示がなったことは喜びに堪えません。この展示を通じてフィリピンの（将来のリーダーとなる）人々が、アメリカをよりよく知ってくれるよう強く期待しています[*58]」

このスピーチは表向き、フィリピンから連れてきた四十人のリーダー層に向けられていています。しかし、むしろアメリカ人一般に、フィリピンをもっと理解するようにとのタフトの思いを述べたものと考えた方がよさそうです。国民にフィリピンを理解してもらいたい、そしてフィリピン領有が正しい選択だったと結論づけてほしいというアメリカ政府の思いは、一般人向けの博覧会のガイドブックにも如実に示されていました。

「フィリピンの森林資源を示す展示は素晴らしいものだ。この国の五千万エーカー（およそ二千万ヘクタール）にも及ぶ森林は木材の宝庫である。千五百余の豊富な樹種。材木に利用できる樹種のほかにも多くの利用可能な植物がある。食用油や工業用松脂油（ロージン油）の採れる椰子（やし）などの木々、染料の採れる草、天然ゴムやガッタパーチャ（歯科治療用充塡剤の原材料となる天然ゴム）に利用するゴムの木。何でもあるといっていい。鉱物資源（金、銅、石炭など）の展示もある。農産物製品も展示されている。中でもマニラ麻は我が国にも大量に輸入されているロープの原料である。ほかにも砂糖、煙草、コーヒーなどが展示されている*59」

しかしタフトの思惑ははずれます。フィリピン保護区の展示はまったく逆の効果を生んでしまうのです。アメリカ人入場者は、フィリピン保護区で生活するフィリピン原住民を目の当たりにして、そのあまりの非文明ぶりに驚愕し*60、恐怖の念すら抱くのです。彼らは将来アメリカ国民になる可能性があるのです。本当にフィリピンの領有は正しかったのだろうかと疑う者の数は、増えることはあっても減るようなことはなかったのです。

フィリピン領有とカリフォルニア経済界

ルーズベルトやマハンにとって、フィリピン領有はハワイ併合を正当化する格好の材料でした。ハワイは太平洋の「アメリカの湖」の要(かなめ)でした。フィリピンの地政学的な重要性は従属的なものでした。ところが、フィリピンの領有を彼らよりも積極的に捉える二つのグループがありました。一つはカリフォルニアの経済界。もう一つのグループは、清国に長く住み、漢語を理解し、支那文明にシンパシーを持つ、チャイナハンズと呼ばれるアメリカ外交官のグループでした。

カリフォルニア経済界はきわめて単純に、ハワイ、そしてそれに続くフィリピンの領有で東アジア貿易が活発化することを望んだのです。サンフランシスコの経済人の動きは素早いものがありました。デューイ提督の勝利の報が伝わるや、一八九八年七月三十日、サンフランシスコ商工会議所は、太平洋地域にあるすべてのスペイン領を獲得すべきであると声明を発表しています。*61 サンフランシスコに続いて、次第に発展の兆しを見せていた南カリフォルニアのサンディエゴや、ロサンジェルスの商工会議所も同様の声明を出しています。カリフォルニア州貿易振興会の会頭N・P・チップマンは、カリフォルニアが望んでいたことがついに現実のものになろうとしていることに期待を寄せています。

「カリフォルニアの狙いは、太平洋経済圏をコントロールすることだった。それがデューイ提督の勝利でまさに実現しようとしている」[*62]

カリフォルニア州議会は、その夢の実現の立役者となったデューイ提督に感謝の意を表するために五千ドルの予算を計上し、もし彼が将来カリフォルニアを訪問することがあれば、報奨金としてプレゼントすることまで決めているのです。[*63]今サンフランシスコのユニオンスクエアには、巨大なデューイ戦勝記念碑が聳えています。サンフランシスコの喜びの大きさを窺わせます。

カリフォルニア州内の労働組合は、ハワイに続くフィリピンの獲得には否定的でした。新領土からの非白人労働者の流入を恐れたのです。マニラ湾での勝利が伝わって間もない一八九八年六月一日付の『船員組合ジャーナル（*Coastal Seamen's Journal*）』で早くもフィリピン併合に反対しています。[*64]併合がアメリカ憲法の精神に背くことを反対の理由にしていますが、本音は非白人への差別意識と、低賃金労働者流入への恐怖でした。

しかしこうした労働組合の併合反対の動きは、アジア貿易への大きな期待の渦の中にたちまち消えていきました。メディアが併合に前向きな態度を見せたのです。ここでも併合に積極的な論陣を張ったのは、ハーストの『サンフランシスコ・イグザミナー』紙でした。「行動するメディア」として米西戦争を煽ってきただけに、フィリピン領有に積極的でした。「フィリピン領有の必要性（Why We should Keep The

Philippines)」（一八九八年八月九日付）、「太平洋貿易による経済成長（Trade of The Pacific Promises Vast Growth)」（一八九八年十二月五日付）。『イグザミナー』紙が併合を主張した論説記事の一部です。併合に前向きなカリフォルニアの声は州選出の上院議員への強力な圧力になりました。

「一八九九年一月、ワシントンの上院では、パリ条約批准の是非が議論されていた。カリフォルニア州議会は同州出身の二人の議員に批准に賛成するよう促す決議を採択していた。これを受けてスティーブン・ホワイト議員とジョージ・パーキンス議員は賛成票を投じた。賛否は拮抗したが一票の差で批准に必要な三分の二の賛成に達した。パーキンス議員は領有に反対していたが州の圧力で賛成に回った[*65]」

フィリピン領有とチャイナハンズ

フィリピン領有問題では、清国にシンパシーを抱くチャイナハンズも積極的に関与しています。アメリカの対清外交はその貿易政策を含めて、イギリス外交の後ろについていく「ヒッチハイキング帝国主義[*66]」と揶揄されるものでした。イギリスのように香港を拠点とする強力な海軍力の後ろ盾のないアメリカ外交官（チャイナハンズ）や貿易商人にとって、それは致し方のない甘受すべき現実でした。しかしフィリピンの領有でマニラ湾にアメリカ海軍の強力なプレゼンスが出現すれば、アメリカは積極的な対清外交が展開できるのです。フィリピン領有に積極的なそうした人物の一人がチャールズ・デンビーでした。

デンビーは一八八五年に第一期クリーブランド政権で駐北京公使に任命されて以来、米国の対清外交を担ってきた米国アジア外交のベテランです。日清戦争終結の和平交渉に両国をテーブルにつかせるための仲介もしています[*67]。デンビーが十三年以上にわたる北京勤務を終えてワシントンに戻ったのは、フィリピン領有問題が火花を散らせていた一八九八年九月のことでした。デンビーを高く買っていたマッキンレー大統領に帰任の挨拶をしたデンビーは、記者のインタビューに答えてアメリカはフィリピンを領有すべきだと主張しています。

「ホワイトハウスでの挨拶を終えたデンビー公使は、記者のフィリピン問題についての質問に対して、アメリカは永久的にフィリピン諸島を領有すべきであると答えている。この島嶼(とうしょ)をスペインに返還するようなことになれば、その領有をめぐってヨーロッパ列強の争いとなり、場合によっては戦争の可能性もある。それと同時に、東アジアにおける市場をそれなりに確保しようとするのであれば、フィリピンの領有はアメリカにとって有利になることは間違いのないことである」("Philippine Should be Held"『ニューヨーク・タイムズ』一八九八年九月十三日付)。

支那市場を念頭に置き、貿易の視点からフィリピン領有を正当とするカリフォルニア州経済界やチャイナハンズの主張は、マッキンレー政権にとって追い風でした。アメリカ経済は南北戦争終結以来、インフラストラクチャーの整備、石油精製や鉄鋼業などの新規産業の興隆、移民による人口増加などで国内市場が大きく成長していました。そして国内市場では消化できないほどの生産力をつけたアメリカ経済にとって、海外市場の獲得は重要性を増していました。

フィリピン領有問題を契機にした論争で、俄然チャイナ・マーケットへの関心が高まってきたのです。[*68] フィリピン領有は、地政学的な安全保障の観点と貿易利益という経済的観点の二つの側面から議論され、次第に領有賛成派が多数派を形成することになったのです。面倒なフィリピンの啓蒙とインフラ整備に、領有に消極的だったタフト長官をあてたのは、マッキンレー大統領の深謀だったかもしれません。彼は、ミイラ取りがミイラになるという表現そのもの、フィリピンの啓蒙事業に邁進したのです。

さらにこの時期、宿敵であるイギリスとアメリカの関係に微妙な変化が生まれています。イギリスは建国以来、アメリカの最大のライバルでした。南北戦争でも潜在敵国イギリスに対する外交で苦労しています。一八八七年にも、英領ギアナとベネズエラの国境紛争で、ベネズエラ側に立つアメリカとイギリスはいがみ合っています。ところが支那市場での情勢の変化で二つの国が奇妙な接近を見せるのです。

イギリスにとって、アヘンの輸出から始まった対清貿易は巨額の貿易利益を上げる金のなる木でした。清国の関税徴税機関である海関の初代長官ホレーシオ・レイはスキャンダルで解任されました。しかしその後任も英国人のロバート・ハートが務めています。しかし、イギリスの独擅場だった支那市場も十九世紀末のこの時期には、他のヨーロッパ諸国の進出で既得権益が毀損される可能性が高くなりました。満州のロシア、山東省のドイツ、海南島や広西・雲南両省のフランス、福建省の日本。イギリスは、各国が影響力を及ぼす地域（spheres of influence）をそれぞれに排他的経済圏にしてしまい、イギリスを締め出すことを警戒していたのです。イギリスにとっては、そのような政策をとらせないことが喫緊の課題でした。

支那市場をめぐる米英接近

米英接近の端緒を開いたのは米国駐英大使ジョン・ヘイでした（任期：一八九七年三月十九日—九八年九月十二日）。ヘイはリンカーン大統領の私設秘書でした。リンカーン政権が南北戦争にイギリスを介入させないために、どれほどのエネルギーを対英外交に注いだかを目の当たりにしています。対スペイン戦争の勃発が避けられない時期に大使となったヘイには、イギリスの介入を未然に防ぐ外交が求められました。ヘイはイギリスのソールズベリー首相から、「スペインに同情は感じるが、米西両国間の問題には関与しない」という言質をとっています。*69

へイ大使はロンドンでの外交交渉を通じて、支那市場を他の列強に脅かされ始めたというイギリスの強い懸念を理解します。確かにマッキンレー政権は支那市場への関心はそれほど高くなかったものの、マニラ湾海戦の勝利を受け、議会に支那市場調査委員会設立を求めています。一八九八年六月には調査予算に二万ドルを計上していま す。[*70] 九八年七月、へイはこの動きを受けて、支那市場はそこに交易を求めるすべての国に等しく開放され続けるべきだ、との主張を米英共同声明として発表しようと提案するのです。[*71]

この提案の重要性を理解した大統領は、八月に国務長官に呼び戻したへイに声明の内容を詰めるように指示しています。八月二十四日、へイは有力なチャイナハンズの一人であるウィリアム・ロックヒルに声明文草案の作成を命じています。大統領の承認を受けたへイが、支那市場に権益を持つ列強にその文書を提示したのは九月六日のことでした。支那市場の門戸を閉ざさず、市場へのアクセスを均等にすることを列強に要求する、オープン・ドア・ノート（門戸開放通牒）と呼ばれる文書でした。

当初、米英の共同提案を考えていたへイ長官でしたが、国内に根強く残る反英感情に考慮してアメリカ単独の提案にしました。アメリカが文書を送りつけたのはイギリス、フランス、ドイツ、ロシア、イタリア、日本の六ヵ国でした。イギリスへの送付は**やらせ**のようなアリバイづくりです。イギリスはこの提案を密かに歓迎しながら各国の反応を見守ったのです。

この通牒の骨子は三点ありました。第一に列強の勢力範囲や条約上、開かれている港湾では均等な交易機会が与えられること、第二に清国政府のみが関税徴収の権限を持つこと、第三にそれぞれの勢力範囲で、列強は港湾や鉄道使用に関わる使用税を他国に対して差別的に課さないこと、でした。この通牒に明確に「ノー」の態度を示したのはロシアでした。その他の国の反応は曖昧なものでした。しかし、一九〇〇年三月にヘイ長官は、この通牒は列国に受け入れられたとの判断を公の場で語っています。[*72]

ロシアがはっきりと不快感を示したのは、この通牒が、ロシアの支那市場への影響力の高まりを嫌うイギリスと共謀した、アメリカの嫌がらせであることに勘づいていたからでした。ロシアは、イギリスが清国海関のイギリス人長官ロバート・ハートとのコネクションを通じて、ある開港地で税を免れる工作を仕掛けている情報を摑んでいたようです。ハートは、イギリスと同様にロシアも関税を免れるやり口を考えているのではないかと勘ぐっています。本国イギリスへの便宜は何とかなっても、これにロシアが追随したら、さすがの海関の長官もその職責遂行がおぼつかなくなります。海関ナンバー2の英人ヒップスレイをアメリカに送り、アメリカにオープンドア政策を表明させ、ロシアの工作を牽制しようとしたのです。[*73] こうしたイギリスのこずるいやり方をロシアはわかっていたのです。

「（この通牒の内容を）支那の地理を念頭に置きながら見れば、満州と北部支那の市場を意識しながら作成されたことは、はっきりしている。ロシアの満州及び北部支那の市場を狙う動きに対しての牽制が、この通牒の目的であった」[*74]（外交史家、タイラー・デネット）

この門戸開放通牒の本質は、アメリカが支那を自由貿易市場のままに温存することを要求するものでした。アメリカはリンカーン政権が主導したアメリカン・システムの適用によってイギリスから自立し、工業化を成し遂げました。ヘンリー・カレイの主張した高関税政策で国内産業を徹底的に保護してきたのです。イギリスに対抗できる十分な工業化を成し遂げたアメリカにとって、機会が均等でありさえすれば、イギリス製品に対しても十分に渡り合える自信をつけていたのです。ここまで成長したアメリカにとって、支那市場の一部であれ、権益を握った列強の保護主義的な政策で囲い込まれては面白くないのです。米英の関係は支那市場をめぐる共通の思惑を通じて、敵対から協調へと確実に変貌を見せ始めたのです。

ヘイ長官は一八三八年生まれです。ブラウン大学で法律を学んでいます。故郷スプリングフィールドで、叔父ミルトン・ヘイの法律事務所の見習い弁護士稼業に就いたのは一八五九年五月のことでした。ミルトンのパートナーだったスティーブン・ローガンがリンカーンの法律事務所で働いていたことから、リンカーンの大統領選挙応援に深く関わるようになりました。[*75] 選挙に勝利したリンカーンとともに大統領の私設秘書としてホワイトハウスに入ったときにはまだ二十代の若者でした。

南北戦争はサムター要塞の攻防で始まりました。ポトマック川の向こうはヴァージニア州です。ホワイトハウスから双眼鏡を使えば、南部連合の旗がたなびくのが見えました。大統領の警護を担当していた親友エルマー・エルスワースがその旗を降ろそうと、対岸の町アレキサンドリアに出撃したのは一八六一年五月二十四日でした。南部連合旗の揚がるマーシャルハウスの攻防でエルマーは戦死しました。[*76]

その事件から四十年近い歳月が流れています。ヘイの仕えたリンカーン大統領が戦った真の敵はイギリスの自由貿易主義でした。エルマーの死に涙したヘイ。その彼が十九世紀最後の年に、イギリスと歩調を合わせて支那市場では自由貿易主義を主張する。大艦隊をニューヨークとサンフランシスコに派遣して英仏の介入を牽制し、アラスカを金銭譲渡してくれた友好国ロシア。その恩義ある国に対して嫌味なメッセージを届ける。時代は大きく変わったのです。

パナマ運河建設プロジェクト

アメリカは米西戦争で「太平洋のジブラルタル」であるハワイを確保しました。支那市場への橋頭堡であるフィリピンはタフトが啓蒙政策を推進し、民心の掌握を図っています。議会でも共和党が多数派を占め、ルーズベルトの外交政策をはっきりと支持する政治家が増えています。インディアナ州の若手上院議員アルバート・ベヴェリッジ議員（共和党）もそうした政治家の一人でした。演説の名手として知られていた彼は、一九〇〇年一月、マッキンレー政権の外交政策を熱烈に支持する有名なスピーチ「In Support of an American Empire」を残しています。[*77]

「我々はそろそろ本音を語るときである。はっきり言おう。フィリピンは永遠に我々の領土である。フィリピンの向こうには無限の（illimitable）可能性を持つ支那市場が待っている。（中略）我々は東洋に広がるこの絶好の機会を逃してはならない。我が人種は世界の啓蒙を神から託されているのだ。その使命を決して忘れてはならない」

「支那は我々にとってアプリオリにとるべき市場である。支那市場はイギリスよりもドイツよりもロシアよりも我がアメリカに近い位置にあるのだ。こうした列強は清国内に影響力を行使できる地域を持つことで、支那市場に接近を図っている。アメリカもフィリピンの獲得で極東市場のどこにでも対応できる橋頭堡を持ったのである」

ハワイからグアムを経てフィリピンまで繋がる領土拡大。これを支持する勢力が議会で多数派を占め、世論もそれを後押ししています。しかしマッキンレー政権にとって、このとてつもなく広がった領土を防衛しきれないことは明らかなことでした。大西洋とカリブ海、そして新たに北太平洋のほぼ全域までをカバーできる海軍をアメリ力は持ってはいないのです。領土拡大に伴って当然、海軍力を増強しなければなりません。しかしそれ以上の障害になっているのはパナマ地峡の存在でした。

アメリカ海軍は、サンチアゴ・デ・クーバ沖の海戦に際して、カリフォルニアに置かれていた戦艦「オレゴン」を動員しています。「オレゴン」はサンフランシスコからキューバに到着するのに六十八日も要しています。この「事実」は、南米南端を迂回する限り、有事において、太平洋艦隊とカリブ海・大西洋艦隊が有機的に展開することは決してできないことを改めて認識させるものでした。これを契機として、二つの大洋を連結する運河を早期に建設しなければならないという議論が高まりました。[*78]ハワイやフィリピンの併合がその議論に拍車をかけました。

パナマ運河建設プロジェクトは、日本開国計画を立案したアーロン・パーマーが一八二六年に「アメリカン・アトランティック&カナル・カンパニー」を設立して以来の懸案でした。[*79]運河の必要性については議論の余地がなかったにもかかわらず、その進捗がなかったのは、イギリスと結んでいた条約が足枷となっていたのです。一八五〇年四月十九日に調印されたクレイトン・ブルワー条約です。[*80]中南米に多くの利権を持つイギリスとの間で、互いに運河建設のイニシアティブを取らせないために結んだ条約です。どちらの国も将来建設される運河を排他的に利用できず、建設は米英共同のプロジェクトとすることを定めていました。これが積極的な運河建設の芽を摘んでいたのです。

しかし拡大する領土と海軍力増強の必要性から、パナマ地峡を通す運河建設はもはや猶予できない課題となってきました。対英関係も半世紀の時を経て大きく好転しています。アメリカ主導で運河建設ができる環境が揃ったのです。

この交渉を担当したのもヘイ国務長官でした。一九〇一年十一月、ポウンセフォート英国駐米大使との間で、クレイトン・ブルワー条約を破棄し、アメリカ単独での運河建設を認める新条約（ヘイ・ポウンセフォート条約）をまとめ上げます。当時のイギリスは、南アフリカでのボーア戦争（一八九九年―一九〇二年）の真っ只中でした。東アジアでもロシアの南下に対抗しなければなりません。アメリカとの友好関係を維持することが重要な外交課題となっていました。南米やカリブ海でのアメリカの覇権を決定的にするアメリカ単独の運河建設に抵抗する意思は、もはやイギリスにはありませんでした。

運河建設にあたっては、ルートの選択で議論が繰り返されていました。アメリカは従前からパナマ地峡の北にあるニカラグア湖を通過するルートを有力視していました。このルートを使うと運河の長さは百七十マイル（二百七十キロメートル）となります。これはパナマ地峡ルートの三倍にもなるのですが、自然の川や湖を利用でき、ほとんど海抜ゼロメートル付近での易しい工事となります。[*81] 距離の短いパナマ地峡ルートは、フランスがプロジェクトを進めたことがありました。一八六九年にスエズ運河を開通させたレセップスのグループが一八八〇年代に進めたものですが、難工事の連続で一八八九年に頓挫していました。ほとんど高低差のない平地を開削したスエズ運河とは比べようのないほどコストの嵩む工事の連続で、資金が続かなかったのです。

ヘイ・ポウンセフォート条約が結ばれ、ニカラグア湖ルートでの建設が決まろうとしている中で、中断されたパナマ地峡ルートの権益を引き継いだニュー・パナマ運河会社から、その利権や土地を売却したいとの打診がありました。この案件を検討するために議会に設置されたウォーカー委員会は、その価値を四千万ドルと答申しています。議会は上下院ともにこの金額でフランス・プロジェクトを継続する法案（Spooner Act）を承認しています。この法案にルーズベルト大統領が署名したのは一九〇二年六月二十八日のことでした。

イギリスとの条約改正と運河の建設ルートの二つの問題をクリアしたものの、ルーズベルト政権にはもう一つ厄介な問題がありました。パナマは当時コロンビアの領土だったのです。コロンビア上院は、ヘイ国務長官とワシントンのコロンビア公使との間でまとまった条件を否決してしまいます。業を煮やしたルーズベルト政権が企図したのは、パナマをコロンビアから独立させることでした。そして、その仕掛けをニュー・パナマ運河会社のエージェントであったフランス人フィリップ・ブノー・ヴァリラに委ねています。

「彼（ヴァリラ）はルーズベルトと（この件で）打ち合わせをしている。ルーズベルトはパナマ独立の動きをアメリカがしっかりとサポートすることを約束した。もちろんそれは文書ではなく、目配せと頷き（wink-and-nod）だけの暗黙の了解であった。そのサポートとは、（独立の宣言があれば）米人の生命および米国の財産保護を名目にして、すぐに巡洋艦をパナマに派遣すること、そしてコロンビアからの軍隊派遣を妨害することであった[*82]」

打ち合わせのとおり、ヴァリラがパナマに独立運動を惹起させ独立を宣言したのは一九〇三年十一月三日のことでした。この二日後には早くもアメリカがパナマを独立国として承認するという手際のよさでした。

翌年初め、一九〇四年二月二十六日にはパナマの臨時代表であるヴァリラとヘイ長官がパナマ運河建設を認める条約を交わしています。運河建設の承認に対して一千万ドル、土地リース代金として年間二十五万ドル。これをアメリカが支払うことを約束したものでした。パナマ人で構成される正式な代表となるはずだった外交団がワシントンを訪れた十一月にはすべてが終わった後でした[*83]。

運河の建設には長い歳月が必要でした。その完成はパナマ共和国との条約締結から十年を経た一九一四年まで待たねばなりませんでした。

「日英同盟」の恐怖を煽るメディア

太平洋を真の意味で「アメリカの湖」にするパナマ運河建設の条件を整えたルーズベルト政権ですが、その構想の中には重大な不安定要素が残っていました。それは日本の軍事力、特に海軍力でした。幸いにもハワイ併合では、日本のイギリス製最新鋭戦艦がハワイに派遣されることなく終わりました。危惧していた日本政府の抗議も予想より小さなものでした。しかし、併合に伴って発生した日本人移民のカリフォルニアへの移住に対して、サンフランシスコを中心に激しい抗議活動が起きました。

この問題についても日本政府は抑制的な態度を示し、ビザ発給制限で移民問題が過激化することを抑え込んでくれました。しかし、日本人を劣った黄色人種として一括りにして差別するカリフォルニアの日本人排斥行為は、日本人のプライドをひどく傷つけ、ひいては戦争にまで発展しかねない危険な動きであることを、ワシントンの政治家はよくわかっていました。こうした政治家以上に日本の怖さを敏感に感じていたのは、現実に日本人を差別しているカリフォルニアの人々でした。

一九〇〇年、日本の移民の自主規制は、実施から一年目に早くもその効果を発揮しています。一九〇〇年には一万二千六百人を超えていたものが五千二百六十九人へと半減しています。しかしその効果は続きませんでした。一九〇二年には一万四千二百七十人と、自主規制以前のレベルに戻っています。その後も一九〇三年から〇九年までに総計十万人を超える日本人がアメリカ本土に移住しています。[*84]移民問題で緊張関係が続くカリフォルニアに暮らす白人指導者にとって日英同盟の成立は不気味でした。日英同盟（第一次日英協約）の第二、第三条は両国の義務を次のように規定しています。[*85]

第二条　若し日本国または大不列顛国（イギリスのこと）の一方が上記各自の利益を防護する上に於いて列国と戦端を開くに至りたる時は、他の一方の締約国は厳正中立を守り併せて其の同盟国に対して他国が交戦に加わるを妨ぐることに努むべし。

第三条　上記の場合において若し他の一国又は数国が該同盟国に対して交戦に加わるときは、締約国は来たりて援助を与え協同戦闘に当るべし。講和も又該同盟国と相互合意の上に於いて之を為すべし。

英米の歴史は戦いの繰り返しでした。ヘイ国務長官の外交で両国間の緊張は緩和されています。敵対から協調の時代に変わりつつあることは事実です。しかし、この関係が永続的なものとはとても言えません。サンフランシスコのアイルランド人は、仇敵イギリスと日本が手を結んだことに強い不快感を示しました。それは感情から来るものでした。しかしアメリカのメディアは協約の条文を冷静に読み込んだ上で、日英同盟の危険性を世論に喚起するのです。

「イギリスは日本が他国と交戦状態に陥った場合、それがどのような戦争であれ（any war）日本を助ける義務がある。その戦争の原因がアメリカの日本人移民問題だとしても、イギリスは日本の側に立たなくてはならない[*86]」

イギリスは当然のことながら、アメリカと交戦状態に陥るような想定はしていません。一九〇五年の協定改定の時点でもそれは述べられています。

「英国は第一次日英同盟の時から、実質的には米国を対象から外していた。本協約においても、ランスダウン外相は日米戦が生起した時には、英国が義務を負わない旨を林公使に明言していたように、英国の意図は対米不戦にあった[*87]」

おそらくより重要なのはイギリスは、ルーズベルト政権との十分な調整のもとで日英同盟の内容を詰めていた事実です。

「日英同盟の内容は事前にルーズベルトに提示され彼の承諾を得ていた。それに加えて、日本の軍事力がロシアの支那大陸への進出を抑制する効果的な役割を果たすことは明らかだったから、日本が必要とする軍事費のファイナンスには英米で協力してあたることも確認されていた。ルーズベルトが（日英同盟の締結に当たり）極めて重要な役割を演じていたことを忘れてはならない[88]」

現実の外交の本質とメディアが伝える解釈との間に大きなギャップが存在していたのです。日本も対米戦争などはまったく想定していません。カリフォルニアの日本人差別を気にかけながらも、米国との親睦関係の構築に積極的な態度を見せていました。それはセントルイス博覧会への日本の前向きな参加の態度によく表われています。日本への万博参加の打診は、一九〇一年に高平小五郎駐米公使を通じて行われています。翌年十月の閣議で公式参加を決定し、一九〇三年七月には臨時博覧会事務局を設置しています[89]。

伏見宮貞愛親王の訪米

一九〇四年十月二十三日、日露の激戦が続く中、伏見宮貞愛親王（ふしみのみやさだなる）がセントルイス博覧会出席のために横浜からサンフランシスコに向けて旅立っています。伏見宮は陸軍第一師団長として日露戦（南山の役）に出征し、帰国したばかりでした。戦いの帰趨も読めない時期に、陸軍大将である親王をアメリカに送り出すことを決定したのは明治天皇でした。明治天皇はカリフォルニアの日本人排斥の動きを憂慮していました。「米国内のアイルランド人種は従来英国の政治に服さないから「ロシア寄り」であると疑っていました[90]。こうした時期だからこそ、皇室外交は重要であると考えたのです。

一九〇四年十一月九日、パシフィック・メール蒸気船会社の最新鋭客船「マンチュリア」号（一万三千六百三十九トン）はサンフランシスコに入っています。湾内には伏見宮貞愛親王を迎える二十一発の礼砲が響きました。[*91] 翌日には鉄道に乗り換え、ワシントンに向かっています。親王は十四日にワシントン入りし、十五日にはルーズベルト大統領と接見して明治天皇の思いを伝えています。

「ペリー提督来朝以来常に帝国と大共和国とを連結し、且つ帝国の進歩繁栄に鮮なからず貢献したる友誼良好の関係、歳月の経過と共に益々親密強固に赴かんことを陛下に於いて切望せらるる旨、貴大統領に伝ふべきことを予に命ぜられたり[*92]」

親王が間もなく閉会を迎えるセントルイスに到着したのは、十一月十九日午後一時半のことでした。駅頭にはセントルイス市長をはじめ博覧会総裁以下の重鎮が出迎えに出ていました。そこには十台の馬車が準備されていました。博覧会総裁と市長が先導する一号車の後方に、親王を乗せた二号車が続きました。その脇は警備の騎馬兵がしっかりと固めています。万国博の最後を飾る極東からの賓客を迎えた十台の馬車によるパレードでした。その模様は翌日の新聞に大きく報道されました。

親王のセントルイス滞在は六日間に及んでいます。親王は博覧会場や市内で催された午餐会や晩餐会で精力的に親善に努めたのです。滞在三日目には金閣寺を模した日本館を訪れています。その夜にはフランシス総裁が会場内の迎賓館（ウエストパビリオン）で盛大なレセプションを準備していました。総裁は日露の激戦が続く中でプリンスを派遣してくれた日本に対して感謝の意を伝えています。

「（総裁は）『日本の一小国が四千万の人口を有し、十倍の人口、五十六倍の面積を有する一国と戦を交わるに至るや、人皆日本の成功を疑へり。而して今や此一小国は着々其功を奉〔ママ〕しつつある』と述べ、日本帝国軍隊の勇敢さを称賛し、既に戦場において殊功を樹てられた陸軍大将伏見宮貞愛親王を諸君に紹介するのは光栄であると結んだ[*93]」

十一月二十四日、無事日程を終えた親王一行は次の訪問地フィラデルフィアに旅立っていきました。その後ボストン、ニューヨーク、シカゴを回って帰国の途についています。十二月三日にはハーバード大学（エリオット総長）、十二月五日にはエール大学（ハッドレー総長）を巡覧しています。両校とも総長じきじきの案内でした[*94]。

アメリカ各地で繰り広げられた歓迎行事、東部エスタブリッシュメントの象徴である二つの大学訪問に加えて、各地では商工会議所からの招待もありました。そのスケジュールの中で、日本人に対する人種的偏見があることを意識させられる場面はなかったでしょう。日本人を、セントルイス博覧会場でのフィリピン原住民と同じようなもの、劣性種黄色人種の一種族に過ぎないと忌み嫌う反日運動のかけらさえ見ることはなかったに違いありません。ましてや、日英同盟によってアメリカが日本だけでなくイギリスとも戦うはめになりそうだ、と危惧するカリフォルニアのメディアの存在を感ずることは難しかったでしょう。

ルーズベルトの「皇室外交」――運河開通までの安全保障

伏見宮貞愛親王のセントルイス訪問が、博覧会も閉幕に近い十一月末になったのには理由がありました。一九〇四年は大統領選挙の年でした。選挙は十一月八日でしたから、選挙戦の喧騒が収まるのを待ってのアメリカ訪問になったのです。この選挙はルーズベルトの圧勝でした。四年前の大統領選のマッキンレー大統領の勝利を上回り、民主党候補アルトン・パーカーに一般投票で二百五十万票を超える大差をつけ、選挙人の数でも三百三十六対百四十と圧倒しています。ただ南部諸州はすべて民主党支持という結果は不気味でした。共和党と民主党の支持勢力が完全に南北に分かれてしまっています。

南部の支持はありませんでしたが、この選挙結果はルーズベルトに十分な自信を与えるものでした。ルーズベルトのアジア外交上の不安定要素は相変わらずフィリピンでした。ハワイ併合と支那市場攻略のためと正当化できたフィリピン併合でしたが、この国の啓蒙には相当な時間がかかることはタフトからの報告でわかっています。共和党の大勢は、フィリピンを自治ができるまでに啓蒙するためには、最低でも二世代から三世代という長い歳月が必要だと考えていました。[*95]

ルーズベルトは選挙戦に勝利したその二週間後に、家族とともにセントルイス博覧会を訪れています。フィリピン人保護区も見学しています。

「ルーズベルトはフィリピン保護区をゆっくりと歩いてみて回っている。そこにいたのはアメリカの啓蒙を待っているフィリピンのモンキーマン（monkey-men）だった。保護区にはアメリカの学校に倣ったモデル学級が作られていた。『私の国、それはあなたの国』と歌いながらフィリピン原住民の子供が彼を迎えた。ルーズベルトは満面の笑みでそれに応えた。『これほど短期間で、こんなに教育が進むなんて素晴らしいじゃないか』」[*96]

それでもルーズベルトは、モンキーマンの住むフィリピン統治の難しさをタフトよりも敏感に感じとったに違いありません。後日、フィリピンはアメリカ外交のアキレス腱になるとはっきりとタフトに伝えています。なるべく早期に独立させ、アメリカの手から離した方がよいという考えを持ち始めています。その考え方をはっきりと表明するのはまだ先の、一九〇七年八月のことでした[*97]が、フィリピンの啓蒙にのめり込むタフト以上に、この新領土の脆弱さを感覚的に察知したに違いないのです。

フィリピン啓蒙の難しさのほかに、ルーズベルトは有事の際には現状の軍事力ではとてもフィリピンを防衛できないことを明確に認識していました。パナマ運河建設に向けての環境は作りあげました。しかし運河完成はまだまだ先のことです。フィリピンを軍事的に脅かす能力を持つ国はイギリスと日本でした。幸いイギリスとは敵対から協調の関係にシフトしています。ルーズベルトの信じる社会進化論はイギリスでも信奉者が増えています。同属の最優性人種が協力することを後押しする流れができあがっていました。

しかし日本人は同じ人種ではありません。アメリカが市民権を持たせることを拒否し続けているノンホワイトです。ハワイ問題を首尾よく切り抜けたものの、カリフォルニアの日本人排斥運動は一向に終息しません。ルーズベルトはそれをひどく気にしていました。

「カリフォルニアの馬鹿野郎連中（The infernal fools in California）、特にサンフランシスコの連中は無茶苦茶な日本人蔑視を行っている（insult the Japanese recklessly）。もし日本と戦争することにでもなったら、そのつけを払わされるのは国全体だということをわかっていない[*98]」

おそらくカリフォルニアでの日本人排斥を唱える者は、フィリピン併合で日本とアメリカが指呼の間で対峙する現実など考えたこともないのです。日本領台湾と米領フィリピンを隔つバシー海峡はわずか百五十キロメートルの幅しかありません。フィリピン最北の島マヴディス（ヤミ）島から、台湾南端の蘭嶼（ランユー）島までの距離はわずか百キロメートル。島民が自由に行き来するほどの距離でした。イギリスは日英同盟の成立を受けて東アジアの海軍力を欧州にシフトさせつつあります。日米の海軍が直接に向かい合う危険な環境が生まれつつありました。

実際、一九〇二年七月末には、日米の物理的な接近でもたらされる衝突の前兆のような事件が南鳥島（みなみとりしま）（マーカス島）で起きています。アメリカ人企業家ローズヒルが窒素肥料原料となるグアノの採掘を狙って南鳥島に上陸し、アメリカの領有権を主張しようとしたのです。この動きを察知した日本は巡洋艦「笠置」を派遣します。外務省通信課長石井菊次郎に領有権を主張する文書を持たせ、現地に向かわせたのです。『サンフランシスコ・コール』紙は「日本軍艦、ローズヒルに対し非抵抗を促す文書を持って現地に向かう」という見出しを付けて報じています（一九〇二年七月二十九日付）。国務省側はこの事件に冷静に対応しましたから日米の衝突には至りませんでした。

日本との間の安全保障を是が非でも安定的なものにしておきたいとルーズベルト大統領が考えるのは当然のことでした。彼が目をつけたのは、日本がプリンス伏見をセントルイスに送り込んできた皇室外交でした。この訪問に応えるアメリカの「皇室外交」で日米間の緊張を緩和させようと目論んだのです。

もちろん日本とは違い、アメリカに皇室はありません。ルーズベルトが目をつけたのは自らの娘アリスでした。一八八四年二月十二日に妻アリスの身代わりのようにこの世に生を享けた愛娘アリス。彼女を「プリンセス・アリス」として日本に向かわせることを考えたのです。

ルーズベルトの「皇室外交」――プリンセス・アリスの日本訪問

一九〇五年七月八日、アリスを含めた総勢七十五人の使節を乗せた「マンチュリア」号はサンフランシスコを出港していきました。使節のリーダーはタフト陸軍長官でした。メンバーは多くの上下院議員とその妻、そして新聞記者らでした。ルーズベルトはこの使節に三つの使命を課しています。日本の政治家たちとの直接の会見により、ロシアとの交渉に向けた日本側の考え方を確認すること（fact finding）、日米友好親善（good will）及び、アメリカの軍事力を日本側にちらつかせながら武力衝突の芽を摘むこと（sable rattling）の三点でした。[*99] この頃は日露戦争終結に向けて日露をテーブルにつかせるための外交交渉が活発化している時期でした。タフト長官を日本のトップと直接に会談させるのは重要なことでした。本来なら外交を担うはずのヘイ国務長官には持病の心臓疾患があり、尿毒症を併発して体調がすぐれず、使節らの出港直前、七月一日に死去していました。

タフト長官にはもう一つ重要な目的がありました。日本の後に予定されているフィリピン訪問で同行の議員たちにフィリピンの現実を理解させ、フィリピンの啓蒙や産業振興に有利となる政策を進めやすくしようとしていたのです。多くの思惑を抱いた米国使節がホノルルを経由して横浜に現われたのは七月二十四日のことでした。

横浜の港は一行を歓迎する人々に溢れていました。アメリカン・プリンセスの到着に熱狂する市民の万歳の声がやむことはありませんでした。出迎えに出ていたロイド・グリスコム米駐日公使は、横浜から東京への移動はあたかも凱旋パレードのようであったと伝えています。[*100] 一行の道程には星条旗の小旗を持った人が連なり、アリスの姿を目にした女性たちは何度も何度もお辞儀を繰り返していました。それを見たアリスはその興奮を隠せず、「ロイド！　これってすごくない？　最高じゃない」と言って公使の腕を掴みました。[*101] アリスはこのとき二十一歳。無邪気にその喜びを表わしたのです。

グリスコム公使は、今回の使節が重大な外交案件を抱えながらも、表向きは単純な伏見宮親王訪米への答礼の使節である立場を示すことが重要であることをよくわきまえていました。親王訪米で両国の親善関係はこれまでになく親密になったと『ジャパン・タイムズ』が報じていましたし、何よりも明治天皇自身が両国友好の気運が高まっていることをはっきりと感じていると、公使に直接伝えていたからです。[*102] 日本政府は明らかにアリスを「アメリカ皇室のプリンセス（Princess Royal of America）」として接遇しようとしていました。日本政府は、かつてグラント大統領が宿泊した延遼館に代わって、新築された迎賓館のある芝離宮をアリスの宿所として計画していました。しかしその厚意をグリスコム公使は断っています。あまりに日米の接近を見せることは、外交上まずいと考えたのかもしれません。アリスを公使館に宿泊させています。[*103]

日本政府の歓迎ぶりは、明治天皇接見を、早くも一行来日から二日後の七月二十六日に組んでいたことでも明らかでした。午餐の会が終了すると、明治天皇はアリスをその右に座らせて会話を楽しんでいます。アリスはその内容のほとんどが父ルーズベルトのことであったと伝えています。天皇はアリスを、外国人を入れたことのないプライベートな庭にまで案内しました。[*104] アリスを歓迎するパーティーはその後も目白押しでした。伏見宮夫妻による午餐会、松方正義、井上馨両伯爵によるレセプション、実業界主催の晩餐会などが続きました。

「プリンセス・アリス」の「皇室外交」が繰り広げられる中で、日米関係の将来を左右する重大な交渉がタフト陸軍長官と桂太郎首相との間で行われています。天皇接見のあった翌日、七月二十七日に、タフトは桂首相に、アメリカは日本が朝鮮において指導的立場をとることを容認する旨を伝えたのです。もちろんその見返りは、タフトが最も気にしていたフィリピンの安全保障でした。日本がフィリピンに野心のないことを確約させることが目的でした。タフト長官がこの交渉のイニシアティブをとっていましたが、ルーズベルトはタフトの交渉を全面的にバックアップしています。「桂首相に、君が話したことを私が全面的に了承していることを伝えてほしい」と電信でタフトに指示しています[*105]。

ルーズベルトには朝鮮に対して道義的な罪悪感はありませんでした。日本が朝鮮を管理する方が、アジアの安定とフィリピンの安全保障に繋がることを信じていたのです。

「彼（ルーズベルト）は常々、文明国と非文明国をはっきりと区別していた。彼の考えが正しいとか誤っているとかの議論は別にして、朝鮮は自国を治める能力のない国であると彼は確信していたのだ[*106]」

タフトがフィリピンと朝鮮をバーターした協定（桂・タフト協定）は、アメリカでは公式には発表されませんでした。これが外交史家タイラー・デネットによって明らかにされるのは二十年後のことです。ルーズベルトは、朝鮮はロシアや支那の植民地になるより、日本の植民地になった方がよほどいいと考えていました。日露戦争後、朝鮮が日本によって工業化し発展することになれば、労働力は確実に不足します。アメリカに向かう日本人移民の波は朝鮮半島にその行き先を変えていくでしょう。そうなればカリフォルニアを目指す日本人移民の数は減少するはずなのです。カリフォルニア問題の解決にも繫がるのです。[*107]

アリスは東京での日程を終えると京都を訪問し、マニラに旅立っています。アリスがさらに北京、ソウル（漢城）と回り、再び日本に戻ったのは十月一日のことでした。十三日間にわたって改めて観光を楽しんでいます。しかし二度目の旅では、二ヵ月前にはあれだけ溢れていた万歳の声はどこからも聞こえてきませんでした。むしろ日本中にアンチ・アメリカ、アンチ・ルーズベルトの感情が満ちていたのです。

「万歳の声はどこにもなかった。歓迎ムードはひとかけらもなくなり、（私たちへの）態度はひどく冷たいものに変わっていた。警護についていた私服警官は、どこの国から来たと問われたら、イギリスからだと答えるようにアドバイスするほどだった」[*108]

このムードの激変は、九月五日に結ばれたポーツマス条約が原因でした。ルーズベルト大統領が仲介に入って、アメリカのポーツマス（ニューハンプシャー州）で結ばれた条約です。日露戦争を終結させる条約です。あてにしていた賠償金もなく、日本の国民にとっては屈辱的なものでした。そんな条約を結ばされたのは、ルーズベルト大統領が日本に冷たかったからだと疑ったのです。

ポーツマス講和仲介——日本の戦争債を引き受けたユダヤ人

ルーズベルトはロシア外交に悩まされてきました。悩みの種の一つはロシアのユダヤ人虐待問題でした。これによって大量のユダヤ人移民がアメリカに流れ込んでいたのです。ロシアの激しいユダヤ人弾圧の始まりは、アレクサンドル二世の暗殺に多くのユダヤ人が関与していたことからでした。皇帝は一八八一年三月十三日にテロリスト・グループ「人民の意志（Narodnaya Volya）」に爆弾を投げ込まれて死亡しています。この頃、日本訪問を終えて横浜を旅立つハワイのカラカウア国王を礼砲で送り出さなかったのは、アレクサンドル二世の死に弔意を示したものでした。「人民の意志」にはユダヤ人が関与していました。実行犯のアジトとなるアパートを借りた女性ゲシア・ゲルフマンはユダヤ人でした。この暗殺事件を契機にしてユダヤ人虐殺（pogrom）が始まるのです。四月二十七日、ウクライナの町エリザベートグラードで始まったユダヤ人やユダヤビジネスへの攻撃はたちまち各地に広がりを見せました。大きな虐殺事件だけでもワルシャワ（十二月二十五日）、バルタ（ウクライナ、一八八二年五月十日）と続いています。

この反ユダヤ人運動のうねりの中で、ユダヤ人のエクソダスが始まっています。多くのユダヤ人がアメリカに新天地を求めました。一八八一年から八九年まで、アメリカに渡ったユダヤ人二十万余のうち、ロシアから脱出したものは六万八千に及んでいます。ロシアからのユダヤ人移民の急増を問題視し始めたのはハリソン政権でした。次のクリーブランド政権になると、一八九三年、グレシャム国務長官がはっきりとロ

ユダヤ人のアメリカ移住の推移（*109）

期間	全ユダヤ人	うちロシア系ユダヤ人
1881—1889（年）	204,000（人）	68,000（人）
1890—1898	367,000	76,000
1899—1902	214,000	64,000
1903—1907	615,000	78,000
計	1,400,000	286,000

シアに対してユダヤ人虐待の政策を改めるよう要請していま す。[*110] おそらくこれが南北戦争以来、友好関係を保っていた両国の関係がギクシャクする始まりだったのかもしれません。

二十世紀に入っても、ロシアのユダヤ人排斥の政策に変わりありませんでした。金融業で成功する者が多かったユダヤ人グループが、ルーズベルト大統領にこの問題への対処を求めたのは自然の流れでした。

ルーズベルトは政府の意志を明確にすることには難色を示しました。しかし、ユダヤ人グループの請願を外交ルートでロシアに伝えることだけは了承していま す。[*111] 黒人を隔離し、支那人を排斥し、日本人をも排除の対象にし始めたアメリカが、ロシアの政策に口を挟んでも有効ではないことを知っていたのです。

しかし一九〇三年四月にウクライナの町キシノウで起こった虐殺事件で、もはや消極的な態度を取れなくなっています。ユダヤ人四十七人が殺され負傷者も九十人を超え、ユダヤ人オフィスや民家が襲われ、掠奪暴行の限りが尽くされた事件でした。この事件にアメリカが政府として強く抗議すべきと主張したのが、ニューヨーク金融界の大物ジェイコブ・シフでした。シフはロシア系ではなくドイツ系のユダヤ人でしたが、ロシアのユダヤ人同胞への激しい虐待に我慢がならなかったのです。シフは基本的には民主党を支持していましたが、ルーズベルトに理解を示す重要な人物でした。[*112] シフの要請を受けたルーズベルトは、ヘイ国務長官に善処を指示していきます。しかし駐ロシア大使ロバート・マコーミックは、ロシア外務省の言い分をそのまま本国に伝えるだけでした。[*113]

苛立つシフは、自らが率いるニューヨークの金融投資会社クーン・ローブ商会の影響力を駆使して、アメリカやヨーロッパの金融界がロシアへの融資を控えるよう働きかけています。彼はアメリカの軍事介入を要求し、ニューヨークで五万人規模の反ロシア・デモを仕掛けています。[*114] 日本政府が発行することになった第一回戦争債券一千万英ポンドは、日本の大蔵大臣高橋是清がロンドンでロスチャイルド・グループと条件を詰めた案件です。一九〇四年五月、その半分を引き受けたのはシフのクーン・ローブ商会でした。[*115] ルーズベルトはユダヤ人問題の交渉を通じて、ロシアとの外交交渉の難しさを十分経験したのです。

そんなルーズベルトが日露両国の和平交渉の舞台づくりに本格的に動き出すのは、対馬沖でロシア・バルチック艦隊が壊滅した一九〇五年五月二十八日以降のことでした。対ロシア外交では皇帝の意志が絶対です。駐ワシントンのロシア外交官をルーズベルトは信用していませんでした。ロシアの意向は皇帝から直接とる。彼はその使命を新任の駐露大使ジョージ・マイヤーに委ねています。マイヤー大使はルーズベルトと同年齢で、同じくハーバード大学を卒業しています。マイヤー家もタフト家と同様、ボストンの名門（ブラーミン）出身でした。[*116]

ポーツマス講和仲介――ロシア皇帝説得

一九〇五年六月六日、マイヤー大使はツァールスコエ・セローに向かっています。ツァールスコエ・セローはサンクトペテルブルクの南およそ三十キロメートルにある町です。ここにはニコライ二世のお気に入りのアレクサンドロフスキー宮殿がありました。

「私がツァールスコエ・セローの宮殿に到着したのは午後二時前だった。表門は使わなかった。何の改まった挨拶もなく裏口を抜け応接間に通された。その部屋は皇帝執務室に隣接していた。二時きっかりに執務室のドアが開き皇帝が姿を現わした。彼は私に歩み寄って心から（cordially）歓迎してくれた。私は大統領になり代わって、皇帝が接見の機会を作ってくれたことに謝意を伝えた。この日は皇后の誕生日で、特別な日であったのだ。皇帝は私にデスクの横に置かれた椅子に腰を下ろすように勧めてくれた[117]」

マイヤー大使の宮殿訪問の目的は、皇帝に日本との和平交渉を勧めることでした。大使は皇帝の理性に訴えるだけでなく、彼の見栄や恐怖やらの感情にも訴える工夫をしながら、今こそロシアが和平交渉に臨むべきベストのタイミングであることを説いたのです。マイヤー大使はその考えの根拠を、ロシアの現状分析を交えながら率直に述べています。皇帝の気分を害することを極度に恐れるロシアの外務官僚のような遠慮はありませんでした。ロシア国内のテロ横行による社会不安。世界の金融市場におけるロシアの信用力低下。ロシアはフランスのファイナンスだけに依存していたのです。

極東での戦況に触れながらの説得も試みています。対馬沖でバルチック艦隊を失ったとはいえ、陸の戦いでは日本軍はまだロシア領土に侵入していません。しかし、このまま静観すればロシア固有の土地にも日本軍が侵入する不名誉な事態が発生するだろうこと。だからこそロシアの威厳を保ちながら日本と交渉するには今が最善のときだ、と訴えたのです。静かにマイヤー大使の議論を聞いていたニコライ二世が和平交渉のテーブルにつく決意を固めたのは、大使が説得を始めてから一時間後のことでした[118]。ただし、日本も交渉のテーブルにつくことがはっきりするまでは、皇帝のこの決断は極秘であること。これだけが皇帝がつけた条件でした。

皇帝の気が変わらないうちに急いで大使館邸に戻り、ワシントンへこの朗報を伝えるべく部屋を辞そうとするマイヤー大使に、皇帝はねぎらいと感謝の意を伝えています。

「皇帝は私の手をしっかりと握った。そして何か感傷的な物言いで私に語りかけた。『我が国とアメリカの間にかつて存在した深い絆を、もう一度取り戻せることを願っている。両国の間には多くの意見の相違があることは承知している。しかしそれはプレス（新聞）が作り上げたものだ。私は貴政府に何のわだかまりももっていない』。このときの皇帝は『力』を感じさせる存在ではもはやなかった。しかし、それでもしっかりと感情を押し殺した態度を見せた。私はそれに感銘を受けた[*119]」

ワシントンに皇帝の意思を伝える公電が入ったのは六月七日でした。日本が交渉のテーブルにつくことは、五月三十一日にすでに小村寿太郎外務大臣から知らされていました[*120]。日本がアメリカの仲裁を期待しているという情報は、早くも三月に東京のグリスコム公使から暗号電でルーズベルトに報告されていました。対馬沖海戦（日本海海戦）の二ヵ月以上も前のことでした。グリスコム公使は、日本外務省のアメリカ人顧問ヘンリー・デニソンを通じて得た情報をワシントンに打電していたのです[*121]。デニソンは、日本に好意的だったデロング公使に、日本外務省にアドバイザーとして推薦されて以来、二十年以上にわたって日本外交に関与していました。グリスコム公使にとっては有益な情報源でした。

こうして秘密裏に両国の合意を取った上で、和平交渉を正式にルーズベルトが提案したのはその翌日のことでした。国益を忘れて世界平和のために交渉の席につくべきだとするルーズベルトの提案に、（双方が面子（メンツ）を保ちながら）乗る形で両国は交渉開始に同意しています。

それでも、いがみ合う者同士の話し合いは簡単には始まりません。まず会議開催地の選択で揉めることになります。パリを主張するロシア、清国の開港都市、芝罘（チーフー）（山東省煙台）を主張する日本。アメリカが提案したオランダのハーグは、日本が遠すぎるとして拒否しています。ハーグを拒否した日本が逆提案してきたのが、極東とヨーロッパの中間点としてのワシントンでした。わざわざ日本が嫌うであろうヨーロッパのハーグを提案し、逆にワシントンを日本から指定させたのはルーズベルトの高等戦術でした。ロシアはすでにワシントンでの交渉を提案していたのです[*122]。あくまでも当事国の意志で物事を決める形にさせることが重要でした。

ルーズベルトはどちらの国に対しても、送り込む代表には全権（plenipotentiaries）を持たせるよう提案しています。交渉団にすべてを決断できる権限がなければ、間違いなくこの交渉は暗礁に乗り上げることがわかっていたのです。これについても日露両国は全権を派遣することに同意しています。

アメリカにやってきた両国全権の顔合わせのランチ・ミーティングが行われたのは一九〇五年八月五日のことでした。会議の開催地はワシントンに決まっていましたが、蒸し暑い首都を避け、ニューハンプシャー州の海岸の避暑地ポーツマスに変更されていました。ルーズベルトは両国代表をポーツマスに送り出す前に顔合わせの機会を作ったのです。ランチは大統領のヨット「メイフラワー」号の船上で用意されました。

日本は小村寿太郎外相、高平小五郎駐米公使を、ロシアはセルゲイ・ウィッテ元蔵相、ロマン・ローゼン駐米大使を全権に指名してきています。両国の代表がこの日初めて顔を合わせることになったのです。二時間半のランチでウィッテは早くも、はっきりと日本代表に牽制の言葉を浴びせています。

「ロシアは征服されたわけでも何でもない。従って、そうした我々の立場にそぐわない条件は一切拒否する。最初に言っておきたいが、我々が賠償金を支払うなどということは絶対にない。（日本がそれを理解しないのであれば）我々は最後まで戦いを続ける。どちらがそれに持ちこたえられるか。ただそれだけだ[*123]」

ポーツマス講和仲介――日本への圧力

金子堅太郎がオイスターベイの大統領私邸に深刻な面持ちでやってきたのは八月十八日、金曜日のことでした。金子は日本の立場を米国世論に訴える広報マンの役割を期待されて政府から特使として派遣されていたのです。八月九日から始まった日露交渉に直接関わってはいませんが、小村とルーズベルトを繋ぐメッセンジャーのような役割をも果たしていました。金子は交渉がデッドロック状態に陥り、決裂の可能性もあることを大統領に伝えました。[*124] 日露の交渉はあくまでも二国間の直接交渉です。アメリカは仲介に入っていますが、大統領が会議に参加して能動的に調停を図る性質の会議ではないのです。ルーズベルトは金子の報告にそれほど驚かなかったに違いありません。「メイフラワー」号の席上でのウィッテ全権の物言いからそれは十分に予想されたことでした。[*125]

この日の晩、サンクトペテルブルクのマイヤー大使から、金子の危惧を裏づける情報がルーズベルトのもとに入っています。ウィッテ全権の強硬姿勢はニコライ二世の意思そのものであることを示す報告でした。皇帝は、日本が割譲を要求している樺太がロシアにとっていかにかけがえのない土地であるかを熱っぽく語り、また賠償金などというものはびた一文払う気がないとの主張を繰り返していたというのです。この情報で、ウィッテ全権には妥協の余地のないことが確認できました。皇帝が国内の主戦派の影響を受けていることは明らかでした。[*126]

ルーズベルトは両国の主張に大きな溝があることはわかっていました。機会あるごとにその隔たりを埋める努力をしてきたつもりです。日本側には要求の程度を下げるべきであると伝え、ロシアには譲歩が必要なことを繰り返し説得してきました。それはあくまでも穏健なアドバイスでした。ルーズベルトはより積極的な、いやもっと強引な干渉なくしては交渉の決裂は不可避であると決断します。ルーズベルトはポーツマスで角突き合わせる代表団に圧力をかけても意味のないことを知っていました。彼の持つ外交ルートを通じて本国に直接圧力をかけることにします。

八月二十三日、マイヤー大使はニコライ二世と再び会談しています。前回の会談とは違い、日露交渉の具体的な条件が話題です。緊迫した空気の中で、マイヤー大使は皇帝から少しでも譲歩を引き出そうと努めています。「ロシアは一八七〇年にプロシアに敗北したフランスとはまったく違う」と、相変わらずこの戦争は決着がついていないと言い張るニコライを相手に、二時間にわたって説得を試みています。皇帝の表情が変わったのはマイヤー大使が「たとえば、日本に捕虜になっているロシア兵の面倒を見てもらう費用として、少しでも（日本に）お金を出すことはできないか」と提案したときでした。大使は機を失しないように、この提案に続いて、すでに日本軍によって占領されている樺太の割譲の可能性に踏み込んだのです。ニコライは大使のロジックに屈するかのように、樺太の一部割譲の可能性を言葉にします。[*127]

ルーズベルトは時を同じくして日本政府への圧力も強めています。ルーズベルトの日本政府首脳への忠言（苦言）は、日本の同盟国イギリスのマクドナルド駐日大使を通じてなされています。論点は三つでした。第一に日本の要求する賠償金額は過大であること、第二に日本が賠償金に固執して和平が実現できなければ、列強の日本への同情が消えてゆくこと、第三に（米西戦争では、勝者のアメリカがスペインに対して、フィリピン割譲に多額の支払いをしたように）敗者が勝者に金銭を支払うことは必ずしも歴史の法則ではないこと。マクドナルド大使が桂首相にルーズベルトの考えを伝えたのは八月二十七日（日本時間）のことでした。[*128]

八月二十九日、火曜日朝、日本側代表は先に会議場に到着し、ロシア代表団を待っていました。ロシア代表団は交渉の決裂を覚悟していました。三日前の土曜日に樺太南部の譲渡についてウィッテ全権は譲歩していました。しかし賠償金支払いについては頑なに拒否したままでした。ウィッテとローゼンが席につこうとすると、小村が二人に、高平全権と四人だけで協議したい旨を告げます。

「この四人の会談でどんな話が交わされたのか記録されていない。ロシア代表団は隣の部屋の会談の成り行きを固唾を呑んで見守っていた。この間、交渉団の一人コロストヴェッツは、すべての団員がひどくナーバスになっていたと書き残している。特に感情を表に出すノボコフは最悪の結末を予想して、おそろしく沈み込んでいた。四人の会談は四十五分間続いた。部屋からウィッテ代表が出てきて発した言葉に全員が狂喜した。『諸君。和平がなった。日本はすべての条件を呑んだ』。コロストヴェッツは椅子から跳ね上がるようにしてウィッテ全権に駆け寄ると、彼を強く抱きしめた。部屋中の誰もが祝福の言葉をかけ合った」[*129]

この前日、東京での御前会議で、戦争継続は不可能として賠償金請求を諦めることが決まっていたのです。戦争を続行する日本の資金が底をついていることは、アメリカもヨーロッパ列強もみな知っていることでした。日本は賠償金は諦めました。しかしアメリカからすれば十分過ぎる条件を確保したと言えるものでした。

日本は北緯五十度以南の南樺太を新領土とし、戦争捕虜管理費として二千万ドルを得ています[*130]。清国の了解を条件とするものの、ロシアは、旅順港と長春以南の鉄道のリース権を譲渡し、朝鮮での日本の指導的立場を容認するという二つの条件は、十分に価値があるものでした。桂・タフト協定とこの条約（ポーツマス条約）で、日本が朝鮮を保護国化することに口を出す国はもはやないのです。日本の安全保障上きわめて価値ある条件でした。

日露両国は鉄道防衛の部隊を一部残して満州から撤兵することに合意しています。さらにロシアは、満州に特別な権益を持たないことを明言しました。ルーズベルト政権にとってこれは重要でした。ヘイ国務長官の発した北部支那と満州のオープン・ドア政策の実効性が担保されることになるのです。アメリカの経済界を十分に納得させられるルーズベルト外交の成果となったのです。両国が正式に条約調印したのは九月五日のことでした。

鉄道王ハリマンの夢

一九〇五年十月二十三日、アリスはパシフィック・メール蒸気船会社の「シベリア」号でサンフランシスコに戻りました。「シベリア」号は横浜出港から十日と十時間二十八分で太平洋を横断したのです。これはそれまでの同型の僚船「コリア」号が持っていた太平洋横断の最速記録を三十七分短縮するものでした。[*131]「シベリア」号にはパシフィック・メール蒸気船会社の経営権を握るエドワード・ハリマンも乗船していました。アリスの極東の旅のリーダーだったタフト長官は、九月五日に上海から一足早く帰国していました。しかし、「シベリア」号にはアリスの友人であるハリマンの娘メリーが家族とともに旅をしていましたから[*132]、アリスにとっては退屈とはほど遠い船旅でした。

ハリマンはユニオン・パシフィック鉄道とサザン・パシフィック鉄道の経営権を持つ鉄道王でした。日本が握ることになる南満州鉄道への経営参画を目指し、アリスの旅と時期を同じくして日本や朝鮮をめぐっていたのです。ハリマンには大きな夢がありました。北半球の交通インフラを自らの手でコントロールするというものです。アメリカの大陸横断鉄道と太平洋航路を握る船会社はすでに傘下に収めました。ハリマンはニューヨークからロシアへ直行する航路を開設し、それをシベリア鉄道と有機的に結び、最終的に自らの所有する鉄道や海運網に接続させるとの構想を持っていました。[*133] 彼はロシアとの交渉はそれほど難しいとは考えていなかったはずです。

そもそもロシアの鉄道建設にはアメリカが早くから関わっていたのです。サンクトペテルブルクとモスクワ間を結ぶロシア初の鉄道の技術指導は、アメリカ人技術者ジョージ・ウィスラーとボルチモアの投資家が関与しています。[*134] 日露開戦と同時期に開通したシベリア鉄道は、ほぼすべてがアメリカの技術で作られたものでした。レール用鉄鋼はカーネギー・スチールとメリーランド・スチールが、機関車はボールドウィン機関車製造が、客車はプレスド・スチール車両製造が、エアブレーキはウエスティング・ハウスが、橋梁はスパロウ・ポイント（メリーランド州）の各メーカーが供給していたのです。労働力以外はすべてアメリカの製品と言っても過言ではありません。

イギリスはロシアと各地で利害を衝突させていましたから、シベリア鉄道建設にイギリスが参画することはありませんでした。そもそもアレクサンドル三世がシベリア鉄道建設の決断を下したのは、一八八五年に英領カナダの大陸横断鉄道が太平洋岸バンクーバーまで開通したことが契機でした。この路線の開通で、イギリスは極東までの距離を五週間半に縮めました。従来の東回りに比べて、十五日もの短縮を実現したのです。これによってイギリスは、有事になればロシアよりも早く極東への軍事展開が可能になったのです。強い危機感を抱いた皇帝は一八八五年六月にトランスカスピアン鉄道の延長を命じています。[*135]

ロシアはそのファイナンスにフランスを利用したものの、現実にはアメリカのプロジェクトの体をなしていました。工作機械もメンテナンス部品もすべてアメリカ製でした。[*136]ですから、将来にわたってアメリカはシベリア鉄道に関わり続けるパートナーだったのです。シベリア鉄道推進の実質的責任者はウィッテでした。彼は蔵相就任前に交通大臣を務めています。一八九一年に、アレクサンドル三世の後継者だった皇太子時代のニコライ二世をシベリア鉄道建設委員会の長に推したのもウィッテでした。[*137]シベリア鉄道は実質的にロシアとアメリカの共同プロジェクトだったのです。一八九一年の太平洋側ウラジオストクでの起工式にニコライが出席したのは、自らが責任者だったからでした。その日程に合わせた日本訪問で暗殺未遂事件（大津事件）に遭遇し、殺されかけています。その日本との戦いに敗れることになったニコライは、支那貿易（太平洋貿易）のターミナルとなるはずだった旅順港をも失いました。シベリア鉄道に深く関わったニコライとウィッテにとって、ポーツマス条約は痛恨の極みだったのです。

いずれにしても、シベリア鉄道はアメリカをパートナーとしたロシアの国家プロジェクトでした。ハリマンはこのシベリア鉄道が突貫工事の代物で、将来、複線化されなければならないこともわかっていました。これからもアメリカとの関係は続くのです。ニコライ二世が、ハリマンに代表されるアメリカの資本が南満州鉄道に入ることに難色を示すことは考えにくいのです。将来必ず必要となってくるシベリア鉄道と南満州鉄道の有機的結合に、アメリカ資本が入っているほうが何かと都合がよさそうでした。[*138] そうなれば二つの鉄道を、彼の理想とする統一的マネージメントの下で運用することは、それほど難しいことではなかったはずなのです。いがみ合う日露両国の間に中立の立場をとるアメリカからの資本参加が、対立の緩衝材になることは十分に予想されました。

ハリマンの南満州鉄道の経営参画の願いに対して日本政府が好意的に受け止めてくれるかどうかについてはハリマンも自信はありませんでした。しかし経営に参画できなければ二つの鉄道のリンクは切れたままになってしまいます。それでは世界交通ネットワークは実現できません。なんとしても日本政府との交渉を成功させなければなりませんでした。もちろん交渉は簡単にはいかないだろうと覚悟していました。[*139]

しかしハリマンの心配は完全に杞憂に終わります。八月三十一日の夕刻に横浜に入った「シベリア」号に、日本銀行と三井の代表が待ちかねたように乗船し、ハリマンを迎えています。案内された横浜グランドホテルには横浜正金銀行の頭取と副頭取、日本興業銀行の頭取、さらに井上馨伯爵の顔もありました。翌日からも連日レセプションが用意され、伏見宮、桂首相、岩崎久弥男爵、渋沢栄一男爵などの歓迎が続いています。九月四日、グリスコム公使はアメリカ公使館に、日本政府要人や実業界のリーダーを招待して晩餐会を催しています。ハリマンはそこで自らの夢を語っています。「貴国が今次の戦争において大躍進を遂げたことは素晴らしいことです。さらに未来の繁栄に向けて目を開いてください。（中略）ニューヨークから太平洋岸の港まで、さらにそこから日本までの総距離はおよそ一万マイルに及びます。この間の鉄道と海運は実質的に一つのマネージメントの下に運用されています。無駄のない経営で、旅行者には快適な旅を、そして荷主には統一された管理によるサービスを実現しています。（中略）私は日本とアメリカの実業界が、それぞれ追求する利益は同じであることを理解し、よりいっそう緊密な関係が構築できれば嬉しく思います[*140]」

ハリマンが旅順、北京、天津、ソウル（漢城）、釜山、長崎などを回り、東京に戻ったのは十月八日でした。東京を留守にしている間、グリスコム公使の努力でハリマンの構想は日本側に十分すぎるほど伝わっていました。南満州鉄道は明らかに路線の改修が必要で、戦費で資金の枯渇している折、アメリカ資本の導入には大きな魅力がありました。「この機会を逃してしまうようなことになれば、それは日本にとっては実に愚かなことだ」と井上伯爵自身が語るまでになっていたのです[*141]。

十月十二日、ハリマンは南満州鉄道を日本との共同経営で実施する旨の覚書（桂・

ハリマン協定）を交わしています。この覚書はまさに満州市場のドアがオープンであることを示すものでもありました。グリスコム公使は、ハリマンとのプロジェクトが成功すれば、日米の関係はより密接になり、新しく生まれるビジネス上の利益はロシアからの賠償金の何倍かの価値がある[*142]、という考えを伝えていました。日本政府も実業界も、冷静にこのロジックを理解して同意したのです。

　ハリマンがサンフランシスコに到着すると、サンフランシスコの日本領事館が桂首相からの至急のメッセージを伝えてきました。それは十二日に結んだ覚書を正式にすることは当面延期するというものでした。もう少し調べたいことがあるというのです。ハリマンは日本での歓迎ぶりから、このメッセージをそれほど気にかけていなかったようです。ハリマンはサンフランシスコに向かう「シベリア」号の船上で、旅に同行していたニューヨークの不動産王で銀行家でもある友人ロバート・ゴエレットとちょっとした賭けをし、旅路を急いでいました。横浜―ニューヨーク間の最短記録を作れるかどうかが賭けの対象でした。そのためハリマンは、サンフランシスコで次のように語ると、一泊もせずに対岸のオークランドに待たせてあった特別列車にアリスらとともに乗り込みました。大統領令嬢を乗せた新記録への挑戦は、最高の宣伝効果が期待できるのです。

「日本は今、自らの運命を切り開こうとしている。日本の指導者はみな知性的で国益をしっかりと考えている。清国は今眼を開きつつある。過去六、七年にわたって建設された鉄道がこの国を目覚めさせたのだ。朝鮮はいまだに問題がある。朝鮮の将来は日本からの援助（by the aid of Japan）にかかっている。私の個人的な考えだが、日本は東洋で支配的な力になっていくことはもはや疑う余地がない[*143]」

カリフォルニアの馬鹿野郎――日露戦争、日本勝利の衝撃

ルーズベルトに代表される東部エスタブリッシュメントは、優秀な種が世界を啓蒙する義務があると考えています。その主張は、優秀な種が北方ゲルマン人種であることを歴史的に証明することで補強されてきました。ですから彼らのロジックを使えば、他の種の中に北方ゲルマン種に匹敵する種の存在を見出すことは可能でした。日本人がアジアで進んだ文化を築き上げていることは、ペリー提督を日本に派遣する以前の研究でアメリカ人エリートには知られていました。彼らの分析が正しかったことは、ベイヤード・テイラーの講演でアメリカ全国の知識人の間に知られていきました。

日本の開国後の発展は、彼らのそうした観察が正しかったことを示すものでした。ですから東部のエリートたちが日本人を「東洋のアメリカ人[*144]（Yankee of the East）」と呼んでも、そこには矛盾はありません。日本人は北方ゲルマン人種に準じた人種であり、アジアを啓蒙できる優性種ではないかと考える者が増えたとしても、それは自

然なことでした。しかしカリフォルニアの白人種、特にアイルランド系の人種観はもっと単純なものでした。既得権益をいかに守り抜くか。彼らにとってはそれだけが重要でした。権益を脅かすものがたまたま日本人であったにすぎません。ですから日本人を観察して理解しようとする態度は微塵もありませんでした。

アメリカ太平洋岸の白人は日露戦争の日本の勝ち戦の報道を苦々しく見つめていました。対馬沖海戦の日本海軍の圧倒的な勝利は、日本人移民を排斥しようとする勢力には衝撃的でした。シアトルとバンクーバーの中間に位置する小さな港町ベリンハムの地元紙『ベリンハム・ヘラルド』は、日本への警戒感を露わにした記事を、早くも六月八日付の紙面に掲載しています。

「アメリカがしっかりした態度で日本に臨まなければ、日本はアメリカにとって、わがままな要求ばかりする妾（mistress of the Pacific）のような存在になっていくだろう。確かに現在日本はアメリカの友人ではある。しかしその関係はうつろいやすいものだ。（中略）日本は今我々の立場を脅かす大国になろうとしている。我が国の立場は明らかに弱体化した。今我々に必要なのは、太平洋岸に新たな海軍基地を建設することである。戦争の準備を始めておかなければならないときなのだ[*145]」

ワシントン州の田舎町ベリンハムにまで広がっていた日本への恐怖と反日意識。それが最も過激なサンフランシスコで爆発したのは一九〇六年十月十一日のことでした。

この日、サンフランシスコ市長ユージーン・シュミッツとその有力な支援者エイブ・ルーフが収賄容疑で起訴されています。ルーフは組合労働党の実質的な創設者で、シュミッツを市長に推したのも彼でした。シュミッツを市長に送り込んで以来、ルーフをリーダーにした組合活動家はサンフランシスコ市政のほぼすべてを牛耳る勢いを見せていました。お気に入りの人物を次々に市政の幹部に登用しました。警察、教育委員会はもとより、裁判官の中にも彼らの仲間を作っていたのです。

一九〇六年四月十八日早朝、サンフランシスコは大地震に見舞われています（マグニチュード七・八）。この地震で市内は壊滅的な被害を受けました。高級住宅地ノブヒルのケーブルカーも例外ではありませんでした。しかしこのケーブルカーを運行するユニオン鉄道にとっては、路線拡大と車両の近代化を一気に進める絶好の機会でした。数々の市の規制を有利に、そして素早く進めようとルーフの買収にかかります。ルーフに贈られた、ワイシャツが入っているはずの二つの箱には、現在価値で二百万ドルに相当する現金が入っていました。[*146] 地方検事ウィリアム・ラングトンは砂糖王クラウス・スプレッケルスの息子ルドルフの支援を受けて、この事件を密かに追っていました。[*147]

十月十一日の起訴の日、二人の強い影響下にあるサンフランシスコ市教育委員会が、すべての東洋人子弟をチャイナタウンにある学校に隔離すると発表します。奇妙な連動を見せた発表でした。この隔離案は前年の五月六日に教育委員会ですでに決定されていましたが、市の条令にはなっていなかったのです。それを起訴の日に合わせたかのように、市の方針として実行することを宣言したのです。これは明らかに収賄事件から世論の目を逸らそうとするものでした。十一月には州議会選挙がありました。この隔離政策の実行は、政治的な意図を背景にしてなされたものでした[*148]。

当時のサンフランシスコの学童数はおよそ二万五千。日本人生徒はわずか九十三人です。白人の親たちからは日本人児童に対する不満は一切ありません。教育者の間から、この決定に異論を挟む者が続出しています[*149]。このニュースはたちまちにして日本に伝わりました。この決定はもちろん日米通商航海条約に反しています。それ以上に日本人のプライドを大きく損なうものでした。ヘイの後任となったエリフ・ルート国務長官は火消しにやっきになっています。

「サンフランシスコの方針はアメリカ政府の考えではない。アメリカの日本人学童に対する扱いは他のヨーロッパ諸国の子供たちとまったく同じである[*150]」

しかし自国の学童が隔離されるというニュースは日本中を駆けめぐりました。ポーツマス条約で賠償金が取れなかったのはアメリカに責任がある、という世論がくすぶっていた時期でした。日本国内以上に、サンフランシスコの日本人コミュニティーは激高しています。地元の邦字紙は「国家の尊厳が傷つけられた。今こそ名刀『正宗』

を抜くときである」と白人への憎しみを煽る論説を掲載します[151]。

サンフランシスコ地震への日本からの義捐金は二十五万ドルに及びました。現在価値にすると六億円（消費者物価指数換算）を超える大きな額でした。しかし日本人をカリフォルニアの労働市場から排除するという白人労働者の固い意思の前に、その善意は瞬く間に忘れ去られてしまうのです[152]。

カリフォルニアの馬鹿野郎——日本人学童隔離と黒人隔離

サンフランシスコの日本人学童隔離事件は、ルーズベルト大統領にとっては由々しき問題でした。ポーツマス会議成功のために少々荒っぽく日本に圧力をかけました。そのことが日本の世論を悪化させました。アリスからもそのことは聞いています。しかし日本政府のリーダー層はルーズベルトの考えをよく理解しているはずなのです。桂・タフト協定は懸案であったフィリピンの安全保障を約束するものでした。北部支那・満州の市場がオープンであるべきことは日本も十分理解しています。日米関係は十分に安定したのです。

サンフランシスコの差別政策がこの関係を損なうことのないよう、大統領は急ぎ対応策をとっています。連邦政府からカリフォルニア州及びサンフランシスコ市にはっきりとした圧力をかけるのです。ルーズベルトは、カリフォルニア州出身の商務労働長官ビクター・メトカーフを調査に向かわせています。同時にワシントンの議会に対して、日本人に市民権を与えることの是非の検討を要請しています。

メトカーフ長官からの報告書（The Metcalf Report。一九〇六年十二月十八日付）には、サンフランシスコでこれまで発生した十九件の日本人への傷害事件が報告されていました。同市教育委員会の政策は、アメリカ議会に日本人排斥法案を成立させようとする政治運動の一環だと結論づけています。そうした事件はみながみな、日本人を挑発する性格を帯びていたこと、『船員組合ジャーナル』紙は、反日本人運動は日本人排斥を目標とした政治運動であることを明言しています。メトカーフ・レポートにより、日本人学童の隔離はこうした運動とリンクした事件だと報告されました。[*153]

一九〇七年一月十七日、ルーズベルト政権は、カリフォルニアの〝馬鹿野郎〟政治家の企んだ隔離政策を禁ずるよう求め、カリフォルニアで司法手続きをとっています。しかしルーズベルトの期待に反して、州裁判所は、すでに南部黒人の隔離政策の合憲性をめぐって示されていた合衆国最高裁判所の判例を根拠にして、連邦政府の訴えそのものを受け付けませんでした。人種隔離政策は、隔離された施設において白人と同様の便益を受けられる限り憲法に違反するものではない、との解釈でした。

カリフォルニアの日本人排斥を目指す者にとって、裁判所の判断は大いに勇気づけられるものでした。彼らをさらに喜ばせたのは、南部諸州の政治家が続々とカリフォルニアの応援に回ったことでした。南北戦争の敗北で奴隷は解放されました。しかし黒人を白人から隔離する政策は南部諸州では綿々と続いているのです。カリフォルニアのアジア人種隔離政策は州固有の当然の権限なのです。その政策が連邦政府の圧力で変えられるようなことになれば、次のターゲットは南部諸州の黒人隔離政策になるのは火を見るよりも明らかなことでした。ミシシッピー州出身の議員は議会で次のように演説しています。

「私はカリフォルニア州の、人種を混ざり合わせないという方針を断固支持する（拍手）。この国は白人種で同質化した国民で形成されるべきだ、というカリフォルニアの考えに賛成だ[*154]（拍手）」

下院移民・帰化問題委員会（the Committee on Immigration and Naturalization）委員長ジョン・バーネット議員（アラバマ州）は「我々はもう十分に人種問題に苦しんできたではないか」とカリフォルニアに同情的でした。バーネット議員に次々と南部出身議員が同調していきました。オーガスタス・ベーコン上院議員（ジョージア州）、ベンジャミン・ティルマン上院議員（サウスカロライナ州）、オスカー・アンダーウッド下院議員（アラバマ州）、ジョージ・バーゲス下院議員（テキサス州）。すべてルーズベルトに敵対する民主党の議員でした[*155]。

南部諸州がカリフォルニア州の日本人隔離政策支持に回ったことで、反日本人の政策はカリフォルニア州だけに特異な、ローカルな問題であるというルーズベルト政権の主張が崩れてしまいます。日本政府への説明の根拠が失われるのです。南部諸州の民主党は、南北戦争敗北前の白人の利益を擁護する政策で政治力の復活を図ってきていました。「結束する南部（Soild South）」政策では黒人隔離は当たり前の方針でした。黒人の諸権利を制限する。それを可能にする政策を推進し、白人世論の支持を受けてきた民主党にとって、差別の対象は違うとはいえ、カリフォルニア州が南部同様のアジア人隔離政策を推進することは願ってもないことでした。

南部民主党の、日本人隔離問題への参入でルーズベルト大統領は窮地に立たされます。一九〇四年の大統領選挙は南部諸州では惨敗でした。一九〇八年には大統領選挙が控えています。再選に野心のあるルーズベルト大統領にとって、南部諸州のこうした動きは不気味でした。南部政治家の同情を追い風にしたカリフォルニア州に対して、ルーズベルト大統領は強権的な姿勢で臨むことが難しくなったのです。しかし、隔離問題を野放しにして日本との関係悪化を加速させるわけにはいきません。大統領が考えたのはサンフランシスコ市長と直接接触し、市の方針を変更させることでした。

サンフランシスコでは起訴されたシュミッツ市長が「私が起訴されたのは反日本人政策をとったことが原因である」と、単純な収賄事件を政治事件化することにやっきになっていました。「必要なら日本との戦争に私は命を投げ出す覚悟である」と主張する市長の叫びは、白人世論の同情を誘っています。シュミッツ市長起訴の翌月はカリフォルニア州議会選挙が控えていました。市長とともに同市の組合運動をリードしてきたP・H・マッカーシー（後のサンフランシスコ市長。任期：一九一〇―一二年）も、反日意識を利用した情緒的な演説を繰り返していました[156]。

「ロッキー山脈の西の諸州（カリフォルニア、オレゴン、ワシントン）が団結すれば日本など、すぐにでも潰せる（The States west of the Rockies could whip Japan at a moment notice）」

ルーズベルト大統領が、教育委員会幹部とシュミッツ市長をワシントンに招いたのは一九〇七年初頭のことでした。一週間の検討の末、二月、ワシントン行きを決意した市長は、あたかも英雄になったかのように旅立って行きました。同行する市教育関係者はいずれも市長の側近でした。教育委員会委員長アーロン・アルトマンはエイブ・ルーフの義理の兄弟、市学校監督官のアルフレッド・ロンコヴィエリは音楽家組合の幹部でトロンボーン奏者でした。汚職の嫌疑を受けた市長が側近を引き連れ、大統領に招待されたかのようにワシントンに向かうさまは異様でした。『ニューヨーク・ワールド』紙（一九〇七年二月十四日付）は次のように論評しています[157]。

「一介の市長と教育委員会関係者がホワイトハウスに呼び出され、大統領と国務長官から、アメリカ政府が日本に要求しようとする政策について承諾を求められる。それはあたかも独立国がアメリカの外交政策に物申すようなものである」

ワシントンに向かうサンフランシスコ市長一行を援護する動きは各地で起こっています。カリフォルニア州議会は反日本人政策を次々に上程しています。大統領はギレット知事に、ワシントンでの市長との交渉が終わるまでそうした政策を実行しないよう懇請せざるを得ないありさまでした。ワシントン議会でも応援団が活動しています。海軍准将であったアラバマ州下院議員リッチモンド・ホブソン（民主党）が反日を煽っています。

「カリフォルニアの日本人は（単なる移民ではなく）兵士であると考えなくてはいけない。しっかりと編制された軍隊なのである」[*158]

燃え上がる反日運動を鎮火させるために大統領が用意したプランは、日本政府にアメリカへの移民を自主規制させる、というものでした。ワシントンで、あたかも独立国カリフォルニア共和国の外交使節であるかのように振る舞ったシュミッツ市長は、この提案を了承します。サンフランシスコ市教育委員会が、日本人児童隔離政策の棚上げを決定したのは一九〇七年三月十七日のことでした。[*159]

日本を威嚇する白い艦隊――仮想敵国日本

駐サンフランシスコ領事上野季三郎（すえさぶろう）は、外務大臣林薫（はやしかおる）子爵に、同市の反日運動の成り行きを詳細に知らせていました。明治四十年（一九〇七年）三月十一日付公電（公信第五九号）には「州会ニ於ケル日本人問題其後ノ成行ニ関スル件」、「大統領ノ電報ニヨリ州会カ排日法案討議ヲ止メタル件」との標題が付され、ルーズベルト大統領がカリフォルニア州議会に自制を求めたとの報告を行っています[*160]。

日本政府は、アメリカ国内で常軌を逸した反日運動が起き、対日戦争やむなしとの議論が燃え盛っていることを十分に認識し、その危険な火を大統領が懸命に抑えようと尽力していることを知っていました。ですから、大統領の移民自主規制の要請に応じています。一九〇七年にはハワイからアメリカ本土への転航を規制し、一九〇八年には日本から米国本土への直接渡航も制限しています。こうした一連の日米紳士協定により、日本人移民問題は一応の沈静化を見せたのです。

ルーズベルト大統領はカリフォルニアの反日運動を確かに忌々しく感じ、それが日米関係を損なうと危惧していました。しかしその反面、日本がロシアとの戦いに勝利して以来、妙な自信をつけたことを見逃しませんでした。その兆しは早くも一九〇六年一月に表面化しています。日本興業銀行総裁添田壽一（じゅいち）がハリマン宛に、桂・ハリマン協定破棄を連絡してくるのです[*161]（一月十五日付）。その理由は、アメリカとの共同経営について清国の同意が得られないというものでした。確かにポーツマス条約第六条の規定からすれば、アメリカの経営参画については清国の承認が条件です。理屈としては通っているのです。

しかし問題は、日本政府がアメリカの立場に配慮した態度を見せていたか否かでした。それによってアメリカの受ける印象は変化します。ところが、どうも日本政府、特に小村外務大臣がアメリカの排除を指向しているようなのです。この年の春、日本の戦争債を引き受けたジェイコブ・シフが来日し、友人ハリマンの意向を受けて日本政府に善処を促しています。しかし日本政府がその決定を変えることはありませんでした。[*162]

アメリカの意向に抵抗の意思を見せ始めた日本に対して、ルーズベルトは、日本がアメリカのアキレス腱となったフィリピンに対して、いつの日にか横槍を入れてくるのではないかとの疑念を持つのです。日本にはその前科がありました。一八九九年七月、日本を訪れていたアギナルドの使者に、中村弥六（林政学者、当時衆議院議員）、犬養毅らが武器手配の協力をしているのです。アメリカにとって幸いだったのは、武器を搭載した「布引丸」が時化（しけ）のため寧波（ニンポー）沖で七月二十一日に沈没したことです。この「布引丸事件」は、日本とフィリピンの距離がいかに近いものであるか、そして日本の民族主義者たちの支援がアメリカのフィリピン統治をどれほど危うくするかを知らしめています。

日本政府自体はフィリピン問題には無関心を装っています。しかし日本のマニラ領事館とフィリピン民族派は明らかにコンタクトを持っています。民族派の戦いが劣勢になると、リーダーたちが逃げ込んだ先は日本でした。

「一九〇四年、(タフトの後継となった)ルーク・ライト民政長官は関税調査官F・S・ケアンズを日本に送り、同国内で活動するフィリピン民族派の動向を調査させている」[*163]

日露戦争における日本の勝利は、アメリカに根強く抵抗する民族派を大いに勇気づけています。そうした心情の存在は、フィリピンで発行されていた新聞の記事からも確認することができます。

「仮に日米両国が戦うことになれば、日本は開戦後わずか四日で我が国に上陸が可能である。日本陸軍は時間をかけることなくフィリピンの占領を完成させることができるだろう。あの旅順港にいたロシア艦隊攻撃に見せた日本の輝かしい戦果を、再びこの国で見ることができるかもしれない」(『エル・レナシミエント』紙　一九〇八年三月五日付)[*164]

フィリピンの安全保障を委ねられた民政長官や軍幹部にとって、その障害となるものは民族派の抵抗そのものではもはやありません。彼らを支えることのできる能力のある日本でした。日本の対露戦の勝利の報を受けて、日本との連係を夢見て独立を諦めない民族派の動きは、ワシントンの政治家にも伝わっています。フィリピンで日本との本格的な紛争が起これば、アメリカがこの島を防衛できないことは明らかでした。フィリピンでの戦いはたちまちハワイへ、そしてアメリカ本土に飛び火することは想像に難くありませんでした。フィリピン民族派の過激分子は日米が戦うことを望んでいるのです。日本政府中枢部はフィリピン問題についてはあくまで無関心の立場を取り続けてはいます。しかし、この態度もカリフォルニアの日本人排斥運動が高まれば変わってしまう恐れは十分にあるのです。小村の冷たい態度はその前兆かもしれないのです。

「彼ら（カリフォルニア州の政治家）は対日戦争を引き起こす不安材料になっている。ただちにそうした事態になるとは思わないが、将来については不安である。日本人は誇り高く、感受性も強い。戦争を恐れない性格で、（日露戦争の）勝利の栄光に酔っている。彼らは太平洋のパワーゲームに参加しようとしている。日本の危険性は我々が感じている以上に高いのかも知れない。だからこそ私はずっと海軍増強を訴えてきたのだ。（中略）仮に戦争となり、我々の艦隊が旅順港のロシア艦隊のような運命を辿ることになれば、日本は簡単に二十五万人規模の兵力を太平洋岸に上陸させることができる。そうなれば、それを駆逐するのに数年の歳月がかかり、それに加えて、とんでもないコストがかかるだろう。日本人（The Japs）はロシアに勝ってから自惚れている（very cocky）。しかしこちらが大艦隊を持ってさえいれば、奴らだってそう

簡単には手出しはできない」（ユージン・ヘイル上院議員に宛てた、一九〇六年十月二十七日付のルーズベルト私信）[*165]

一九〇七年十二月十六日月曜日、早朝からノーフォーク港沖のハンプトンロード水道上空を雲が覆っていました。しかし雲間からはときおり陽が射し込み、週末からぐずついていた天候も回復の兆しを見せています。この港町では海岸を会場にして四月二十六日からジェームスタウン万国博が開催されていましたが、十二月一日に終了したばかりでした。ルーズベルト大統領は、大統領専用ヨット「メイフラワー」号でこの港に現われました。この日行われる大西洋艦隊の観艦式出席のためでした。

この日、大西洋艦隊がここから世界一周の親善航海に出発していくのです。友好親善の航海の旅と称し、世界各国の港を訪問することになっていました。しかし、本当の目的地はフィリピンのマニラと横浜でした。この隠されたミッションの成功を祈念しようと、大統領自ら壮行のセレモニーに臨んだのです。五十五年前、一八五二年十一月二十四日、ペリー提督はタールで真黒に塗られた蒸気船「ミシシッピー」号ただ一隻で、日本開国の使命を帯び、この港を東に旅立って行きました。しかし今回、同じ港から日本に派遣される艦隊は十六隻、そのすべてが米海軍の主力戦艦で、船体は見事なほどまぶしい純白に塗装されていました。その白い船体ゆえに「偉大なる白い艦隊（the Great White Fleet）」と称される大艦隊です。そこに乗り込む将兵の数は一万四千に及んでいます。

「偉大なる白い艦隊」に加わった戦艦は以下の十六隻です。

「コネチカット」〈就役年〈以下同〉＝一九〇四年、一万六千トン〉、「カンザス」〈一九〇五年、一万六千トン〉、「ミネソタ」〈一九〇五年、一万六千トン〉、「バーモント」〈一九〇五年、一万六千トン〉、「ジョージア」〈一九〇四年、一万四千九百四十八トン〉、「ネブラスカ」〈一九〇四年、一万六千九十四トン〉、「ニュージャージー」〈一九〇四年、一万四千九百四十八トン〉、「ロードアイランド」〈一九〇四年、一万四千九百四十八トン〉、「ルイジアナ」〈一九〇四年、一万六千トン〉、「ヴァージニア」〈一九〇四年、一万四千九百八十トン〉、「ミズーリ」〈一九〇一年、一万三千五百トン〉、「オハイオ」〈一九〇一年、一万二千七百二十三トン〉、「ウィスコンシン」〈一八九八年、一万二千百五十トン〉、「イリノイ」〈一八九八年、一万一千五百六十五トン〉、「ケンタッキー」〈一八九八年、一万一千二百五十トン〉、「キアサージ」〈一八九八年、一万一千五百四十トン〉。これに加えて駆逐艦六隻、補助艦船五隻が参加していました。

十六隻の戦艦は隊列をなして大統領の到着を待っていました。午前八時に姿を現わした「メイフラワー」号を確認した「白い艦隊」の各船から、一斉に二十一発の礼砲が放たれていきます。ルーズベルトは、三百三十六発の轟音の中で、艦隊指揮を任された指揮官エバンス准将の待つ旗艦「コネチカット」に乗り移りました。エバンス准将はサンチアゴ・デ・クーバ沖海戦では戦艦「アイオワ」の艦長でしたから二人は戦友といってもよい間柄でした。

「コネチカット」の甲板では、四人の指揮官（准将）と十六人の艦長が大統領を待ち受けていました。全員と静かに握手を交わすと、ルーズベルトはエバンス准将を艦上の片隅に引き寄せ、何事か語りかけています。周囲の者には、カモメの首のように頷きを繰り返す提督に、白い歯を見せてにこやかに笑みを浮かべる大統領がどんな言葉をかけたのかは聞き取ることはできませんでした。[*166] 壮行のセレモニーを終え、ワシントンに帰帆する「メイフラワー」号を、遅れて出港した艦隊が見たのはチェサピーク湾の沖合いでした。一列に整然と航行する艦隊の総延長は三マイル（およそ五キロメートル）。その壮観な海の行進に気づいたルーズベルトは、最後尾につけた戦艦「ケンタッキー」の白い船影が大西洋の外洋に消えていくのを最後まで目で追っていました。被っていたトップハットを何度も何度も振って、その無事を願ったのです。[*167]

　サガモアヒルのルーズベルト邸に、カリフォルニアの日本人排斥問題調査にあたったビクター・メトカーフが打ち合わせにやってきたのは、およそ半年前の六月二十七日のことでした。彼は前年の十二月に商務労働長官から海軍長官に横滑りしていました。メトカーフ長官に伴われて現われたのはジョージ・マイヤー前駐露大使でした。彼も大使から郵政長官に抜擢され、ルーズベルト政権の閣僚となっていたのです。海軍将官会議（the General Board of Navy）と陸軍大学（the Army War College）の幹部二名も二人の閣僚に付き添っています。[168]

この日の訪問は、日本との戦争が万一現実のものとなった場合の戦略を大統領と打ち合わせることが目的でした。陸海軍合同会議（the Joint Board of Army and Navy）の研究では、アメリカ海軍は常に二つの大洋（大西洋、太平洋）での防衛作戦を強いられる以上、太平洋方面では日本の海軍力に太刀打ちできないと結論づけていました。会議のメンバーとなっていたデューイ提督は太平洋の有事に海軍が対応するには最低九十日が必要であると計算していました。「（アメリカが反撃するまでには）日本はフィリピンとホノルルの占領を終え、太平洋の覇権（master of the sea）をすでに握ってしまっているだろう」と危機感を露わにしていたのです。[169]

日本を威嚇する白い艦隊——国際親善という名の演習

サガモアヒルの会議は九十分に及んでいます。軍事的視点から有事のプランを説明する四人の話に耳を傾けながら、ルーズベルトは政治家の視点からこの案件を考察していました。統合会議の報告どおり、パナマ運河が完成しない限り大西洋艦隊の太平洋への展開は簡単ではありません。万が一にでも日本がフィリピン及びハワイの占領を狙って行動を起こせば、デューイ提督の警告どおりになるでしょう。その上、海軍は大部隊を太平洋に展開した経験がありませんでした。一度たりとも演習したことがないのです。ルーズベルトはこうした訓練を速やかに実施する必要のあることを素早く理解します。

大規模な艦隊の展開は容易ではありません。とくに大型艦船の場合には石炭補給のロジスティックスを事前に構築する必要がありました。パナマ運河の完成までは南米ホーン岬沖かマゼラン海峡ルートで太平洋に向かわねばなりません。どちらも危険な海路で、費消する石炭の量も膨大です。艦船の修理地をどこに持つかも重要な検討事項でした。フィリピン、ハワイの防衛に必要なロジスティックス網の構築には、どうしても大規模艦隊を一度太平洋に派遣して演習する必要がありました。日本との有事を想定した大西洋艦隊のフィリピン派遣の提案を大統領は了承します。参加させる艦隊の規模を相談しようとする海軍長官らに対して、ルーズベルトは動かせる戦艦はすべて（all to go）使え、と命じるのです[*170]。

訓練を利用して極東に向かう途次にカリフォルニアの港に大艦隊を寄港させる。サンフランシスコでは、相変わらず馬鹿野郎たちが騒いでいます。五月二十日にはおよそ五十人の暴徒が日本人の経営するレストランを襲撃し、犯人は誰一人として検挙されていません。大艦隊の寄港でカリフォルニアの興奮を鎮めるのです。さらにフィリピンまでの遠征を延長して日本を訪問させる。日本の政治家にアメリカ海軍のパワーをはっきりと見せつける。これが大統領の狙いでした。日本海軍が優勢である時期に万が一にでも軍事行動を起こさせない。祖国アメリカの安全保障に全責任を負う大統領が果敢に下した結論でした。

しかしすべての艦船の参加は大西洋沿岸の防衛を極端に弱体化させてしまいます。そこにはルーズベルトのしたたかな計算がありました。大西洋岸に防衛力の真空地帯を意図的に現出させることで、議会の不安を煽る。それが狙いだったのです。[*171] アメリカはハワイからグアム、フィリピンを領土としました。しかし、そうした新領土を守るほどに海軍力は整備されていません。繰り返し海軍力の充実を議会に訴えてきたルーズベルトは、大西洋岸の防衛を留守にすることで、大西洋岸諸州出身の議員に少しばかりの不安感を与えようと考えたのです。そうした方がこれからの予算獲得に何かと都合がよいのです。

ルーズベルトはこれからの海軍が莫大な予算を必要とすることを知っていました。この頃は、戦艦建造の設計思想が進化し、船体と艦砲の大型化が一気に進んでいたのです。一九〇六年に就役したイギリス戦艦「ドレッドノート」（弩級戦艦）は一万八千トンを超え、戦闘能力も格段の向上を見せています。日本海軍も弩級戦艦の導入を始めていました。アメリカ海軍がわずか数年前に完成させた一万六千トン級の新鋭艦船がたちまち陳腐化する危機にあったのです。お金がいくらあっても足りない中、議会は必要な新造船の予算づけを渋り続けていました。

ノーフォークを出港した白い艦隊の航海の真の目的が、フィリピン・ハワイの防衛訓練と日本の威嚇にあることを知っていたのは、一握りの海軍関係者だけでした[*172]。公式には、世界平和実現のための親善と友好の旅にアメリカが大西洋艦隊を送り出したことになっていました。政権内の閣僚にさえ本当のことは語っていません。しかし親しい友には、はっきりと本音を洩らしています[*173]。

「一九〇八年七月二十八日、大統領と彼の軍事アドバイザー（注：アーチボルド・バッド）はサガモアヒルの大統領私邸のポーチで語り合っていた。月が明るく庭を照らし、気持ちのよい宵だった。（この日はタフトが次期大統領選の共和党候補に指名され、タフトがそれを受諾した日だったから）思い出話に花が咲いた。その中でルーズベルトは、日本との戦いの恐れを語りだした。この一年半ずっと悩んでいたというのだ」

「恐らく僕ほど日本との戦争を心配している者は他にいないだろう。もちろんすぐには開戦とはならないが、その日はいつかやってくる。（中略）その日をできるだけ遅くすること、その準備をしっかりしておくこと、戦いを恐れない冷酷なまでの強い意志（steely willingness to fight）を彼らに示すこと。こうしたことが絶対に必要だと言うのだ。だからこそ白い艦隊を太平洋に派遣し横浜に寄港させることにしたのだ、と」

白い艦隊は無事マゼラン海峡を抜けると、サンフランシスコ（一九〇八年七月七日）、ホノルル（同七月二十二日）に寄港し、ニュージーランド、オーストラリアを経て十月二日にマニラに入港しています。「親善目的」の航海にふさわしく、寄港する先々で市民の熱烈な歓迎が待っていました。しかしそうした歓迎セレモニーの裏では、各地の軍港としての利用価値を綿密に調査していたのです。最も不安視されていたのが燃料補給能力でした。この航海を経験して、アメリカの持つ石炭補給船八隻ではとても間に合わないことがはっきりしました。四十隻ものイギリス石炭補給船のサポートが必要でした。アメリカ海軍のロジスティックス能力の不足がはっきりと確認できたのです。[*174]

日本を威嚇する白い艦隊――ガラス細工の対日外交

危険な南米航路運航の訓練やロジスティックスの研究を終えたアメリカ艦隊は、十月十日、いよいよ最重要訪問地の横浜に向けてマニラ湾を出港しました。途中、台湾沖でこれまで一度も経験したことのない激しい暴風雨に巻き込まれました。それでも、十月十八日早朝には何事もなかったかのように白い艦隊は横浜港に姿を現わします。横浜沖では「三笠を旗艦とする接伴艦隊十六隻などが整然と待機[*175]」していました。アメリカ海軍の主要戦艦すべてに対し、ぴたりとマークするように艦船を配置できる日本海軍の規模と操船能力。白い艦隊の将官は身震いしたに違いありません。

港には新聞社の記者や見物客を乗せた船がひしめきあい、埠頭は艦隊を一目見ようとする見物客で溢れかえっていました。港内に艦隊が入ったのは午前九時過ぎのことでした。午後二時前、旗艦「コネチカット」から、体調不良のエバンス准将に代わって指揮を執ってきたスペリー提督が、特別に敷設された桟橋を利用して上陸してきました。スペリー提督はグラント将軍の訪日時の随行艦に乗り組んでいましたから二度目の横浜訪問です。[*176] 日本はグラント将軍を迎えたときと同様に万端の準備を整えていました。周布公平（すふこうへい）神奈川県知事へのスペリー提督の表敬訪問を皮切りに、公式行事が目白押しに用意されています。この日だけでも、知事訪問に続いて三橋信方・横浜市長主催の歓迎園遊会、夜にはグランドホテルでの市長晩餐会。それに引き続いて知事公邸の夜会までが準備されていたのです。[*177] 翌十九日には提督一行は横浜から新橋に移動し、皇居での明治天皇謁見に臨んでいます。

「日本の歓迎ぶりは尋常ではなかった。すべての将官クラスは皇居内に招かれた。艦長には帝国（インペリアル）ホテルのスイートルームが用意されていた。下士官クラスには鉄道のフリー乗車パスが配られた。（中略）日本には一週間の滞在だったが歓迎式典の連続だった。東郷（平八郎）提督は園遊会を、桂首相は舞踏会を催してくれた。提灯行列には五万人の市民が参加した[*178]」

　両国の緊張関係を固唾を呑んで見つめていた欧州諸国が拍子抜けするような日本の歓待が続いたのでした。十月二十五日、白い艦隊は次の寄港地、厦門（アモイ）に向けて碇を上げました。

艦隊がすべての日程を終了しノーフォークに帰還したのは、年も明けた一九〇九年二月二十二日のことでした。十四ヵ月の航海で白い船体は黒ずみを見せ、乗組員は旅の疲れを隠せませんでした。しかしこの日、ルーズベルト大統領は十四ヵ月前と同じように満面に笑みを浮かべ、「メイフラワー」号で一行を迎えました。大統領の任期は残りわずかになっていました。任期中に艦隊が帰還するよう海軍省に指示していたのは大統領でした。「私が大統領として世界平和に貢献したとすれば、この航海の成功がその象徴である」[*179]。任期中に艦隊の勇姿を見ることのできたルーズベルトはその喜びを身体全体で表現していました。

ルーズベルトにとって、白い艦隊の日本派遣は大きな政治的な博打でした。艦隊の派遣には不測の事態の発生も十分考えられました。アメリカ海軍の水兵の素行は芳しくなく寄港地で脱艦者も相次いでいました。横浜でもそうした乗組員が出ないともかぎらず、そこで彼らが何をしでかすかしれません。横浜港内であの「メイン」号のような事件が発生してしまえば、アメリカ国内のメディアの餌食になってしまいます。また、横浜入港後に浦賀水道を封鎖されてしまえばアメリカ海軍は壊滅します。

「大統領職を退任したルーズベルトは、ドイツ海軍大臣から米艦隊の世界周航時に日本から攻撃を受ける可能性を考慮しなかったのかを尋ねられた際、十のうち九までは

Photo # NH 1567 Landing of the first liberty party from the "Great White Fleet" at Yokohama, Japan, 1908

白い艦隊を歓迎する横浜市民（Naval History&Heritage Command, US Navy）

攻撃を加えられるとは思わなかったが、残りの一はその可能性があった旨を語っている[*180]」

ルーズベルトの喜びは、最悪の事態を読み込んだ上で外交的ギャンブルに挑んだ政治家にしか味わうことのできないものだったに違いないのです。

白い艦隊は仮想敵国日本との戦いの予行演習を無事終えました。同時にその敵国であるはずの日本では気味が悪いほどの歓迎を受けました。ポーツマス条約後に吹き荒れた反米の嵐、カリフォルニアの日本人差別に対する反感。そうした感情はどこに消えてしまったのか。この不思議な、アンビバレントな感覚を最も敏感に感じたのは艦隊を率いたスペリー准将以下の海軍将官だったに違いありません。彼らも東京湾で海戦が勃発する可能性に一抹の危懼を抱いていたのです。[*181]

ルーズベルトが築き上げた日本との危うい親睦は、政治家ルーズベルトがおよそ八年の任期で完成させたガラス細工の傑作でした。艦隊帰還の二週間後、この見事なそして悲しいほどに脆い作品は次期大統領ウィリアム・タフトに引き継がれていきます。

日米戦争試論

唐人墓の建つ石垣島観音崎の丘。そこから台湾までの距離は三百キロメートルもありません。かつて日本領土であり、アメリカと角突き合わせる位置にあった台湾も日本から離れ、フィリピンは一九四六年にアメリカから独立しました。台湾の首都台北。この町の郊外にある墓地、陽明山第一公墓の一角に荷馬李が眠っています。墓碑の建立は一九六九年のことです。四月二十日の除幕式には蔣介石総統や厳家淦副総統、台湾人事院（中華民国考試院）院長・孫科も参列しています。[*182]孫科は孫文の息子です。

参列者の顔ぶれから、荷馬李が重要な人物であることが推察されます。カリフォルニアに安置されていた荷馬李（一九一二年没）とその妻エーテルの遺灰が台湾に迎えられた模様は、「荷馬李将軍夫婦靈骨厝葬」と題して記録された映像で確認することができます。[*183]

荷馬李は一八七六年十一月十七日にコロラド州デンバーに生まれています。祖父ジョン・リーは南軍の軍医でした。荷馬李の本名はホーマー・リー（Homer Lea）。れっきとしたアメリカ人です。家族が移り住んだカリフォルニアで教育を受けたリーは、歴史と数学を得意としていました。加えて語学の才能に恵まれ、ラテン語、フランス語だけでなく家に雇われていた支那人料理人との会話を通じて漢語に精通していました。スタンフォード大学に学びましたが（一八九七―九九年）、中途退学しています。学業を諦めたのは健康にすぐれなかったことが原因でした。先天性の脊柱側彎症（せきちゆうそくわんしょう）で背が湾曲し、体重わずか百ポンド（四十五キログラム）の小軀でした。

大学を去ったリーはその漢語能力ゆえか、サンフランシスコの支那人社会に溶け込んでいきました。白蓮教の秘密結社ホワイト・ロータス協会に入会したのは、大学を離れてしばらくしてからのことでした。不遇な身体を持つリーはサンフランシスコ社会で隔離され、虐げられている支那の人々に強い哀れみを覚えたのかもしれません。このリーが六万ドルの資金を手に支那に渡り、反清国・反満州族の運動に加わったのは一八九九年夏のことでした。リーが革命運動のリーダー孫文とどこで出会ったのかはわかっていません。おそらく日本か香港だったろうと推察されています。[*184]孫文はリーとの会話の中で彼の才能をたちまちにして見出すと、彼を軍事顧問に採用しています。彼の持参した資金も魅力的だったのかもしれません。

リーがアメリカ軍高官との知己を得たのは一九〇〇年夏のことでした。義和団の乱の鎮定に派遣されたアメリカ軍二千五百人を指揮するアドナ・シャフィー司令官の面識を得るのです。[*185] 支那に民主国家を建設する夢を熱っぽく語るリーに、シャフィー司令官は強い感銘を受けています。シャフィーはその後、一九〇四年には仮想敵国別の戦争計画（color plans）の原型を作り、[*186] 一九〇六年に陸軍参謀総長にまで進んでいます。リーにとってはアメリカ政府要人とのコネクション構築にはまたとない出会いになりました。

リーは孫文の軍事顧問として、またアレキサンダー大王、シーザー、ナポレオンなどの事績に詳しい歴史家として、ルーズベルトの対日外交を冷徹な目で見つめていました。彼がその観察の結果を公にしたのは一九〇九年春のことでした。『無知の勇気[*187]（*The Valor of Ignorance*）』と題した書で、ルーズベルトの対日外交がガラス細工のごときものであると洞察しています。彼はその前文で次のように語っています。

「本書の原稿のほとんどはポーツマス条約の調印がなった時点で完成していた。しかし私の仮説とそこから導かれる結論の正しさを確認するために、しばらく発表を控えていた。枝葉末節の部分は別にして、条約調印後に発生した多くの事件は当時からの私の考えが正しいことを示していた。そろそろ本書を世に問う時だと考えた次第である。一九〇九年三月　H・L」

冒頭の献辞に「本書をエリフ・ルート閣下に捧ぐ」とあります。ルートは一九〇九年三月のルーズベルト政権の終了に伴って国務長官を退任していますが、依然として共和党の大幹部です。ルートは退任の少し前の一九〇八年十一月三十日に高平駐米大使との間に協定を結び（ルート・高平協定）、日米の太平洋及び極東での権益を相互に確認しています。ぎくしゃくした日米関係の修復作業を進めたのです。ルーズベルトの白い艦隊のもたらした成果でもありました。

この協定は、ルーズベルトとルートのコンビが目指した対日外交の総仕上げとも言えるものでした。アメリカの太平洋地域での最も重要な懸案がフィリピン、グアム、ハワイに繋がる島嶼群の安全保障でした。その安全を脅かす唯一の国家が日本であること。従って極東及び北太平洋方面では、当該地域で現実に存在するアメリカの権益を認めさせ、そのバーターとしてアメリカは日本の朝鮮における特別な権益の存在を容認すること。また日本がアメリカを脅威と感じないよう、あらゆる手段を使っての外交努力を重ねること。こういったルーズベルト政権の対日外交の方針を明確にしたものとも言えます。協定では、万一現状のバランスを崩す恐れのある事態が発生した場合、両国は互いに意思疎通を図りながら対応策を協議することまで確認されているのです。ルーズベルトにとって現状維持こそが最も重要な対日外交の目標でした。

ルート・高平協定の成立で一見、安定したかのような日米関係でしたが、『無知の勇気』は、それが実際にはどれほど脆いものかを、世界の戦いの歴史を地政学的に分析しながら論証してみせたのです。そしてそこから導き出される結論は日米戦争は不可避というものでした。リーの分析で特徴的なのは地政学的視点だけではなく、国家を形成する民族の問題にも踏み込んでいることでした。彼は世界の歴史を振り返りながら、強大な国家が多民族国家に変質することで国力が例外なく衰退する様を描いたのです。

「国は是を形成する者の一致調和に依って其活力を支持する者なるに拠り、其民衆が同一種族なる時は自然に一致し易く、従って能く外敵の侵害に抵抗することができる。(中略)(国家が)異種の人民より成れる国と雖(いえど)も、その統治権が其人民中にて最も卓絶する一種族の手にある限りは安泰である。是に反し、其統治権が斯かる一種族の手を離れて漫然一般の上に移るに及んで其国は漸く危地に陥るのである。(中略)特に支那帝国の如きは最も能く是を説明している。同帝国の政権及び武力は過去三世紀間全く満州民族の一手に帰し、彼等は是を以って支那全般の人民を支配し来ったのであるが、近頃に至って其政権は漸く満漢両種の上に移り広まらんとしている。而して世界の識者は是を以て清国滅亡の前兆なりと予想するのである[*188]」

「墺太利(オーストリー)及び土耳古(トルコ)帝国の衰微する根元も等しく其民族の不純一なる事に帰せられて居る。露国に於いては其統治権を一手に有したる同階級の一種族が、其専制権を失ひたる為め、忽ち民間に政権の競争を生じ、其結果として彼の世界的大帝国主義の政策は暫く之を放擲して居る。則ち其外に向かって膨張する気力が緩んできたのである[189]」

リーは、こうして世界の傾向を述べると、アメリカの現状を分析し、アメリカがこうした衰勢にある国々に似た徴候を示していることを憂えるのです。

「南北戦争の頃までは米国人は先ず純一なる種族として目されて居った。当時此の国内に於ける『アングロ・サクソン』種以外の者は僅かに全人口の十二分の一にも足らなかった。一千九百年には漸く其率が大きく成って十二分の七を示し、其後益々急速に増加し遂に純粋米国人種の方が却って圧倒せらるる程となった[190]」

リーは他国からやってくる者にはおよそ愛国心など期待できないことが、移民が多数派になったアメリカの大きな弱点であると主張します。

「抑も其故国を棄て其父母の墳墓を棄てたる人にして、彼の忠義の観念などを有する筈がない。強いて其帰化の動機を糺さば自己一身を善くせん為にしたるのみ。（中略）若し彼らにして是が為に尽くさんと思ふ国有らば、そ（れ）は唯其故国のみであろう[191]」

リーのこうした分析は必然的に日本に対する恐怖心を呼び起こします。単一民族国家の強み、そしてアメリカに多数送り込んでいる日本人移民の存在。こうした事実を前提にした地政学的な分析は説得力のあるものでした。同時にこの分析は、しきりに日本人排斥を叫ぶカリフォルニアの政治家への警告でもありました。日本の強さの本質と弱体化しているアメリカの現実を知らずして（無知なままで）、日本との戦争も辞さずと空元気（勇気）で大衆を煽っている彼らに目を覚ますように迫ったのです。『無知の勇気』は、国家の安全をかえって脅かすものだとの主張は、カリフォルニアの馬鹿野郎政治家や労働運動のリーダーの言動に翻弄されたルーズベルト大統領やルート国務長官の気持ちを代弁するものでした。

リーは、カリフォルニアの自制を促しながらも、それでも日米の軍事衝突は避けられないと結論づけています。

「日米戦争を論ずるに於ても、直ちに其起こり来らんとする原因を数へんよりは、先ず両国間の状態に見て、其能く平和を保持するに足るべき一致点を有するや否やを尋ぬるが捷径である。而して（一）人種的関係及び是に伴ふ政治宗教社交等の異同（二）経済的関係に就いて両国間の一致点を見出す事多からば、予輩は速かに日米戦争説を棄てて、両国の平和を謳歌するに躊躇しない。然るに日本人と米国人の間には種族的関係といふ者が皆無である」[*192]

日米衝突が避けられない以上、日本の米国本土侵略のシナリオを想定しておくことが肝要です。リーは冷酷なまでの歴史家としての分析と、軍略家の視点でそれを書き上げました。日米両国の海軍力を比較分析し、開戦の場合、日本軍がどのような作戦で対米戦を進めるのかを論ずるのです。アメリカ太平洋岸の日本軍上陸予想地点までもが細かく示されています。後にダグラス・マッカーサー将軍の右腕として日本との戦いを指揮することになったチャールズ・ウィロビー少将はこの書を研究した上で、リーを次のように評しています。

「ホーマー・リーは謎の人物でもなく、預言者でもない。彼は科学者である。彼は戦争の科学を学んだ。どのような科学にも不変の法則があるように、戦争の科学にもそれは存在する。戦争の原因を分析し、近づきつつある軍事衝突への処方箋を提供したのがリーである[*193]」

『無知の勇気』が出版されると、彼の分析手法はヨーロッパ諸国の衝突の分析に応用できるものでしたから、この本は欧州各国のリーダーにも衝撃を与えています。イギリスのフレデリック・ロバーツ参謀総長、ドイツ皇帝ヴィルヘルム二世もそうした人物でした[*194]。シャフィーは『無知の勇気』出版に寄せた序文で、一度原稿を読み始めたらその夜は一睡もできなかった、と称賛しています。

ルート・高平協定でとりあえずの安定を見せた日米関係ですが、ルーズベルトが政権を去ると、その繊細なガラス細工を支えるパーツの一つ一つが年を追うごとにひずみを見せていきました。

協定から三十三年経った一九四一年十二月七日（米国時間）。この日早朝のハワイ真珠湾攻撃で、セオドア・ルーズベルトの作り上げた作品は粉々に壊れてしまいます。その後はリーが予想したような展開で日米の戦いは進んでいきました。

作品崩壊への最後の引き鉄となった米国の最後通牒「ハル・ノート」を日本に突きつけたのはフランクリン・ルーズベルト大統領でした。ニコラス・ルーズベルトを祖とするもう一つのルーズベルト家（ハイドパーク・ルーズベルト家）の一員でした。フランクリンはセオドアの弟エリオットの娘エレノアと結婚していましたから、義理の甥でもありました。ルーズベルトによって完成し、ルーズベルトによって破壊された「日米友好の絆」。何もかもが不確定なファクターの揺らめきに翻弄された両国の外交。その中でわずかに見出せる奇妙な、あるいは必然とも言える共通項でした。

日米戦争の到来を「科学の目」で分析し、アメリカのリーダーに強い警告を発したリーは、今ではアメリカの史家も見逃しがちな存在になっています。

「アメリカ政府は荷馬李の（台湾における）葬儀について何のコメントも発していない。ニクソン大統領の訪中が一九七二年であったことを考えれば、その冷たい態度に別に驚きはしない」[*195]

国家間外交は、そこかしこに散らばるヒューマン・ドラマとは無縁の世界であることを示しています。

◉原註

＊1 "The Rough Riders Land at Montauk"『ニューヨーク・タイムズ』一八九八年八月十六日付。
＊2 "The Canal Scandal"『ニューヨーク・タイムズ』一八九八年八月五日付。
＊3 "In Reminiscences He Tells How Elihu Root Saved the Day at Saratoga"『ニューヨーク・タイムズ』一九〇九年三月二日付。
＊4 Hamilton Club of Chicago 会報（一九一三年版）九頁。
＊5 Gail Bederman, *Gendering Imperialism: Theodore Roosevelt's Quest for Manhood and Empire,* University of Chicago. 1996 http://www.eou.edu/~rdearinger/documents/GenderingImperialism.pdf
＊6 同右。
＊7 *The War Lovers,* p382.
＊8 *Theodore Roosevelt's History of the United States,* pp245-46.
＊9 同右、p230.
＊10 同右。
＊11 同右、p247.
＊12 同右。
＊13 Isabel Vaughan James, The Pan-American Exhibition, p10. The Buffalo and Erie County Historical Society ホームページ。http://bechsed.nylearns.org/pdf/low/The%20Pan%20American%20Exposition.pdf

＊14 同右、pp12-3.

＊15 Carey McWiliams, *Prejudice; Japanese-Americans Symbol of Racial Intolerance*, Little Brown and Co., 1944, p16.

＊16 Plague in San Francisco, p59.
http://www.skubik.com/ThesisPartTwo.pdf

＊17 同右、p63.

＊18 同右、p76.

＊19 同右、p77.

＊20 サンフランシスコの人口推移。
http://www.sfgenealogy.com/sf/history/hgpop.htm

＊21 *Prejudice; Japanese-Americans Symbol of Racial Intolerance*, pp16-7.

＊22 同右、p17.

＊23 同右。

＊24 同右、p21.

＊25 Inventory of the International Brotherhood of Teamsters Local 85 Records, 1900-1948, San Francisco State University, 1999.
http://www.oac.cdlib.org/view?docId = tf0d5n97pp; style = oac4;view = admin

＊26 同右。

＊27 *Prejudice; Japanese Americans Symbol of Racial Intolerance*, p21.

＊28 同右。

＊29 William Michael Morgan, *PACIFIC GIBRALTAR: U. S.-Japanese Rivalry over the*

Annexation of Hawaii, 1885–1898, Naval Institute Press, 2011.

＊30 *Imperial Cruise*, p88.

＊31 同右。

＊32 同右、p89.

＊33 同右。

＊34 同右、p91.

＊35 同右。

＊36 Don Peterson, Five Philippine Governors-General Serve Rapid Fire Terms, p7. (*Philippine Philatelic Journal*)
http://www.theipps.info/governors.pdf

＊37 *Imperial Cruise*, p94.

＊38 Thomas E. Woods, Jr., *Mises Daily*: Friday, December 15, 2006.
http://mises.org/daily/2408

＊39 PPBS American Experience.
http://www.pbs.org/wgbh/amex/carnegie/timeline/timeline2.html

＊40 *From Colony to Superpower*, pp322–23.

＊41 *Habits of Empire*, p269.

＊42 The Philippine-American War, Organization of American Historians and the National Center for History in the Schools UCLA, p11.
http://www.learner.org/courses/amerhistory/pdf/Philippine-War_L-One.pdf

＊43 『日本開国』21章「『アメリカ』の誕生」、一三〇—一三一頁（文庫版一四九—一五〇頁）。

＊44　The Philippine-American War, p11.

＊45　*Habits of Empire*, p272.

＊46　*From Colony to Superpower*, p329.

＊47　Mabel Thacher Rosemary Washburn, *Ancestry of William Howard Taft*, Frank Allaben Genealogical Company, 1908, p20.

＊48　『日本開国』、二三四―二五頁（文庫版二五一頁）。

＊49　Adam David Burns, An Imperial Vision: William Howard Taft and the Philippines, 1900-1921, Doctor Thesis for University of Edinburgh, 2010, p88.

＊50　同右、p59.

＊51　同右、p58.

＊52　同右、p67.

＊53　American President: An Online Reference Resource, William Howard Taft, Life Before the Presidency.
http://millercenter.org/president/taft/essays/biography/2

＊54　Timothy K. Deady, Lessons from a Successful Counterinsurgency: The Philippine 1899-1902, *Parameters*, Spring 2005, p62.

＊55　An Imperial Vision: William Howard Taft and the Philippines, p115,

＊56　同右。

＊57　同右、p5.

＊58　同右、p159.

＊59　Marietta Holley, *Samantha at the St. Louis Exposition*, G. W. Dillingham Company, 1904, pp273-74.

＊60 An Imperial Vision: William Howard Taft and the Philippines, p159.

＊61 Jacob L. Adams, California's Frontier: America's Pacific Expansion and The Rise of an economic Empire, A thesis for San Diego State University, 2010, p15.

＊62 同右、p1.

＊63 同右、p6.

＊64 同右、p9.

＊65 同右、pv.

＊66 「ヒッチハイキング帝国主義」については『日本開国』16章「ヒッチハイキング帝国主義」を参照されたい。

＊67 John W. Foster, *American Diplomacy in the Orient,* Houghton Mifflin Company, 1926, p339.

＊68 *From Colony to Superpower,* p330.

＊69 William T. Mountz, Shadowing British Imperialism: Origins of the U. S. Open Door Policy, 1890–1899, a Thesis for Texas Tech University, 2007, p116.

＊70 Robert C. Kennedy, On this day, *Harper's Weekly.* http://www.nytimes.com/learning/general/onthisday/harp/1118.html

＊71 同右。

＊72 同右。

＊73 Laura Entz, The Open Door Policy, Presentation at Biola Univ. p2. http://www.lonestar.edu/departments/libraries/nharrislibrary/Opendoor.pdf

＊74 Tyler Dennett, The Open Door Policy as Intervention, *The Annals,* May 2011, p78.

http://ann.sagepub.com/content/168/1/78.extract

＊75 Daniel Mark Epstein, *Lincoln's Men*, Harper Collins, 2009, pp10-4.

＊76 同右、pp62-3.

＊77 In Support of an American Empire by Albert J. Beveridge. (Record, 56 Cong., I Sess., pp. 704-712.)

http://www.mtholyoke.edu/acad/intrel/ajb72.htm

＊78 *From Colony to Superpower*, p326.

＊79 パーマーのパナマ運河建設プロジェクトについては『日本開国』4章「運河開削ベンチャーの頓挫」を参照されたい。

＊80 クレイトン・ブルワー条約調印の経緯については『日本開国』24章「仮想敵国『英蘭連合』とパナマ運河」を参照されたい。

＊81 *Habits of Empire*, p293.

＊82 同右、p294.

＊83 同右、pp294-95.

＊84 Paul Finkelman, Race, Federalism, and Diplomacy, *Osaka University Law Review* No. 56, Feb. 2009, p22.

＊85 第一回日英同盟協約の条文は下記。

http://www.jacar.go.jp/nichiro/uk-japan.htm

＊86 Payson J. Treat, *The Far East: A Political and Diplomatic History*, Harper & Brothers Publishers, 1928, p438.

＊87 黒野耐「第二次日英同盟と国防方針」（『防衛研究所紀要』二〇〇三年三月）七三頁。

*88 Ian Nish, On the Periphery of the Russo-Japanese War Part I (China and the Russo-Japanese War), London School of Economics and Political Science, Discussion Paper April 2004, pp23-24.
http://sticerd.lse.ac.uk/dps/is/IS475.pdf

*89 楠元町子「万国博覧会と皇室外交」（『愛知淑徳大学論集』第35号、二〇一〇年）三三頁。

*90 同右、三四頁。

*91 同右、三五頁。

*92 同右、三六頁。

*93 同右、三八頁。

*94 同右、三九頁。

*95 The Filipino Legislator: His Difficulties and Successes.
http://law.upd.edu.ph/plj/images/files/PLJ%20volume%201/PLJ%20volume%201%20number%201%20-03-%20Hon.%20Vicente%20Singson%20Y%20Encarnacion-The%20Filipino%20Legislator.pdf

*96 *Imperial Cruise*, pp135-36.

*97 Stephen Wertheim, Reluctant Liberator, *Presidential Studies Quarterly*, September 2009, p507.

*98 Edward Wagenknecht, *The Seven World of Theodore Roosevelt*, Lyon Press, 2009, p272.

*99 *Alice*, p115.

*100 同右、p118.

*101 同右。

＊102 *Spoilsmen in a "Flowery Fairyland"*, p244.
＊103 *Alice*, p118.
＊104 同右、pp119-120.
＊105 *The Seven World of Theodore Roosevelt*, p274.
＊106 同右。
＊107 Edmund Morris, *Theodore Rex*, Random House, 2001, p400.
＊108 *Alice*, pp126-127.
＊109 Joel Perlmann, The local Geographic Origins of Russian-Jewish Immigrants, The Levy Economics Institute of Bard College, Working Paper #465, August 2006, p3.
＊110 Henry Butterfield Ryan, America's Jews and Russia's Tsars, a working paper for the 2009 Conference of the Society of Historians of American Foreign Relations, pp2-3.
＊111 America's Jews and Russia's Tsars, p3.
＊112 *Theodore Rex*, p488.
＊113 America's Jews and Russia's Tsars, p4.
＊114 *From Colony to Superpower*, p352.
＊115 Richard Smethurst, Takahashi Korekiyo, the Rothchilds and the Russo-Japanese War, 1904-1907. ロスチャイルド・アーカイブス。
http://www.rothschildarchive.org/ib/articles/AR2006Japan.pdf
＊116 *Theodore Rex*, p388.
＊117 Tyler Dennett, *Roosevelt and the Russo-Japanese War*, Double Day Page & Co., 1925, p193.
＊118 同右、p194.

＊119 同右。
＊120 *The Far East Apolitical and Diplomatic History*, p380.
＊121 *Spoilsmen in a "Flowery Fairyland"*, p246.
＊122 *Roosevelt and the Russo-Japanese War*, p199.
＊123 *Theodore Rex*, pp405–06.
＊124 同右、p410.
＊125 同右、p406.
＊126 同右、p410.
＊127 同右、p413.
＊128 高橋文雄「明治40年帝国国防方針制定期の地政学的戦略眼」（『防衛研究所紀要』第6巻3号、二〇〇四年三月）七七頁。
＊129 御手洗昭治「ポーツマス講和条約：忘れ去られた陰のミディエーター達・シリーズ（2）高平小五郎 vs.ルーズベルト」（『比較文化論叢』17、二〇〇六年）四〇頁。
＊130 *The Far East: A Political and Diplomatic History*, p382.
＊131 『ニューヨーク・タイムズ』一九〇五年十月二十四日付。
＊132 *Alice*, p132.
＊133 George Kennan, *E. H. Harriman's Far Eastern Plans*, The Country Life Press, 1917, pp6–7.
＊134 同右、p8.
＊135 Christian Wolmar, *Blood, Iron, and Gold*, Public Affairs Book, 2010, p162.
＊136 Theodore Waters, The Trans-Siberian Railway.「キャッツキル・マウンテン・アーカイブス」ホームページ。

http://www.catskillarchive.com/rrextra/stsib.html

*137 *Blood, Iron, and Gold*, p164.

*138 *E. H. Harriman's Far Eastern Plans*, p8.

*139 同右、p7.

*140 同右、pp11-2.

*141 同右、p22.

*142 同右、pp20-1.

*143 『ニューヨーク・タイムズ』一九〇五年十月二十四日付。

*144 Masuda Hajimu, Rumors of War, *Diplomatic History* Vol. 33 No. 1, January 2009, p2.

*145 同右、p7.

*146 San Francisco Bay Area Post Card Club 会報。April, 2010.
http://www.postcard.org/sfbapcc2010-04-s.pdf

*147 Abe Ruef America's Most Erudite City Boss.
http://www.sfmuseum.org/hist1/ruef.html

*148 *Prejudice; Japanese-Americans Symbol of Racial Intolerance*, p26.

*149 同右、pp26-7.

*150 同右、p27.

*151 同右。

*152 市民の間ではこの援助金は忘れられていない。二〇一一年三月の東日本大震災へのサンフランシスコの募金活動はこのときの恩義に報いようというものであった。

*153 *Prejudice; Japanese-Americans Symbol of Racial Intolerance*, p28.

＊154 同右、p29.

＊155 同右。

＊156 同右、p31.

＊157 同右、pp31-2.

＊158 同右、p32.

＊159 同右。

＊160 山本義彦「〈論説〉清沢洌渡米時期の排日運動状況：在米領事館等の報告による」（『静岡大学経済研究』Vol. 9、二〇〇五年一月）三三頁。

＊161 *E. H. Harriman's Far Eastern Plans*, pp34-5.

＊162 同右、pp37-8.

＊163 P. A. Rodell, Southeast Asian Nationalism and the Russo-Japanese War, *Southeast Review of Asian Studies* Vol. 29, 2007, p28.

＊164 同右、p29.

＊165 *Theodore Roosevelt's History of the United States*, p300.

＊166 *Theodore Rex*, p503.

＊167 同右。

＊168 同右、p492.

＊169 同右。

＊170 *Theodore Rex*, p494.

＊171 Mike McKinley, The Cruise of the Great White Fleet, Navy Department Library, 2004. http://www.history.navy.mil/library/online/gwf_cruise.htm

＊172　同右。

＊173　*Theodore Rex*, p534.

＊174　Lori Bogle, Why T. R. Sent the Great White Fleet, The Daybook, October 2007, p9.

＊175　「樹木は人間の数珠なり」。横浜開港資料館ブログ。
http://www.kaikou.city.yokohama.jp/journal/101/02.html#juki

＊176　川井裕「外国軍艦の日本訪問に関する一考察」（防衛省防衛研究所『戦史研究年報』第14号、二〇一一年三月）七七頁。この論文により、「白い艦隊」の横浜訪問を控えての日本側の情報収集と、それを受けての接遇のあり方の決定までのプロセスを詳しく知ることができる。

＊177　「樹木は人間の数珠なり」。

＊178　The Cruise of the Great White Fleet.

＊179　同右。

＊180　「外国軍艦の日本訪問に関する一考察」九五頁。

＊181　同右、九一頁。

＊182　Edgar A. Ott, A Forgotten American Military Strategist, US Army Strategic Research Paper of US Army War College, May 19, 1994, p8.

＊183　http://vcenter.iis.sinica.edu.tw/watch.php?val = aWQ9TUV0Z09UTT0 =

＊184　A Forgotten American Military Strategist, p3.

＊185　同右、pp3-4.

＊186　仮想敵国を色で識別し、英国はレッド、日本はオレンジ、ドイツはブラックとした。対日戦争計画は一九一一年にオレンジ計画としてまとめあげられている。日本と英国が同時に敵となった場合の最悪のシナリオは、レッド・オレンジ計画（War Plan Red-Orange）である。

＊187 Homer Lea, *The Valor of Ignorance*, Harper & Brothers Publishers, 1909.

＊188 ホーマー・リー・池亨吉訳『日米戦争』（*The Valor of Ignorance* の邦訳、東京博文館、明治四十四年）九四―九五頁。

＊189 同右、九五頁。

＊190 同右、九九頁。

＊191 同右、一〇一頁。

＊192 同右、一一九頁。

＊193 A Forgotten American Military Strategist, p6.

＊194 同右。

＊195 同右、p8.

おわりに――アメリカの宿命としての太平洋戦争

本書は一八五八年の日米修好通商条約締結前後から一九〇八年の「白い艦隊」来航までの半世紀を扱っています。日本の明治は一八六八年から一九一二年までですから、本書は日本の明治期にパラレルで起こっていたアメリカの事件を中心に記述したものです。アメリカの「明治史」とも言ってよいかと考えます。あまり馴染みのない人物と、そうした人々が引き起こした数々の事件を取り上げ、その上聞いたことのない地名が頻出しますから、アメリカの歴史や地理に馴染みのない方には随分と骨が折れたと思います。最後までお付き合いいただいた読者の皆様には感謝の念に堪えません。

本書執筆のきっかけは、二〇〇九年春の出来事にありました。私は前作『日本開国』の取材でワシントン州とオレゴン州を分かつコロンビア川河口の町々をめぐっていました。日本最初の英語教師ラナルド・マクドナルド生誕の町アストリア。アメリカの最初の日本開国使節となるはずだったエドムンド・ロバーツをアジアに運んだ帆船「ピーコック」号の沈む「失望の岬（Cape Disappointment)」。そうした日本開国にまつわる土地の取材を終え、コロンビア川北岸のハイウェイを走っているときでした。私の目に不思議な構造物が飛び込んできたのです。

それは太平洋に砲口を向けた大砲が連なる要塞でした。車を小高い丘の駐車場に停め観察してみると、その砲台は確かに砲身をまっすぐに太平洋に向けて鎮座していたのです。案内板にはコロンビア要塞（Fort Columbia）跡と表示されています。一九〇四年の築造です。私にはこの砲台がいったい何に向けられているのか見当がつきませんでした。この頃、太平洋の向こうにはアメリカの安全を脅かす国はないはずでした。日本はこの年に始まった日露戦争で国家存亡の戦いを続けている最中です。アメリカ本土攻撃を計画しているはずもありません。ましてや、ポーツマス条約交渉を仲介したセオドア・ルーズベルト大統領は日本の恩人だと教育されています。この時期の日本がアメリカの敵であるはずはないのです。

積年の敵国イギリスの自治領であったカナダとは、その頃も国境紛争や漁業権紛争が続いています。しかしイギリスを敵国とするなら、コロンビア川河口に要塞を築く必要性がわかりません。カナダとの国境はここからは随分と北にあるのです。アメリカはいったい何を恐れてあの要塞を築いたのか。自宅に戻る車中、気になってしかたありませんでした。

読了された方には、この書がその疑問への私なりの回答でもあると容易に推察して

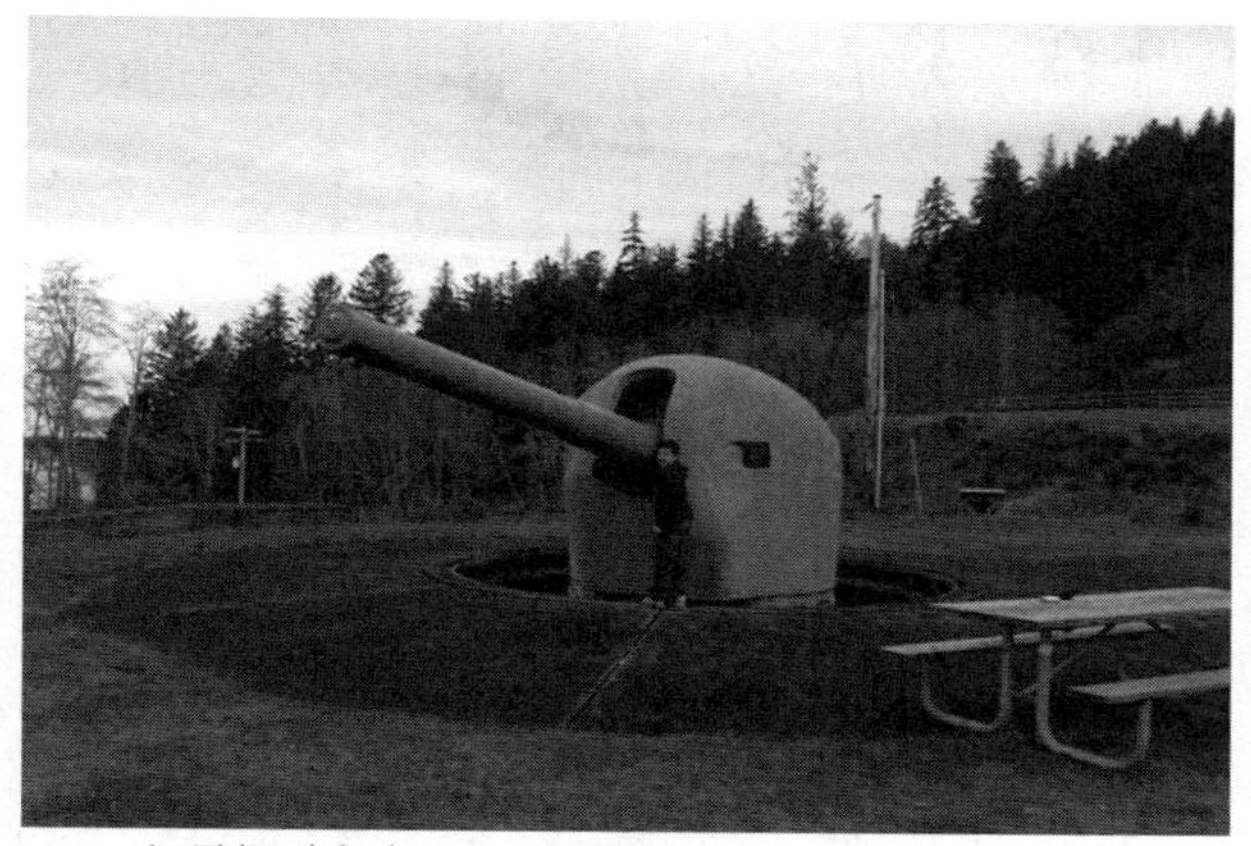
コロンビア要塞の砲台（コロンビア河口北岸ワシントン州）。
著者撮影。

いただけることと思います。あの要塞は日本のアメリカ本土攻撃に備えたものだったのです。ホーマー・リーの著作にも、アメリカ太平洋岸防衛拠点の一部として記述されている要塞でした。そしてそれは、日本海軍の弩級戦艦の砲撃でいとも簡単に破壊される代物として分析されていたのです。

二十世紀初頭の太平洋海域の軍事力は明らかに日本が優位に立っていたのです。日本からの移民排斥を決めたアメリカ太平洋岸の政治家は、反日本人を煽るその強い口調とは裏腹に、日本から報復を受けることを真剣に恐れ、防衛の準備を進めていたのです。当時のアメリカ白人種の日本を恐れる心は、実際にこうした建造物を自分の目で確かめない限り、感じ取ることはできなかったでしょう。

私はアメリカの為政者は、ハワイ併合とフィリピン領有で、日本との衝突が必ずあることをかなり早い段階で覚悟していたのではなかろうかと推測しています。そう考えると、セオドア・ルーズベルトが展開した対日外交の本質が鮮明に見えてくる気がするのです。アメリカの軍事力が優位になるまでは何としてでも日本との和平を維持する。そして必ずや訪れるであろう日本との激突に備えて軍事力を着実に強化する。開戦となれば必勝を期す。ルーズベルト以降の大統領もそうした外交方針をとったと考えると、一九〇九年以降に起こる多くの事件に合点がいくのです。あの戦争はアメリカにとってはあくまでも北太平洋の覇権を狙う「太平洋戦争」だったのです。

ルート・高平協定から真珠湾攻撃まで三十三年。その間に日米の衝突が回避できたシーンがいくらもあったと主張することはもちろん可能でしょう。しかし、たとえそうした視点に立ったとしても、二十世紀初頭にアメリカの政治家や軍人の多くが対日戦争は不可避ではないかと考えた事実に変わりはありません。

アメリカン・システムに起因する諸問題、イギリスを筆頭にしたヨーロッパ諸国との領土紛争、内に抱え込んだ人種問題。こうした問題を錯綜させながらアメリカ外交は進んでいきました。微笑ましいほどの日本への愛情で始まった日米関係ですが、それが日本にはどうにもならないアメリカそのものに起因するファクターの中で徐々に変質していきました。その変質のさまを描写しきれたかどうか。「はじめに」で述べた私の見た影は、日米衝突の必然性でした。その影が実体を反映した影なのか、ただの幻影なのか。それは読者の判断にお任せするしかありません。本書を通じてあの「誇るべき半世紀」を読み解く部屋が少しでも明るくなっていれば、本書執筆の意味があったと思っています。

私事で恐縮ですが、いつも的確なアドバイスを戴き、本書の完成を心待ちにしてくれていた鈴木方人氏が脱稿前に冥界に旅立たれたことは痛恨の極みでした。本書をご霊前に捧げご冥福をお祈りいたします。本作品は多くの貴重な研究成果をベースにしています。先学の努力に感謝すると同時に、遅々として進まない原稿を辛抱強く待ち続け、そして激励してくれた草思社編集部増田敦子さんに深く御礼申し上げます。

二〇一一年九月

カナダ・バンクーバーにて　ＳＷ

文庫版あとがき

アメリカ史を追いながら日本の近現代史を描写する。これが本書のテーマである。日本の近現代史はアメリカとの関わりを抜きには語れない。多くの書物が幕末から明治中期までの時代を扱ってはいる。そうした書物は日本側の事情は詳らか(つまび)にしているものの、日本に対するアメリカ（そして時にイギリス）の思惑は表面的にしか触れられていない。しかしアメリカを筆頭とする西洋諸国は日本を深く分析していた。当時の米国政府資料、新聞記事あるいは紀行文や小説に現れる「彼らの眼に映った」日本を扱った文献は少なくないが、世界史的なダイナミズムの中で捉える視点が十分ではなかった。既存の歴史書が描く「日本人の理解する日本」と「西洋人の理解する日本」との間には大きなずれが残ったままである。それに気付かされた驚きが本書執筆の動機となった。

筆者はカナダブリティッシュコロンビア州西海岸（バンクーバー）に暮らしている。

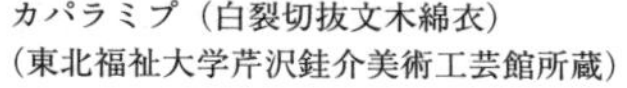

カパラミプ（白裂切抜文木綿衣）
（東北福祉大学芹沢銈介美術工芸館所蔵）

ハイダ族の民族衣装
(Graham Richard, wikipedia)

北米大陸北西部に位置するこの町は、古くから日本（文化）との結節点であった。文化人類学者によれば、アラスカからカナダ北西部のアメリカ原住インディアンに日本人の血が流れていることは間違いないらしい。筆者は、北海道松前城を訪れたときに、アイヌの民族衣装や生活用具の展示を見た。その文様がハイダ族（ブリティッシュコロンビア州原住インディアン）のそれに酷似していることに驚いたものである。

江戸時代には海運が盛んになったが、それを担ったのは、キール（竜骨）がなく、帆は一枚（単帆）の弁財船であった。吃水も浅く不安定で外洋航海はできなかった。そうした船しか建造が許されていなかった。運悪く時化に遭遇すると、帆柱を切り倒し転覆を防ぐこともしばしばだった。操船の術(すべ)を失った弁財船の幾隻かは黒潮に乗り北米大陸北西部の海岸に漂着した。例えば一八三二年暮れに遠州灘で時化にあった宝順丸もそうであった。船乗りのうち三人が米ワシントン州オリンピック半島の西北端に漂着し、原住インディアン(マカ族)に救われた。筆者は、記録には残っていないものの、原住インディアンに同化した日本人漂流民は古代から相当数いたのではないかと考えている。彼らの生理的そして文化的DNAが原住インディアンの血に流れているのではなかろうか。

明治期に入っても日本と大陸北西部との深い関わりは続いた。一八八七年にはカナダ太平洋汽船がバンクーバーと横浜をつないだ。多くの要人がバンクーバーを経由して日本を訪れた。下関条約交渉で李鴻章のアドバイザーとなったジョン・フォスター元国務長官もこの航路を利用し、日本に旅立った。国際連盟事務次長であった新渡戸稲造は国際会議の帰途この地近く(ビクトリア)で客死した。また、本書の続編にあたる『日米衝突の萌芽』(草思社)でも触れたが、バンクーバーでは激しい排日運動(一九〇七年)があり日本人街が暴徒に襲われた。真珠湾攻撃後には沿岸部に住む日系人は内陸部に強制収容された。収容を直接経験した知り合いもまだ生きている。日本の近現代史にいやがうえにも興味を持たざるを得ない空間に生きている以上、筆者が本書を執筆したのはごく自然の成り行きであった。

本書はアメリカ史を描写することで日本の近現代史を浮かび上がらせる手法を取った。「間接照明（米国史）を使って対象物（日本の近現代史）を照らし出す作業」であると、「はじめに」で書いた。気の利いた表現だと思ってはいるが、下手をすれば「風が吹けば桶屋が儲かる」式の解釈に陥る。歴史的事象はそれまでに起きた数々の事件の複合である。一見、何の関連性のない出来事や人と人との関係が後の重大事件を生む。それだけに事件の「脈絡」を合理的に探らなくてはならない。

上梓（二〇一一年秋）後は、本書で示した歴史解釈がいかなる評価を受けるか不安であったが、幸いなことに多くの識者から過分のお褒めの言葉をいただくことができた。なかでも鳥居民（故人）、渡部昇一（故人）、西尾幹二、堤堯、宮崎正弘、髙山正之、宮脇淳子などの諸先生から暖かい評価と励ましの言葉をいただけたことはうれしかった。また、評論家柄谷行人氏に書評（朝日新聞書評）していただけたことも良き想い出である。歴史著述は孤独な作業である。書き手としての最大の喜びは、作品に対する真摯な批判でありまた読者のポジティブな反応である。上記の先生方やアマゾンなどで書評を寄せてくれた読者にはこの場を借りて深く感謝したい。

今回文庫化となったことで、より多くの読者に本作品に触れていただける機会を得た。戦後七十年以上が経った今、読者の多くが、日本の近現代史解釈が大きく変わりつつあることに気づいていている。本書がそうした作業の一助になれば幸いである。

最後になるが文庫化にあたっての編集作業を担当してくださった麻生泰子さん、草思社編集部の藤田博さんにはこの場を借りて感謝の意を伝えたい。

筆者

二〇一八年春

◎図版資料名

19頁：「旗艦ポーハタン号内の余興」（『都市横浜の記憶』所収）

416頁：「鳳凰殿」（Shepp, James W. And Daniel B. Shepp. *Shepp's World's fair photographed Chicago, Ill.* Globe Bible, 1893, p243）

530頁：「愛知県武豊湊海陸大演習の図」

地図作成＝アートライフ（小笠原諭）

*本書は、二〇一一年に当社より刊行した著作を文庫化したものです。

草思社文庫

日米衝突の根源 1858－1908

2018年6月8日　第1刷発行

著　者　渡辺惣樹

発行者　藤田　博

発行所　株式会社 草思社

〒160-0022　東京都新宿区新宿 1-10-1
電話　03(4580)7680(編集)
　　　03(4580)7676(営業)
　　　http://www.soshisha.com/

本文印刷　株式会社 三陽社

付物印刷　株式会社 暁印刷

製本所　大口製本印刷 株式会社

本体表紙デザイン　間村俊一

ISBN978-4-7942-2334-0　Printed in Japan

草思社文庫既刊

渡辺惣樹
日本開国
アメリカがペリー艦隊を派遣した本当の理由

1854年のペリー再来航の本当の目的は何だったのか。米側の史料を丹念に読み解き、開国のシナリオを練ったアーロン・パーマーの動向から今日に至るまで、一貫するアメリカの対日政策の原型を描き出す。

渡辺惣樹
朝鮮開国と日清戦争
アメリカはなぜ日本を支持し、朝鮮を見限ったか

維新まもない日本が日朝修好条規を結んで朝鮮開国の役割を担い、その後朝鮮の独立を承認させるために清国と戦ったのはなぜか？ 米国アジア外交の視点を加えることで謎が解き明かされる新・日清戦争開戦史。

チャールズ・マックファーレン　渡辺惣樹＝訳
日本1852
ペリー遠征計画の基礎資料

天皇と将軍、宗教、武士道、民族性、ルーツ——米英は1853年のペリー来航以前に、日本と日本人について恐るべき精度で把握していた。大英帝国の一流の歴史・地史学者が書いた驚きの〝日本の履歴書〟。